COLEÇÃO ARGONAUTAS

MAURO W. B. ALMEIDA
CAIPORA E OUTROS
CONFLITOS ONTOLÓGICOS

Para Manuela, para Luana
Para Maristela Barbosa e Guilherme de Almeida, in memoriam.

9 **Introdução**

CAPÍTULO 1
17 **Marxismo e antropologia**

CAPÍTULO 2
35 **Narrativas agrárias e a morte do campesinato**

CAPÍTULO 3
63 **As colocações: forma social, sistema tecnológico, unidade de recursos naturais**

CAPÍTULO 4
93 **Direitos à floresta e ambientalismo: seringueiros e suas lutas**

CAPÍTULO 5
133 **Caipora e outros conflitos ontológicos**

CAPÍTULO 6
175 **Guerras culturais e relativismo cultural**

CAPÍTULO 7
199 **Simetria e entropia: sobre a noção de estrutura de Lévi-Strauss**

CAPÍTULO 8
235 **Relatividade e relativismo antropológico: Einstein e a teoria social**

CAPÍTULO 9
259 **A fórmula canônica do mito**

CAPÍTULO 10
291 **Matemática concreta**

CAPÍTULO 11
309 **Anarquismo ontológico e verdade no Antropoceno**

337 Bibliografia geral
365 Índice onomástico
371 Sobre o autor

INTRODUÇÃO

Este livro reúne alguns trabalhos escritos ao longo de décadas, diferentes entre si pelos temas e pelos enfoques teóricos. Pode parecer, à primeira vista, uma reunião heteróclita de etnografia e metafísica, marxismo e estruturalismo, engajamento e nefelibatismo – a atitude do teórico que paira nas nuvens. Mas há nexo nisso, que é a conexão íntima entre duas atitudes: a crítica da desigualdade e da injustiça, que me levou ao marxismo e à antropologia, e o fascínio pelas ideias e pelos valores, que me levou à matemática e à filosofia. Essas duas motivações tiveram efeitos recíprocos. Na atividade prática junto aos movimentos de comunidades tradicionais, a atitude distanciada da matemática e da filosofia inspirou a imaginação de alternativas além de horizontes de imediatez, assim como ontologias indígenas e utopias revolucionárias o fazem. Quanto à reflexão teórica, a experiência de lutas sociais mostrou a necessidade de ancorar visões metafísicas e utópicas em fundamentos históricos e materiais.

Essa combinação é documentada no capítulo final de minha tese de doutorado (Almeida 1993), na qual defendi um futuro possível para seringueiros amazônicos na forma de reservas extrativistas – projeto liderado por Chico Mendes – com a metáfora termodinâmica dos "demônios de Maxwell", que usam informação para resistir à destruição de diferenças, ou seja, para manter sua autonomia face à pressão predatória do entorno. Nessa tese, descrevi o modo de vida de seringueiros no sistema de *colocações* na floresta tropical como resistência à sua destruição pela pressão aniquiladora da grilagem e da exploração madeireira. Quis, com isso, apresentar alternativas à lógica aparente do determinismo econômico por meio de metáforas das ciências naturais – efeito de distanciamento para desarmar a reação conservadora que identifica inovação e transformação ao pesadelo dos "sonhos da razão que geram monstros", associados a revoluções. Nesse exemplo de um modo de vida em situação de perigo, precisei pressupor, como referência, um objeto situado no horizonte do possível: uma ideia revolucionária. A razão crítica e a imaginação revolucionária popular são parceiras para apontar alternativas ao cenário deprimente da história contemporânea, ponto de confluência de visões científicas e indígenas que têm como ponto em comum a transformação revolucionária do mundo.

Absorvi como uma espécie de segunda natureza intelectual tanto o hábito da antropologia empirista como o do pensamento matemático, que consiste em experimentos mentais. Quanto à antropologia pragmática: o que funciona localmente é verdadeiro. Se minha ação, conforme determinada ontologia, dá resultados que a confirmam no âmbito da vida cotidiana de indígenas-seringueiros, então essa ontologia é corroborada nesse âmbito experimental por verdades parciais.[1] E seus resultados podem convergir com os de biólogos conservacionistas.

Toda ação política se dá em uma situação em que há múltiplas alternativas e depende de escolhas ontológicas e éticas. Essas escolhas se referem, com base em estados de coisas presentes, a mundos ideais futuros e possíveis que estão além da experiência imediata, que talvez sejam inatingíveis no âmbito da experiência possível, mas que são guias indispensáveis para a ação que busca novos estados de coisas. A ação rumo a novos estados de coisas – mundos sociais e cosmológicos alternativos – pode ser que

---

1. Isso é o que diz Evans-Pritchard ([1937] 2005) em seu livro sobre a magia Azande.

nunca atinja o alvo visado, porque a história não é a realização de projetos, mas o resultado de projetos humanos combinados com circunstâncias e acaso. Assim, ideais de justiça e de equidade, de equilíbrio ambiental e permanência de formas podem não ser atingidos plenamente – mas podem ser aproximados por ciclos nos quais a imprevisibilidade jamais deve ser eliminada. Dito isso, eis o conteúdo desta coletânea.

Um primeiro conjunto se inicia com um testemunho da influência da tradição antropológica marxista em minha etnografia de camponeses nordestinos e amazônicos, seguido de quatro capítulos que se referem à antropologia de camponeses e comunidades tradicionais.

O segundo conjunto reverencia o pensamento de Lévi-Strauss, dando destaque para sua visão de história, com capítulos que tratam de questões ontológicas e epistemológicas da Antropologia e cujo foco é a crítica ao relativismo cultural na forma de recusa a critérios de verdade e de racionalidade. O último capítulo faz uma ponte entre os blocos anteriores, conectando a crítica ao relativismo cultural ao tema da aliança entre ciência e ontologias indígenas contra os efeitos do Antropoceno.

O capítulo 1, que trata da relação entre marxismo e antropologia, é testemunho de uma das influências principais na minha análise de movimentos camponeses florestais, a saber: a importância da vida material e dos conflitos sociais para entender a vida social. O capítulo 2 resulta de um curso em que busquei conectar a tradição sociológica com foco na reforma agrária – caracterizada por "grandes narrativas" cujos personagens são classes sociais – ao nominalismo sociológico hoje imperante, em que agentes são entidades de "pequenas narrativas": como seringueiros, ribeirinhos, quilombolas e muitas outras identidades comunitárias. O capítulo 3, sobre as *colocações*, vem de uma palestra lida em janeiro de 1988 em Rio Branco, no Acre. Ela contém uma síntese de minha experiência etnográfica com seringueiros e também a ideia de que a forma de vida aí descrita é um modelo para uma alternativa de vida na floresta mesmo após o fim do sistema de *barracões* dos antigos seringais. Essa tese explica o movimento político dos seringueiros tratado no capítulo 4, no qual mostro que as lutas locais de seringueiros pela permanência de *colocações* se conectam a questões globais. O capítulo 5, que dá título ao livro, articula ontologias amazônicas e visões científicas, servindo de transição aos capítulos seguintes.

Os capítulos 6 a 11 tratam de questões de teoria e método na Antropologia e da relação entre a perspectiva antropológica de conhecimentos tradicionais e a ciência. O capítulo 6 registra minha intervenção nas chamadas Guerras da Ciência, em debate público realizado na Universidade de São Paulo (USP) com a presença de Alan Sokal, celebrizado pelo ataque a críticas filosóficas e sociológicas da ciência. Nesse artigo, antecipo minha visão segundo a qual a multiplicidade ontológica na matemática e nas ciências da humanidade é compatível com a concordância de encontros pragmáticos com o mundo da experiência. A inspiração desses capítulos reflete o pensamento de Lévi-Strauss, expresso no capítulo 7, no qual se combinam a abordagem de sistemas sociais e simbólicos como estruturas e a tese de que transformações históricas e materiais condenam esses sistemas a se modificarem ao longo do tempo e do espaço. O capítulo 8, texto apresentado por ocasião do centenário do "ano milagroso" de Einstein, distingue o relativismo cultural norte-americano do relativismo estrutural de Lévi-Strauss e de Viveiros de Castro. O capítulo 9 trata da análise de Lévi-Strauss de mitos, com exemplos que incluem mitos do sudoeste amazônico, mostrando como, para esse pensador, reflexões indígenas produzidas por redes de narradores coletivos se transformam no tempo e no espaço, de modo a reformular questões ontológicas, sujeitas a coerções ecológicas e sociológicas. A conclusão justifica a convergência entre materialismo e idealismo com base na obra de Lévi-Strauss sobre mitos. Essa mesma tese é reafirmada no capítulo 10, no qual, em comentário a um artigo de meu orientador de doutorado Stephen Hugh-Jones, defendo a existência de uma matemática selvagem. No capítulo 11, que conclui o livro, retomo a ideia central que o atravessa, a saber: múltiplos mundos indígenas e camponeses podem aliar-se a mundos científicos com os mesmos fundamentos pragmáticos, mantendo sua autonomia ontológica. Dizendo isso de outra maneira: a contribuição da antropologia consiste em mostrar como a diversidade de mundos pode e deve se articular com a aliança política de povos.

Um lance de dados jamais eliminará o acaso – disse Mallarmé. Analogamente, uma verdade pragmática jamais eliminará a anarquia ontológica.

Como observação final, cabe talvez mencionar a diferença entre empirismo e realismo na filosofia da ciência. A atitude empirista afirma que a tarefa da ciência é dar conta de experimentos – de encontros pragmáticos com o mundo – e não visa a representar o mundo como ele realmente é ("ontologias"). Assim, a atitude empirista dispensa ontologias e metafísicas, contentando-se com o relato de experimentos. Em contraste, o realismo científico afirma que a ciência tem como missão descrever o mundo, e não apenas prever o resultado de experimentos. Em síntese: enquanto o empirismo julga prescindir de ontologias, o realismo afirma que elas são indispensáveis. Estou propondo aqui que a antropologia deve combinar a atitude empirista – privilegiando os encontros pragmáticos com o mundo – com a atitude realista, que invoca o papel indispensável de ontologias para dar conta desses encontros em múltiplas versões.

Ao propor a noção de perspectivismo, Viveiros de Castro ofereceu à Antropologia a atitude "multinaturalista" – uma versão de multirrealismo –, em que múltiplos mundos coexistem como igualmente verdadeiros porque dão conta da experiência em cada um desses mundos (as afirmações são pragmaticamente verdadeiras em cada ontologia). Ao mesmo tempo, contrastou epistemologias centradas em um sujeito de conhecimento absoluto a epistemologias relativísticas, em que há múltiplos sujeitos associados a diferentes referenciais, ou "roupas", que podem transformar-se entre si. Assim, ele opôs ao culturalismo antropológico – que descreve culturas como representações de observadores culturais diante de um mundo único do realismo científico – uma epistemologia ameríndia relativística, na qual, para cada observador-espécie-cultura, ou seja, para cada variante da humanidade em sentido generalizado, há um mundo associado – mas que pode ser transformado em todos os outros, por viagens xamânicas ou por transformações estruturais.

Essa posição desvia-se tanto do realismo científico como do empirismo científico, que pressupõem, ambos, uma imagem unitária da ciência, quer ontológica, quer epistemológica. A linguagem de Viveiros de Castro é, em suas palavras, perpendicular à oposição entre realismo e empirismo, porque postula contra ambas as posições a multiplicidade de mundos.

Guerras ontológicas são a continuação de conflitos ontológicos. O extermínio de deuses ameríndios é produzido pelo extermínio dos xamãs que os representam, assim como o extermínio de entes heréticos é coexistente com o genocídio da comunidade de crentes. Guerras ontológicas são a destruição pela violência de estéticas e de filosofias encarnadas em modos de vida. Guerra ontológica não é conflito de representações, mas luta pela existência, representada pela destruição de textos, de corpos, de ideias.

A dialética entre senhor e escravo, entre proletários e proprietários, entre camponeses e latifundiários, entre cidadãos e Estado, na linguagem hegeliana, representa a gênese de identidades em situações de conflito – formulada por Weber para comunidades étnicas, definidas em fronteiras de luta. Trata-se hoje da existência em uma situação de perigo: do reconhecimento de entes indígenas, quilombolas, caiçaras, lésbicas, trans, gays. No caso de entes sociais, a fronteira entre o que é a definição *intensional* (o significado do conceito) e o que é extensional (quem entra sob o conceito) é assunto de luta. Quilombolas lutam para se autodefinirem *intensionalmente* – invocando a interpretação de quilombo a partir da Constituição de 1988 –, e lutam ao mesmo tempo para se autoconstituírem *extensionalmente* – argumentando em cada caso a pertinência de comunidades negras na categoria de quilombo. Essas questões dizem respeito ao direito de existir. A luta pelo reconhecimento de entes em perigo é a luta ontológica pelo direito de ser reconhecido como ente existente e, no limite, pelo direito de existir.

Agradeço a Manuela Carneiro da Cunha por sua presença e fertilização intelectual sem a qual este livro não existiria. Também agradeço a Luana Chnaiderman de Almeida o constante estímulo e alegria e a Miriam Chnaiderman, que me acompanhou na origem. Antonio Galves foi o primeiro mentor em matemática, nos anos de 1970, e o diálogo silencioso com Eduardo Viveiros de Castro é responsável por muito deste livro – por caminhos diversos. Aos seringueiros do Alto Juruá, a Chico Mendes e a meus alunos-colaboradores, devo também o que aqui está. Finalmente, agradeço à minha editora Florencia Ferrari pela insistência em levar adiante este projeto, contribuindo substantivamente para o resultado final.

CAPÍTULO 1

Marxismo e antropologia

Origens da antropologia marxista: Marx, Engels[1]

As relações entre o marxismo e o estudo das sociedades sem classes remontam às seções de A *ideologia alemã*, escrita entre 1845 e 1846 (Marx & Engels 1932), em que as teses da concepção materialista da história são ilustradas com um esboço da sucessão histórica dos modos de produção, começando pela "comunidade primitiva", organizada com base nos "laços de sangue", e terminando com a sociedade feudal (Marx & Engels [1842–95] 1956). Esse esboço, que Marx e Engels retomam no *Manifesto do Partido Comunista*, de 1848, foi amplamente desenvolvido no primeiro manuscrito preparatório de *O capital*, escrito entre 1857 e 1858, conhecido como "Formas que precedem a produção capitalista" (Marx & Engels [1842–95] 1956, v. 42: 383–421). Notemos, porém, que, no texto final de *O capital*, cujo primeiro volume apareceu em 1867, Marx não retoma a história de tais "formas". No lugar dela, no fim desse mesmo volume, logo depois de tratar da lei geral da acumulação capitalista, aparece a aná-

---

1. Este artigo foi apresentado como uma comunicação em um congresso do Centro de Estudos Marxistas da Unicamp em 2001. Como eu tinha reputação de antropólogo estruturalista, cabe explicar por que fui convidado: eu havia dado um curso sobre *O capital* no Brasil e nos Estados Unidos. A razão de fundo: minha convicção de que marxismo e ciência são compatíveis.

lise da "acumulação originária do capital", ou seja, a constituição dos pressupostos da produção capitalista mediante a separação violenta e brutal do trabalhador das condições do trabalho.[2] Contudo, esses dois temas – o da história das formas que precedem a produção capitalista e o da acumulação originária do capital – serão os fios condutores da futura antropologia inspirada no marxismo. O primeiro relacionava-se diretamente com o foco da antropologia evolucionista nascente na segunda metade do século XIX; o segundo corresponde ao interesse da antropologia pós-colonial pela constituição da sociedade capitalista, já na segunda metade do século XX, com foco na desagregação violenta das formas não capitalistas de sociedade e no processo de constituição histórica do próprio capitalismo e da subordinação de trabalhadores ao capital em escala mundial.

Lewis Morgan e a antropologia evolucionista

Marx e Engels viram na obra *A sociedade antiga*, publicada por Lewis Morgan em 1877, a redescoberta independente das teses que eles haviam formulado em *A ideologia alemã* e uma continuação, portanto, da pesquisa sobre a história das sociedades pré-capitalistas. Mas, em vez de estabelecer prioridade intelectual, eles generosamente saudaram Lewis Morgan como o cofundador da ciência materialista da história. Havia afinidade ideológica. Em 1851, Morgan havia valorizado o comunismo e a democracia da sociedade estadunidense nativa, alçando-os acima do individualismo competitivo dos ianques da Nova Inglaterra; em *A sociedade antiga*, Morgan criticava a ideia da "propriedade privada como o principal agente do progresso".[3] Havia também afinidade teórica: Morgan adotou como fio condutor de sua exposição da história não escrita o desenvolvi-

---

2. Mais precisamente, Marx trata da transição da "estrutura econômica da sociedade feudal" para a "estrutura econômica da sociedade capitalista" (Marx [1867] 1962, v. 23: 742–43).

3. Sobre Lewis Morgan e seus seguidores, ver Vincent 1990.

mento das "invenções", ou seja, das técnicas de produção material, assim como Marx e Engels haviam feito em *A ideologia alemã*. Nada mais natural, portanto, do que acolher Lewis Morgan na linha de frente da ciência da história – na qual Marx e Engels incluíam Charles Darwin, já que não traçavam um fosso entre a história natural e a história humana.[4]

A contribuição principal de Morgan para essa ciência, ainda de acordo com os fundadores do materialismo histórico, foi a descoberta do papel das relações de parentesco como "o principal meio de articulação social" de sociedades baseadas na caça, na coleta e na agricultura. Ele aclarou, assim, a formulação simplificada de Marx sobre o papel da "comunidade natural" (literalmente, "de crescimento natural", *naturwüchsig*) na história humana, além de ter renovado o estudo do papel político e social da *gens* na sociedade antiga à luz da etnografia das sociedades sem Estado do presente, mostrando como as linhagens constituídas por relações de descendência atuam como unidades corporativas e políticas na sociedade sem classes, nelas ocupando o papel que, nas sociedades com história escrita, é representado pelo Estado. Os Iroqueses eram, para Morgan ([1877] 2014), um modelo de constituição política sem Estado.[5]

A concordância de Engels com essa teoria é atestada por sua polêmica nota de rodapé ao primeiro parágrafo do *Manifesto do Partido Comunista*, na qual assinala o contraste entre as sociedades com *história escrita*, cuja história é a das lutas de classes, e as sociedades *sem história escrita*, cuja história seria a das relações de parentesco e de clãs, de *gens*, de *Stämme*.[6] Nas primeiras, pre-

---

4. Engels deu uma importante contribuição para a explicação do papel do trabalho na evolução humana (Friedrich Engels, "O papel do trabalho na hominização do macaco", em Marx & Engels [1842–95] 1956, v. 20: 444).

5. Sobre o funcionamento político das linhagens em sociedades sem Estado, ver, entre outras obras da antropologia funcionalista inglesa, Evans-Pritchard [1940] 1978.

6. "A história de toda sociedade até hoje é a história da luta de classes", diz o *Manifesto*, na versão de 1848. Nas edições alemã e inglesa de 1888 e 1890, respectivamente, Engels acrescenta: "Mais exatamente, isso se refere à his-

dominariam os conflitos relacionados à produção de coisas; nas segundas, sobressaem as relações de reprodução de pessoas.[7]

Os métodos e os temas de Morgan poderiam ter sido um ponto de partida para o desenvolvimento da antropologia apoiada no método etnográfico e articulada à história. De fato, suas obras foram incorporadas aos clássicos da literatura socialista mundial durante a primeira metade do século XX. No entanto, por outro lado, foram praticamente banidas da literatura antropológica acadêmica ao longo de toda a primeira metade do século XX, justamente no período em que se desenvolveu a antropologia moderna.

Nos Estados Unidos, pátria de Lewis Morgan, a exceção foi o antropólogo Leslie White, que visitou a União Soviética em 1929, quando iniciava sua carreira universitária. Segundo os organizadores de um livro póstumo de ensaios, Leslie White leu *O capital* pela primeira vez em 1930, a partir de quando se converteu à "concepção materialista da cultura":

A obra impressionou-o muito, particularmente o primeiro capítulo, que ele leu muitas vezes nos anos subsequentes. Se White já não era um materialista cultural antes de encontrar as obras de Marx e Engels, certamente se tornou um depois disso. Passou a considerar as sociedades possuidoras de uma base tecnológica e econômica sobre a qual se ergue uma superestrutura. A superestrutura social, por sua vez, é encimada por um nível

---

tória escrita. Em 1847, a pré-história da sociedade, a organização social que antecede toda a história transmitida pela escrita, era praticamente desconhecida" (K. Marx & F. Engels, *Manifesto do Partido Comunista*, in Marx & Engels [1842–95] 1956, v. 4: 426, nota 2). Engels inclui, entre os autores de novas contribuições ao assunto, Haxthausen sobre a propriedade comunal do solo na Rússia, Maurer sobre a história dos *Stämme* alemães e a propriedade comunal aldeã e Morgan sobre a "sociedade comunista primitiva" e a "verdadeira natureza da *gens*", sem deixar de lembrar sua própria obra *A origem da família, da propriedade privada e do Estado*.

7. Entre os antropólogos que retomam essa distinção formulada por Engels, ver Claude Meillassoux (1975) e Chris Gregory (1982).

ideológico que dá expressão aos pensamentos, aos sentimentos e às relações engendrados pelos níveis subjacentes (White 1987: 7).

Leslie White fez uma interpretação global da visão materialista da história. Em vez da análise detalhada e etnográfica de sociedades particulares, ele enfatizou a ideia do desenvolvimento das forças produtivas como força motriz da mudança social em larga escala. Contudo, formulou essa ideia de maneira bem idiossincrática. Na obra intitulada *The Evolution of Culture*, White (1959) representa as forças produtivas como uma grandeza operacionalmente mensurável pela quantidade de energia disponível *per capita*. Note-se que essa quantidade, uma espécie de produto nacional bruto *per capita*, não é medida em valor-trabalho, e sim em unidades de energia, como quilowatts ou calorias. Trata-se da energia física disponível para realizar trabalho a serviço da sociedade; é, assim, energia de baixa entropia. É conveniente observar que Leslie White combinou essa visão da história humana guiada pelo desenvolvimento da capacidade produtiva com uma visão culturalista da sociedade como uma imensa acumulação de artefatos-símbolos, incluindo instrumentos de trabalho, regras sociais e obras literárias. Nesse sentido, White era um "culturalista" como Franz Boas, mas, ao contrário deste, distinguia na esfera dos artefatos humanos aqueles situados na "infraestrutura" daqueles situados na "superestrutura".[8]

Nos livros de White, há um silêncio imenso sobre Marx e outros autores que o antropólogo estadunidense deve ter lido, como Bukharin e Plekhanov, e que provavelmente influenciaram sua visão do materialismo.[9]

---

8. Sobre o culturalismo materialista de Leslie White, ver a recente introdução de Marshall Sahlins 2000: 9–34.

9. Ver White 1959: 256, 295. Talvez estivesse presente a busca de um marxismo alternativo ao marxismo soviético. Nesse sentido, foi importante para os alunos de Leslie White, como Marshall Sahlins, a influência de Jean-Paul Sartre [1957] 1966, bem como Marx [1932] 1956; ver também Berman [1999] 2001, e Sahlins 2000 (e comunicação pessoal, 2000).

Qual é a causa do silêncio sobre Marx? Possivelmente a cerrada cultura antropológica anti-Morgan que se formou nos Estados Unidos sob a liderança de Franz Boas tenha sido um fator: isso pode ter levado White a dissociar sua versão do materialismo de Marx para torná-la mais aceitável no meio acadêmico. Mas, segundo tornou-se mais claro recentemente, o "criptomarxismo" de Leslie White foi provocado principalmente pelo clima de Guerra Fria que o teria levado a esconder sua filiação política ao Socialist Labor Party (SLP), a ocultar cuidadosamente sua participação em várias organizações pró-soviéticas e a escrever trabalhos militantes sob o pseudônimo de John Steel.[10] Agindo como um "criptomarxista", foi mérito de White ter, em paralelo com Julian Steward, formado uma geração de antropólogos simpatizantes do marxismo que começaram a atuar na década de 1950, como: Elman Service, Marshall Sahlins, Eric Wolf, entre outros.[11]

Cabe uma breve menção à antropologia funcionalista inglesa. Durante a primeira metade do século XX, seguindo a orientação de Bronislaw Malinowski e de Alfred Radcliffe-Brown, a nova antropologia inglesa era anti-historicista. Mas era também empiricista e poderia ser interpretada como materialista. As monografias que seguiam o método de pesquisa de campo e os preceitos funcionalistas davam prioridade, nessa ordem, à vida econômica (incluindo ecologia e técnicas produ-

---

10. Nos anos recentes, foram abertas, graças a processos judiciais, as fichas que o FBI mantinha sobre Leslie White, as quais mostram, contudo, que ignorava a filiação de White ao SLP e suas publicações ativistas. Sobre isso, ver os artigos "The FBI File of Leslie A. White", de Paul Shankman e Angela Theiman Dino (2001), e "The Cold War Context of the FBI's Investigation of Leslie A. White", de William J. Peace e David H. Price (2001), publicados em *American Anthropologist*, bem como as publicações de Laura Nader, William J. Peace e David H. Price ali citadas.

11. Da extensa série organizada por Marshall Sahlins, foram publicados, no Brasil, todos pela editora Zahar: Elman Service, *Os caçadores* ([1966] 1971); Marshall Sahlins, *Sociedades tribais* ([1968] 1974); Eric Wolf, *Sociedades camponesas* ([1966] 1970); Lawrence Krader, *A formação do Estado* ([1968] 1970); David Kaplan e Robert A. Manners, *Teoria da cultura* ([1972] 1975). Ver também Wolf 1969 e 1982.

tivas) e à estrutura social (incluindo os sistemas de linhagem e de parentesco, bem como os sistemas políticos neles baseados). Tratava dos mitos e das representações como uma superestrutura ideológica. Nisso, os seguidores de Malinowski seguiam os preceitos de *A ideologia alemã*.[12] E, na década de 1950, os membros da chamada Escola de Manchester, liderados por Max Gluckman, só não citavam abertamente Marx – porém analisavam suas descobertas etnográficas em termos emprestados da análise da luta de classes: conflitos, contradições estruturais, reformismo e revolução.[13]

O quase marxismo da antropologia acadêmica inglesa da Escola de Manchester era "dialético" e sincrônico, enquanto o criptomarxismo dos estadunidenses era "mecânico" e diacrônico – o que ambos tinham em comum era o caráter críptico da influência marxista, bem como a ausência do tema da acumulação primitiva e contemporânea do capital, substituído sempre pelo foco na etnografia de sociedades indígenas.[14] Esse quadro seria abalado com o impacto da Guerra do Vietnã na vida acadêmica dos Estados Unidos, marcado por movimentos de *sit-in* (ocupação de *campi*) e pela politização intelectual refletida na inclusão de revoluções contemporâneas como tema de estudo antropológico, conforme comentaremos adiante a respeito de Eric Wolf.

Por que falar de Leslie White no Brasil e em silêncios? Uma razão é que, aqui, tivemos um ilustre continuador da tradição materialista-evolucionista de Leslie White e de Julian Steward: Darcy Ribeiro. Talvez a principal contribuição de Darcy Ribeiro

---

12. O representante destacado desse enfoque é Edmund Leach, particularmente antes de sua conversão ao estruturalismo. Ver Leach [1954] 2014 e 1968.
13. Como exemplo do método de Malinowski aplicado à análise de processos de trabalho agrícola em sua relação com a magia, ver Malinowski 1935. Audrey Richards, aluna de Malinowski, enfatizou o estudo da produção e do consumo como parte da atividade etnográfica.
14. Uma das poucas exceções são os trabalhos de Eric Wolf, nos Estados Unidos, e de Peter Worsley, na Inglaterra. Ver *Peasant Wars of the Twentieth Century* (Wolf 1969) e, mais tarde, *Europe and the People without History* (Wolf 1982).

tenha sido seu estudo pioneiro e original do impacto das "frentes de expansão" do capitalismo sobre as sociedades indígenas no Brasil – impacto cuja intensidade ele relacionou às diferentes formas de atividade econômica da frente capitalista. Pode-se dizer que Darcy Ribeiro esboçou um estudo mundialmente pioneiro sobre os efeitos da "acumulação primitiva" do capital sobre sociedades indígenas (Ribeiro 1970).[15] Mas o próprio Darcy Ribeiro não formulou sua teoria nesses termos. Em vez disso, esforçou-se para situar sua análise histórica no quadro de uma teoria geral da evolução sociocultural inspirada em White e Steward.[16] Isso ocorreu na década de 1970, quando esses autores não eram lidos no Brasil (ainda não o são) e quando os argumentos que Löwie havia usado contra o evolucionismo na década de 1920 eram amplamente difundidos, em parte por intermédio de Lévi-Strauss.[17] O fato de Darcy Ribeiro nunca ter sido um acadêmico e o de ter sido exilado político sob a ditadura militar sem dúvida contribuíram para a exclusão de suas ideias do cenário da antropologia brasileira.

Marxismo estruturalista

Os franceses já haviam tido sua Guerra do Vietnã na Argélia e não vivenciaram a Guerra Fria na década de 1960. Mas é verdade também que, na França, nos anos de 1950, repercutiram a repressão soviética à revolta húngara e as revelações de Kruschev sobre os crimes de Stálin. Porém, pertencer ao Partido Comunista Fran-

---

15. Esse trabalho, que cronologicamente tem origem em um relatório de 1959, aparece como o último volume na série *Estudos da Antropologia da Civilização* (ver nota seguinte).
16. Ver Ribeiro 1972. Trata-se do primeiro volume de uma série de cinco. Ver também a versão brasileira de um artigo de síntese publicado originalmente em *Current Anthropology*: Ribeiro 1975.
17. Ver Claude Lévi-Strauss [1952] 2017. Note-se que, no fundo do pensamento de Lévi-Strauss, há uma visão histórica combinada a um quadro difusionista. Mas, nessa visão, a história no longo prazo não é um processo de evolução, e sim, na maior parte dos casos, de desestruturação ou perda de ordem.

cês do pós-guerra era motivo de orgulho. Lá não houve problemas com o surgimento de uma antropologia abertamente marxista.

Na França, a antropologia marxista ficou marcada pelo anti--historicismo de Louis Althusser, o representante acadêmico do Partido Comunista Francês. Althusser atacou, em particular, as versões do marxismo que, como a de Jean-Paul Sartre, tinham uma visão da história que enfatizava o papel da liberdade e dos projetos humanos. Para o ataque à visão historicista do marxismo, contribuiu, na França, a crescente influência do estruturalismo de Claude Lévi-Strauss. Nesse contexto, desenvolveram-se naquele país, ao mesmo tempo, uma antropologia estruturalista e uma antropologia marxista. Em alguns casos, como o de Lucien Sebag, e, mais recentemente, o de Philippe Descola, buscou-se uma síntese entre o estruturalismo e o materialismo marxista, para o qual, segundo a célebre formulação de Lévi-Strauss, o estruturalismo traria como contribuição uma "teoria das superestruturas".[18]

Cabem algumas palavras sobre o esforço de dissociar o enfoque antropológico marxista da história sob a influência do estruturalismo. Talvez tenha sido Maurice Godelier quem expressou essa posição mais explicitamente. Ele definiu como meta da antropologia marxista "reconstruir os modos de produção", e não "a história dos modos de produção". A razão para essa distinção seria que, ainda segundo Godelier, "se há leis das transformações estruturais, não se trata de leis históricas".[19]

Essa posição ilustra uma característica da antropologia marxista francesa presente igualmente no funcionalismo inglês e no culturalismo estadunidense: a rejeição ao evolucionismo de Lewis Morgan e ao enfoque histórico de modo geral, sob os mesmos argumentos utilizados por Franz Boas e por Löwie nos Estados Unidos. Assim, diz Godelier em um artigo biográfico

---

18. É claro que havia casos como o dos discípulos de Georges Balandier e de outros "historicistas" que estudavam a África, mas se tratava, de certo modo, de uma oposição minoritária ao estruturalismo.

19. Ver Godelier 1973 e, também, o livro anterior, Godelier 1969 e, em seguida, Godelier 1982.

sobre Lewis Morgan: "Compreende-se por que razão funciona-listas estruturalistas e marxistas, embora rejeitando *todos* o evolucionismo de Morgan, reivindicam sua filiação a ele sob títulos diversos e amiúde opostos".[20]

Essa posição com relação à história pode ser vista à luz do debate que opôs Jean-Paul Sartre a Lévi-Strauss no fim da década de 1950. Para Sartre, a história seria uma totalização em processo – a atualização de projetos humanos no interior de um campo de possíveis dado pela história anterior. Para Lévi-Strauss, a história seria antes a irrupção de eventos aleatórios em estruturas inconscientes – a irrupção do acaso resultaria na seleção de um curso de eventos entre outros combinatoriamente possíveis ou estruturalmente determinados. A consciência apenas acreditaria, ilusoriamente, ser autora dessas resultantes de possibilidades estruturais e do acaso. Hoje, porém, a dialética entre a ação humana e as estruturas (chamadas por Sartre de "prático-inertes"), bem como o papel dos projetos na história, tem sido enfatizada por antropólogos que buscam conciliar o enfoque nas estruturas e nas relações com um papel voltado para a ação humana como agente de mudanças históricas.[21]

Retomando a antropologia estruturalista francesa, ela resultou, na prática, em estudos sincrônicos de "modos de produção pré-capitalistas", "articulados" no presente ao modo de produção capitalista. Essa abordagem é ilustrada na importante obra de Claude Meillassoux, que vamos comentar mais detalhadamente.

Já em seu primeiro trabalho, a *Anthropologie économique des Gouro de Côte d'Ivoire* [Antropologia econômica dos Gouro da Costa do Marfim], publicado em 1964, Meillassoux investigou dois temas clássicos: a conexão entre "relações de linhagem" e as relações de produção (o tema do papel do parentesco na

---

20. Id. 1973: 182. O grifo é meu e ilustra o fato de que, assim como os brasileiros, os franceses não liam nem Leslie White nem Julian Steward, e tampouco os seguidores de ambos.

21. Ver Bourdieu 1972 e 1980 e, também, Marshall Sahlins [1976] 1987 e 2000. Para o enfoque histórico, ver também as obras de John Comaroff e de Jean Comaroff, por exemplo.

organização social), assim como a conexão entre a exploração colonial e a dissolução da sociedade tradicional por meio da mercantilização da terra (o tema da "acumulação primitiva"). No entanto, Meillassoux (1964) também realizou uma análise da acumulação de riqueza no interior da sociedade primitiva, tratando da conexão entre a acumulação de bens, o casamento e a guerra.[22] Todos esses temas foram desenvolvidos com maior ênfase teórica em seu segundo livro, publicado em 1975, cuja inovação mais importante foi caracterizar as "relações de parentesco" como "relações de reprodução" – isto é, como relações sociais para a produção de pessoas, utilizando mulheres como meios de produção.

Talvez valha a pena citar aqui Meillassoux, sobre as implicações desse enfoque:

> O papel social da mulher começa na puberdade, com a aparição de suas capacidades potenciais de reprodutora. Mas essa qualidade de fato lhe é institucionalmente negada [...]. A mulher púbere é [...] controlada, submetida, orientada rumo a alianças definidas pelas obrigações de sua comunidade, de maneira que a procriação se realize no quadro das relações de filiação masculina./Casada, isto é, potencialmente fecunda, sua condição é subordinada às regras de devolução de sua progenitura. Menopausada e avó, por outro lado, ela fica liberada dessas coerções, desenvolve-se socialmente e adquire uma autoridade que lhe era negada como esposa e mãe. Viúva e incapaz de procriar, sua condição se aproxima daquela do homem (1975: 119).

Em suma, conclui Meillassoux, "Marx tinha razão de considerar que as mulheres constituíam, sem dúvida, a primeira classe explorada" (Ibid.).

Dessa maneira, Meillassoux retornava ao foco feminista que fora um dos grandes temas de Friedrich Engels em *A origem da família, da propriedade privada e do Estado*. Essa linha de análise

---

22. Ver também Meillassoux 1975.

implicitamente rejeitava o relativismo cultural - que trata das sociedades sem classe como se elas não tivessem conflitos internos - e foi retomada por antropólogos que se interessaram então pela "economia política" do casamento, da guerra e do ritual no contexto das sociedades indígenas sul-americanas. Assim, segundo Peter Rivière, na região compreendida pelas Guianas e pelo Alto Rio Negro, homens acumulam poder por meio de um circuito que começa com a aquisição de mulheres (e de genros e filhos), continua com a transformação desses recursos em grandes roçados de mandioca que permitam ampliar alianças políticas, e se fecha com a obtenção de mais mulheres. A efetivação desse circuito seria acompanhada por um regime de prolongada jornada de trabalho feminino, de apropriação dos rendimentos do trabalho pelos homens, de isolamento político e social das mulheres (separadas de seus grupos clânicos e de suas línguas originais) e de disputas guerreiras e violentas em torno desse "bem escasso". Lembremos que Terence Turner, antropólogo marxista estadunidense, realizou uma interessante análise das sociedades indígenas do Brasil central, em que o foco recaía na ideia de acumulação, permeada pela hierarquia entre classes de idade.

Outra contribuição de Claude Meillassoux foi sua teoria do "imperialismo como modo de reprodução de mão de obra barata" mediante a exploração da comunidade doméstica. Nessa contribuição, datada de 1972, aflora um tema cuja discussão corria independentemente no Brasil na mesma época – o da articulação entre o processo contemporâneo de acumulação capitalista e a expansão e recriação de "modos de produzir" não capitalistas. O modo específico desse fenômeno tratado por Meillassoux foi o da reprodução de populações rurais como "reservas" de mão de obra excedente – como exército de reserva industrial – em setores não capitalistas da economia, articuladas por migração temporária, sazonal ou permanente ao mercado de trabalho capitalista. O antropólogo inglês Keith Hart (1982), ao analisar o lado urbano desse fenômeno na África, cunhou o conceito de "economia informal" para caracterizar esse emprego flutuante – característico da ausência de subordinação formal do trabalho ao capital, poderíamos dizer – de populações que estão com um pé no emprego urbano transitório e o outro em formas de produção "de subsistência". Antropólogos como Meillassoux, na França – mas também Keith Hart, na Inglaterra, e Eric Wolf, nos Estados Unidos –, defrontavam-se com o fenômeno da "acumulação primitiva" em escala mundial.

De fato, tratava-se da formação de uma periferia capitalista, em que se criavam trabalho servil, escravo, por dívida, e também economias informais e migratórias. Tudo isso indicava, porém, que não havia propriamente um processo linear e homogêneo de "subordinação formal e real do trabalho ao capital", e sim o "desenvolvimento desigual e combinado" de "subordinação" e de "independência formal" do trabalho no contexto de "subordinação real" igualmente acompanhada de vastas zonas de "independência real" do trabalho em relação ao capital.

Embora não seja possível continuar a tratar da influência da antropologia marxista francesa, torna-se claro que ela estabeleceu a legitimidade do enfoque marxista como abordagem acadêmica. Sua influência foi grande, sobretudo na antropologia inglesa, presente na obra de autores que se debruçaram sobre os "modos de produção pré-capitalistas", entre os quais se incluem Joel Kahn e Maurice Bloch.

Retorno a *O capital*: o tema da forma social da riqueza na antropologia

Não é absurdo afirmar que o socialista Marcel Mauss escreveu um dos grandes clássicos da antropologia, o *Ensaio sobre a dádiva* ([1925] 2017), como uma reflexão acadêmica sobre a crise social de desemprego e pobreza entre a Primeira e a Segunda Guerra Mundial. O ambiente de perda da autoconfiança do capitalista em que ele vivia tem semelhanças com o atual, após quase um século de "progresso". E isso ajuda a compreender por que é que assistimos hoje ao retorno das ideologias da dádiva que foram estudadas por Marcel Mauss – na forma de organizações de trabalho voluntário e de doações a todo tipo de organização não lucrativa.

Lembremos que a crítica da propriedade no sentido capitalista é uma das principais conclusões do *Ensaio sobre a dádiva*. O que significa falar em *propriedade*? Uma relação de propriedade de uma pessoa sobre uma coisa é o poder de uma pessoa sobre outras pessoas – mascarada sob a forma de uma relação entre pessoas e coisas. Trata-se de uma relação entre pessoas que, ao expressar-se como uma relação entre pessoa e coisa, apaga os vínculos entre pessoas. Nas sociedades cuja forma elementar de riqueza é a mercadoria – e em que, portanto, todo agente é essencialmente um proprietário –, as relações entre pessoas aparecem como relações entre pessoas e coisas. Marcel Mauss elaborou uma teoria da forma-dádiva de riqueza, distinguindo-a implicitamente da forma-mercadoria. Esta não tem memória social: o comprador pode esquecer o vendedor tão logo pague com dinheiro pela coisa que comprou. A forma-dádiva da riqueza, ao contrário, nunca esquece: ela deve ser retribuída no futuro, mas tal retribuição apenas recriará uma nova obrigação de retribuição em sentido inverso: a dádiva tem memória. Em síntese, enquanto, sob o capitalismo, as pessoas são meio para obter coisas (ou, na formulação de Marx, as relações entre pessoas tomam a forma de relações entre coisas), nas sociedades nas quais vigora a forma-dádiva, as coisas são meio para acumular relações sociais – isto é, visam diretamente à criação de vínculos permanentes entre pessoas.

Esse ponto é o pano de fundo, nos capítulos conclusivos do *Ensaio sobre a dádiva* ([1925] 2017), da crítica de Mauss à forma-mercadoria, que é veladamente inspirada em Marx. Consideremos a força de trabalho como mercadoria. O pagamento da força de trabalho se esgota, sob a forma-mercadoria, com o ato de compra e venda. Ora, o ato de compra e venda da força de trabalho como mercadoria, diz Mauss, isenta a sociedade – beneficiário de fato do produto de cada um e de todos – de qualquer responsabilidade pela reprodução do trabalhador. Em uma sociedade regida pela forma-dádiva, ao contrário, o que o trabalhador doa aos outros e ao chefe, em particular, cria uma dívida permanente e inextinguível da sociedade e dos demais em relação a ele.

Mauss utiliza assim o contraste entre a forma-mercadoria capitalista e a forma-dádiva pré-capitalista para recomendar reformas sociais. Ou seja: para que a sociedade reconheça a obrigação em que se encontra para com o trabalhador como pessoa durante a totalidade da duração de sua vida, em particular nos períodos de desemprego e na velhice. Essa é a "moral da dádiva-troca", que se opõe à "moral da mercadoria-comércio". Essa crítica à forma-mercadoria, do ponto de vista de um socialismo reformista, seria subscrita e desenvolvida por outros socialistas não marxistas, em particular pelos não acadêmicos Georges Bataille e Karl Polanyi.[23]

Hoje, há uma ampla galeria de estudos das interfaces entre "regimes de dádiva" e "regimes de mercadoria", refletindo a busca de categorias de análise no primeiro volume de *O capital*, incluindo os de Chris Gregory (1982 e 1997), na Inglaterra, Nancy Munn (1986), inspirada na aproximação entre marxismo e fenomenologia), Michael Taussig (1980), no espírito da escola de Walter Benjamin, June Nash (1979), Terry Turner (1979)[24] e outros. A análise etnográfica da "forma da riqueza" e a crítica do "fetichismo da mercadoria", em particular, tornaram-se uma das frentes de pesquisa de marxistas, em uma nova retomada de ideias de Marx.

Todos os temas que Marx colocou na ordem do dia no século XIX continuam surpreendentemente vivos. Parte dessa vitalidade está ligada ao fato de que foram tratados de modo independente, "desigual e combinado", dentro e fora da academia, e beneficiaram-se de diferentes contextos históricos e tradições intelectuais.

---

23. Ver Bataille 1976 e Polanyi [1944] 1980.
24. Há um importante artigo do autor sobre a teoria marxista do valor e sua aplicação às sociedades indígenas.

CAPÍTULO 2

Narrativas agrárias
e a morte do campesinato

Imagens e narrativas agrárias[1]

Parece haver um declínio no programa de pesquisa de campo-neses e mesmo de um programa de pesquisa do rural. O campesinato morreu como alvo de um programa de pesquisa? Ou o que morreu foi, antes, um paradigma teórico, em cujo lugar se encontram temas díspares, não unificados por uma teoria? Os novos temas e métodos são tão novos como parecem? Essas são algumas das questões que quero abordar. E como é possível falar de morte do campesinato quando os sem-terra, no Brasil, e os zapatistas de Chiapas, no México, talvez sejam os principais movimentos sociais latino-americanos contemporâneos?

---

1. Este texto foi escrito como ementa do curso de "Antropologia das Socie-dades Agrárias", ministrado no segundo semestre de 1998 na pós-graduação em Ciências Sociais da Universidade Estadual de Campinas (Unicamp). Isso explica o fato de que se trata, portanto, de um mapa de temas e de autores, orientado para grandes direções de pensamento, e não para a resenha de obras ou para a análise do pensamento de autores em particular. As refe-rências bibliográficas foram acrescentadas para esta publicação, a título de exemplo, sem nenhuma pretensão de exaustão ou de atribuição de relevo entre outras obras do mesmo autor.

Culturas agrárias

O antigo paradigma de sociedades agrário-camponesas pode ser subdividido em focos e temas. Cabe mencionar, inicialmente (sobretudo na primeira metade do século xx), a existência de: uma corrente de estudos da civilização e da cultura agrária ou rural; uma tradição europeia que combinava resultados da história medieval e da etnografia rural, construindo uma noção de cultura agrária, de cultura camponesa, de cultura neolítica; ou, ainda, noção de estudos de civilizações agrárias e rurais, representada na França por estudos numerosos que vão de Marc Bloch a Varagnac.[2]

No Brasil, podemos filiar a essa tradição de estudos da civilização rural autores como Antonio Candido de Mello e Souza ([1964] 2001), Maria Isaura Pereira de Queiróz (1957, 1970, 1976), Emilio Willems (1947), Douglas Teixeira Monteiro (1974), Walnice Nogueira Galvão (1986) e muitos outros, com destaque para o vasto mural da civilização rural dos planaltos centrais traçado por Carlos Rodrigues Brandão (1974, 1975, 1978, 1980, 1981a, 1981b) e na esteira de clássicos do pensamento social que incluem, no mínimo, Sílvio Romero ([1888] 1977, [1888] 1953), Capistrano de Abreu ([1907] 1976), Oliveira Viana ([1920] 1973, [1949] 1974) e Câmara Cascudo [1964] 2005 – produzindo um quadro das culturas rústicas, de culturas caipiras, de civilizações sertanejas, de civilizações do gado. Os estudos de civilização tradicional e de cultura *folk*, termos às vezes usados como sinônimos, pertencem, respectivamente, a duas tradições acadêmicas, uma europeia e outra influenciada pela antropologia cultural estadunidense. A tradição literária rural, que amiúde se associa à motivação da busca das raízes da nacionalidade, vai de Euclides da Cunha a Guimarães Rosa (1956, [1956] 2001, [1967] 2017), incluindo no meio uma rica tradição que contempla o regionalismo nordestino e suas contrapartidas gaúchas, amazônicas

---

2. A título de exemplo, ver Bloch [1939] 1987; Varagnac 1948; Duby 1962.

e do Centro-Oeste, com diferentes enfoques dos problemas da etnografia e da representação da fala popular.[3]

Ao olhar em conjunto para esses estudos do Brasil, o que vemos é um mapa de famílias culturais associadas a grandes rotas de ocupação: manchas sertanejas, amazônicas e gaúchas, além de outras que resultam da imigração europeia, do Oriente Próximo e do Extremo Oriente.[4] Essas manchas culturais são orientadas inicialmente por bacias hidrográficas: o Amazonas, o São Francisco, o Tietê, o Parnaíba, o Prata. Mas não se delimitam a essa matriz, pois há tanto uma diáspora cultural nordestina como zonas de gradientes culturais, a exemplo do eixo que vai da pré-Amazônia maranhense ao sertão de Minas, passando pelas chapadas do Planalto Central goiano. Essas manchas revelaram sistemas cognitivos camponeses, sistemas jurídicos de herança e propriedade da terra, práticas de parentesco, religiões, manejo da natureza, técnicas de fabricação.[5] O mapa cultural resultante, possivelmente associado a constantes no plano da linguagem falada e de hábitos corporais e em mitos e memórias, não foi traçado ainda em detalhe, mas foi esboçado por Darcy Ribeiro (1995), em uma perspectiva que, em última análise, vem de uma síntese entre Franz Boas e Julian Steward (1972) – um foco especializado na cultura e ancorado em substratos ecológicos e tecnológicos.[6]

O culturalismo agrário tem implicações políticas contemporâneas interessantes, pois a constituição de culturas camponesas dotadas de peculiaridades linguísticas, religiosas, tecnológicas e sociais – que vão de modos de falar a regras de

---

3. Não é o caso aqui de listar a enorme literatura que trata dos sertões, dos chapadões, das florestas e dos pampas do Brasil.

4. Ver ainda as publicações da *Revista Brasileira de Geografia*, reunidas na antologia *Tipos e aspectos do Brasil* (Instituto Brasileiro de Geografia e Estatística [IBGE] 1957), com atenção às belas ilustrações de Percy Lau.

5. A antropologia deu numerosas contribuições ao estudo desses temas; seria possível mencionar os estudos de Margarida Moura (1978), Klaas Woortmann (1988), Ellen Woortmann (1983, 1985 e 1995) e muitos outros, além dos já citados de Carlos Rodrigues Brandão.

6. Um eco da classificação de Steward encontra-se no artigo de Eric Wolf (1955) que voltaremos a mencionar adiante.

propriedade – pode funcionar como arma política para a reivindicação de direitos fundiários, jurídicos, educacionais e outros dos quais muitas pessoas são desprovidas. A cultura liga, por assim dizer, as pessoas à terra; dessa forma, grupos que distinguem sua cultura ganham passaporte para direitos de cidadania. Identidades étnicas e culturais são armas que muitos grupos minoritários podem utilizar para se defender contra grupos majoritários. Em suma, um balanço preliminar dos estudos da civilização agrária ou da cultura rural não indica um programa estagnado. Mas, se olharmos para ele, veremos que, se o culturalismo permanece como um programa ativo de pesquisa e continua presente como instrumento de ação política, as noções de "cultura camponesa" ou de "civilização agrária" perderam a força do uso. Em seu lugar aparecem outras, como a de "populações tradicionais" em um sentido especial.

Sociedades parciais camponesas, ideologias camponesas

Há outra tradição que caracterizamos como a de estudos sociológicos, em que o foco é a análise de *sociedades* camponesas e de *mudança cultural*, em uma tradição que inclui autores como Robert Redfield, George Foster, Sidney Mintz, Eric Wolf e James Scott.[7] Nessa, o resultado foi a construção de um modelo de estrutura social camponesa amarrado pelas relações de parentesco e compadrio e controlado por ideologias religiosas e fetichistas, visto não como uma civilização autônoma, e sim como uma parte subordinada de uma sociedade cujo poder e cujo *mainstream* cultural se concentram nas cidades. A antropologia cultural estadunidense desenvolveu, com Redfield, uma visão dos campesinatos sul-americanos como "sociedades parciais", com ênfase nas características estruturais internas às comunidades camponesas posteriores à conquista e suas relações com a

---

7. Redfield [1930] 1960, 1941, [1950] 1960 e [1953] 1964; Foster [1967] 1976 inclui artigos clássicos sobre a "imagem do bem limitado" e o "contrato diádico"; Mintz 1960; Wolf 1955, [1966] 1970, 1969 e 1982; Scott 1976.

sociedade envolvente – as relações de parentesco, vizinhança e *status*, no primeiro caso, e de classe, patronagem e clientelismo, no segundo. Tratava-se de um modelo de sociedade rural organizada em laços diádicos e moralmente orientada pela "imagem do bem limitado" (Foster 1965), características que inibiriam a modernização, embora houvesse casos de comunidades que "escolhiam o progresso" (Redfield [1953] 1964). A noção de uma moral social camponesa, expressa como "economia moral", foi retomada por autores como Michael Taussig (1980) e James Scott (1976), os quais, em vez de tomá-la em sentido conservador, enfatizaram seu papel como linguagem de crítica camponesa à mercantilização capitalista das relações sociais. Sidney Mintz (1960) e Eric Wolf (1955 e [1966] 1970) destacaram a íntima conexão entre campesinatos sul-americanos e o proletariado de *plantations*; Wolf elaborou esse ponto classificando-os em dois grandes grupos: antigos campesinatos, que são sobrevivências de comunidades agrárias que se integravam no passado a estados pré-colombianos, e neocampesinatos, resultantes da implantação de sistemas agrários exportadores de *plantation*. Nesse esquema, haveria lugar tanto para comunidades relativamente fechadas (casos de comunidades camponesas do altiplano andino e da América Central) como para proletariados rurais (*plantations* do Caribe) e, a meio caminho deles, para campesinatos fragmentados nos interstícios do sistema de grandes propriedades (a exemplo do Nordeste açucareiro). Assim, tanto os colonos de fazendas de café como os moradores de fazendas de cana-de-açúcar, tanto os pequenos proprietários do Centro-Sul como os foreiros e os meeiros, tanto caboclos como seringueiros pertenceriam a um mosaico ou contínuo de tipos de campesinato. Haveria camponeses proletários, camponeses rendeiros, camponeses autônomos – todas essas categorias rurais vistas como diferentemente articuladas a poderes urbanos, isto é, vistas como *part-societies*.[8]

---

8. Sobre a relação entre Wolf e o marxismo, ver considerações em Almeida 2003a e 2006.

Campesinato como sistema econômico e como classe

Se o campo acadêmico europeu construiu como seu objeto um campesinato como totalidade cultural, e o campo estadunidense criou a noção de campesinato como sociedade parcial, emergiu na Rússia a teoria do campesinato como sistema econômico, com Alexander Chayanov ([1925] 1966), com a subsequente revalorização, a partir de 1960, da escola do *oikos* por meio das ideias de Karl Polanyi ([1944] 1980). Estas combinaram-se então com a retomada das ideias de Karl Marx sobre camponeses independentes ou *farmers* expressas no terceiro volume de *O capital*. O campesinato econômico foi acompanhado pela noção de um campesinato-classe, que começou a ser destacado como sujeito de movimentos revolucionários (a influência da Guerra do Vietnã foi explícita) e como periferia da classe trabalhadora em um sistema mundial em expansão (Wolf 1969 e 1982). Assim, nos anos de 1960 e 1970, houve um debate, marcado pelo confronto entre visões marxistas e liberais da revolução e do desenvolvimento, no qual teve papel central o lugar dos camponeses no progresso. Esse debate pôs em questão a própria noção de campesinato. A polêmica travada no fim do século XIX entre leninistas e populistas russos – em que os primeiros viam nos camponeses uma categoria condenada a se diferenciar entre proletários e capitalistas, e os segundos, uma rota original para o socialismo agrário – foi reencenada independentemente, em meados do século XX, no Brasil e na Índia. A Revolução Cubana valorizou o campesinato latino-americano como uma classe revolucionária potencial. No Brasil e na África,[9] descobriu-se o papel de campesinatos como componentes funcionais da acumulação capitalista, quer na forma do "modo de produção camponês", quer como proletários disfarçados. Caio Prado Jr., em artigos célebres do início da década de 1960 publicados na *Revista Brasiliense*, cujo conteúdo foi reunido em *A revolução brasileira e a questão agrária no Brasil* ([1966] 2014), foi pioneiro nessas ques-

---

9. Refiro-me, no caso africano, a Claude Meillassoux (1975) e também a Keith Hart (1982).

tões e um dos primeiros a negar – contra a teoria de Eric Wolf – a realidade dos campesinatos sul-americanos.

Todas essas variantes de teorias estruturais do campesinato reaparecem tematizadas pelo conceito de fronteira nos anos de 1970 e 1980. Fronteiras substituíam o tempo pelo espaço, mudanças por contrastes locais, história por geografia: as etapas e os limites do capitalismo transformavam-se em objeto de cartografia. As fronteiras estão nos estudos de José de Souza Martins (1979 e 1980 *et passim*) e de Otávio Guilherme Velho (1972 e 1976). As teorias estruturais do campesinato apontaram para conflitos sociais e suas consequências para a sociedade brasileira. Havia vários diagnósticos. Para Caio Prado Jr., a ideia de campesinato embutia um modelo de mudança histórica que seria válido para a transição do feudalismo para o capitalismo, mas era anacrônico no caso brasileiro – em que se teria de pensar a transição do capitalismo para o socialismo. Para Celso Furtado (1986), seria necessário fazer uma reforma agrária para articular o campesinato ao processo de acumulação como mercado interno para a indústria nacional: a solução do problema camponês seria a condição para o próprio desenvolvimento capitalista. Para os críticos da "razão dualista", como Francisco de Oliveira ([1973] 1981 e [1977] 1997), os camponeses já contribuíam de fato para a acumulação de capital ao produzirem bens abaixo do custo de produção capitalista (sem falar na exportação direta de mão de obra migrante, um ponto destacado por Claude Meillassoux (1964) e por Keith Hart (1982) em uma argumentação similar aplicada ao contexto africano).[10] No tocante às teorias de fronteira, alguns (como José de Souza Martins) consideravam que os camponeses que ocupavam "terras livres" representariam uma barreira para a acumulação capitalista; eles estariam colocando em xeque as condições de reprodução do capital, e o campesinato, sob esse

---

10. O primeiro expoente da teoria do dualismo econômico foi provavelmente J. H. Boeke (1953), para quem a economia indonésia era composta de um setor capitalista e de um setor de subsistência, ligados entre si pela mobilidade de trabalhadores de um para outro. Conhecemos no Brasil as versões dessa teoria de Celso Furtado e outros.

prisma, seria um limite ao próprio capitalismo. Para outros (como Otávio Guilherme Velho), os camponeses de fronteira serviam antes para esvaziar as tensões causadas pela concentração da terra, convertendo-se, em seguida, ou em proletários, ou em classes médias, reforçando, dessa forma, o capitalismo autoritário – em vez de erodi-lo.

No plano internacional, houve muitas discussões sobre o campesinato em que se travaram os mesmos debates no quadro de "teorias da dependência", de "teorias do sistema mundial" (Wallerstein 1974, 1980 e 1989) e de "teorias da articulação".[11]

Campesinatos como modos de produção

Os estudos de sociedades camponesas e de civilizações agrárias foram renovados pela redescoberta da escola russa de estudo da organização econômica rural, com sua ênfase em uma *lógica econômica camponesa* e na *estrutura do grupo doméstico camponês*. Os estudos inspirados por Alexander Chayanov motivaram ensaios justamente célebres de Marshall Sahlins, que recusavam a visão de campesinatos como sobrevivências de métodos ineficientes de produção. Sahlins distinguia, em princípio, a racionalidade social e ecológica do "modo de produção camponês" da degradação humana e natural do campesinato, que seria não de sua tecnologia e de sua organização doméstica da produção, mas de sua sujeição à dominação externa de impérios, de senhores feudais e do mercado capitalista. Esses estudos enfatizaram a organização interna das unidades camponesas de produção – e, às vezes sem saber, reabilitaram as teorias do *oikos* que haviam sido tema de discussão na Alemanha na passagem do século.

---

11. O conteúdo teórico da teoria do sistema mundial corresponde ao que conhecemos como teoria da dependência nos termos de Gunder Frank (1967), apoiando ideias da Comissão Econômica para a América Latina e o Caribe (Cepal) e de Celso Furtado (1986).

Vários estudos realizados no âmbito do Museu Nacional do Rio de Janeiro, orientados por Moacir Palmeira (1969), refletiram a influência dessa abordagem microscópica da "lógica econômica" do campesinato. Os enfoques microeconômicos do campesinato também se distribuem, com efeito, em um espectro da direita à esquerda (Ellis 1988): incluem, em um extremo, o enfoque neoclássico da *household economics* que trata dos camponeses como produtores cuja especificidade é ser parcialmente integrados nos mercados de terra, de capital e de trabalho (Bryant 1990); e, no outro, enfoques substantivistas que tratam dos camponeses como representantes de instituições não mercantis de organização da economia, como sistemas de reciprocidade e de redistribuição (Halperin 1977).

Economia camponesa e ecologia

Finalmente, no mesmo período, emergiu a noção de uma ecologia social camponesa – em uma combinação de ideias da ecologia cultural de Julian Steward, da economia de Chayanov, da teoria de sistemas de troca de Polanyi e das teorias demográficas de Ester Boserup (1965) –, exatamente um instante antes da voga da ecologia e do ambientalismo. Essa combinação foi ilustrada pelos trabalhos de Robert Netting, em que o foco recaiu sobre grupos domésticos, *households*, como unidade de análise como sistema social (e unidade demográfica), unidade econômica e unidade de manejo. Uma das hipóteses de pesquisa suscitadas por essas análises é a ideia de que as unidades camponesas de produção sejam eficientes, quando comparadas a empresas agrícolas e avaliadas em sua interação com os recursos naturais. As tecnologias tradicionais são reavaliadas positivamente quando comparadas a tecnologias da revolução verde. A modernização tecnológica e social das unidades camponesas de produção deixa de ser um destino inexorável, e a comparação entre tecnologias adequadas para o agronegócio, como aquelas promovidas pela Empresa Brasileira de Pesquisa Agropecuária (Embrapa), perde a condição de superioridade absoluta diante de ecotécnicas rurais comprovadas pela experiência.[12]

Campesinatos marginais

Vale a pena ressaltar que as teorias estruturais, que tomam grandes unidades sociais, como as classes sociais, deixam de lado massas rurais marginais ao capitalismo – já tratadas por Oliveira Viana e tematizadas por Maria Sylvia de Carvalho Franco (1997) –, que recebiam melhor atenção das teorias culturalistas. Caboclos, sertanejos independentes, caipiras, caiçaras, quilombolas, seringueiros, microminorias indígenas e, mais especificamente ainda, ribeirinhos, regatões, ilhéus, seringueiros, pescadores artesanais, caçadores, coletores das matas, coletores do mangue, agricultores de pés de serra e de veredas e chapadas, além de garimpeiros: essas microcategorias não contavam como atores dinâmicos nas teorias estruturais; não ficava claro se deveriam contar como campesinato ou como uma "sociedade parcial", no sentido de uma categoria com característica cultural própria. Nas teorias de "fronteira", os atores privilegiados eram, de um lado, os posseiros e os colonos, e, de outro, os fazendeiros e os especuladores de terra. As microcategorias listadas, quando mencionadas, apareciam como marginais tanto na geografia como na história, ou então apareciam como sobrevivências. Os seringueiros foram descritos na *Formação econômica do Brasil*, de Celso Furtado (1959), como subprodutos de mais um ciclo abortado de crescimento econômico, uma repetição perversa com a borracha (seringueiros), dos *booms* de exportação de ouro (caipiras mineiros e gaúchos sertanejos fornecedores de alimento): uma fugaz concentração de capital que concentra massas humanas, para abandoná-las, sem passagem de volta, em regiões ativadas e desativadas da economia mundial, condena-

---

12. De 1998 a 2018, as práticas agrícolas das comunidades rurais e indígenas ganharam importância e visibilidade. Uma referência mais atual é a tese de Santonieri 2015; ver também Emperaire *et al.* 2019.

das à economia de subsistência e convertidas em "problemas regionais". Resultam disso quilombolas invisibilizados, caipiras em "mínimos de subsistência", seringueiros acaboclados. Esse ponto de vista sobre nossos campesinatos marginais foi expresso por Caio Prado Jr. ([1966] 2014), ao afirmar que os seringais não eram assunto de história econômica – mas sim de romance. Ou de farsa. Há um estilo que oscila entre a melancolia e a farsa associado a todos esses "ciclos" e que mereceria estudo próprio, perpassando as literaturas brasileira e hispano-americana – o ciclo da borracha constitui uma interseção entre as duas.

Morte do campesinato?

Para alguns, morreu a antropologia do campesinato. Isso seria consequência da morte do campesinato, resultante da modernização e da globalização. Essa morte – anunciada por muitos e título do livro de Henri Mendras, *La Fin des paysans* (1967) – significaria a morte de civilizações tradicionais, de sociedades camponesas e de lógicas econômicas camponesas. Em minha opinião, porém, o anúncio da morte da antropologia do campesinato requer no mínimo uma autópsia mais cuidadosa do suposto cadáver. Quem diz "morte do campesinato" está fazendo uso de um conceito que, nas várias narrativas agrárias, unificava uma multidão de objetos e de características, os quais não foram eliminados pela modernização e pela globalização. Talvez tenha sido o conceito de "campesinato" que perdeu a capacidade de iluminar como antes esses objetos.

A noção de civilização agrária evocava uma paisagem (leiam-se: campos, bosques, rios com um gradiente de domesticação que ia da casa ao mato), técnicas constantes em seus efeitos sobre essa paisagem (domesticação agrícola e de animal, de instrumentos e de objetos simples), sistemas de propriedade costumeiros, representações do mundo e dos deuses arraigadas. Esses temas, presentes na abordagem culturalista, estavam englobados em um objeto camponês, em um "fato social total". E este permitia falar de ruralidade como o outro da urbanidade.

Seria possível provar que há um ruralismo, assim como há um orientalismo, e desconstruir a aparente unidade de "civilizações camponesas" e de seus traços variados e diversos, justapostas como um único construto analítico pelo seu outro urbano.

As narrativas agrárias culturalistas, sociológicas e economicistas tinham muitas coisas em comum. Tratavam de uma parte arcaica do mundo moderno: um espaço cultural (civilizações agrárias) e geográfico-técnico distinto (ecótipos camponeses), embora com ênfases e interesses diferentes. Para alguns estudos da civilização tradicional, o campesinato contemporâneo seria um arcaísmo neolítico – o que aproximava alguns desses estudos do campo da história, do folclore e da filologia. Para outros, interessava seu caráter subordinado, política e economicamente, com sua dependência de bens importados e sua vinculação a mercados externos. O fundamental é que, para todos, a categoria de "campesinato" permitia subsumir uma enorme variedade de objetos locais em uma linguagem teórica única, a de uma narrativa do atraso para o progresso: contra ou a favor dele. A teoria do campesinato é parte de uma história da modernização.

É importante ressaltar que esse outro camponês subsumia uma grande lista de traços e de situações na figura de um só ator em uma única narrativa universal: tecnologias simples e agrárias (agricultura de queimada, extração), relações sociais localmente marcadas pela comunidade de parentesco ou de vizinhança, trocas econômicas com cunho de dádiva, organização de poder clientelística, religião de mau-olhado e de catolicismo de *folk* – a lista é grande e parece integrada, com vocação para constituir-se uma totalidade. Ou consideremos os aspectos ecológicos do campesinato: baixo controle sobre a natureza.

Havia então uma discussão, cujo centro eram os objetos camponeses, sobre como avaliar o progresso humano e seu sentido, tomando como indicadores essas características totalizadas, subsumidas na ideia mais geral de atraso ou de redenção para a modernidade. Grande parte das discussões sobre o assunto, de Marx a Chayanov, de Kautsky a Sahlins, girou em torno disso. Gostar desse objeto camponês compósito ou detestá-lo, assim como gostar de folclore ou odiá-lo, foi uma pedra de toque para capturar atitudes intelectuais e políticas.

Uma utopia da modernidade, anunciada, por exemplo, em Marx, era o fim da separação entre natureza e sociedade e entre campo e cidade. Nessa utopia, deixaria de existir um dualismo entre o agrário e o urbano – em benefício de um único modo de controle da humanidade sobre o mundo humano e natural. Além disso, não haveria lugar para camponeses, porque todos seriam cidadãos urbanos por excelência.

Há quem pense que a história se encarregou de cumprir a utopia. A ideia hegeliana de um fim da história foi reavivada na segunda metade do século XX na forma de fim da diferença entre campo e cidade. Ela também ressurge em outra variante: o fim da diferença entre sociedade e natureza, depois que a biotecnologia prometeu apagar a distinção entre objetos naturais e objetos artificiais. Fim da diferença, portanto, entre campo e cidade, entre natureza e artifício, entre realidades naturais e realidades virtuais, entre sujeitos e avatares, entre corpo e prótese. A técnica e sua expressão em dinheiro convertem distâncias enormes em tempos quase instantâneos e comprimem em espaços contíguos tempos vastamente afastados; ela promete anular, assim, o próprio tempo e o próprio espaço. Ou, pelo menos, essa é a promessa da pós-modernidade.

Nem toda promessa, porém, se realiza como se pensava. Precisamos distinguir aqui duas mortes: a morte do paradigma camponês e o fim das pessoas e das situações que eram pensadas nos termos desse paradigma. Fazendo essa distinção, há, é claro, a possibilidade de que tais pessoas e situações tenham desaparecido ou estejam caminhando para a morte rápida; seria essa, então, a explicação para o fim do paradigma camponês. Mas há também outra possibilidade: a de que o referido paradigma tenha morrido por causas internas e conceituais – ainda que as pessoas e as situações sobre as quais ele pensava não estejam menos vivas em virtude disso.

No passado, os conceitos de campesinato e de sociedade agrária foram peças de grandes ideias, para cujos embates serviam de tema; essas ideias são chamadas hoje de "grandes narrativas", termo que significa aproximadamente aquilo que "filosofias da história" ou "histórias universais" implicavam antigamente. Os camponeses eram atores – secundários, coadjuvantes ou centrais, dependendo do ponto de vista – das grandes narrativas, das filosofias da história ou das histórias universais. E é essa uma das razões por que deixaram de ser pertinentes para muitos debates contemporâneos: as grandes narrativas perderam o poder de convicção. Talvez tenha sido a teoria em si que se tenha gasto; talvez tenham se exaurido as possibilidades conceituais da história universal; talvez esse gênero literário tenha morrido, assim como morrem mitologias e romances policiais do tipo "Quem foi?". Houve uma época em que novas ideias sobre o campesinato pareciam fascinantes e originais. Camponeses-cultura, camponeses-estrutura, camponeses-economia; camponeses separados, camponeses articulados ao capitalismo; camponeses-passado, camponeses-futuro; camponeses-movimentos sociais, camponeses revolucionários; camponeses moralistas; camponeses-agentes racionais. No entanto, a longa lista diz tudo: tudo o que podia ser dito talvez já tenha sido dito; as experiências correspondentes também foram feitas. Em outras palavras, essas narrativas, teorias e filosofias da história podem estar falecendo sob o efeito de uma espécie de exaustão combinatória: o que elas poderiam pensar foi pensado; suas verdades virtuais foram descobertas e testadas na prática; miríades de autores e de agentes representaram em palcos acadêmicos e históricos as possibilidades, por assim dizer, das teorias de campesinato e de agrarismo.

Dizendo isso de outra maneira, camponeses e sociedades agrárias – assim como seus atributos, como a agricultura de queimada, a rotação de campos, arado e charrua, a enxada e o machado; a crença na lua e nos santos –, tudo isso se localizava no interior de um grande romance do mundo contemporâneo. Nesse romance, ou nessa história especulativa, o mundo social é classificado em primitivos, camponeses e modernos, e esses personagens eram encadeados em uma ação cuja lógica era inelutável, agonística e antagônica. Nessa ação, o papel dos camponeses era intermediário: geograficamente situados na fronteira entre as paisagens primevas e as aglomerações industriais, temporalmente situados na passagem da barbárie dos coletores-caçadores para a ordem estatal; sociologicamente constituídos como um mosaico de relações de parentesco e de vizinhança; epistemologicamente encerrados em visões de mundo fechadas e arcaizantes; economicamente a meio caminho entre dádiva e mercado. Havia gêneros épicos, dramáticos e romanescos para tratar dessa transição; modos individuais e modos coletivos de trajetórias aventurosas ou melancólicas "do campo à cidade". A grande narrativa acabou. Como uma máquina que se gasta, ela primeiro falhou e depois, morreu – seu calor dissipou-se pelo atrito e perdeu-se para o ar.

O fim do ruralismo?

A morte do campesinato é a morte de um sistema de pensamento; é o fim de um código. As peças que esse código organizava no passado, contudo, ainda estão em circulação. A dissolução nominalista do campesinato e das "sociedades agrárias" como categoria mestra é real; mas não menos real é a reativação da política indígena, nativa, *grass-root*, étnica. O fim do campesinato se dá ao mesmo tempo que se ativam como nunca discursos e práticas de democratização rural, de autogoverno ambiental, de políticas de gênero contra-hegemônicas cujos atores são atingidos por barragens, de indígenas que passaram por movimentos de revivalismo étnico, de caboclos que se redescobriram índios, de seringueiros que se transfiguraram em povos da floresta, de caiçaras que se tornaram povos dos mares, de marginais que viraram quilombolas, de babaçueiras, de sem-terra, de sem-teto.[13] Se abstrairmos a categoria totalizante do campesinato, veremos que os traços culturais, econômicos e ecológicos que eram associados a ela, embora desconjuntados entre si e destacados na grande

---

13. E a lista não para de crescer. Faxinalenses, geraizeiros, moradores de fundos de pasto, babaçueiras, bem como ciganos e pomeranos, integram a lista do decreto de 2007, que institui políticas para "populações tradicionais".

narrativa teórica da qual faziam parte, continuam na ordem do dia. A pergunta, portanto, sobre o que efetuou a dissolução do "fato social total" camponês talvez não esteja bem colocada. A resposta que afirma que "a modernidade matou o campesinato" utiliza o próprio conceito de campesinato e a própria narrativa da modernização que estão em foco. Acho que é preciso pensar na resposta de outra forma.

Quem efetuou a dissolução do campesinato como um "fato social total", como avatar de um megaconceito? Primeiro, sistemas mundiais teriam acentuado a permeabilidade das membranas que separam "sociedades parciais" da sociedade global, levando em alguns casos ao esgarçamento de grupos sociais, de modo que estes perdem uma referência espacial contínua (caso das diásporas permanentes ou sazonais).[14] Por outro lado, territórios deixam de corresponder a um único grupo social e se convertem, em vez disso, em *loci* de passagem de muitos grupos diferentes (caso dos lugares de turismo).[15] Quando há grupos e locais bem delimitados, pode revelar-se impossível a separação entre esferas apartadas de dádivas (locais) e mercadorias (para fora). Objetos produzidos ritualmente entram em mercados mundiais levando seu sobrevalor cultural, como o urucum exportado pelos Iauanawá do rio Juruá ou os cestos de palha tecida exportados pelos Baniwa do rio Negro. Mais ainda: há relações de produção verticalizadas em que a ponta do consumo final dialoga com o ponto do produtor em torno tanto de minúcias do produto como dos aspectos ambientais e culturais do contexto da produção. Ou tomemos outra linha no rumo da desconstrução da especificidade camponesa. A sociedade camponesa seria uma sociedade parcial no interior da sociedade moderna. Ora, desse ponto de vista, qual seria a diferença entre as sociedades camponesas e outras sociedades parciais, como as

14. Assim, uma mulher pode ser "camponesa", quando administra a economia familiar em seu pé de serra na Paraíba durante parte do ano, e empresária, quando emprega assalariados no pico da colheita, mas é assalariada quando trabalha como empregada doméstica em São Paulo na entressafra.
15. E, mais propriamente, de espaços ocupados vicariamente por grupos em migração, sejam eles indígenas ou ciganos.

street-corner societies [sociedades de esquina], as turmas do *pedaço*, os bairros diaspóricos nas metrópoles modernas, as gangues de pichadores e de grafiteiros? Ou consideremos a ideia segundo a qual a economia camponesa é demarcada pelo fato de ser corporificada por grupos domésticos que são, ao mesmo tempo, unidades de reprodução, microempresas e unidades de manejo ambiental; mas os dois primeiros traços são compartilhados por costureiras em domicílio, que abastecem a Benetton com confecções *prêt-à--porter*, e todos os três traços são compartilhados por catadores de lixo urbanos. Se quisermos abusar das metáforas, há dispersão da dádiva, do sagrado-natural e dos atributos étnicos para fora de espaços delimitáveis como *rurais*, mas também há um movimento radial de substâncias, afetos e pessoas de todo o mundo para o interior dos *loci* de seringueiros, de Kayapó, de quilombolas. Essas considerações visam a indicar que, no fundo, o que soldava *in extremis* a noção de campesinato era a conexão entre um chão e um povo: camponeses seriam, como nações, gente enraizada em um território, com ideias mais ou menos conservadoras e técnicas agrícolas. Essa conexão entre grupo social, ideias e coisas – encerradas em um território discreto e isolado do exterior – deixa de ter peso para iluminar o mundo de migrantes móveis, de famílias-rede dispersas entre diferentes zonas geográficas segundo os fluxos migratórios, de estratégias de reprodução que acionam diferentes técnicas e espaços.

O "fato social total" camponês talvez tenha sido uma construção fortemente ditada pelas exigências da narrativa modernizante. Mas consideremos, por exemplo, alguns dos aspectos aparentemente novos que expressam a dissolução do campesinato sob o impacto da modernização: as diásporas, o turismo, o fluxo de objetos em grandes distâncias. Não é novidade o fato de haver grupos sociais de base "agrária" que se dispersam em vastos espaços multinacionais e perdem qualquer associação definida com o "agrário" ou com territórios contíguos – as diásporas dos judeus são tudo menos novidade, e o que é recente é o reagrupamento territorial, linguístico e político. Tampouco é novo o fenômeno de lugares de trânsito, de *loci* sem associação unívoca a um grupo social deter-

Narrativas agrárias e a morte do campesinato **53**

minado; são, em vez disso, lugares de passagem – os lugares de peregrinação são exemplos claros disso. Os fluxos de objetos que percorrem longas distâncias e escapam à dicotomia entre dádiva e mercadoria, entre símbolo e insumo, tampouco são realidades inéditas – basta, para um exemplo próximo, lembrar dos circuitos de trocas entre o Piemonte andino e o altiplano, que punham em trânsito substâncias curativas, e dos circuitos de troca na Planície Amazônica, que faziam circular pessoas e mercadorias. Nada disso é radicalmente diferente de circuitos como aqueles que colocam nos mercados mundiais objetos com mais-valia cultural, como o urucum exportado pelos Iauanawá, que é vendido pela imagem da pintura ritual na comunidade, ou o pano exportado para a Hermès pelo seringueiro que leva consigo o cheiro acre da defumação. O que tudo isso confirma é que a morte do campesinato significa de fato o fim de uma imagem camponesa que aglutinava traços em um fato social total e que o inseria em uma história universal. Mas indica também uma pista da vitalidade dos temas que antes estavam no domínio do discurso do campesinato e do rural. De um lado, foram os grupos sociais situados no interior dos compartimentos predeterminados que atravessaram as fronteiras, e elas se tornam difíceis de precisar, e as direções de mudança que deixaram de ser univocamente localizadas. De outro lado, houve um reconhecimento internacional da contribuição dessas populações.

O cansaço com o paradigma, contudo, não equivale absolutamente ao fim dos problemas por ele levantados. Comentamos acima que o paradigma agrícola-camponês deixava na obscuridade uma miríade de situações que eram classificadas como marginais; essas "populações marginais" não eram nem sequer nomeadas pela teoria, e sua invasão da cena política não foi preparada pelas teorias estruturais do campesinato. E os atores que a teoria privilegiava? Tampouco eles se reconhecem nas noções previstas: em vez de proletários e de camponeses rurais, são boias-frias, sem-terra, atingidos por barragem, quilombolas, índios com diferentes feições e estratégias, seringueiros, "povos tradicionais". A morte das teorias camponesas não tem de ser explicada pela morte dos problemas que a teoria do campesinato engendrava e procurava resolver. Quais são os efeitos das transformações na natureza e na sociedade provocadas pela modernização? Em particular, quais são os efeitos dessas transformações sobre as ideias e as realidades de lugar (natural, sagrado), de tradição (cultural, étnica) e de sociedade (com fronteiras, identidades, estruturas)?

Note-se, porém, já aqui, a dificuldade que encontramos ao tratar de uma transição de um paradigma para outro: não é possível falar da realidade sem nos colocarmos em um quadro de linguagem, de categorias e de temas que só têm sentido no interior de um dado paradigma. Não falamos sobre eles de fora: precisamos falar a esse respeito situados firmemente em seu interior.

O novo nominalismo

O primeiro resultado da crise do paradigma de um campesinato englobante é um nominalismo antropológico. Há antropologias *ad hoc*: antropologias da floresta, do sertão, do mar. Carlos Rodrigues Brandão, em um debate na Unicamp no fim dos anos de 1970, mencionou o fato de que, alguns anos antes, eu havia me recusado a classificar-me como antropólogo de camponeses e sugeriu que eu fazia então "antropologia de extrativistas". Devo ter dito que talvez eu praticasse uma "antropologia de floresta", assim como Terri Valle de Aquino disse uma vez em Campinas, São Paulo, que fazia "antropologia de barranco" (comunicação pessoal). Durante algum tempo, o próprio Brandão fez uma "antropologia de montanha". Ao contrário de Raymond Firth (1946), que classificou seus pescadores malaios como camponeses, preferindo assim unir a separar, hoje as antropologias nominalistas se orgulham em desconstruir seus camponeses, reclassificando-os como pescadores e fazendo antropologias de mar, de lagos, de mangues. E, em lugar de camponeses, passou a ter quilombolas, babaçueiras, geraizeiros, faxinalenses.[16]

---

16. Sem poder exemplificar essa crescente literatura sobre novas categorias de sujeitos históricos rurais, menciono apenas Alfredo Wagner B. de Almeida (1995).

Há antropologias de sujeitos que não se reduzem mais a um suporte geográfico: mulheres, idosos e crianças; negros e índios; povos tradicionais; sem-terra, sem-teto, povos de floresta, povos de mares, povos de lagos, atingidos por barragens e outras identidades progressivamente menos substantivadas e fragmentadas, levando a novos movimentos sociais mobilizados por identidades em devir, dessubstancializadas, diasporizadas. Há antropologias de famílias singulares e de indivíduos; assim como há antropologias de atividades: antropologias do turismo, da mineração, da conservação ambiental, da caça, do artesanato. Há antropologias de sistemas de propriedade e de poder local.

Essas subjetividades não são mais coletivos anônimos e reduzem-se no limite a indivíduos nomeados – mais uma vez voltamos a técnicas de Franz Boas. O fim anunciado das categorias de campesinato vem com o ressurgimento do nominalismo antropológico, acompanhado por um igualmente vicejante voluntarismo histórico, que se expressa em inúmeros projetos de refazer a história localmente à sombra da globalização. Tais projetos, contudo, não são ancorados em nenhuma certeza e em nenhuma necessidade ditadas por leis da história ou por leis estruturais. Para utilizar metáforas contemporâneas, os movimentos locais assemelham-se àqueles processos que, envolvendo mudanças rápidas e descontínuas em suas fronteiras, bem como choques e rupturas – ou seja, processos fora do equilíbrio –, podem ocasionalmente conduzir a soluções auto-organizativas, a ordens transientes que contrariam a tendência do entorno à homogeneidade hegemônica. São como processos de auto-organização, alimentados pela energia disponível no sistema como um todo, ativados pelo desequilíbrio permanente que é o estado normal do novo sistema mundial.[17]

---

17. Ver, sobre esse ponto, o capítulo final de minha tese de doutorado (Almeida 1993).

Ficcionalismo: invenções e reinvenções

Se as narrativas-mestras foram abandonadas, há, no entanto, algumas questões prioritárias que perpassam esses novos estudos: a crítica à narrativa da modernização como um fracasso da razão iluminista, a resistência dos excluídos contra o sonho da modernização homogênea. Por isso, é quase um paradoxo que a literatura pós-camponesa, que dissolveu as narrativas-mestras e recusou o realismo das grandes tradições teóricas, esteja repleta de soluções locais. A chave desse aparente paradoxo está na existência de uma recusa às soluções globais (que eram dadas na forma de narrativas de progresso, de modernização, de revolução, de socialização, de proletarização) e, por outro lado, de uma sede inesgotável de respostas locais.

Dessa maneira, precisamente no momento em que o discurso teórico decreta o fim do problema "agrário" e "camponês", no mundo inteiro as questões cuja base são florestas, campos e mares se tornam centrais. No momento em que a tradição é desconstruída, toda sorte de identidades e de tradições se converte em manchete a cada atentado ao consenso moderno. Na América Latina, os movimentos zapatista e dos sem-terra são exemplos da dificuldade que velhos objetos têm de aceitar a morte como termo de uma vida declinante; os movimentos dos seringueiros e de outros coletores na América do Sul e no Sudeste Asiático são também exemplos do ressurgimento de objetos que, por assim dizer, saem do túmulo para bradar aos vivos. O campesinato morreu. Vivam os camponeses?

Esse ponto pode ajudar a resolver o paradoxo já mencionado e suas recentes superações. O paradoxo, para reenunciá-lo, está no fato de que o fim da "antropologia das sociedades agrárias" ocorra com enorme vitalidade de antropologias de paisagens e de seus atores ecotécnicos. Sua solução está no fato de que o fim anunciado é o dos universais sociológicos (que infectam naturalmente os universais arcaico-rurais), e, entre eles, o conceito de história. Taussig (1989), em sua resenha de *Europa e os povos sem história*, afirma que o capitalismo aparece na obra de Eric

Wolf como uma montanha-russa que captura seus passageiros em uma viagem frenética que não permite a ninguém se mover fora de uma rota e de uma velocidade predeterminadas. Mas esses atores sempre seguem trilhas e picadas, atalhos e pontes, e não pistas expressas. A via expressa cindiu-se em muitas vias: grupos locais (comunidades *grass-roots*, populações tradicionais), relações políticas (*empowerment*, contra-hegemonia, cogestão, planejamento, pirataria), caminhos de mudança (desenvolvimento sustentável; turismo; produtos não madeireiros, mercados verdes, conservação), valores e patrimônios (conhecimento tradicional, biotecnologia, biodiversidade, paisagens, minério, madeira).

A literatura pós-camponesa, que teria dissolvido as narrativas-mestras e recusado o realismo dos grandes conceitos, está repleta de projetos concretos e de soluções locais relacionadas a essas vias e temas. A ênfase passou a estar no local. Os problemas locais, contudo, são globais: são problemas que dizem respeito a paisagens naturais (mares, florestas, savanas, rios) e àqueles que os disputam – moradores "tradicionais", agências do Estado, megaempresas –, bem como às consequências dessas disputas para o futuro. Os atores, porém, não são mais puros, e é difícil descrevê-los como classe ou camponeses. Fala-se, como Escobar (1995) e Bhabha (1994), em personagens híbridos.

É verdade que muitos grupos locais portadores dos traços do antigo campesinato reaparecem reagrupados sob a noção de comunidade tradicional, ou de comunidade local, reinvestidos de potencial político como fundamento de reivindicações territoriais. Essas reivindicações se apoiam na contribuição que as "comunidades locais" poderiam trazer à sociedade moderna: tecnologias simples como tecnologias de baixo impacto ambiental, relações sociais face a face como base para o autogoverno, diferenças de *savoir-faire* como patrimônio cultural. Nas "comunidades locais", a "imagem do bem limitado", que era vista como um traço opressivo e antiprogressista dos campesinatos latino-americanos, passa a sugerir a ideia de abstenção saudável diante do consumismo ilimitado. Mas a voga das noções de "comunidade tradicional" não corresponde ao surgimento de uma nova grande teoria. A "comunidade local" é uma categoria política, e não um conceito teórico; ela remete a um pacto entre grupos e o Estado, e não a uma nova narrativa universal.

No momento em que "tudo que é sólido se desmancha no ar", inclusive as grandes categorias rurais, as tradições e as identidades são reconstruídas em toda parte como fundamento de movimentos e lutas – pela terra, contra represas, contra estradas, contra madeireiras, contra a biopirataria, por acesso a poder local, educação, saúde, créditos e capital. Na América do Norte, o movimento zapatista de Chiapas; no Brasil, os sem-terra e as mobilizações de seringueiros contra as políticas de modernização do Banco Mundial (como no caso de Chico Mendes); na Índia, movimentos contra a privatização do conhecimento tradicional. Vastas redes de movimentos sociais.

O paradoxo é que o fim da "antropologia das sociedades agrárias" anda em consonância com uma vitalidade enorme de fragmentos que se aninhavam nas categorias antigas de campesinato – barrancos e florestas, ilhas e praias, chapadas e brejos, babaçuais e açaizais, canaviais e cafezais; ribeirinhos e seringueiros, quilombolas e caiçaras, sertanejos e montanheses, coletores e plantadores; saberes, tradições, memórias; fazeres. A solução do paradoxo está então, talvez, no fato de que o fim anunciado é o dos universais sociológicos.

Observações sobre métodos

Curiosamente, todas essas tendências parecem reanimar temas culturalistas, tratados como *démodé* pelas abordagens estruturais. As noções de "traços culturais", as áreas culturais, os métodos de estudo de campo apoiados na documentação de histórias individuais, tudo isso classificado com sabor arcaico no início deste artigo, parecem ter ressuscitado consciente ou inconscientemente como parte do abandono das narrativas evolucionistas e estruturais.

Para a antropologia dos estudos de comunidade, as grandes categorias de campesinato converteram-se em objeto de pesquisa como:

- um território natural (entre fronteiras desenhadas como croquis ou mapa em escala);
- uma estrutura social (um conjunto de pessoas ligadas por relações especificadas em diagramas de parentesco e, de modo geral, de direitos e obrigações e outras formas costumeiras);
- uma cultura (um sistema de objetos ideais ou materiais e modos de produzi-los).

Para tratar de tudo isso simultaneamente, e, portanto, como uma totalidade, era necessário utilizar uma escala apreensível por um único observador. Essa escolha de escala se traduzia, por exemplo, em distâncias que um observador poderia percorrer a pé, talvez de carro ou de barco, em um dia; em relações sociais que ele poderia reconstituir em seu diário de campo, em intervalos de tempo que poderia acompanhar pessoalmente; em uma população que poderia recensear. A pequena escala, ou escala antrópica, levava à escolha de ilhas, vales, aldeias, bairros, quarteirões e morros como os objetos paradigmáticos de antropólogos clássicos. O resultado eram pacotes de "fatos sociais totais".

Em contraste, os modelos da sociologia consideram escalas em que se apreendem simultaneamente grandes territórios e massas de pessoas e em que métodos estatísticos são empregados para substituir descrições antrópicas por macrovariáveis (não foi à toa que métodos microscópicos em Sociologia foram denominados "etnometodologia"). Nos estudos não antropológicos, o "fato social total" é cindido amiúde em dimensões especiais: processos econômicos, lutas pelo poder, migrações e mudanças demográficas, fenômenos culturais.

Também na pesquisa antropológica ocorre essa variabilidade de escala e de temas. Uma unidade de território pode ser retida, dispensando a ideia de uma estrutura social invariante e contida em fronteiras. Haverá um fluxo de pessoas que entram e saem do território especificado como na visão da "sociedade rural como um fluxo organizado", na formulação feliz de Joan Vincent ([1977] 1987). Aqui, o lugar unifica a observação e é recortado por relações sociais difundidas para fora dele, mas que organizam seu uso. Outro caso é o de lugares que são ao mesmo tempo objetos de projetos contraditórios, construídos por atores em conflitos: projetos do Estado (de conservação, de desenvolvimento), empresas, atores locais que constroem sistemas de uso e propriedade locais, indivíduos que veem paisagens por meio de seus percursos. O foco de interesse dessa nova antropologia pode recair em pessoas em um período de tempo – que têm sua unidade intrinsecamente dada por biografias e laços recíprocos e que podem, ao longo do tempo, aumentar ou diminuir, mover-se de lugar, fragmentar-se em diásporas, reunificar-se em retornos, ter uma proximidade reativamente constante ou, ao contrário, constituir uma rede apenas virtual; pode ligar-se por interesses mútuos e contratuais definidos por um lugar--instituição ou por sentimentos profundos e pessoais; pode conectar florestas e cidades através de rios. Esses processos podem ser guiados pelo foco biográfico-afetivo e por trajetórias espirituais. Estendendo a lista, há focos em sistemas culturais (materiais e não materiais, incluindo aqui sistemas econômicos, linguísticos, jurídicos, estéticos, corporais). Nesse caso, estaremos acompanhando talvez uma parte de um sistema por meio de uma geografia cujos pontos estão dispersos e de uma população também dispersa. O foco pode ser um sistema religioso ou a democratização rural.

Quais são as implicações das considerações acima sobre a dissolução e a transfiguração do conceito de campesinato para a política agrária e, em particular, para a ideia de reforma agrária? Com o conceito totalizante de um campesinato/proletariado rural como parte fundamental da estrutura social brasileira, com seu lugar marcado pela exclusão do acesso legítimo à terra e à cidadania, vinha uma visão das mudanças sociais urgentes na sociedade em que a reforma agrária tinha papel central. Com a desconstrução da categoria do campesinato, temos que aceitar também um *post-mortem* para a reforma agrária? A argumentação feita anteriormente leva a outra conclusão, mais otimista: a de que está em curso uma nova reforma agrária, por assim dizer transfigurada em uma pluralidade de movimentos e de questões e trazendo novos recortes da luta pela redistribuição do espaço natural-humano; direitos sobre a diversidade e a qualidade da natureza humana e cultivada sobre conhecimentos e modos de vida, sem se restringir a direitos de cidadania genéricos. Para alguns, esse movimento plural significa uma perigosa negação do universalismo das lutas sociais unificadas sob a égide da modernidade. Para mim, contudo, significa a recuperação da diversidade social e política muitas vezes reprimida no passado; significa também novas alianças dos movimentos que antes eram englobados no ruralismo com os movimentos de gênero, movimentos ambientalistas, movimentos pela liberdade informacional (um bom exemplo é o da relação entre movimentos de *software* livre e de direitos sobre conhecimentos tradicionalmente produzidos), contra o monopólio biotecnológico sobre a agricultura.

CAPÍTULO 3

As colocações: forma social, sistema tecnológico, unidade de recursos naturais

Descrevo aqui o sistema de *colocações* dos antigos seringais do Alto Juruá tal como ele existiu na década de 1980, associado ao *aviamento*.[1] O aviamento era, e ainda é em muitos rincões do país, o sistema comercial no qual um *barracão* (o *aviador*) fornece mercadorias a prazo para seringueiros ou outros extrativistas *aviados* (coletores de produtos silvestres não cultivados), contra a remessa anual de borracha ou outros produtos extrativos para o *barracão*, em pagamento da dívida acrescida de margens de "lucro".[2] Uma imagem que pode representar o sistema de aviamento é a de uma árvore: o *barracão* é o tronco e os camponeses extrativistas dispersos na floresta são as folhas. Outra imagem, mais realista, é a de uma bacia hidrográfica em cuja foz localiza-se o *barracão*, e os extrativistas estão nos últimos afluentes – com entroncamentos intermediários nos quais se

---

1. Palestra realizada em janeiro de 1988 em Rio Branco, em um encontro paralelo a uma reunião convocada pelo governo do estado do Acre (Flaviano Melo) que reunia técnicos e representantes de bancos e ONGs. O encontro paralelo reuniu sindicalistas, seringueiros e ONGs. Uma primeira versão foi publicada na revista *Terra Indígena* (1990a); uma versão ampliada foi publicada na revista *Mediações* (2012).

2. Aqui, "lucro" não distingue juros (e usura), correção por inflação, lucro comercial (incluindo custo de transporte e de distribuição) e lucro do capital (na pecuária e na agricultura). Trata-se de uma categoria local.

As colocações **65**

situam *barracões*. Praticamente todos os que escreveram sobre os seringais da Amazônia, desde Euclides da Cunha, adotaram essa imagem, arbórea e hierárquica.

Mas há outra realidade, que emerge do ponto de vista local dos camponeses extrativistas. É o ponto de vista das *colocações*.[3] Hoje chamadas de comunidades, as *colocações* são as unidades de uso da floresta por grupos domésticos, articuladas internamente e entre si por relações de vizinhança, cooperação, trocas e mobilização política. Enquanto o sistema de aviamento é orientado verticalmente (tronco, galhos, folhas) em uma estrutura hierárquica regida pelo pagamento de *rendas* e pelas relações de *dívida* contabilizadas no *barracão*, as *colocações* são conectadas internamente e entre si por trocas associadas a relações de *vizinhança* (obrigações de doação para parentes) e por trocas associadas a trabalho (trocas de dias de esforço em roçados). Desse ponto de vista, as relações comerciais com o *barracão* eram marcadas pelo "roubo", inevitavelmente ligado à falta de critério para relacionar o tempo de trabalho para fazer uma tonelada de borracha e o pacote de sal, munição, espingarda, tecido e outros artigos importados. Pois era possível comparar o tempo despendido para fazer farinha com o tempo utilizado para fazer borracha ou para obter animais de caça, mas não havia meio similar para comparar o tempo de trabalho para fazer borracha com o valor de uma espingarda. Neste último caso, a relação de preços era vista por seringueiros como fronteira de disputa: roubo por parte dos patrões, disposição para não pagar por parte dos seringueiros.[4]

O programa de reservas extrativistas, formulado por sindicalistas amazônicos na década de 1980, com destaque para Chico Mendes, visava a conservar e melhorar o sistema de

---

3. *Colocação* remete ao ato pelo qual um patrão *coloca* um seringueiro em *estradas de seringa*. Contudo, a *colocação de seringa* ganhou o significado de território do qual o seringueiro *colocado* se apossou, resultando em um modo de vida que sobreviveu ao fim dos patrões.

4. A visão dos seringueiros não estava longe da realidade (Almeida 1993, caps. 1–4).

colocações – um campesinato florestal –, abolindo o sistema do *barracão*.[5] Esse programa foi implementado no Alto Rio Juruá com a formação da Associação dos Seringueiros e Agricultores da Bacia do Rio Tejo, em 1988, e com o início de um sistema de cantinas, de transporte e de financiamento independente dos *barracões* e dos patrões, gerido pela Associação e pelo Conselho Nacional dos Seringueiros.[6] Após um ano de conflitos, em que patrões recorreram a meios violentos e a ações jurídicas ao longo de 1989, sob o impacto do assassinato de Chico Mendes em dezembro de 1988, foi criada a Reserva Extrativista do Alto Juruá em 16 de janeiro de 1990, além de outras três em 14 de março de 1990.[7]

A construção efetiva do ideal de um modo de vida de *colocações* florestais sem a exploração patronal, exposto na versão inicial deste texto em 1988, enfrentou, porém, as injunções inevitáveis da história real de 1990 a 2020. Mais uma vez, aprendemos que a história se faz por caminhos imprevisíveis, e não como desejamos (Almeida 2002a).

A ocasião para a palestra que originou este texto foi um encontro ocorrido em janeiro de 1988, na sede da Fundação Cultural (hoje Fundação Elias Mansour), em Rio Branco, organizado por Mary Allegretti, em paralelo a uma cerimônia em que o governo do estado do Acre anunciava, na presença de representantes de bancos multilaterais, a criação do Assentamento Extrativista São Luís do Remanso, em resposta à suspensão de financiamento para a BR-364. Ao mesmo tempo, contudo, ocor-

---

5. Essa proposta foi anunciada em 1985 no Encontro Nacional dos Seringueiros, realizado em Brasília.

6. Esse projeto, elaborado por Luiz Macedo (então coordenador do Conselho Nacional dos Seringueiros para o Alto Juruá) e por mim, foi financiado pelo Fundo de Investimento Social do Banco Nacional de Desenvolvimento Econômico e Social (BNDES-Finsocial) em 1989, em seguida ao assassinato de Chico Mendes. O financiamento a fundo perdido foi administrado conjuntamente pelo Conselho Nacional dos Seringueiros e pela Associação dos Seringueiros e Agricultores da Reserva Extrativista do Alto Juruá.

7. Almeida 2004; Allegretti 2008.

ria uma reunião do Conselho Nacional dos Seringueiros, com a presença de Chico Mendes, Jaime Araújo, Osmarino Amâncio, Raimundo de Barros e outros líderes sindicais florestais, com minha participação. Na palestra pública, eu me dirigia tanto aos participantes do simpósio como aos líderes seringueiros e aos intelectuais e militantes acreanos presentes. No fim desse mesmo ano, veríamos o assassinato de Chico Mendes a mando de grileiros prejudicados pela criação do Assentamento Extrativista Chico Mendes no Seringal Cachoeira.

Sociólogos e historiadores de inclinação marxista ou desenvolvimentista viam em 1988 o fim dos seringais como sinônimo do fim dos próprios seringueiros e da vida na floresta; o movimento dos seringueiros defendia o fim dos seringais, com a conservação do modo de vida associado às *colocações*. Mas a questão apresentada em janeiro de 1988 era: como poderão os seringueiros substituir o sistema patronal e reorganizar coletivamente a vida na floresta ao manter o sistema das *colocações*? Essa pergunta continua a exigir uma resposta, agora com décadas de implantação das reservas extrativistas em todo o país.

Em 1988, essa era uma questão premente no estado do Acre. De acordo com dados do *Censo Demográfico* de 1980 (IBGE 1983a), os seringueiros constituíam metade da força de trabalho rural acreana, gerando 33% do valor da produção rural em 50% das terras do estado.[8] Utilizando os dados do *Censo Agropecuário* (IBGE 1983b), é possível estimar entre 13 mil e 18 mil o número de *colocações* de seringueiros (aqui consideradas unidades de exploração familiar de estradas de seringa), o que permite ainda estimar que essa economia empregaria cerca de 38 mil pessoas, sustentando cerca de 100 mil moradores da floresta

---

8. Em 1988, a economia florestal extrativista e, mais especificamente, a coleta de látex e a fabricação da borracha eram a principal ocupação e fonte de renda da população não urbana. Em 1980, a população economicamente ativa ocupada com a extração de borracha constituía 46% da força de trabalho rural contra 42% empregada na agricultura, na silvicultura e na pecuária (IBGE 1983a). Nesse ano, a atividade extrativista atingiu um ponto máximo, começando a declinar a partir de então – resultado da mudança de políticas.

dependentes desses trabalhadores.[9] Esses dados são uma medida da relevância do tema naquela época.

A síndrome do extrativismo

Falar sobre o uso dos recursos naturais por seringueiros apresenta uma dificuldade inicial. Os seringueiros são extrativistas. Mas geralmente associamos o extrativismo ao sistema dos seringais e dos *barracões*, e, por essa razão, tornou-se sinônimo de atraso técnico, de dependência, de degradação ambiental, de escravidão por dívidas, de privação de cidadania e de ideologia de terror.[10]

Essa síndrome do extrativismo tecnicamente estagnado, socialmente dependente e ecologicamente predatório deriva das relações sociais de distribuição e de poder nos seringais, e não do extrativismo como modo de uso de recursos naturais e como forma de vida na floresta, que é similar ao das economias de coleta. Com o colapso do mercado mundial da borracha, já em 1920, a máquina extrativo-exportadora dos *barracões* tornou-se obsoleta. Com isso, os seringueiros tiveram que desenvolver, com base em sua experiência camponesa nordestina, mas,

---

9. Os dados de "mão de obra economicamente ativa" revelam um total de 23 813 trabalhadores ocupados na extração de borracha em 1980. Os dados do Censo indicam 13 360 "estabelecimentos" dedicados à extração vegetal (IBGE 1983a: 10, tabela 6), ou ainda 12 213, se retirarmos desse número os "proprietários". O total de 13 360 leva a uma população de 80 160 pessoas dependentes do extrativismo, com seis pessoas por unidade doméstica, conforme meu estudo de caso (Almeida 1993). Ver IBGE 1983b: 8, tabela 4. Os dados de área, produção e pessoal ocupado apoiam a interpretação do "estabelecimento" extrativista com o que chamamos aqui de *colocação*.

10. Sobre o "atraso técnico", ver Celso Furtado 1959; J. H. Boeke 1953; Alfredo Homma 1993. Sobre o extrativismo como "dependência", ver Bunker 1985; como "ideologia de terror", Taussig 1993, além de Martins 1994 e Duarte 1987. Sobre os efeitos catastróficos da frente extrativista sobre os povos indígenas nos vales do Purus-Juruá, ver Darcy Ribeiro 1970: 42–47, e, para um primeiro relato dos sobreviventes, ver Aquino 1977. Até 1980, os únicos registros etnográficos de seringueiros eram de Aquino (1977), Allegretti (1979, 1989 e 1990a) e Teixeira (1980).

As colocações **69**

sobretudo aprendendo tecnologias indígenas, um modo de vida florestal que dependesse minimamente de bens importados, em que coleta e extrativismo fossem componentes. Eis a origem da economia das *colocações*.[11]

A floresta sem patrões

Enquanto os seringais estão obsoletos, as *colocações* são o embrião de um modo de adaptação humana à floresta tropical que é social, ecológica e economicamente promissor. Os moradores da mata confrontam-se, portanto, com uma tarefa revolucionária e difícil: destruir o sistema anacrônico dos seringais e desenvolver o sistema comunitário das *colocações*; abolir as relações sociais de patronagem, elevando a um novo patamar o manejo agroextrativista autossustentado das *colocações* de seringueiros.

Esse programa começou a se delinear no fim dos anos de 1970. Trata-se de uma revolução teórica e também de um reajuste de contas de intelectuais acreanos com um passado em que o seringal se associa a sentimentos de identidade e de culpa.[12] Meu antigo colega do Ginásio Acreano, Terri Valle de Aquino, descobriu que os Caxinauá do rio Jordão, que a etnologia declarara extintos pela frente de expansão extrativista,[13] conseguiram sobreviver, dotados de identidade étnica e da vontade de viver como Caxinauá, ao contrário do que alegam aqueles que os declaravam extintos. Com o apoio de Terri, os Caxinauá revitalizaram-se como povo. A antropóloga Mary Allegretti, que ouvira falar dos seringueiros por intermédio de Terri, narrou em sua dissertação sua surpresa ao encontrar no rio Tarauacá seringueiros, habitantes da floresta que não eram indígenas nem colonos. Carlos Teixeira (1980) explorou a dimensão simbólica e cultural da natureza em um seringal no rio Madeira. Em 1981, depois dos trabalhos pioneiros de Terri Valle de Aquino,

---

11. Almeida 1993; Weinstein 1983; Bakx 1986 e 1988.
12. Terri Valle de Aquino 1977; Mary Allegretti 1979, 1989 e 1990a.
13. Como se lê na obra pioneira de Darcy Ribeiro.

Mary Allegretti e Carlos Teixeira, iniciei minha pesquisa no município de Cruzeiro do Sul, que, na época, abrangia todo o Vale do Juruá até a fronteira peruana no rio Breu.[14] No rio Tejo, os seringueiros lutavam contra a *renda da estrada de seringa* e pelos direitos de vender a borracha pelo preço corrente. Essa era a luta pela continuidade do modo de vida na floresta baseado nas *colocações*.

Colocações: Alto Rio Juruá, 1980–1990

A unidade de uso de recursos da floresta não é o seringal, e sim a *colocação* e os grupos domésticos que a constituíam. Na *colocação* são tomadas as decisões relevantes sobre o volume e a variedade da produção, o nível de povoamento e a conservação ambiental. É uma unidade de manejo, uma forma de organização social e o lugar de uma cultura que os seringueiros criaram durante aqueles "cem anos de solidão" em que foram esquecidos pelo mesmo capitalismo que os trouxe para cá sem passagem de volta. A descrição das *colocações* a seguir se baseia na pesquisa de setembro de 1982 a novembro de 1983, no Alto Rio Tejo, no Riozinho da Restauração.[15] Trata-se de uma área de terra firme, próxima à fronteira com o Peru, distante uma semana por canoa da cidade de Cruzeiro do Sul e do hospital mais próximo, sem estradas nem ramais. Seu suposto proprietário nunca visitou o seringal Restauração, arrendado por curtos períodos a patrões locais que buscam lucros rápidos.[16] A vegetação do Tejo é a floresta tropical com palmeiras e áreas de tabocal, os solos são do

---

14. Após 1992, o município de Cruzeiro do Sul foi fracionado nos municípios de Cruzeiro do Sul, Rodrigues Alves, Porto Walter e Marechal Thaumaturgo.

15. Uso aqui o presente etnográfico, resumindo dados de Almeida 1993. Ver Postigo 2010 e Almeida, Postigo *et al.* 2016 para uma descrição mais detalhada e recente, além de Carneiro da Cunha & Almeida 2002.

16. Em janeiro de 1988, quase todo o rio Tejo pertencia nominalmente à empresa Consulmar. Era arrendado a Orleir Cameli, que, por sua vez, o subarrendava a patrões menores.

As colocações **71**

tipo cambissolo eutrópico, o relevo é de colinas separadas por grotas e grotiões (Carneiro da Cunha & Almeida 2002). Distante da margem do Juruá, o seringal Restauração, compreendendo o Riozinho da Restauração e os afluentes rio acima, tem temperatura amena, livre de piuns e de catuquins e suprido de água clara e fresca pelos igarapés e pelas cacimbas. São qualidades muito valorizadas pelos seringueiros. O seringal Riozinho, abrangendo o afluente do rio Tejo com esse nome, ocupava cerca de 22 mil hectares, divididos em 26 *colocações*, com uma média de 900 hectares por *colocação*.[17] O seringal Riozinho, contudo, era apenas um dos que eram subordinados ao seringal Restauração, cuja sede, com o *barracão* principal e a residência do gerente e guarda-livros, ficava na foz do Riozinho da Restauração. Esses seringais secundários, cada um com seu pequeno depósito de mercadorias e um "pequeno patrão", frequentemente um seringueiro ou ex-seringueiro mais produtivo, correspondiam a cada um dos formadores do Alto Rio Tejo: seringal São Francisco (rio Dourado), Riozinho e Manteiga (este último em um afluente do Riozinho), Camaleão no igarapé com esse nome, Vitória (últimas cabeceiras do Tejo) e Machadinho, o último afluente do Tejo, e que é um *paranã* com a peculiar vegetação de *campina*, formação que se encontra também no Alto Rio Bagé (Almeida, Postigo *et al.* 2016).

Nas *colocações* do Riozinho da Restauração, havia em média duas a três casas. Assim, enquanto uma *colocação* ocupava cerca de 900 hectares, a cada casa correspondiam de 300 a 450 hectares de floresta rica em seringueiras e outros recursos naturais. Cada casa abrigava um grupo doméstico de 5,8 pessoas em média. Isso levava a densidades demográficas de um (1,3) a dois

---

17. Entre 1982 e 1983, usei como base cartográfica as cartas do Departamento Nacional de Produção Mineral (DNPM) na escala de 1:250 000 baseadas em imagens aéreas do Projeto Radambrasil. Usei bússola e cronômetro para identificar toponímicos (nomes de rios e de seringais). No levantamento realizado em 1990, esse procedimento foi estendido não só para a bacia do rio Tejo (à qual pertence o Seringal Riozinho da Restauração), como também para toda a bacia do Alto Juruá acima do rio Amônia.

(1,9) habitantes por quilômetro quadrado.[18] Os moradores da *colocação* podiam atuar como uma equipe de caça e como equipe de trabalho para certas tarefas coletivas, como abrir roçados e fazer farinha na casa de farinha em *colônias* que agrupavam os roçados de cada grupo doméstico. A carne de caça era compartilhada no plano da *colocação*, mesmo que tivesse sido obtida por um caçador de uma *casa*. Chama-se isso de *vizinhar* a caça (Postigo 2010).

Os donos ou donas de *casas* em uma mesma *colocação* eram ligados entre si por laços de parentesco. Assim, por exemplo, a *casa* do casal mais velho (ou de uma viúva) com as *casas* dos filhos e do genro, abrangendo duas gerações; ou ainda *casas* de irmãos casados e seus cunhados, pertencentes a uma única geração. Dessa forma, os donos ou donas de *casas* de uma *colocação* conservavam uma organização de parentesco, formando *casas* ampliadas, cujos membros cooperavam em atividades de caça, nas tarefas agrícolas (embora mantendo roçados separados), e agindo solidariamente em conflitos. Havia *colocações* com um seringueiro solteiro e sem parentes, mas nesses casos se tratava de recém-chegados do seringal. As *casas* de *colocações* próximas frequentemente interligam-se por laços de parentesco, casamento, compadrio, cooperação e comércio (Wolff 1999; Pantoja [2001] 2008). Reúnem-se em mutirões e festas, sem respeitar fronteiras de seringais e transpondo mesmo as bacias hidrográficas (Postigo 2010). Nas *colocações* mais distantes do Riozinho, por exemplo, era comum visitar amigos e parentes na Vila Jordão, na foz do rio Jordão, afluente do Tarauacá que é vizinho ao Riozinho da Restauração.

Essas formas de sociabilidade contrabalançavam as tensões latentes entre moradores (sobretudo aqueles que não eram liga-

---

18. Essas densidades eram as mais altas do rio Tejo e refletiam a abundância e a produtividade das seringueiras dessas cabeceiras e, portanto, a afluência de seringueiros. Combinadas com a distribuição "espalhada" das *colocações*, as densidades demográficas refletiam-se na escassez de caça, tornando o Riozinho da Restauração renomado como "rio da fome" e, ao mesmo tempo, a área de maior produtividade de borracha no vale do rio Tejo.

As colocações **73**

dos por relações de parentesco), alimentadas muitas vezes por intrigas e fofocas, e que podiam se tornar *questões*. São *questões* de roçado (porcos que invadiam roças), em torno de mulheres (filhas e irmãs que engravidavam, que eram *roubadas*, que deixavam o marido), caçadas (animais perseguidos numa *colocação* que eram abatidos diante da *casa* dos moradores de outra *colocação*) e estradas de seringa (que se entrelaçavam e cresciam, eram repartidas e emprestadas, sem que houvesse fronteiras fixas entre territórios de *casas* e mesmo de *colocações*). Essas tensões atuavam no sentido de rarefazer os moradores das *colocações* que competiam, quando seu número crescia, por recursos que eram limitados.[19] Em suma, o sistema social das *colocações* estava longe de reduzir-se às relações entre seringueiro e patrão. Ele tinha locais e regras próprios.[20]

Usos da natureza

Isso nos leva ao tema principal, que é a *colocação* como unidade de uso dos recursos naturais. O recurso natural mais óbvio nas *colocações* eram as seringueiras agrupadas em módulos, que eram as *estradas de seringa*. Esse recurso constituía a base da pretensão dos patrões à propriedade do seringal, embora de fato não exercesse nenhum papel na abertura ou na conservação das estradas. A "renda da estrada de seringa" era a

---

19. Sobre a resolução dessas questões locais após a criação da Reserva Extrativista do Alto Juruá, ver Almeida & Pantoja 2005.

20. Ver Almeida 1993. Para descrições mais recentes e detalhadas do modo de vida de seringueiros e ex-seringueiros nas florestas do Alto Rio Juruá na década de 1990, ver Costa & Almeida 2002 (sistema político), Martini 2008 (família e gênero), Araújo 1998 (religião), Luna 2003 (uso em comum de recursos), Dias 2004 (caçadores), Postigo 2003 (alfabetização), Andrade 2003 (cooperativas) e Rezende 2003 (agricultores), além de Pantoja 1992 e [2001] 2008 (história de vida de seringueiros indígenas), Wolff 1999 (história de mulheres) e Postigo 2010 (cartografias e cosmologias). Esses trabalhos estão disponíveis em acervos da Unicamp. Ver também Carneiro da Cunha & Almeida 2002; Almeida, Postigo *et al.* 2016. Sobre seringueiros no vale do rio Acre, ver More 1996.

expressão simbólica dessa pretensão à propriedade por parte de patrões que jamais haviam adquirido terra, não pagavam impostos e não tinham contratos de trabalho ou de arrendamento com os seringueiros. Para os patrões, as "estradas de seringa", das quais eram reconhecidos pela justiça local como "donos", eram fonte de renda.[21]

Para os seringueiros, no entanto, a *colocação* era mais que um conjunto de estradas de seringa. Era um microcosmo social e natural, concebido como idealmente autônomo em produtos agrícolas – farinha, tabaco, milho, café e açúcar –, em carne de caça, em materiais de construção. E em oportunidades de trabalho e de vida para uma família ampliada em crescimento.[22] Idealmente, essa unidade deveria satisfazer os requisitos dos grupos domésticos, sendo capaz de importar bens industrializados.

Para realizar essas metas, uma *colocação* deveria, em primeiro lugar, contar com um conjunto de estradas de seringa com as quais poderia pagar a renda e também produzir borracha suficiente para importar os bens básicos: munição para caça, ferramentas agrícolas e instrumentos para a coleta de seringa. Mais importante ainda, a *colocação* deveria abranger recursos indispensáveis para a vida das *casas*: rios ou igarapés, de preferência com *poços* piscosos (e *pauseiras*, trechos congestionados por troncos caídos nas inundações anteriores, que abrigam peixes que subiram os igarapés nas piracemas anuais e lá permaneceram); deveria ter praias e barrancos onde eram plantados a melancia e os jerimuns, e também feijão e milho, que eram lavouras de ciclo curto; principalmente, deveriam ter

---

21. Do ponto de vista do *barracão*, cada *colocação* consistia em um conjunto de estradas de seringa, pelas quais seringueiros deviam pagar uma *renda*. A *renda* por uma estrada de seringa era, no rio Tejo, estipulada em 30 quilogramas de borracha por ano.

22. "Família ampliada" significa aqui o conjunto de grupos domésticos aparentados entre si e que compartilhavam uma *colocação*. Esse conjunto crescia ou diminuía com o tempo, pela formação de novos grupos domésticos (novas *casas*) ou pela saída de um ou mais grupos de uma *colocação*. Havia, assim, um ciclo de vida das *colocações*. Ver mais detalhes em Almeida 1993.

áreas de terra firme, onde eram postos os roçados de mandioca de longa duração. A *colocação* deveria contar com mata virgem com seringueiras, palmeiras e fauna em abundância (uma mata com muita *taboca*, isto é, manchas de bambu, era considerada em desvantagem). Deveria ter solo de tipo barro preto ou de barro areiusco para seus roçados.

Na mata bruta, eram iniciados roçados a cada ano. Esses roçados de mandioca, plantada em associação com milho no primeiro ano, cercados de bananais perenes, passavam por ciclos de manejo que em muitas *colocações* duravam de três a seis anos. O estágio seguinte era o de capoeiras, ainda produtivas por dois a três anos porque nelas eram colhidas frutas, ervas e cana-de--açúcar. Finalmente, as capoeiras eram abandonadas por períodos de quatro anos ou mais, revertendo à *mata bruta*, cuja idade era difícil determinar.[23] Esse manejo de roçados combinava-se com outros, como o dos campos de pasto, que começavam como roçados de arroz e viravam pastos nas vizinhanças das *casas*; ou os ciclos anuais de plantio de milho, melancia e feijão nos barrancos; ou ainda o uso da várzea para plantar tabaco.

Os terreiros também compreendiam, com o campo, a margem do igarapé e a orla da mata, uma unidade de manejo – com hortas, fruteiras, palmeiras, lenha e cultivos que o expandiam. A criação doméstica tirava partido da fronteira entre área doméstica e floresta: os patos no igarapé, os porcos na mata próxima (limpando os *sujadores*, locais usados por mulheres e crianças como privadas), as galinhas ciscando os resíduos deixados pela primeira derrubada do terreiro e que incluíam a lenha usada no fogão de barro.

A mata, fonte de terreiros para roçados anuais, era também território de caça e de coleta, com seu estoque bem conhecido e explorado pelos seringueiros, os quais, ao longo de caminhos, estradas e varadores, conhecem cada madeira, cada oco de abe-

---

23. Trechos da floresta que eu via como "mata bruta" eram muitas vezes caracterizados pelos seringueiros como capoeiras antigas, isto é, de cinquenta anos ou mais.

lha, cada cacho de patuá ou de açaí, cada pau de envira, cada pau de âmago, cada palheira, cada vereda de paca e de outros animais.[24] A caça de animais da mata não serve de alimento só aos moradores, mas também para cachorros (que ganhavam entranhas, porém não ossos, porque a dispersão destes poderia dar *panema* ao caçador) e bichos domésticos. Os animais selvagens, por sua vez, alimentavam-se dos roçados de mandioca e das capoeiras (seringueiros queixavam-se de que a quarta parte dos roçados era comida de pacas, pacas-de-rabo e veados). Observamos, assim, que o igarapé, o terreiro, o campo, os roçados, as capoeiras e a mata se interligavam em cadeias de delicado equilíbrio. Não era fácil mexer em um hábito dos seringueiros sem interferir nos outros (ver Descola 1983; Almeida 1988).

Roçados demais reduziriam o tempo de regeneração da mata e degradariam a floresta; animais silvestres demais seriam uma ameaça aos roçados – assim como porcos ou gado doméstico em demasia –; muita caçada ou a superexploração das seringueiras tinham como consequência a queda no rendimento dessas atividades; então, era preciso gastar muitas horas *procurando* o animal e *cortando* a seringueira com escadas cada vez mais altas.

A extração pode ser, em suma, degradativa.[25] Contudo, a economia extrativa das colocações possuía mecanismos de equilí-

---

24. Ver Smith & Vidalenc 1997; Carneiro da Cunha & Almeida 2002.

25. Não fazemos, portanto, distinção entre *técnicas* de extração e de coleta, assim como não distinguimos tecnicamente a agricultura de roçados cujo produto se destina ao mercado daquela cujo produto se destina ao consumo doméstico. A respeito do termo *extração*, contemplamos a caçada (incluindo aqui técnicas diversas que não são referidas por esse nome), a coleta de látex (além de óleos, como o da copaíba), de madeira (incluindo folhas de palmeiras, enviras e cipós) e de frutos (açaí, bacaba, buriti) e vários modos de obter peixe do rio. O látex coletado na mata era destinado ao fabrico de borracha, mas era usado também para fazer sapatos, sacos (o látex de caucho era igualmente usado para esse fim) e outros propósitos. Analogamente, o produto dos roçados, como a farinha, embora normalmente destinado à alimentação do grupo doméstico, podia ser vendido. Em todos esses casos, objetos extraídos-coletados inserem-se em diferentes circuitos sociais: o âmbito doméstico, as relações de *vizinhança* (trocas obrigatórias) e de troca (em es-

brio. O primeiro consistia em alertas. Terreiros que empobreciam, pragas que invadiam a casa, conflitos por estradas, caça escassa e seringueiras improdutivas eram motivos para abandonar uma *colocação*. Gado ou porcos em excesso eram abatidos quando ameaçavam roçados, próprios ou do vizinho. Esse primeiro mecanismo reduzia a pressão sobre os recursos naturais por meio da diminuição da população. Gerava um padrão de ocupação desigual no tempo e no espaço, contribuindo para a regeneração da caça e da floresta. Essa mobilidade da população, porém, supunha que a floresta como um todo fosse capaz de sustentar os moradores no longo prazo com alteração muito baixa e que as *colocações* não fossem propriedade individual.[26] Esse era o fundamento da proposta de reservas extrativistas *sem* lotes de floresta individualmente possuídos por famílias e com as *colocações* (territórios usados por um número flexível de *casas*) como unidades de exploração.

Havia dois outros mecanismos importantes de controle ecológico: normas culturais e normas conservacionistas. Os seringueiros do Riozinho faziam uso de cerca de cinquenta espécies animais silvestres distintas, mas evitavam o consumo de espécies de mamíferos, aves e répteis em várias faixas de peso, incluindo preguiças, mambiras (além de bandeiras e de

---

pécie, em trabalho) e o comércio *fiado* junto ao *barracão*. Os objetos ganham formas distintas conforme sua posição nesses circuitos.

26. Seguindo o professor Keith Brown Jr. (comunicação pessoal, ver também Brown 1991), considerei a densidade populacional de um habitante por quilômetro quadrado como o limiar que separa o efeito positivo da presença humana sobre a diversidade biológica do efeito negativo. Conforme esse critério, o Riozinho da Restauração, com densidade demográfica entre um e dois habitantes por quilômetro quadrado – situação extrema, resultante da excepcional produtividade de suas estradas de seringa –, era um caso de superpopulação. Essa previsão era confirmada pela reputação de "rio de fome" e de "muita borracha" para o Riozinho da Restauração na década de 1980. Em 2000, verifiquei pessoalmente que ele se tornara um "rio de abundância", depois que a borracha perdeu dramaticamente valor. Sobre as baixas taxas de desmatamento nas reservas extrativistas, ver Almeida, Allegretti & Postigo 2018.

tamanduás), pacas-de-rabo, onças e, de modo geral, predadores terrestres e aquáticos ("bichos estranguladores", como a ariranha), "coelhos", ratos-coró (silvestres e especialmente de tabocais), mucuras e soins. Quatipurus, embora de pequeno peso, eram apreciados. Algumas evitações eram universais, isto é, valiam para qualquer pessoa (mambira, paca-de-rabo e rato-coró são considerados bichos repugnantes para o consumo); o tatu *magro*, aquele da estação sem as frutas das quais se alimenta, tem reputação de mau sabor, que alguns associam a possível feitiço. Outras evitações diziam respeito a uma condição do consumidor e da consumidora: gravidez, puerpério, doença, picada de cobra – nesses casos, evitavam-se os animais reimosos, que podiam ser peixes ou mamíferos, e também o contato visual com estranhos (como eu), que podiam induzir por mau olhado o agravamento da condição.[27]

Outros casos consistiam em restrição na própria atividade de punção de vida animal por razões associadas ao risco de *panema* (ver cap. 5) – evitação do consumo de animais predados e comportamento adequado diante do animal: não urinar sobre ele, não passar a perna nele, não o colocar sobre o ombro esquerdo e assim por diante. O respeito ao animal silvestre incluía a proibição de pôr em contato ossos ou sangue do animal com excrementos ou sangue menstrual (ou consumo por mulheres em puerpério ou menstruadas).

Todos esses mecanismos tinham em comum alguma forma de abstenção ou restrição ao acesso a entes da natureza. A abstenção, seja por qualquer motivo, pode ser considerada uma técnica extrativa que consiste em *reduzir* a produtividade, diametralmente oposta a técnicas produtivas cuja tônica é *aumentá-la*. No mundo moderno, a técnica produtiva associa-se a éticas con-

---

27. Adquiri, durante minha residência, a reputação de curar pessoas e, também, de curar *panema* – de caçadores, de cães, de armadilhas. Ao mesmo tempo, havia moradores que evitavam encontros comigo porque meus *remédios, se não curavam, matavam*.

sumistas cujo pressuposto é de que a natureza pode ser arbitrariamente alterada em seu rendimento sem custos.[28]

Um terceiro e importante mecanismo conservacionista eram as normas. Elas podiam ser obrigatórias (caso das normas de corte de seringueiras), consensuais (caso de normas de uso do patoá, bacaba, copaíba etc.) e não consensuais (caso de caça de filhotes e de veadas, por exemplo).[29] O problema que os seringueiros enfrentam era o de torná-las obrigatórias e consensuais.[30]

O desafio estava em redistribuir as famílias na *colocação* sem arbítrio, quando a qualidade de vida se elevasse notavelmente nelas, sobretudo se as "reservas" se convertessem em ilhas num mar de colonos miseráveis; como controlar as pressões de caçada, quando o tempo livre for maior, e sem a burocracia repressiva dos fiscais.[31] Acima, disse que era preciso destruir o seringal, conservando as *colocações*. Tratava-se também de implantar nelas formas de poder de seringueiros, com base nas quais estes se organizassem e substituíssem o *barracão* e o Estado como sede de poder absoluto.[32]

A questão que poderia ser agora levantada é: um equilíbrio ecológico é uma situação desejável do ponto dos moradores? Apesar de ecologicamente estável, caso "tudo dê certo", a economia agroextrativista de seringueiros é capaz de sustentá-los em

---

28. Ver Carneiro da Cunha & Almeida 2000 e 2002.

29. Nos seringais antigos havia normas desse tipo. Cabia a *mateiros* fiscalizar o corte de seringueiras. Roçados não podiam jamais incidir em territórios de estradas.

30. Sobre esse ponto, ver Almeida & Pantoja 2005 e Almeida & Dias 2004. Essa linha de pensamento foi inspirada em Elinor Ostrom (Dietz *et al.* 2003a e 2003b).

31. Ver Almeida, Allegretti & Postigo 2018: 315–38 e João P. R. Capobianco *et al.* 2001: 184–93.

32. Sobre o abuso do poder de Estado nas reservas extrativistas, ver Almeida e Rezende 2013. Ver também a crítica de Souza a uma versão anterior deste texto (Souza 2017), com a qual não concordo, porque subestima a capacidade dos seringueiros de agir conforme seus interesses.

níveis adequados e a custos razoáveis? De fato, não interessaria manter um equilíbrio de fome e supertrabalho.

Para desenvolver essa discussão, ofereço alguns dados sobre a economia doméstica das *colocações* com base na minha experiência no Riozinho da Restauração, afluente do rio Tejo, último grande tributário do rio Juruá em território brasileiro, onde morei de setembro a novembro de 1982 e que visitei desde então até 2002.[33] A descrição refere-se à última década em que o extrativismo da borracha era a principal atividade comercial dos camponeses da floresta no Alto Rio Juruá acreano. Contudo, ela continuaria válida como imagem do modo de vida de camponeses florestais até a década de 2010, conforme pude verificar ao seguir as trajetórias dos seringueiros que encontrei na década de 1980; a borracha como produto comercial foi substituída por um leque de produtos agrícolas – hortaliças, frutas, farinha e açúcar – dirigidos ao mercado local, isto é, à população da pequena cidade de Cruzeiro do Sul e seu acervo de servidores de saúde, educação e obras públicas, bem como aos aposentados rurais e aos beneficiários da assistência social (Bolsa Família e outros benefícios), nessa ordem. A estrutura da economia camponesa descrita a seguir permanece, com a agricultura diversificada no lugar do extrativismo.[34] A ideia de

---

33. Realizei, em setembro de 1982 e em novembro de 1983, entrevistas com quase todos os setenta seringueiros do Riozinho da Restauração, em que tive acesso às notas de compras e de débitos junto ao *barracão* da Restauração, e entre esses períodos residi no Alto Juruá, na maior parte do tempo compartilhando a rotina de *casas* de seringueiros (Almeida 1993).

34. Havia previsões que apontavam para o crescimento da criação de gado como a atividade principal que substituiria o extrativismo entre as famílias de antigos seringueiros. No Alto Juruá acreano, essa tendência não se tornou dominante. A criação da reserva extrativista deu aos antigos seringueiros segurança sobre os territórios ocupados, e pastos para criar gado tornaram-se investimento de maior segurança. Mas, nessa região sem estradas, os antigos seringueiros descobriram que criar gado não era negócio para pequenos criadores: todo o comércio passava pelos grandes fazendeiros-pecuaristas, que eram os vendedores de gado do município de Marechal Thaumaturgo para a sede municipal de Cruzeiro do Sul e eram também os

base era inspirada na hipótese que Marshall Sahlins formulou com o nome de "primeira sociedade de abundância", combinando resultados da arqueologia e da etnografia: a saber, que a economia camponesa orientava-se para o bem-estar do grupo familiar, lutando contra a pressão de estados e de classes de proprietários orientados para extrair excedentes comercializáveis – isto é, lucros e rendas. Os resultados me levaram a concluir que os seringueiros conseguiam resistir à pressão dos patrões (rentistas e comerciantes), defendendo a autonomia de suas economias camponesas (Almeida 1993). Para essa conclusão, foi essencial ver em primeira mão a realidade dessa economia camponesa florestal.

Cada *casa* possuía roçados em três fases: roçado novo, a partir da mata bruta ou de capoeira de roçado antigo; roçado em amadurecimento ou maduro, plantado no ano anterior – de onde já se começava a arrancar segundo a qualidade da roça –; e "arrancador", do qual era retirada a mandioca para ser convertida em farinha e no qual era possível replantar uma ou duas vezes. A isso se chamava "plantar no arrancador". Esse sistema podia produzir, sem degradação dos roçados, toda a farinha necessária para alimentar um grupo doméstico, ou cerca de 1 200 quilogramas anuais de macaxeira.[35] Parte dessa produção era destinada à alimentação de animais, enquanto outra parte era depredada por pacas ou cotias ainda no roçado.

Para implantar esses roçados, incluindo as tarefas de roçar, derrubar, queimar, encoivarar e plantar, o pessoal das *casas* ocu-

---

donos dos açougues daquela primeira cidade. Isso significava que pequenos criadores de gado ficavam restritos a vender algumas cabeças de gado para pagamento no longo prazo e em mercadorias. Diante dessa situação, produtos agrícolas podiam ser vendidos imediatamente em Cruzeiro do Sul para os consumidores urbanos abastecidos com transferências de dinheiro pelo governo federal.

35. É necessário explicar que, no rio Tejo e em todo o Alto Juruá acreano, "mandioca" e "macaxeira" eram termos intercambiáveis, em contraste com o uso na bacia do rio Negro, onde "mandioca" e "macaxeira" designam, respectivamente, variedades "venenosas" e "doces" da mesma espécie (*Manihot esculenta*).

pava boa parte dos meses de agosto a outubro, distribuídos entre julho e setembro de cada ano.[36] A atividade de preparo de roçados ocupava de dois a três dias por semana nessa fase mais intensiva, com uma jornada de trabalho de cinco a seis horas em média.[37] Ao lado do trabalho nos roçados, a fabricação da farinha tomava um tempo considerável, exigindo cerca de dois dias na casa de farinha a cada quinzena.[38]

A caçada de porquinhos-do-mato, de veados, de tatus e de outros animais proporcionava carne da mata para a alimentação, apoiada em uma rotina semanal de um a dois dias de caçada com saídas eventuais no fim do dia, principalmente no "inverno" (chuvas), para capturar nambus e animais na "espera" (atraídos pelas "frutas" da estação); ao passo que, no "verão", a pesca (com o uso de tarrafas ou arpões e de ganchos nos igarapés, além de *oacá*)

---

36. Esses roçados exigiam cerca de trinta dias de trabalho de cada *casa* por ano. Esse número resulta de dados de atividades de diferentes membros da família distribuídas por dias da semana em várias atividades ao longo de três meses observados por mim diretamente, no período de trabalho intensivo nos roçados. Não incluem a atividade de limpar o roçado, executada frequentemente por mulheres acompanhadas de crianças em "pedaços de dia" ao longo de todo o ano. Sobre o assunto, ver Pantoja *et al.* 2002.

37. Agricultores assalariados em fazendas trabalhavam durante todo o dia, inclusive sob o sol a pino nos roçados. Mas o trabalho da seringa era feito à sombra da floresta, na madrugada e pela manhã, e o cuidado com os roçados não era feito com o sol a pino. O trabalho assalariado agrícola, e também o de "colonos" (agricultores de lotes do Projeto Santa Luzia), era visto sob esse prisma como pior que o do seringueiro.

38. Somamos *trabalhadores por dia*, multiplicados por *dias por mês* e por *meses de atividade*. O objetivo era mostrar como a economia doméstica de seringueiros distribuía de maneira variável o tempo de trabalho doméstico disponível entre a atividade de extração de látex, de agricultura e de caça-coleta. Essa variação dependia, de um lado, da fase de vida do grupo doméstico (Chayanov [1925] 1966); por outro, da relação de forças entre seringueiros e patrão; e finalmente de estratégias associadas a histórias de vida e a metas de consumo diferenciadas entre as *casas*.

tornava-se a fonte principal de proteínas (não havia interesse em tatus "magros", com sabor amargo, no tempo sem frutas).[39]

Trabalho e exploração

A produção de borracha era em média de 600 a 700 quilogramas anuais por *casa* no Riozinho da Restauração, número acima da média para o Vale do Juruá, que era de cerca de 400 quilogramas de borracha, conforme dados do *Censo Agropecuário* de 1970 e de 1980 (IBGE 1983b), incluindo-se os dias de preparo da estrada e de sangria das árvores, seguidos de defumação (essa era a técnica ainda em uso em 1982 e 1983). Com essa produção anual, na época da pesquisa de campo, uma *casa* podia pagar a renda de estradas de seringa (33 quilogramas por estrada, para uma média entre duas e três estradas por *casa*) e adquirir a *estiva* ou bens básicos, isto é, o mínimo de mercadorias necessárias à vida e ao trabalho, como sal, sabão, querosene, munição etc. Na época, o preço de um quilograma de borracha era de aproximadamente US\$ 1,80, o que daria, para 650 quilogramas de borracha, um correspondente a US\$ 1 250,00 em poder de compra, a preços inflados do *barracão*. Havia um conflito constante entre seringueiros e patrões, girando em torno da exigência patronal de que todas as mercadorias fossem compradas no *barracão* no interior do sistema de prazos *anuais* de pagamento, usando a borracha como moeda – após subtrair o valor em borracha do débito anual do produto anual em borracha armazenado na *casa* do seringueiro para pagamento do patrão –, e as decisões dos seringueiros

---

39. Também com relação a este ponto, usamos no texto original estimativas numéricas que são deslocadas aqui. Elas eram baseadas em parâmetros obtidos em entrevistas realizadas em 1990 em uma amostra de 69 residências entre 960 casas entrevistadas durante o cadastro de moradores da Reserva Extrativista do Alto Juruá (Almeida 1992b). Os dados registrados por seringueiros em cadernos de campo a partir de 1995 e até 2005 aproximadamente permitem avaliar com muito mais realismo a situação (Ramos 2005; Almeida & Pantoja 2005).

entre pagar o *barracão* ou comprar de *regatões* pequenas quantidades, pagando, nesse caso, em borracha e à vista.[40]

Observe-se que havia grande variação entre as *casas*. Os números acima são médias que não traduzem de fato a diversidade de decisões efetuadas pelos grupos familiares, entre mínimo e máximo. Mostrei com meus dados que, em 1982 e 1983, com uma quantidade anual total de cerca de 210 dias de trabalho, em média, uma família podia suprir suas necessidades de alimentação (roçados e caçadas), adquirindo ainda bens básicos para manter um padrão de vida "mínimo" de consumo de bens importados – respeitando ao mesmo tempo o equilíbrio ecológico das *colocações*. Além disso, algumas *casas*, com maior número de membros ativos e, portanto, com maior proporção de trabalhadores em relação a consumidores ou com determinadas condições de localização (zonas com estradas de seringueiras virgens e altamente produtivas ou com caça abundante), podiam produzir quantidades de borracha bem mais altas, com mais de mil quilogramas por seringueiro ativo. Outras *casas* implantavam grandes roçados, suficientes para alimentar reuniões de muitos seringueiros e para dar mandioca a necessitados. Assim, algumas *casas* podiam, além de produzir um mínimo de alimento e de mercadorias, comprar um boi – usado frequentemente como dote de filhas – ou um motor a gasolina (Briggs e Stratton, 8 HP ou Montgomery), utilizados em casas de farinha ou para empurrar pequenas canoas para uma tonelada de carga. Essas *casas* superprodutivas podiam também comprar rádios de ondas curtas, *vitrolas*, máquinas de costura e outros *móveis de valor* (Almeida 1993).

---

40. Com a criação da cooperativa em 1989, os seringueiros passaram a poder comprar de *cantinas* cooperativas sem pagar "juros", sob os quais incluíam indistintamente *lucros* brutos, juros e correção monetária; os seringueiros esperavam que a cooperativa fornecesse mercadorias ao preço de Cruzeiro do Sul, sem correção monetária, ao prazo de um ano – mas continuaram a comprar dos regatões, comprometendo a borracha que deveria saldar os débitos para com a cooperativa, que se tornou rapidamente insolvente.

Havia seringueiros orientados para produzir muita borracha e comprar muitos bens industriais. Havia seringueiros que preferiam fazer menos borracha e adquirir menos itens importados, concentrando seus esforços em roçados amplos que garantiam fartura e hospitalidade, reforçando o prestígio de seus moradores. Havia, finalmente, seringueiros qualificados como "preguiçosos" pelos patrões e que empregavam seu tempo na caça e na pesca, dedicando ao fabrico de borracha o mínimo necessário para adquirir os meios de trabalho e de caça (cartuchos e chumbo), bem como o mínimo absoluto de bens de consumo permanente, como sal, sabão, munição e tecidos.

Representei essas estratégias geometricamente na forma de um triângulo de planos de produção possíveis, no interior do qual se situavam as setenta *casas* do Riozinho da Restauração. Nos três vértices desse triângulo situavam-se casos extremos (Almeida 1993: 279-84, 374-76). Assim, em um vértice, estava a *casa* de Nascimento, que orientava suas atividades para maximizar a produção de borracha, com dois mil quilogramas anuais, chegando a quatro toneladas quando seus quatro filhos adultos e solteiros trabalhavam sob o controle paterno (a situação mudou quando um deles se casou, transferindo-se para a *colocação* da sogra e levando os demais irmãos com ele). A *casa* de Nascimento ostentava um motor a gasolina (embora o igarapé não permitisse o trânsito de canoas motorizadas), fogão a gás (embora sem gás), grande estoque de lenha para o fogão tradicional, colchão de molas (além das redes indispensáveis). Nascimento tinha uma *casa* em Cruzeiro do Sul, além de uma conta de poupança na Caixa Econômica. A biografia de Nascimento está ligada à da parentela indígena (Kuntanawa) exaustivamente descrita por Mariana Pantoja. Em outro vértice do triângulo, o da maximização da agricultura, estava a *casa* de Chagas Farias, que possuía grandes roçados, suficientes para alimentar reuniões de muitos seringueiros, como nos encontros com o delegado sindical Chico Ginu, vindo do vizinho rio Manteiga para resolver "questões". Chagas Farias situava-se na faixa média de produtividade de borracha para o Riozinho (cerca de setecentos quilogramas anuais), mas tinha mandioca em excesso em face do consumo da família. No terceiro vértice, o da maximização de tempo livre para caça, estava o irmão de Chagas Farias, um seringueiro sem família, que vivia frugalmente em uma barraca sem divisões, produzindo um mínimo de borracha para comprar a estiva básica (cerca de duzentos quilogramas anuais, além de mandioca para seu consumo, mas era excelente caçador). Esse seringueiro não tinha conta no *barracão* da Restauração e era cliente de seu irmão Chagas Farias. Não era o único seringueiro nessa situação, invisível para o *barracão*, jamais lidando com valores monetários.[41]

Esses dados indicam que os seringueiros conseguiam conquistar uma margem de autonomia na organização de seu tempo e na utilização de seus recursos. Eles reagiram de várias maneiras às tentativas do patrão de restringi-los a uma atividade especializada e dirigida apenas à produção de borracha. Os patrões não conseguiram subordinar materialmente os seringueiros porque não controlavam o processo técnico de extração nem do ponto de vista de sua rotina diária nem do ponto de vista técnico, e não foram bem-sucedidos em subordinar formalmente os trabalhadores porque estes rejeitaram sempre as tentativas de transformá-los em assalariados. Uma explicação principal para esse quadro é que havia vasta quantidade de florestas e de rios de altíssima produtividade natural disponível para a população migrante do Nordeste. Outra é a impossibili-

---

41. Esse esquematismo utilizou, por um lado, os dados quantitativos sobre as atividades de 69 *casas* de seringueiros do Riozinho da Restauração e, por outro, a técnica matemática (programação linear, análise operacional) que permite determinar, para dada meta de produção (digamos, duas toneladas de borracha), os custos diretos e indiretos em mandioca, em tempo de caçada e em instrumentos (comprados com borracha). Ver Bergman 1980 para um uso incorreto da técnica, levando à conclusão de que a "economia Shipibo" era irracional – porque, segundo a "análise operacional", os Shipibo deveriam pescar apenas e deixar de caçar. Em vez disso, usei a técnica para mostrar o grau de liberdade de que os seringueiros desfrutavam para escolher seus planos de produção. Esta é a justificativa para a tese principal: a economia florestal dos seringueiros resistia ao comando do patrão.

dade – prática e institucional – de controlar, pela força, o trabalho extrativo disperso por enormes áreas de floresta em zonas de difícil acesso e interligadas de inúmeras maneiras por trilhas da floresta desconhecidas pelo pessoal dos *barracões*, realizado, ademais, por trabalhadores brasileiros.[42]

Assim, do ponto de vista do seringalista como empresário, o seringal subutilizava os recursos naturais e humanos. Em 1982 e 1983, no seringal Restauração como um todo, incluindo Riozinho, Dourado, Manteiga, Camaleão, Vitória e Machadinho, além da sede Restauração e do Boa Hora, apenas dois terços das estradas eram arrendados. Os seringueiros cortavam em média quatro dias semanais durante cerca de sessenta dias anuais. Quando aumentava o número de trabalhadores em uma *casa*, individualmente se reduzia a intensidade do trabalho. Assim, em uma *casa* com um adulto e dois filhos com mais de doze anos de idade, uma produção próxima a uma tonelada de borracha anual era obtida com uma rotina de sangria de estradas na qual cada seringueiro cortava em geral metade de uma estrada em cada jornada diária, reduzindo o tempo de trabalho diário por seringueiro e, no entanto, conseguindo aumento na produtividade da *casa* como um todo.

Para os seringueiros, ampliar a produção de borracha por trabalhador significaria abandonar os roçados e a caçada e, em consequência, amarrar-se ao débito no *barracão*. Portanto, quando a família crescia, a intensidade de trabalho por pessoa diminuía, enquanto o rendimento por pessoa da família aumentava.

Este era o modelo ideal do *barracão*: um seringueiro solteiro que compraria todo o alimento do *barracão*, dedicando-se apenas a fazer borracha, em uma *colocação* em que todas as estradas estariam arrendadas e ocupadas produtivamente, sem estradas *vadiando*. O que para os patrões significava baixa produtividade, para os seringueiros significava decisões prudentes (não exceder em uma *colocação* o número de famílias que permitisse ocupar seus filhos adultos) e econômicas (manter a diversidade

---

42. Sobre esses pontos, ver Almeida 1993, caps. 1–4.

produtiva das *colocações*, distribuindo a atividade familiar entre caçada, agricultura e extração de látex). A estratégia dos seringueiros consistia em tornar máxima a diversidade de seu nicho ecológico e utilizá-la para aumentar o bem-estar de suas famílias.

O alvo dos patrões, ao contrário, era aumentar o produto bruto no curto prazo.[43] Como consequência dessa lógica, eles exerciam pressão com o propósito de aumentar o número de seringueiros e a produção bruta por estrada e de expulsar os seringueiros considerados "preguiçosos". Usavam, para isso, meios que iam desde a cobrança de preços abusivos (mais para manter endividados os seringueiros do que para garantir a própria capacidade de pagar ao banco) até o emprego de tropas policiais para cobrar (em borracha) débitos em atraso. Buscavam ainda retirar os marreteiros do seringal, com o apoio de juízes e de policiais dispostos a receber propina por atividades de fim de semana. Essas pressões sobre a economia agroextrativa das *colocações* significavam, ao mesmo tempo, pressão sobre os recursos naturais (depredação) e os recursos humanos (superexploração). Os seringueiros resistiam à depredação ecológica não apenas por amor à natureza, mas também para resistir à depredação de seu trabalho (Almeida 1993, caps. 5-6).

---

43. O lucro dos patrões dependia diretamente do volume bruto de borracha que pudessem oferecer ao banco como garantia antecipada do financiamento anual – com juros a 3% e sem correção monetária, quando a inflação atingia 100% anuais. Esse volume de borracha era estimado em função do número de seringueiros que ocupavam estradas de seringa mediante o pagamento da *renda*. O adiantamento de dinheiro de parte dos bancos (Basa, Banco do Brasil) assegurava lucros financeiros e comerciais aos patrões mesmo sem comprar mercadorias ou vendendo mercadorias adquiridas com isenção de impostos por empresas registradas em Manaus. Toda a produção tinha compra assegurada. Sem competição, não estava em jogo a produtividade extrativista, e sim a produção bruta (o produto anual bruto de borracha que determinava o valor do empréstimo bancário adiantado anualmente).

Poder no seringal

A esta altura, está claro que questões de manejo ambiental e de viabilidade econômica são questões políticas. Para lutar contra a taxa crescente de degradação ambiental e contra a tendência ao aumento da taxa de exploração de seu trabalho, os seringueiros resolveram substituir o sistema dos *barracões* pelo controle livremente exercido sobre suas florestas mediante a implantação das reservas extrativistas.

Para isso, precisavam de aliados políticos – assim como os patrões, que sempre foram beneficiários de subsídios de todo tipo, financeiros a jurídicos, para exercer um monopólio comercial auferindo ao mesmo tempo uma "renda" com características pré-capitalistas (em espécie, fixada em uma quantidade de quilogramas de borracha, independentemente do produto ou dos preços de mercado, sem relação com a taxa de lucros ou de juros vigente no mercado). Para os seringueiros, não se trata de pedir subsídios. Trata-se de obter o reconhecimento de seus direitos como usuários dos recursos da flora e como produtores extrativistas.

O seringal era uma organização territorial e social apoiada no trabalho de seringueiros que gerava lucros para uma classe de *patrões*. Procurei mostrar que esses lucros eram gerados de duas maneiras: a cobrança de *renda* pelo uso da floresta (renda de *estradas de seringa*, que, no entanto, implicava o direito de uso para todo o território florestal compreendido por elas) e *lucros comerciais e usurários* apoiados no *monopólio/monopsônio* do comércio de borracha e de mercadoria. O *barracão* arrogava-se a posição de único vendedor de mercadorias e de único comprador de borracha. A sustentação dessas duas instituições no município de Cruzeiro do Sul, na década de 1980, era o poder político local dos patrões, em conluio com o Poder Judiciário e com a Igreja. Não havia até 1977 sindicatos rurais, e só patrões tinham acesso a advogados e tribunais, que costumavam servir a seus interesses; a Igreja no Alto Juruá era também intimamente aliada aos patrões, cujo poder se estendia ao controle de notícias pela estação radiofônica federal.[44]

Hoje, o desafio para os moradores tradicionais está em manter o modo de vida das antigas *colocações* – atualmente nomeadas *comunidades tradicionais* –, baseadas no uso coletivo de recursos naturais com técnicas múltiplas, diante da pressão predatória da grilagem de terras públicas e da pressão da administração estatal de áreas de conservação.[45]

---

44. Almeida 1993, caps. 1–4.
45. Ibid., "Conclusões". Para um quadro em 2018, ver Almeida, Allegretti *et al.* 2018.

CAPÍTULO 4

Direitos à floresta e ambientalismo: seringueiros e suas lutas

Os seringueiros amazônicos eram invisíveis no cenário nacional nos anos de 1970. Começaram a se articular como um movimento agrário no início dos anos de 1980 e, na década seguinte, conseguiram reconhecimento nacional ao obter a implantação das primeiras reservas extrativas após o assassinato de Chico Mendes. Assim, em vinte anos,[1] os camponeses da floresta passaram da invisibilidade à posição de paradigma de desenvolvimento sustentável com participação popular. Este texto narra essa surpreendente transição com base nas trajetórias de alguns líderes e nas estratégias por eles utilizadas para dar ao movimento social visibilidade em escala nacional e internacional, conectando suas reivindicações agrárias a temas ambientais de interesse mais geral.

Como se deu a transição? Tratou-se de um jogo de aparências por meio do qual líderes sindicais manipularam o discurso hegemônico para mascarar a defesa dos seus interesses corporativos – em outras palavras, de uma manobra tática ambientalista para realizar uma estratégia de luta agrária? Ou será que, ao contrário, observamos nisso um jogo de linguagem no qual se afirma, pela cooptação dos agentes locais, a hegemonia discursiva do

---

1. Publicado originalmente na *Revista Brasileira de Ciências Sociais*, v. 19, n. 55, 2004. Para a situação atual, ver pós-escrito.

"desenvolvimento sustentável", do "empoderamento" e de outros *topoi* da agenda dos bancos multilaterais, nas linhas sugeridas por Escobar (1995)?

De fato, a história do movimento dos seringueiros forneceu material para diversas conclusões. Foi narrada por intelectuais aliados como exemplo de como os interesses de um grupo subalterno e economicamente marginal podem coincidir com os interesses gerais da sociedade (ver Allegretti 1990b; Schwartzman 1989; Almeida 1990a). Nessa mesma linha de raciocínio, as estratégias sociais e ambientais de "povos da floresta" tornaram-se paradigmáticas na literatura dos anos de 1990 sobre movimentos de resistência ecológica.[2] Outros observadores, mais críticos, partiram do pressuposto de que os chamados "povos da floresta" seriam simplesmente pessoas pobres privadas da oportunidade de viver em outros lugares como agricultores ou como assalariados urbanos, condenados a uma marginalidade involuntária.[3] Há os que alegam que as exigências de terra formuladas pelo movimento de seringueiros são exageradas ou que a atividade extrativa dos seringueiros é "economicamente inviável", do ponto de vista da eficiência econômica, ignorando dimensões ecológicas e ressuscitando ao mesmo tempo uma antiga identificação entre extrativismo e predação (Homma 1989 e 1993). Finalmente, há quem veja em toda a exigência de "reservas extrativistas" uma conspiração de países ricos para bloquear o desenvolvimento da fronteira amazônica (Carneiro da Cunha & Almeida 2000; Almeida & Carneiro da Cunha 2001).

Segundo Escobar (1995), tratando da América Latina, o "discurso do desenvolvimento" funcionaria como uma estratégia de poder sobre as populações periféricas que ganha aceitação crescente e, para Ferguson (1990), falando da África Austral, os efei-

---

2. Sobre o "povo da floresta", ver, por exemplo, Ghai & Vivian 1992: 13–14 e Taylor 1995: 19; sobre o "povo das águas", ver Diegues 1992 e Furtado, Leitão & Mello 1993; sobre garimpeiros, ver Cleary 1990: XXII, 223 e 228. A expressão "movimentos socioambientais" foi utilizada por Ricardo 2002.

3. Ver, entre outros, Parfit 1989, Torres & Martine 1991, Romanoff 1992 e Browder 1992.

tos dessa estratégia incluiriam o deslocamento da ação política para um plano secundário. Se essas visões estiverem corretas, a alternativa para grupos subalternos e marginalizados seria ou manter sua marginalidade como estratégia de resistência ou aceitar uma integração passiva e manipulada nas estruturas de poder globais. Mas há uma terceira alternativa.

A discussão resulta, em parte, talvez, do fato de que a reivindicação dos seringueiros – a transformação de grandes áreas de floresta em áreas públicas de uso coletivo segundo práticas tradicionais – teve relativo e inesperado sucesso. Como reconhecer a validade dos argumentos ambientalistas dos seringueiros e como conciliá-los com sua condição de pobreza e marginalidade? Como justificar a pretensão dos seringueiros sobre territórios?

No fundo, uma questão que está em jogo é a do papel e do potencial de grupos minoritários no contexto global. Anna Tsing (1993), em um livro sobre os Dayak de Kalimantan (Indonésia), sugeriu que a marginalidade (no sentido espacial e social) seria uma estratégia contra o "desenvolvimento" imposto de fora, na qual o discurso desenvolvimentista seria de fato apenas parodiado.

Seria esse o caso dos seringueiros? O "desenvolvimento sustentável" seria então mera paródia do "desenvolvimentismo", adotada para tornar aceitáveis as reinvindicações agrárias dos seringueiros amazônicos? Acredito que não. Primeiro, porque os seringueiros tentaram sair da marginalidade para a visibilidade. Segundo, porque, ao fazer isso, vários líderes seringueiros apropriaram-se de parte do discurso ambientalista/desenvolvimentista, não para parodiá-lo, mas para, de fato, incorporá-lo a suas concepções e práticas locais, atribuindo a esse discurso novos significados. Ao fazê-lo, redefiniram sua maneira anterior de agir, porém o fizeram conforme critérios estabelecidos em tradições e costumes próprios; ao mesmo tempo, redefiniram sua relação com a sociedade, construindo para si um nicho em que pudessem ser reconhecidos, como "povos da floresta", com direitos agrários e sociais legítimos.

Schmink e Wood (1992), comentando, nos anos de 1990, o relativo êxito do movimento dos seringueiros, apontaram para o fato de que a complexidade da conjuntura mundial criou novas oportunidades para que os grupos locais conquistassem vitórias, imprevistas por uma visão determinista da história. Com efeito, em um contexto de expansão agressiva do capitalismo, não é possível prever o que ocorrerá em um local particular, em uma luta particular que envolva um sujeito histórico específico. Surgem, assim, espaços de relativa liberdade para conduzir conflitos em direções historicamente criativas, construídas como resultado de discussões e choques entre vozes, representadas por grupos de explorados e poderes externos. Em consequência, ocorreram eventos inesperados que, apenas em retrospecto, parecem ser evidentes e previsíveis (Almeida 1993).

Neste texto, tratarei do período entre 1982 e 1992.[4] Em vez do problema de quem age sobre quem, de quem é sujeito manipulador e de quem é objeto de manipulação, indago, à maneira de Jean-Paul Sartre, o que os agentes da história local fizeram daquilo que a história fez com eles. Para isso, narro uma série de episódios que ocorreram em três escalas: no nível local do remoto município de Cruzeiro do Sul (Acre), no cenário nacional-internacional que vai de Brasília a Washington e na escala regional do estado do Acre, que interliga esses dois níveis. Três pessoas conduzem essas narrativas: Chico Ginu, seringueiro, delegado sindical, organizador de associações e dirigente regional; Chico Mendes, seringueiro, sindicalista, militante partidário e ambientalista; e Antônio Macedo, seringueiro, piloto fluvial, mecânico de máquinas pesadas, sertanista e indigenista, dirigente político, líder místico e agitador revolucionário.

Com essas narrativas, todas baseadas em minha experiência pessoal, pretendo dar um exemplo de como atos e crenças da periferia se articulam com políticas e agendas mundiais, em um "desenvolvimento combinado e desigual". O significado dessa

---

4. Minha experiência na região não parou aí, mas escolhi o período entre 1982 e 1992 em parte porque é bastante ilustrativo para o desenvolvimento deste artigo; em parte, porque permite certo distanciamento em relação aos eventos tratados.

frase foi explicitado por Trotsky no brilhante primeiro capítulo da sua *História da Revolução Russa*:

> Um país atrasado assimila as conquistas materiais e intelectuais dos países avançados. [...] Embora forçado a seguir os países avançados, um país atrasado não faz as coisas na mesma ordem. O privilégio do atraso histórico – e tal privilégio existe – permite, ou melhor, impõe, a adoção do que estiver disponível, antes de qualquer data previamente especificada.
>
> [...] O desenvolvimento de nações historicamente atrasadas leva necessariamente a uma combinação peculiar de diferentes etapas no processo histórico. O seu desenvolvimento como um todo adquire um caráter não planejado, complexo, combinado (Trotsky [1930] 2017).

O caráter "não planejado, complexo, combinado" é de fato característico das histórias que se seguem. Seria fácil suprimi-lo com uma narrativa única que retrospectivamente fizesse com que os eventos ilustrassem uma tendência que só depois se concretizou. Mas o caso do movimento dos seringueiros, que se auto-organizou a partir de planos desconectados, realizados em diferentes escalas, que só depois se combinaram para adquirir um lugar de destaque no cenário político-ambiental, torna-se mais compreensível como ilustração do potencial criativo de processos que nascem de situações de desordem e em que, como resultado, uma periferia aparentemente passiva se afirma como fronteira ativa.

Por que "não planejado", ou, melhor ainda, não previsto? A Amazônia, na década de 1970, parecia seguir um curso histórico terrivelmente previsível: o caminho da modernização capitalista orientado para ocupar espaços vazios sob a direção de um bloco formado pela ditadura militar e por classes dominantes ansiosas por lucros rápidos na fronteira. Em uma economia em rápida expansão, financiada pelo capital financeiro internacional, com uma geografia política dividida entre terras monopolizadas pelo grande capital e terras livres ocupadas por índios e caboclos, o cenário de acumulação primitiva parecia irreversível, no sentido dado a esse termo por Marx, qual seja, o da separação entre comunidades e a natureza, seguida do surgimento simultâneo de uma classe de proletários sem terra e da terra como meio de produção. Desse cenário resultaria a inevitável aniquilação dos índios, primeiras vítimas do milagre (Davis 1977). Quanto aos camponeses da Floresta Amazônica – categoria que inclui caboclos destribalizados desde as guerras indígenas do século XIX e sobreviventes dos migrantes trazidos pelos ciclos de coleta –, que se denominam seringueiros, caçadores e pescadores, barranqueiros, agricultores, pequenos artesãos e mestres-ferreiros, remeiros e pilotos fluviais, eles, até o início da década de 1980, eram praticamente desconhecidos tanto na esfera governamental como na literatura acadêmica que discutia intensivamente a "fronteira amazônica". As questões relativas à fronteira identificavam-se com o problema dos posseiros. Seringais eram tema de história ou de farsa (Nugent 1993).

Durante a década de 1980, a história na região não se desenvolveu conforme esse cenário, pelo menos em seus detalhes. É evidente que o Estado brasileiro não abandonou sua agenda desenvolvimentista para a Amazônia. Mas as vítimas passivas se revelaram ativas. Os índios deixaram de ser vistos apenas como vítimas e se tornaram agentes que, em uma série de contramanobras, ganharam territórios e direitos civis. Os seringueiros e outros camponeses da floresta perderam a invisibilidade e, em outra série de manobras, ganharam o direito de posse coletiva de florestas. Muitos são escorraçados de suas terras, não mais por fazendeiros, e sim pelo próprio Estado conservacionista, o que é paradoxal, porque outros permanecem em suas terras exatamente porque alegam ser conservacionistas. Como Trotsky se expressou, o fato é que a história dessa década se caracterizou na região por reviravoltas "complexas" e "não planejadas", e o resultado aparece como conjunturas vividas na forma de conflitos locais que não poderiam ser previstos.

1870–1980: antecedentes da revolução no rio Tejo

Encontrei os seringueiros pela primeira vez no trecho do rio Juruá que corre no interior do estado do Acre conhecido ali como "Alto Juruá". Ano de 1982, rio Tejo, último grande afluente do Juruá em território brasileiro, a meio dia de barco a motor da fronteira peruana. Nas cabeceiras do Tejo, então representado nos mapas do Departamento Nacional de Produção Mineral (DNPM) e do Instituto Brasileiro de Geografia e Estatística (IBGE) como despovoado, descobri, após uma primeira viagem exploratória, que havia uma população de seringueiros ativos e que o próprio Tejo era chamado de "rio de borracha" no município de Cruzeiro do Sul. Da mesma forma, o Riozinho da Restauração era o último importante igarapé de seringueiros no coração do rio Tejo.[5]

Os primeiros seringueiros e posseiros de seringais haviam chegado ao rio Tejo na década de 1890, em florestas contestadas entre Peru e Bolívia, habitadas até então pelas populações nativas de língua Pano, sobre cuja organização social e modo de vida na época pouco se sabe hoje em dia. O território acima do rio Tejo, a partir do rio Amônia, era, no fim do século XIX, uma zona de ninguém, onde seringueiros brasileiros e especuladores em busca de novos seringais, dirigindo-se ao sul rio acima, chocavam-se com os caucheiros peruanos que se dirigiam ao norte, rio abaixo, em busca de novos *cauchales*. À frente dos seringueiros e dos caucheiros, conforme Euclides da Cunha observou com detalhes em *Contrastes e confrontos* ([1907] 1975), podiam-se observar diferentes características ecológicas e sociais. Do lado dos seringueiros, na região que vai mais ou menos até onde passa hoje a fronteira entre Peru e Brasil, a floresta era rica em seringueiras, árvores de diferentes espécies

---

5. O Riozinho da Restauração foi o local principal no começo de minha pesquisa de campo, de setembro de 1982 a novembro de 1983. Retornei a Cruzeiro do Sul, em 1986, e ao Riozinho, em 1987, na primeira de muitas viagens ao Tejo ao longo da década de 1990 até 2013, intermitentemente

pertencentes ao gênero *Hevea* (Emperaire & Almeida 2002). Do lado dos caucheiros não havia seringueiras, mas árvores de *caucho*, pertencentes ao gênero *Castilloa*. O fato de que a fronteira entre Peru e Brasil coincide hoje, em termos gerais, com uma fronteira botânica não se deve a uma coincidência, pelo menos em relação ao Acre ocidental. Tratou-se de um artefato do processo histórico pelo qual as florestas que são hoje acrianas, em terreno inexplorado, mas disputado entre Peru e Bolívia, foram acrescentadas ao território brasileiro em 1903 (pelo tratado Brasil-Bolívia) e em 1909 (pelo tratado Brasil-Peru), com base na ocupação por seringueiros que se orientavam pela busca de *Hevea*, e não de *Castilloa*. A geopolítica da fronteira amazônica, desde então, se entremeava com a biogeografia econômica.

Os brasileiros migrantes, procurando a valiosa *Hevea brasiliensis*, que gerava o produto *Acre fina* – melhor borracha no mercado mundial –, ignoravam tanto as fronteiras mal conhecidas como a borracha inferior da *Castilloa elastica*. Em contraste com os *cauchais*, onde caucheiros itinerantes acampavam para derrubar árvores de caucho e extrair de cada uma delas, de uma só vez, cerca de 30 kg de látex, até esgotar as árvores e seguir adiante, os *seringais* constituíam-se em posses florestais que tinham valor permanente para seu dono virtual,[6] já que, nelas, a *Hevea* de várias espécies podia ser explorada por tempo indefinido. Portanto, nos seringais podia se instalar uma população sedentária de trabalhadores, em contraste com a população nômade dos cauchais.

---

6. Virtual, mas não legal. Até 1903, alguns ocupantes de seringais registravam suas pretensões a territórios da floresta em cartórios de Manaus, em um período em que toda a região era contestada pelo Peru e pela Bolívia. Depois de passar ao domínio brasileiro por meio dos tratados mencionados, a região tornou-se território federal; no entanto, o governo brasileiro nunca legalizou os títulos de posse. Apenas em 1982 iniciaram-se os processos de regularização fundiária. O Acre foi, durante quase toda a sua história, um vasto território federal de terras públicas, mas foi também um imenso latifúndio assentado no "costume" e na complacência do sistema político e jurídico.

A diferença ecológica e econômica entre seringais e cauchais era acompanhada de contrastes étnicos. Nos cauchais, empregava-se mão de obra indígena, que era explorada de modo tão brutal e temporário quanto as próprias árvores de *caucho* – exemplo disso são as atrocidades do Putumayo e outras menos célebres de Madre de Dios/Mamoré. Já nos seringais do Acre, a mão de obra era constituída de imigrantes nordestinos; a população indígena local foi vítima das atrozes "correrias", em que os índios eram aniquilados não em função da submissão à disciplina do trabalho forçado, e sim para dar lugar aos imigrantes brasileiros. Os territórios de floresta tinham valor elevado porque geravam renda e lucros especulativos, mas também a própria mão de obra, trazida com alto custo, não poderia ser pura e simplesmente trucidada como foram os indígenas.[7]

A economia extrativa dos seringais amazônicos é semelhante à de outros sistemas de trabalho em que extratores detêm autonomia para explorar recursos naturais e se vinculam a postos de comércio com os quais se mantêm em dívida crônica.[8] Cada seringueiro explorava pelo menos uma *parelha* de *estradas de seringa*, que ligavam a clareira residencial aos seringais. Dois ou três seringueiros podiam ocupar o conjunto de estradas que, partindo da clareira, cobriam o território de uma *colocação*, limitado pelas *estradas* de outras *colocações*. O posto de comércio – *barracão* – adiantava mercadorias a esses trabalhadores isolados na mata, as quais deveriam ser pagas ao fim da estação de trabalho – *fábrico*, o que significa que eles estavam em débito quase permanente com os *barracões*.

---

7. As "correrias" devastaram parte considerável dos grupos Pano do Alto Juruá, embora os números não sejam conhecidos e não haja estimativas nem mesmo grosseiras. Alguns desses indígenas refugiaram-se em território peruano; outros permaneceram no interior de seringais sob a tutela de um patrão, como ocorreu nas vizinhanças do Tejo com os Kaxinawá do rio Jordão. Para mais detalhes, ver Wolff 1999; Pantoja [2001] 2008; Aquino & Iglesias 2002; Almeida, Wolff et al. 2002.

8. Um exemplo clássico é o da exploração de peles para exportação. A similitude com o sistema de seringais foi destacada por Murphy e Steward (1956).

Direitos à floresta e ambientalismo: seringueiros e suas lutas **103**

Os *barracões* localizam-se em barrancos do rio, cercados de floresta, a distâncias variáveis de cada *colocação* dos seringueiros, os quais no rio Tejo podiam visitá-los a pé, nos fins de semana. Havia tanto uma lógica hídrica no acerto das contas uma única vez durante o ano como uma lógica política. A borracha era feita em *pelas* que pesavam cerca de 60 kg, difíceis de transportar nas costas pelos caminhos da floresta. Por conta disso, eram levadas uma vez por ano ao *barracão* durante as *alagações*, que transformavam os rasos espelhos d'água que margeavam as *colocações* em igarapés caudalosos. Dos *barracões*, as *pelas* flutuavam rio abaixo, amarradas umas às outras formando *balsas* enormes, até Cruzeiro do Sul, e dali continuavam em vapores e depois em *ferryboats* até Belém, de onde eram embarcadas para portos britânicos e norte-americanos. Era também durante o auge do período das alagações que navios, lanchas e grandes batelões podiam aportar nos *barracões* distantes, levando mercadorias pesadas e de grande volume, como sal, açúcar, sabão, gasolina, chumbo e ferramentas. Do encontro desses dois movimentos, um formado pelo *produto-borracha*, outro pela *mercadoria*, resultava um balanço que, na maioria dos casos, significava débito, mas que, em outros, poderia constituir um crédito. Não obstante o tipo de resultado, era dessa forma que se estabelecia, ao longo dos anos, a relação credor-devedor, fornecedor-produtor, patrão-seringueiro. Tratava-se, pois, de uma economia de débito e de crédito generalizados, a qual formava uma rede que ligava não apenas seringueiros a patrões, mas também patrões menores a patrões maiores, até chegar às casas importadoras-exportadoras; estas, por sua vez, eram devedoras de empresas internacionais que compravam a borracha.

Esse sistema foi capaz de expandir a oferta de borracha silvestre sem aumento de produtividade, chegando a um teto, por volta de 1912, de cerca de 40 mil toneladas na Amazônia. Isso foi obtido por meio da expansão da área abrangida pelo sistema de adiantamentos, que requeria o aumento contínuo de trabalhadores, o que provocava, por sua vez, um custo de transporte cada vez maior. Essa expansão espacial e numérica foi sustentada por preços que cresciam regularmente, com ligeiras flutuações, de 1850 a 1910.

Contudo, esse crescimento sustentado de preços estimulou também a busca de alternativas à borracha silvestre, centrada na domesticação da seringueira e no estabelecimento de plantações de seringueiras – uma empresa realizada pela Inglaterra, principal país comprador da borracha extraída das selvas amazônicas. Tratava-se de uma luta para a domesticação da floresta e para o controle do trabalho, a qual resultou afinal, para usar o vocabulário de Marx, na subordinação real da natureza e do trabalho ao capital. Entretanto, isso ocorreu nas colônias inglesas da Ásia, e não na Amazônia, onde nem o trabalho nem o capital se mostraram dóceis a esse tipo de subordinação.

Em 1912, a Amazônia brasileira atingiu a marca de produção de 42 mil toneladas de borracha. Naquele mesmo ano, entretanto, as plantações da Malásia começaram a inundar o mercado com as primeiras safras da borracha de seringueiras domesticadas, descendentes clonadas do germoplasma retirado de centenas de milhares de sementes de seringueira, que, ainda no século XIX, seguiam do porto de Belém diretamente para Kew Gardens, os Reais Jardins Botânicos da Inglaterra. O que eram 42 mil toneladas extraídas da Floresta Amazônica em 1914 diante das 400 mil toneladas produzidas pelas plantações asiáticas, por volta de 1920, a preços muito menores? O capital havia domesticado a natureza, infelizmente não na Amazônia, e sim na Ásia.

Ou deveríamos dizer – felizmente? Depende do ponto de vista. Os seringueiros da base do sistema do aviamento eram devedores, mas não credores, porque não havia ninguém abaixo deles na cadeia do aviamento. Os credores de fato foram à falência porque não era possível, em uma conjuntura de queda abrupta de preços, seguir fornecendo aos elos inferiores da cadeia de endividamento para continuar a pagar aos elos superiores. Os seringueiros não poderiam falir, embora seus patrões, sim (ver Weinstein 1983). Muitos deles livraram-se assim de seus antigos patrões, que abandonaram a exploração dos seringais ou suspenderam o monopólio rígido do comércio simplesmente porque não podiam mais abastecer os trabalhadores.[9]

Voltemos ao cenário do rio Tejo. A empresa Mello & Cia., que havia comprado o conjunto dos seringais do Tejo e arredores em uma especulação infeliz em 1910, faliu em 1916 e passou a propriedade a outra empresa de Belém, Nicolau & Cia., que, por sua vez, faliu em 1936 (ver Pantoja [2001] 2008). Nesse meio-tempo, porém, os seringueiros já haviam sido liberados para usar a floresta em lavouras alimentares ou para obter da caça e da pesca sua alimentação. Nesse novo quadro econômico, os seringais tornaram-se unidades econômicas quase autossuficientes, do ponto de vista alimentar, reduzindo ao mínimo a quantidade de mercadorias que precisavam comprar do exterior (sal, munição, tecido e instrumentos de trabalho). Pode-se dizer que os seringais sobreviveram ao se converterem em "economias duais", para usar a expressão formulada por J. H. Boeke (1953), Celso Furtado (1959) e Keith Hart (1982), respectivamente para os casos na Indonésia, no Brasil e na África. Esse tipo de economia continha um setor exportador e um setor de subsistência. Durante as crises de mercado, ocorria a contração do primeiro e, consequentemente, a expansão do segundo; em períodos de preços favoráveis, dava-se justamente o contrário, ou seja, retração do setor de subsistência e ampliação do setor exportador. Um traço característico de tais sistemas é que podem sobreviver indefinidamente, mantendo a estrutura invariante, mas regulando as proporções existentes entre suas partes.

A partir de 1936, depois da falência da Nicolau & Cia., o proprietário Maurício Quirino permaneceu, isoladamente, como o dono virtual de imensas áreas de seringais, que na época nada valiam como terra. Por assim dizer, os seringais tornaram-se "senhorias feudais", com os patrões sustentados pelo pagamento de rendas em espécie e em trabalho prestados por camponeses da floresta que se sustentavam como agricultores e caçadores.

---

9. A documentação sobre esse processo encontra-se em Almeida 1993, caps. 1–2. Ver também Wolff 1999; Pantoja [2001] 2008; Almeida, Wolff et al. 2002.

Muitos bens de consumo passaram a ser fabricados por artesãos locais, ou seja, houve redução de gastos com importação concomitante a uma produção exportadora que ocupava então apenas parte da semana de trabalho. Assim, as famílias cresciam, a agricultura florescia e os novos camponeses podiam ampliar seus conhecimentos práticos e místicos sobre a floresta, em alguns casos unindo-se a mulheres indígenas, o que deu início a verdadeiras dinastias de seringueiros caboclos como se encontram no Tejo hoje em dia. Cada nicho da floresta tinha uso, desde as várzeas inundadas até as florestas de terra firme, nessa economia regional emergente.

A história da conversão de proletários em camponeses, em uma Amazônia isolada do mercado mundial, não termina aí. O processo que descrevemos ocorreu durante a crise aguda de redução de preços durante os anos de 1920 e 1930, quando mesmo a economia das plantações asiáticas se viu atingida pela superprodução. Na década de 1940, porém, a Segunda Guerra Mundial fechou aos Estados Unidos, então o principal importador, as portas das plantações asiáticas. Localizadas em colônias inglesas, francesas e holandesas, estavam agora, em sua maioria, ocupadas pelo Japão imperial. Nessa conjuntura de guerra, qualquer fonte de borracha de curto prazo era essencial. Mas as plantações levam uma década para se desenvolver, e a borracha dos seringais nativos podia entrar em produção imediatamente; para isso, bastava que houvesse braços e capital para injetar nova vida ao velho sistema do aviamento. Assim, iniciou-se a "Batalha da Borracha" na Amazônia. Os Estados Unidos fizeram um acordo com o governo de Vargas para obter borracha da floresta. O governo brasileiro, em uma operação de envergadura, passou a atuar como aviador principal em escala nacional, financiado pelos Estados Unidos, recrutando, nesse momento, uma segunda leva de migrantes entre camponeses pobres da Amazônia. Os patrões locais viram-se fortalecidos subitamente com capital e poder. Aos seringueiros, prometiam-se ganhos rápidos e benefícios comparáveis aos dos soldados. Porém, seus contratos sujeitavam-nos a uma condição de trabalhadores coagidos a uma jornada semanal de seis dias nas estradas de seringa, impedidos de abandonar o trabalho enquanto estivessem endividados – condições expressas por escrito, nas cadernetas dos seringueiros. O trabalho escravo foi, assim, recriado na Amazônia brasileira pelo próprio Estado com apoio norte-americano.

A batalha da borracha constituiu um fiasco. Os seringueiros não produziram o que se esperava. O trabalho coagido reintroduzido na Amazônia, apoiado no acordo entre Brasil e Estados Unidos, não conseguiu fazer com que aqueles trabalhadores produzissem acima no nível atingido no início do século. Apesar das intenções do acordo e das condições expressas nas cadernetas, eles recaíram nos baixos níveis de produção dos seringueiros do Entreguerras. Durante a Primeira Guerra Mundial, os seringueiros haviam se convertido em camponeses; os recém-chegados da Segunda Guerra Mundial encontraram essa economia florestal-camponesa em plena operação e se incorporaram a ela. Nesse cenário, como já mencionado, um seringueiro com família trabalhava no "setor exportador", isto é, nas estradas de seringa, em jornadas médias de quatro dias por semana. Formalmente, ele trabalhava como trabalhador autônomo em estradas de seringa pelas quais pagava *renda* em produto-borracha; no restante da semana, trabalhava como caçador ou em seus roçados. Esse regime durava cerca de nove meses; nos demais meses do ano, a família dedicava-se a cultivar os roçados ou a outras atividades.

As famílias de seringueiros viviam em *colocações* distantes dos *barracões*, com os quais tinham contatos esporádicos. Como, então, controlar diretamente esses trabalhadores que utilizavam recursos da floresta com base no trabalho familiar, longe da presença dos empregadores? Um chefe de família seringueiro utilizava cerca de quatrocentos hectares da floresta para extrair látex de cerca de duas estradas com aproximadamente trezentas seringueiras dispersas em uma floresta de colinas e pequenos vales, de várzeas e platôs, de matas densas ou abertas com palmeiras, cipós e bambus. Essas *colocações* ficavam a cerca de uma hora ou duas umas das outras. Um seringal com setenta chefes de famílias, dispersos por 25 ou 30 *colocações*, ocupava uma extensão de cerca de 30 mil hectares de floresta, entrecortada por inúmeros caminhos e atalhos. Estava, pois, fora de questão fiscalizar diretamente a rotina diária de trabalho. Não era possível impedir as famílias de implementar roçados e fazer farinha e, menos ainda, de caçar para seu sustento: isso era uma espécie de direito adquirido. O que se podia fazer era controlar o volume de borracha, mas mesmo nesse aspecto a rede de comércio clandestino nas fronteiras de seringal tornava inevitável o "contrabando de borracha". Disso resultavam conflitos crônicos entre patrões e regatões, patrões e seringueiros. No entanto, a escassez de braços, em uma economia que precisava absolutamente de mão de obra para funcionar, sem ter nenhuma inovação técnica que a substituísse, favorecia, em certo sentido, os próprios seringueiros. Os "patrões do rio Tejo", que nos anos de 1980 moravam no município de Cruzeiro do Sul, não tinham contato com os "patrões do rio Tarauacá", cujos seringais eram lindeiros com os dos fundos do Tejo. Tratava-se de uma zona de "contrabando" regular. Os seringueiros acreanos sobreviveram ao colapso do primeiro ciclo da borracha anterior à Primeira Guerra Mundial, atravessaram o período entre as guerras, tornando-se camponeses, e resistiram às tentativas de serem reproletarizados sob o comando norte-americano no período posterior à Segunda Guerra Mundial. Todas essas fases puderam ser observadas na região do rio Tejo.

Na década de 1970, porém, a Amazônia como um todo foi objeto de um vasto movimento de ocupação conduzido pela ditadura militar, com vistas tanto a incorporar seus recursos naturais à economia capitalista nacional e internacional como a resolver o problema agrário do Sudeste e do Nordeste do país. As estradas e os incentivos fiscais que acompanharam essa investida capitalista não chegaram até o rio Juruá. Mas a especulação fundiária, sim. Dessa forma, o remoto curso do Alto Juruá, onde desemboca o rio Tejo, e que, em 1936, passara das mãos de uma companhia do Belém do Pará para um proprietário local, Maurício Quirino, foi comprado por volta de 1980 pela empresa paulista Santana Agropastoril Ltda. Apesar de não incidirem sobre títulos válidos, essas negociações significavam direitos de fato sobre o território e a expectativa de futura regularização fundiária, anunciada na época pelo Instituto Nacional de Colonização e Reforma Agrária (Incra) e iniciada em 1982. A Santana arrendou os seringais do rio Tejo por períodos trienais para seringalistas locais interessados em lucros rápidos. Vale lembrar que, na primeira metade da década de 1980, estava em vigor o Programa de Incentivo à Produção de Borracha Vegetal (Probor) II, generoso esquema de financiamento público de seringais.

Um dos comerciantes do município de Cruzeiro do Sul que se aproveitou da oportunidade foi Orleir Cameli, que arrendou o rio Tejo em 1985. Contudo, em 1986, a política econômica de subsídios e de preços administrativos, instaurada após o término da Segunda Guerra Mundial, começou a mudar. Por volta de 1987, com o contrato de arrendamento prestes a expirar e com o início do desmantelamento das políticas federais que no passado sustentaram os preços da borracha extrativa, Orleir Cameli perdeu o interesse no antigo negócio. Dono de serrarias e de meios de transporte fluvial, entre outros negócios, ele planejava, na época, explorar o mogno do rio Tejo. Já havia sobrevoado o rio de helicóptero, enquanto outra equipe percorria a floresta a pé com o propósito de avaliar os melhores locais para estabelecer postos de operação da nova empresa. Nos anos anteriores, o mesmo Cameli havia devastado as matas do vizinho rio Amônia, ocupado pelos índios Ashaninka, com tratores pesados, para retirar madeira. Era o cenário clássico da fronteira capitalista em aproximação, com seus típicos ingredientes de manipulação de títulos de terra, depredação da floresta e expulsão de moradores tradicionais. A estrutura amazônica de capitalismo selvagem tomava o lugar dos velhos seringais decadentes. Esse processo foi visto pelos moradores como a chegada dos maus patrões e a depredação das *estradas de seringa*.

Conflitos no rio Tejo: Chico Ginu

O rio Tejo pertencia ao município de Cruzeiro do Sul no oeste acreano e contava com um Sindicato dos Trabalhadores Rurais desde 1979, resultado de um processo de sindicalização conduzido por João Maia. Em 1981, havia delegados sindicais em regiões banhadas por dois afluentes do rio Tejo – o rio Bagé e o Riozinho da Restauração –, alguns deles com experiência na Revolta do Alagoas, uma greve de seringueiros do município vizinho de Tarauacá, em um seringal cujos fundos eram os divisores de água do Alto Tejo. Os moradores pobres, e mesmo os patrões menores, viam esses delegados com respeito, como representantes de uma instituição desconhecida, mas que era apoiada pelo governo federal e pelas leis. O principal delegado sindical no Alto Tejo, no Riozinho da Restauração, chamava-se João Claudino, um seringueiro que viera com alguns companheiros do seringal Alagoas.

Em 1982, quando cheguei ao Riozinho da Restauração, a reputação de Claudino era imensa. No ano anterior, contavam, ele havia liderado um grupo de seringueiros numa demonstração de força junto ao *barracão*, o que resultou na redução ou no cancelamento de algumas dívidas, como forma de compensar as "injustiças". Lembremos que, desde 1980, com o falecimento de Armando Geraldo, o Alto Tejo, cujos proprietários moravam em São Paulo, encontrava-se sem "patrões fortes". O patrão local, Valdemar, teve, então, de ceder às exigências dos seringueiros, segundo alguns relatos, rangendo os dentes. O próprio Valdemar contou-me as humilhações por que passou, tendo que aceder a reivindicações dos fregueses.

João Claudino foi mais longe. Instruiu os seringueiros a parar de pagar a renda das estradas de seringa, já que os patrões nunca haviam exibido documentos de propriedade. Ele também começou a construir uma enorme casa de madeira, cercada por um grande roçado de mandioca. A casa serviria como hospedaria e local de reuniões do sindicato, e o roçado proporcionaria alimento. Além disso, sugeriu uma coleta para comprar um

Direitos à floresta e ambientalismo: seringueiros e suas lutas **111**

batelão, com o qual os seringueiros poderiam levar sua borracha *de saldo* para vender diretamente na cidade.

As ações de João Claudino feriam dois dogmas centrais do sistema de seringal: o monopólio comercial e a renda das estradas de seringa. Em 1982, Sebastião Correa, comerciante urbano, visitou o Tejo para promover operações comerciais de regatão, sabendo de antemão que o rio estava "sem dono". Voltou no mesmo ano para ocupar o *barracão* da Restauração como um novo "patrão forte". A princípio, Correa pareceu tolerá-lo. Os seringueiros se depararam, no primeiro ano, com um *barracão* abarrotado de mercadorias, e o próprio Claudino foi estimulado a comprar fiado. Ao mesmo tempo, em Cruzeiro do Sul, o presidente do Sindicato de Trabalhadores Rurais o avisou de que "a renda da estrada de seringa era sagrada". Sebastião ofereceu a Claudino a função de cobrador da renda de 1983, e o sindicalista, já muito endividado com o novo patrão, aceitou. Mas Sebastião instruía os seringueiros a não realizar o pagamento. Como consequência, no fim de 1983, Claudino, bastante endividado, aceitou a oferta de Sebastião de deixar aquele seringal e assumir o posto de administrador de outro. Com isso, o sindicato sofreu uma desmoralização aguda: todos os seringueiros sabiam que o mais importante delegado sindical havia sido comprado pelo novo patrão.

Entretanto, Claudino tinha seguidores no interior do sindicato. Um deles era Chico do Ginu, um seringueiro humilde originário de uma família de migrantes cearenses e mulheres indígenas, habitantes do rio Manteiga, vizinho ao Riozinho da Restauração. Chico do Ginu, ou simplesmente Chico Ginu, nunca se deixou subornar, dando continuidade à atividade sindical que aprendera com Claudino. Em 1985, Sebastião Correa deixou o seringal e foi sucedido por Orleir Cameli como arrendatário da Santana Empreendimentos. No ano seguinte, temendo não receber as dívidas dos seringueiros ao fim do período de arrendamento trienal – a forma de obter aumento de produção era encher o *barracão* de mercadorias e criar dívidas elevadas nos primeiros anos –, Cameli contratou uma equipe de soldados de Cruzeiro do Sul, que, durante os momentos de folga, agia capitaneada pelo capataz Manuel "Banha". Essa tropa pseudopolicial começou a cobrar as dívidas com violência na casa dos seringueiros e, quando achavam necessário, levavam bens como forma de pagamento forçado, como máquinas de costura e até vacas leiteiras, espancando moradores e interrogando crianças para revelar esconderijos de borracha. Quando visitei o rio Tejo entre julho e agosto de 1997, o sindicato tinha readquirido respeito, porque Chico Ginu, mobilizando um grupo de seringueiros, conseguira a retirada dessa tropa. Utilizando uma tática empregada em 1981 por João Claudino, o grupo reunia-se na sede do *barracão*. Diante de aproximadamente cinquenta seringueiros (vale lembrar que todo seringueiro andava armado pelos caminhos da floresta, com faca e talvez espingarda), a tropa de meia dúzia de policiais em função ilegal recuou e retirou-se do seringal. Era uma nova demonstração de força do sindicato junto ao *barracão*.[10]

Acompanhei algumas das reuniões sindicais de Ginu nas matas do rio Manteiga e do Riozinho da Restauração, durante o período em que lá permaneci. Um dos motivos de preocupação de Ginu era a falta de zelo dos novos patrões para com o seringal. Cameli estava mais interessado em madeira do que em borracha. Os seringueiros eram estimulados a procurar o máximo de leite das seringueiras, mesmo que para isso tivessem de destruir as árvores. Mas, nas reuniões, Ginu dizia que quem matava as seringueiras dessa maneira estava matando a própria mãe, que os havia criado com seu leite. Ele repreendia os ambiciosos, lem-

---

10. "Greves" de seringueiros desse tipo tinham precedentes antigos. Há registros orais e documentais de seringueiros que fizeram um movimento similar e expulsaram o patrão-aviado, em 1916. Nesse caso, o líder foi finalmente preso, mas isso demorou um ano para ocorrer. Ver Almeida, Wolff *et al.* 2002: 119. Na década de 1980, houve as "greves" de 1981 (João Claudino) e de 1987 (Chico Ginu). Outros movimentos desse tipo ocorreram em diversos períodos, de acordo com o relato de seringueiros. Cartas ao governador--interventor do Acre na década de 1940 contêm queixas contra o "estado de rebelião" dos seringueiros do Tejo.

brando-lhes das obrigações de zelar pelas estradas, como se, na ausência de outra autoridade, o sindicato fosse responsável por proteger a floresta. Em suas palavras: "De que os filhos e netos viveriam no futuro?".

Dizia-se que a mãe da seringueira mostrava na bela face as cicatrizes do tratamento por maus seringueiros e castigava os abusos, assim como a mãe da caça se ressentia de caçadores que insultavam a caça e não respeitavam dias protegidos. Chico Ginu e os seringueiros veteranos não protestavam apenas contra a exploração de pessoas, mas também contra a exploração da natureza pelos homens. Seus argumentos fundamentavam-se em convicções profundamente arraigadas no dia a dia dos habitantes do Alto Tejo. Os seringueiros da região trabalham em uma floresta que pensam ser administrada por mães/pais da caça, capazes de castigar de diversas maneiras caçadores que transgridam princípios imanentes a uma ordem em que humanos e não humanos se relacionam, sem solução de continuidade. Nessa ordem social natural, um animal abatido na floresta não deve ser insultado, sob pena de trazer para o caçador a condição de *panema* – isto é, de torná-lo incapaz de obter caça e, portanto, alimento no futuro. É possível, na mesma ordem de coisas, fazer pactos (ou *pautas*) com esses pais-mães da floresta, tanto para ser *feliz* na caça como para se tornar um seringueiro produtivo. Isso acontecia no caso das mães da seringueira. Os rios são habitados por caboclinhos e por seres *encantados*. Há animais com *encante* e que não podem ser abatidos. A circulação dos animais da mata entre vizinhos obedece, por fim, a regras estritas de reciprocidade, e, como o consumo impróprio da carne assim doada pode também representar *insulto* e tornar o doador *panema*, as relações de reciprocidade requerem a cooperação de todos no que se refere ao respeito aos animais trazidos da mata. Isso poderia sugerir crenças no sobrenatural. Mas não é o caso. As ideias de *panema* não eram consideradas superstição por meu pai, quando já havia subido na escala social e se tornara bancário em Brasília, nem por Osmarino Amâncio, líder sindical, futuro fundador do Partido Socialista dos Trabalhadores Unificado

(PSTU), quando me explicava que não se tratava de superstição, e sim de fatos empíricos.[11] Os seringueiros não encontram dificuldades em entender que nós, da cidade, acreditamos em toda sorte de entidades invisíveis que afetam nossos corpos e que estão presentes no que comemos – germes, bactérias, vírus e assim por diante. Eles convivem, analogamente, com entidades invisíveis, cujos efeitos observam em seu cotidiano. Em suma, quando Chico Ginu levou para a reunião o tema das "reservas extrativistas", não precisou de nenhuma explicação detalhada dada por gente de fora nem de cursos de ecologia. Ele sabia imediatamente do que se tratava – em sua própria ordem do mundo.[12] Foi Ginu quem me explicou, segundo seu ponto de vista, o significado de proteger a natureza. A ideia de que havia um "apoio federal" para proteger as seringueiras foi introduzida por ele no discurso local contra o patrão, discurso que tinha fundamentos ontológicos próprios e não era mera imitação de minha fala de pesquisador que, na ocasião, apresentava a notícia de novas "leis".

Chico Mendes

Em Xapuri e Brasileia, o sindicato rural impediu, por meio do movimento conhecido como "empates",[13] a derrubada de florestas habitadas por seringueiros, feita por peões armados de motosserras. Em Xapuri, o movimento sindical tinha apoio da Igreja Católica progressista, de partidos de esquerda, como o

---

11. Nasci em Rio Branco, Acre. Meu pai trabalhou durante sua infância em seringais; meu avô paterno foi seringueiro no rio Purus; minha avó materna, por sua vez, foi esposa de patrão de seringal empobrecido.

12. Trata-se do que Eduardo Viveiros de Castro chamou de "autodeterminação ontológica" (Viveiros de Castro 2003).

13. "Empates" são ações coletivas para impedir a derrubada de florestas, a qual era precedida pela expulsão de seringueiros e pela apropriação de terras. As primeiras iniciativas desse tipo de ação ocorreram no município da Brasileia com Wilson Pinheiro e tiveram continuidade com Chico Mendes. Ambos foram assassinados a mando de fazendeiros.

Partido Comunista do Brasil (PC do B), e de organizações não governamentais, como o Centro de Trabalhadores da Amazônia (CTA). O problema era que os "empates", por volta de 1985, tinham passado à defensiva, ou seja, não conseguiam responder à escalada das queimadas e da violência. Por essa razão, Chico Mendes começou a buscar apoio e aliados externos, recorrendo cada vez mais a táticas gandhianas de ação direta de alta visibilidade. Em 1986, no "empate" da Bordon, ele liderou aproximadamente cem seringueiros, que caminharam durante três dias pelas coivaras enegrecidas e fumegantes de florestas recém-queimadas, desviando-se da polícia militar e espantando peões de motosserra, até que o cerco em torno deles se fechou, com o retorno, em marcha forçada, a Xapuri.

Antes da marcha, porém, Chico Mendes havia convocado, em reunião pública em Rio Branco, o apoio de moradores da cidade para um "empate de alto nível", para o qual ele queria repercussão nacional. Conseguiu a presença de um fotógrafo, dois agrônomos, um antropólogo e uma jovem professora sindicalizada, Marina Silva. Quando as diferentes colunas formadas a partir da divisão do "empate" retornaram à cidade, aparentemente derrotadas, os participantes ocuparam a sede do Instituto Brasileiro de Desenvolvimento Florestal (IBDF) e logo foram cercados pela polícia militar. Enquanto isso, Chico Mendes convocava por telefone a imprensa nacional presente em Rio Branco e, ao mesmo tempo, enviava companheiros aos seringais para chamar mais seringueiros para a cidade. Chico disse aos jornalistas que havia mais de cem trabalhadores na sede do IBDF, mas precisava tomar providências para que eles realmente estivessem lá quando a imprensa chegasse. Enquanto a tensão crescia, em meio a ameaças da iminente invasão armada, Chico Mendes esperava novos negociadores, da Igreja e do Parlamento, assim como da imprensa. No último minuto, por assim dizer, foi firmado um acordo entre os seringueiros e o governo.

No início de 1985, para aumentar a visibilidade das lutas dos seringueiros, Chico Mendes buscou o apoio de uma amiga, a antropóloga Mary Allegretti, que, depois de alguns anos de colaboração com o CTA, vivia em Brasília. Allegretti havia estudado em sua dissertação de mestrado o seringal de Alagoas, em Tarauacá, e tinha forte comprometimento com a causa dos seringueiros. Assim, não poupou esforços para promover um evento de impacto que respondesse às expectativas de Chico Mendes. De um lado, embora não se tratasse de um evento sindical, podia-se observar na plateia e na constituição das mesas de discussão a presença de líderes sindicais vindos de lugares remotos da Amazônia, como Novo Aripuanã, no rio Madeira; Carauari, no Médio Juruá; Brasileia e Xapuri, no Acre; Ariquemes, em Rondônia; e Cruzeiro do Sul, no oeste acreano; para mencionar apenas alguns dos delegados. De outro lado, também foi marcante a presença de deputados e senadores, burocratas e técnicos, professores e estudantes, tanto no público como nas mesas, apesar de o seminário não ter perfil acadêmico. Os seringueiros falavam sobre a violência de patrões e liam em uma espécie de ladainha longas listas de preços cobrados nos seringais para ilustrar, pelo contraste com os preços da cidade, a exploração de que eram vítimas. As autoridades escutavam-nos com uma mistura de fascínio, pelo exotismo das canções e dos poemas, e desconcerto, pelas reivindicações que pareciam anacrônicas e impossíveis de serem atendidas: o sonho dos seringueiros era transformar a Amazônia no que já fora no passado, em uma abastecedora mundial de borracha.

O formato peculiar desse acontecimento criou não só constrangimento e vergonha, como, principalmente, revelação. Forçou autoridades e políticos a revelar sua absoluta falta de planos em relação aos seringueiros e, até mesmo, sua ignorância sobre a própria existência dos seringueiros. Os especialistas não puderam mais escamotear sua visão pessimista acerca do futuro daquele movimento peculiar. O efeito de visibilidade visado por Chico Mendes fora atingido, mas no sentido inverso ao pretendido: em vez de tornar os seringueiros visíveis publicamente, foi a indiferença do governo que subitamente veio à tona, sobretudo para os seringueiros. Eles haviam chegado a Brasília acreditando que a borracha era "a riqueza do mundo"

Direitos à floresta e ambientalismo: seringueiros e suas lutas **117**

e que eles eram necessários à riqueza nacional como os únicos produtores da melhor borracha do mundo. De onde mais viria o dinheiro, se não da borracha? Como era possível que ministros e senadores não soubessem sequer o que era um seringueiro? Várias delegações exigiram uma reforma agrária adequada para esses trabalhadores, o que significava manter a integridade das estradas de seringa e o que implicava módulos familiares de quatrocentos a seiscentos hectares de floresta.

O documento final do encontro mencionou pela primeira vez a expressão "reservas extrativistas", cunhada por um grupo de trabalho formado por representantes do estado de Rondônia. O sentido era, por analogia às "reservas (de) indígenas", o de terras reservadas para trabalhadores extrativistas. Além disso, ocorreram outros fatos imprevistos, como a criação do Conselho Nacional dos Seringueiros (CNS). Na última noite do encontro, antes de começarem a viagem de retorno, os seringueiros criaram esse Conselho como forma de protesto, já que na véspera não tinham conseguido assistir às reuniões do Conselho Nacional da Borracha (CNB). Uma evidência de que esse "Conselho" não fora planejado nem recebeu muita atenção na época é o fato de Chico Mendes, o principal líder da reunião, não pertencer a seus quadros "virtuais" nos primeiros anos, de 1985 a 1987. O presidente era Jaime Araújo, um obscuro, mas eloquente sindicalista do município de Novo Aripuanã, no rio Madeira, que hipnotizava o público com sua linguagem poética e rica em referências à floresta. Além disso, o presidente era representante de uma delegação que continha apenas duas pessoas, em contraposição à delegação acreana, com setenta membros – outro indício do caráter improvisado desse Conselho. Em suma, naquele momento o Conselho tinha um papel simbólico, sem real importância política. O CNS reuniu-se algumas vezes após o encontro de Brasília, com recursos da Oxford Committee for Famine Relief (Oxfam), uma organização não governamental sediada na Inglaterra. Uma reunião de especial significado ocorreu em dezembro de 1996, no município de Brasileia, numa paisagem rural marcada por castanheiras sobreviventes em meio à floresta devastada. Por sugestão de Mary Allegretti, fiz nessa ocasião um relato sobre o estado da economia da borracha na Amazônia para expor aos seringueiros a conjuntura histórica e nacional que envolvia a questão e cuja síntese reproduzo aqui.

Durante o auge do ciclo da borracha, pouco antes da Primeira Guerra Mundial, a Amazônia brasileira produzia cerca de quarenta toneladas de borracha por ano. Com a recuperação da produção, no decorrer da Segunda Guerra Mundial, a floresta atingiu e manteve uma marca entre 20 mil e 30 mil toneladas anuais. Contudo, na década de 1950, só a indústria de pneumáticos no Brasil consumia mais de 300 mil toneladas de borracha por ano, 120 mil delas importadas da Malásia e de outros países asiáticos. A borracha importada que chegava ao porto de Santos era muito mais barata e de melhor qualidade que o produto da Amazônia que aportava em São Paulo. A perspectiva de crescimento da produção nacional de borracha não mais estava associada à Amazônia, e sim ao planalto paulista, ao sul da Bahia e ao estado de Mato Grosso. Desde 1945, preços administrados e cotas impostas haviam protegido a borracha amazônica, tornando-a lucrativa para aqueles que detinham o comércio na Amazônia. Entretanto, a partir de 1985 as novas políticas governamentais tinham por meta abrir mercados e suprimir subsídios. Além disso, os antigos patrões começaram a vender seus títulos, e novos interesses ligados à criação de gado e à exploração de madeira ocupavam progressivamente a região. Era um quadro cruel, embora necessário, para elucidar aquilo que os políticos e as autoridades tinham em mente quando olhavam surpresos e embaraçados para os seringueiros, mas que não ousavam enunciar com clareza. Após a exposição, o silêncio que se seguiu foi quebrado com uma pergunta de Osmarino Rodrigues, um dos mais radicais sindicalistas-seringueiros. Dirigindo-se aos "assessores" – como eram chamados antropólogos, advogados e historiadores presentes na reunião –, ele disse: "Eu gosto de perguntar o significado de palavras que não conheço. Ouvi falar em ecologia. O que é ecologia?". Ele sabia aonde queria chegar.

Direitos à floresta e ambientalismo: seringueiros e suas lutas **119**

E continuou, depois da resposta: "Se não querem nossa borracha, podemos oferecer essa ecologia. Isso nós sempre fizemos". Na realidade, o encontro de Brasileia foi muito além do que deslocar a atenção dos sindicalistas do problema da produção de borracha para o tema da conservação da floresta. Os participantes definiram ali o que seriam as "reservas extrativistas", anunciadas em 1985: terras da União (formulação inspirada no modelo das reservas indígenas) sobre as quais os trabalhadores teriam direito perpétuo de usufruto. Essa solução resultou em uma discussão detalhada de alternativas, que incluíram desde a propriedade individual de colocações até a propriedade condominial. Nenhuma das alternativas, porém, bloqueava o risco de venda de terras para fazendeiros, e isso foi o que pesou no momento de circunscrever as características que deveriam ter as reservas extrativistas. Qualquer seringueiro que vendesse sua terra colocaria em risco a dos vizinhos. Só a ocupação coletiva e sem possibilidade de comercializar a terra evitaria a tragédia da privatização da natureza que assolava os seringueiros de Xapuri e de Brasileia.

As reuniões do Conselho eram dispendiosas, envolviam líderes de muitos municípios acreanos (todos da bacia do rio Purus-Acre) e também do estado do Amazonas e de Rondônia. Além disso, os sindicatos rurais do Acre tinham problemas financeiros crônicos, o que não representava uma exceção no quadro nacional. Nesse contexto, os "assessores" do Conselho encaminharam um ambicioso projeto que previa cerca de 100 mil dólares para financiar a mobilização de seringueiros e sua organização em escala amazônica. Em fevereiro de 1988, o CNS foi informado de que a Organização Holandesa de Cofinanciamento e Desenvolvimento de Programas (Cebemo) havia aceitado financiar integralmente a proposta. Naquele ano, Chico Mendes tornou-se o líder do Conselho, que passou a ser uma identidade organizacional adequada ao crescimento do círculo de alianças promovido por ele. Além da União das Nações Indígenas (UNI), liderada por Ailton Krenak, com quem Chico havia lançado a "Aliança dos Povos da Floresta", os aliados incluíam o Partido Verde (PV), organizações não governamentais brasileiras – Instituto de Estudos Amazônicos (IEA), dirigido por Mary Allegretti – e do exterior (Environmental Defense Fund, em que atuava Stephan Schwartzman). Allegretti, que desde 1985 vinha se dedicando intensivamente à divulgação da proposta de reservas extrativistas, conseguiu dar passos importantes para sua implementação no interior do Incra, em 1987.

Com recursos próprios, o Conselho passou a ter autonomia para realizar encontros em vários estados da Amazônia, durante os quais novos sindicatos rurais foram fundados (como em Assis Brasil, Acre) ou se fortaleciam os já existentes. Também eram discutidos os problemas locais da categoria, assim como a proposta de reforma agrária dos seringueiros, a reserva extrativista. O CNS tornou-se uma entidade jurídica em meados de 1988, em meio à intensa atividade de suas lideranças, como Chico Mendes, Osmarino Amâncio Rodrigues, Raimundo Mendes, entre outros. Chico Mendes saía de encontros em Washington para fazer "empates" em Xapuri e, nos entremeios, estabelecia uma rede de conexões com sindicalistas e ativistas ambientais. A estratégia geral consistia, por um lado, em fortalecer a organização (sindical e cooperativa) e as lutas locais ("empates"); por outro, em alcançar a meta da criação das reservas extrativistas com a desapropriação das florestas "griladas", das quais fazendeiros procuravam expulsar os moradores. Quando Chico Mendes foi assassinado por fazendeiros, em dezembro de 1988, o movimento dos seringueiros tinha adquirido um novo perfil de organização – uma combinação de sindicatos formalmente reunidos na Confederação Nacional dos Trabalhadores na Agricultura (Contag), com uma organização (Conselho) que contava com aliados ambientalistas e tinha recursos próprios. As lideranças eram as mesmas, mas a atuação do CNS tornava possível aos seringueiros atuar em um campo mais amplo de discussão.

Após o assassinato de Chico Mendes, o Conselho, reunido em 1989, estabeleceu pela primeira vez um estatuto, no qual foram claramente definidas suas relações com o movimento sindical. Tratava-se de uma associação civil, sem subordinação partidária ou sindical, em que os membros poderiam ser "trabalhadores extrativistas" em sentido amplo, de modo a incluir pequenos agricultores amazônicos, pescadores e quilombolas. Um traço essencial definido pelo estatuto foi o de que o Conselho não seria uma organização de massa, não recrutaria "membros", não emitiria carteirinha, não daria benefícios individuais nem cobraria anuidades. Isso claramente o distinguia de uma organização sindical, o que não o impedia de ser uma organização de apoio aos sindicatos; além disso, afirmava-se como um agente capaz de propor políticas públicas e de executá-las na forma de projetos. Não havendo eleições gerais, o órgão era composto de cerca de quarenta conselheiros eleitos por comissões municipais (oito titulares e oito suplentes por município). A criação de reservas extrativistas foi incluída no estatuto como um objetivo da organização.

Portanto, o que estava em questão era a possibilidade de negociar com maior poder de pressão. Não se tratava de abandonar a estratégia defensiva e o local dos "empates", mas de ampliar sua ação para uma estratégia ofensiva e global com o propósito de preservar as florestas da especulação e da destruição. Em suma, tratava-se de bloquear a acumulação primitiva. Isso, entretanto, transformou a identidade do movimento. Os líderes seringueiros recusaram-se a permanecer isolados e criaram uma ponte entre as lutas que continuavam a ser travadas em escala local, como as "greves" no rio Tejo, e um movimento em âmbito nacional.

Antônio Macedo

Ao reunir-se em fevereiro 1988, em Rio Branco, para planejar as atividades do ano, uma das decisões importantes tomadas pelo Conselho, com o apoio direto de Chico Mendes, foi convidar Antônio Macedo para integrar seus quadros. Macedo havia sido seringueiro no vale do Juruá durante sua infância e passara por uma série de profissões, entre as quais as de piloto fluvial, mecânico de máquinas pesadas e agricultor de projetos de assentamento. Seu emprego mais recente havia sido o de sertanista na Fundação Nacional do Índio (Funai), onde criou cooperativas, trabalhou na demarcação de terras e foi responsável pela condenação de Orleir Cameli pela exploração criminosa de madeira das terras Ashaninka – razão para manobras que levaram à sua demissão do cargo, ao qual ele voltaria, anistiado, no fim da década de 1990.

A primeira tarefa de Macedo, em março de 1988, foi visitar o rio Tejo, onde contatou Chico Ginu (que atuava no Alto Tejo) e Damásio (que atuava no Médio Tejo), ambos delegados sindicais. Em julho, Macedo publicou na imprensa da capital acreana uma proposta para a criação de uma reserva extrativista no rio Tejo. Naquele ano, vale lembrar que se falava muito do assunto no Acre. Em janeiro do mesmo ano, por exemplo, o governador do Acre, Flaviano Melo, havia anunciado a criação da reserva extrativista do São Luís do Remanso na presença de representantes de bancos multilaterais com o objetivo de apaziguar a oposição ao financiamento da BR-364. Nesse contexto, membros da Secretaria de Planejamento do Estado apoiaram a ideia, e a economista Adir Giannini, do BNDES, entrou em contato com Macedo para estimulá-lo a encaminhá-la ao Congresso na forma de projeto.

Chico Mendes, em reunião realizada em agosto de 1988, argumentou em favor da ideia de apresentar ao BNDES uma proposta de Plano de Desenvolvimento Comunitário para Reserva Extrativista da Bacia do Rio Tejo, que havia sido preparado apoiando-se nas ideias de Macedo e com a colaboração de um antropólogo. A posição de Chico Mendes foi decisiva, já que se tratava de um passo que, para alguns, parecia um desvio em relação às práticas normais de uma organização de trabalhadores. Eis o problema: o Conselho deveria limitar-se a canalizar recursos para as lutas sindicais de resistência ou poderia atuar como uma agência de captação de recursos e de implementação de projetos. A decisão de apoiar o projeto do rio Tejo foi crucial para que a organiza-

Direitos à floresta e ambientalismo: seringueiros e suas lutas **123**

ção começasse a atuar na segunda direção. Cabe aqui acentuar que o eixo do Plano de Desenvolvimento Comunitário era a criação de uma cooperativa de seringueiros em uma região em que imperava o regime de *barracão*, isto é, o regime de monopólio comercial imposto pela violência. Dessa forma, o "plano de desenvolvimento" era de fato o financiamento de uma luta de enfrentamento direto do regime dos seringais em seu traço essencial: a exploração de seringueiros por meio do monopólio e da violência.

Na esteira do assassinato de Chico Mendes em dezembro de 1988, o BNDES aprovou o projeto. A dotação a fundo perdido previa cerca de US$ 70 000 para a infraestrutura da cooperativa, como a compra de barcos, e o capital de giro necessário para fazê-la funcionar, não incluídos outros componentes do projeto, como educação e saúde. Em consequência, em março de 1989, as lutas locais dos seringueiros do rio Tejo adquiriram um caráter completamente diferente. O Conselho mantinha grande estoque de mercadorias destinadas a inundar o coração dos *barracões*.

Orleir Cameli de imediato se deu conta da ameaça. Iniciou uma campanha na imprensa contra Macedo, que sofreu diversos atentados contra sua vida, além de agressões físicas do próprio Cameli, e organizou um boicote comercial em Cruzeiro do Sul contra a cooperativa. O passo mais importante, tomado com apoio da União Democrática Ruralista (UDR), foi um interdito proibitório para impedir o acesso físico de Macedo e de Chico Ginu ao rio Tejo (houve também interpelação judicial do antropólogo-assessor). Os advogados da UDR argumentaram que a implantação da cooperativa quebraria uma tradição centenária de abastecimento dos seringais pelos patrões, que ficariam inadimplentes junto ao Banco do Brasil, com resultados desastrosos para a economia regional. De fato, achavam natural que os empréstimos generosos do Banco do Brasil, a taxas de juros reais negativas, fossem adquiridos usando como caução a borracha a ser produzida pelos seringueiros, já que inexistiam títulos de propriedade para apresentar como garantia.

Nos seringais, espalhavam-se boatos segundo os quais Macedo estaria vendendo a terra para "gringos", que a transformariam em uma "reserva". Ou ainda de que Macedo era o diabo, o *cão* – havia quem o testasse, oferecendo a água benta do irmão José. Macedo, por sua vez, atuava nos seringais usando armas semelhantes. Dizia-se que era capaz de fazer com que patrões se ajoelhassem para pedir perdão por seus crimes contra seringueiros. Era também procurado por seringueiros dos rios vizinhos, que voltavam para suas localidades com papéis assinados por ele, ordenando que os patrões parassem de cobrar a "renda por estradas de seringa". Além de organizador e burocrata, era líder carismático. Na realidade, era o que se poderia chamar de um "mestre de cipó", oficiando cerimônias de *ayahuasca*, um dos meios de integrar aliados que chegavam à região e de tornar coeso o grupo de seringueiros mais próximo a ele, formado por famílias do Alto Tejo. Afinal, vários seringueiros dessa região, muitos deles com famílias formadas da união entre nordestinos migrantes e mulheres raptadas de aldeias indígenas, mantinham cerimônias de uso do "cipó", realizadas em segredo e sob o temor da repressão patronal (e a que assisti já em 1983, bem antes da chegada de Macedo). Macedo fazia viagens aos Estados Unidos e à Europa, recrutando aliados e seguidores pessoais no exterior e canalizando doações para o escritório de Cruzeiro do Sul. Em um de seus atos típicos de improvisação e ousadia, condecorou pessoalmente Paul McCartney, que apresentava um show no Maracanã. Além disso, mobilizava na cidade de Cruzeiro do Sul uma rede de amigos e de aliados, como comerciantes dissidentes que perceberam que nada teriam a perder fornecendo bens para a cooperativa, membros da Igreja e jovens de classe média recrutados nas sessões ayahuasqueiras. Nos seringais, Macedo criou um núcleo de seguidores dispostos a enfrentar riscos de morte para lutar pela cooperativa. Ao articular planos de ação tão diversos e de grande amplitude, rio abaixo e rio acima, ele agia como um xamã no sentido definido por Manuela Carneiro da Cunha (1999). Contudo, seria um erro pensar que Macedo atuava apenas como líder carismático. A começar pela Associação dos Seringueiros e Agricultores do Rio Tejo, ele ajudou a fundar uma extensa rede de associações de seringueiros e de agricultores por todo o vale do Alto Juruá, fazendo com que o Conselho se tornasse um órgão de apoio não só dessas associações, mas também de movimentos indígenas.

Todo o ano de 1989 foi de crise e agitação social no rio Tejo, em meio ao processo de implantação de uma cooperativa, financiada pelo BNDES, em uma área em que havia a pretensão de privatização das terras por parte de poderosos patrões locais, entre eles Cameli, que viria a ser eleito governador do estado nos anos seguintes. Não seria possível, no âmbito restrito deste artigo, narrar os detalhes que levaram a Procuradoria-Geral da República a intervir na questão, bloqueando de fato o "interdito proibitório". Tampouco cabe detalhar as estratégias que, por meio de ações em Rio Branco, Brasília e São Paulo, procuraram encaminhar uma solução legal para a crise. Esta veio em janeiro de 1990, não por meio do Incra, mas do Instituto Brasileiro do Meio Ambiente e dos Recursos Naturais Renováveis (Ibama), como resultado da atuação tanto da Procuradoria-Geral da República como de ações de um Grupo de Trabalho constituído no interior do Ibama com representantes e assessores dos seringueiros. O que é preciso destacar é que cientistas naturais e antropólogos, advogados e políticos, sindicalistas e ativistas de diversas ONGs participaram dessas articulações. Como figura de mediação entre esses vários segmentos, Macedo foi a peça principal na luta pela criação da Reserva Extrativista do Alto Juruá, saindo de cena tão logo a reserva foi criada e institucionalizada.

Comentários finais

Pensa-se muitas vezes que poderes hegemônicos possuem uma capacidade incontestável de controlar populações e territórios nas margens do sistema mundial. Nessa visão, há pouco ou nenhum lugar para mudança política real e para agentes locais da história. As alternativas à escravização da própria linguagem pelas gramáticas hegemônicas de "desenvolvimento sustentável" seriam ou a paródia a essa mesma linguagem, ou a marginalização voluntária. Mas talvez, como indicamos, haja caminhos imprevistos por meio dos quais se constroem fatos novos em nível local e que não eram previstos nos esquemas antecipados.

Ao longo da década de 1980, de maneira muito rápida, efetivou-se um processo de mudança. Sindicalistas agrários converteram-se em "seringueiros", a reivindicação por lotes de terra deu lugar à demanda por grandes florestas para uso coletivo, a pauta de melhores preços para a borracha deu lugar à defesa da natureza. Novos aliados começaram a aparecer entre os ambientalistas. Ocorreu uma reavaliação do significado da terra, dos limites do sindicalismo e da complexidade dos regimes de propriedade. O resultado foi que, em vez de serem expropriados pela frente capitalista e madeireira, os seringueiros conseguiram no Alto Tejo a expropriação anticapitalista e a posse coletiva da terra.

Para isso, articularam-se personalidades representantes de coletividades em escalas distintas: Chico Ginu, entre o Riozinho da Restauração e Cruzeiro do Sul; Chico Mendes, entre Acre, Rio de Janeiro e Washington; e Antônio Macedo, transitando ao longo desses extremos, do Riozinho a Nova York. Nessa articulação, as ideias do ambientalismo que circulavam em esfera internacional e nacional chegaram aos cantos mais remotos da floresta, com pessoas de fora, e com recursos materiais. Essa chegada, porém, não foi feita desordenadamente. O dinheiro era controlado pela associação dirigida por Chico Ginu, por meio de circuitos administrados por Macedo do CNS; as relações com os aliados externos eram, em última análise, condicionadas pelo papel modelar de Chico Mendes. As ideias novas de defesa da natureza e da "ecologia" eram reinterpretadas no âmbito regional e local. De um lado, essas ideias ganhavam um significado social para os sindicalistas que atuavam junto a Chico Mendes; de outro, integravam-se às noções costumeiras que associavam a floresta a uma extensão da sociedade humana, com responsáveis exigindo respeito, segundo Chico Ginu.

Em suma, o desenvolvimento ocorreu, de fato, de forma desigual e combinada. Desigual, porque se mantinham as diferenças profundas entre as práticas e as ontologias dos altos cursos de rio no Alto Juruá e entre o modo de vida e os interesses de aliados do Rio de Janeiro e de São Paulo. Combinada, porque os seringueiros foram capazes de integrar na própria esfera de vida os elementos externos, convertendo-os em meios de autodefesa social e moral. Dessa maneira, "sem plano, complexa e combinada", seringueiros marginalizados em uma estrutura global-nacional foram capazes de tomar partido de uma conjuntura única e utilizar os meios materiais e simbólicos disponibilizados por ela para construir alternativas históricas que não haviam sido previstas por ninguém.

Voltando ao vocabulário de Jean-Paul Sartre: Ginu, Macedo e Chico Mendes agiram em um horizonte do possível, que se alargou na conjuntura de transformação da sociedade dos seringais, constituindo a um só tempo a destruição acelerada das condições de vida anteriores e os meios para resistir à proletarização forçada. Ao fazer esse uso historicamente criativo de uma conjuntura de transição, eles afirmaram para si um futuro que não havia sido planejado. Definiram-se "para si" de modo a explodir os limites do que estavam condenados a ser "em si". Estavam destinados pelas estruturas históricas a ser seringueiros-fósseis de antigos ciclos extrativos, reservas de mão de obra ocupando vicariamente terras à espera de valorização, até a chegada de um novo ciclo econômico que os expulsaria definitivamente da terra para os subúrbios das novas cidades no estado do Acre. Em vez disso, conquistaram não apenas direitos coletivos à terra, mas também a possibilidade de, sem deixar de ser seringueiros, se tornar antes de tudo cidadãos, políticos, gerentes de associação, professores e pesquisadores.

Acredito que acontecimentos como esse indicam que a história local não tem uma essência predeterminada e inevitável. Ela se configura em atos que podem mudar o rumo das tendências estruturais. A "ecologização" de movimentos sociais no mundo inteiro na década de 1980 foi, em certo sentido, resultado de processos estruturais amplos. Mas por que esse processo eclodiu justamente no Acre? Ou melhor, por que a conjuntura foi utilizada nesse pequeno estado e ali deu origem às primeiras terras coletivamente apropriadas por populações da floresta? É nesse espaço de subdeterminação que tem lugar a margem de liberdade que amplia o horizonte do possível e que se materializou nas trajetórias de Chico Ginu, Antônio Macedo e Chico Mendes.

Pós-escrito trinta anos depois

Em 2021, são mais de trinta anos do assassinato de Chico Mendes. Sua morte não foi em vão, porque a sua luta por uma "reforma agrária dos seringueiros", transmutada no programa de defesa de comunidades e de seus territórios, expandiu-se por todo o país, na forma de lutas de ribeirinhos e pescadores, caiçaras e faxinalenses, sertanejos e camponeses de fundo de pasto, quebradoras de coco e muitas outras identidades que fazem parte da nação e que continuam a proliferar saindo de baixo da sombra. É esse projeto de diversidade social e natural que está hoje em perigo. Em tempos de perigo, é conveniente olhar para trás, não para contemplar as ruínas da civilização, mas para coletar ideias e utopias para o futuro. Lévi-Strauss escreveu que, ao lado das Terras Indígenas, as Reservas Extrativistas eram a melhor esperança para salvar a Amazônia (Lévi-Strauss [2003] 2018). Mas chamou ao mesmo tempo a atenção para uma estranheza inerente a essa ideia, que parece à primeira vista abrigar objetivos inconsistentes: conservação ambiental e direitos de comunidades indígenas e tradicionais. É a visão dos que veem na presença de comunidades tradicionais a ameaça de erosão de florestas e de biodiversidade (Redford 1992; Peres 2000) e que desconfiam da capacidade de povos tradicionais para governar no futuro territórios que conservaram no passado (Brandon *et al.* 1988), posição que curiosamente converge com a atitude de desenvolvimentistas agrários que veem em empresas rurais o único caminho para o progresso agrícola – deixando para "unidades de conservação" a função de conservar a natureza

(Homma 1993): conservacionismo e desenvolvimentismo coincidem, assim, em um projeto comum desde a ditadura militar: implementar o "desenvolvimento" preservando bolsões de natureza desabitada. Esse projeto incluía empresas capitalistas e o Estado, sem lugar para outras modalidades de vida e de vida social. A visão de Chico Mendes e de seus aliados indígenas desafiou essa visão esquizofrênica de desenvolvimento com separação entre gente e natureza, com o exemplo dos moradores de florestas, cerrado, mangues e faxinais. E contestou a visão perversa de uma "luta contra a pobreza rural" como conversão de camponeses e indígenas em proletários rurais ou, para alguns, em patrões de miniempresas rurais subordinadas a cadeias de comercialização nacionais e transnacionais.

Cabe comentar dois aspectos que tornaram as Reservas Extrativistas pouco palatáveis para o desenvolvimentismo agrícola. O primeiro é o foco no "extrativismo sustentável", ou seja, na coleta de látex, copaíba, castanha-do-pará e outros produtos (como o murmuru) que são coletados sem destruir as árvores que os produzem. O segundo é o fato de que Reservas Extrativistas são destinadas ao usufruto de comunidades sem títulos de propriedade individual.

Esse segundo componente da ideia de *Reservas Extrativistas* resultou da experiência de sindicatos e associações de seringueiros durante as décadas de 1970 e 1980, que viram a sistemática reconcentração de lotes resultantes da reforma agrária nas mãos de fazendeiros e especuladores. Esse processo era particularmente agudo em seringais, onde bastava que um seringueiro-posseiro vendesse sua posse florestal para que todo o entorno fosse degradado pelo desmatamento e plantio, o que levava a um efeito dominó que expulsava todos os demais ocupantes. A solução dos sindicalistas seringueiros para essa dinâmica perversa foi imitar o exemplo das Reservas Indígenas, que eram inalienáveis porque permaneciam como parte do patrimônio nacional.

As Reservas Extrativistas, as Reservas de Desenvolvimento Sustentável e os Assentamentos Agroextrativistas, ao lado das Terras Indígenas e das Terras de Quilombo, constituem hoje uma parte importante do regime territorial no Brasil, por assegurarem direitos coletivos a populações que ocupam tradicionalmente biomas de importância nacional: são seringueiros e castanheiros, pescadores artesanais, coletores de babaçu, ervateiros de faxinais, coletores de berbigão e outros. O qualificativo "tradicional" significa que essas comunidades têm utilizado os recursos do território com tecnologias de baixo impacto. Em vez de "atrasadas", essas técnicas devem ser vistas como eficientes para a conservação. O reconhecimento de territórios tradicionalmente ocupados sob regimes de uso comunitário tradicional significa pluralismo territorial: terras públicas em usufruto por comunidades situam-se entre a propriedade privada de indivíduos ou empresas, de um lado, e terras públicas geridas diretamente pelo Estado, de outro. Conforme diz meu xará Alfredo Wagner B. de Almeida (1995), trata-se de uma disputa sobre as terras públicas remanescentes no país que está em pleno vigor no momento atual. Por isso, está em curso um novo movimento social no Acre desde 2018: um novo ciclo de *empates* como resistência civil contra a expropriação, o desmatamento, as queimadas e a pecuarização com o apoio dos novos poderes.

CAPÍTULO 5

Caipora e outros conflitos ontológicos

Este texto surgiu de um debate sobre antropologia econômica e antropologia política, no qual o foco é o anarquismo ontológico e as consequências políticas resultantes.[1] Nele exponho também minha visão sobre a necessária conexão entre anarquismo ontológico e verdade pragmática. De um lado, há uma economia política que trata da distribuição e da circulação, ponto de vista adotado por Marcel Mauss ([1925] 2017) com sua teoria da dádiva e prolongado por uma vasta literatura que interroga o sentido da dádiva,[2] cujos desdobramentos são exemplificados pela abordagem fenomenológica de Nancy Munn (1986), para quem "valor" é a extensão espaçotemporal do poder de alguém sobre outrem.[3] De outro lado, há o ponto de vista que enfatiza não a circulação, e sim a produção por meio do trabalho social,

---

1. Esta é a versão revisada de palestra de título homônimo, realizada no Departamento de Antropologia da Universidade Federal de São Carlos, em 7 de novembro de 2007, a convite de Marcos Lanna e de Jorge Luiz Mattar Villela. Agradeço a Messias Basques pela elaboração da bibliografia.

2. Jorge Villela (2001) e Marcos Lanna (2000) representam, respectivamente, a ênfase no poder inspirada em Nietzsche e o foco na reciprocidade inspirado em Mauss.

3. Esta formulação, à primeira vista obscura, ganha pleno sentido quando pensamos no nexo invisível que conecta o consumidor de sapatos esportivos no Brasil ou nos Estados Unidos aos trabalhadores no Sri Lanka ou na Indonésia como relações de comando mediatizadas pelo dinheiro.

visão que Gregory (1982) ampliou incluindo relações de parentesco ao lado de relações de trabalho como relações de produção, inspirado em Sraffa (1960).[4]

Cabe aqui lembrar a importância do fato de que *coisas* e *pessoas* sejam pressupostos da economia – antes mesmo de serem produzidas por ela.

Propor uma reflexão sobre uma economia política da natureza e de entes não naturais leva a questões ontológicas, de um lado, e dá continuidade a uma crítica em andamento ao relativismo antropológico. Parte dessa crítica consiste no reconhecimento do conflito entre ontologias, bem como das áreas de acordo e dissenso entre elas e do papel de critérios pragmáticos para reconhecer os conflitos em questão.

Mas por que uma conversa sobre a economia política nos trópicos traz consigo a palavra "ontologia" em seu título? Essa é a primeira pergunta.

Marx afirmou que o peixe que se encontra na água, antes de ser pescado, é um meio de produção ("Assim o peixe que se pesca ao separá-lo de seu elemento de vida, a água, a madeira que se abate na floresta virgem, o minério que é arrancado de seu filão" (Marx [1867] 1985). Ele percebeu, contudo, que havia algo estranho nessa afirmação, e por isso a nota de rodapé mais adiante:

> Parece paradoxal, por exemplo, chamar o peixe que *ainda não foi pescado* de meio de produção para a pesca. Mas até hoje ninguém descobriu a arte de apanhar peixes em águas *onde eles não sejam encontrados* (Marx [1867] 1962, livro I, cap. 5, nota 6).[5]

---

4. A analogia entre relações de produção de pessoas e relações de produção de coisas foi enfatizada por Lévi-Strauss e antecipada em nota de rodapé de Engels ao *Manifesto do Partido Comunista* (ver o capítulo 1 deste volume).

5. No original: "Es scheint paradox, z.B. den Fisch, der noch nicht gefangen ist, ein Produktionsmittel für den Fischfang zu nennen. Bisher ist aber noch nicht die Kunst erfunden, Fische in Gewässern zu fangen, in denen sie sich nicht vorfinden". Em tradução brasileira: "Parece um paradoxo, por exemplo, considerar o peixe que *ainda não foi pescado* meio de produção da

Analogamente, poderíamos dizer que nenhum caçador consegue matar a presa em uma mata onde ela não exista. A questão está em determinar o que é existência – antes mesmo que aqueles dados como existentes sejam encontrados. Pretendo argumentar que essa afirmação se aplica à existência pressuposta – que aqui tomo como equivalente à preexistência suposta –, pelo caçador caboclo, de peixes-boi no lago de águas turvas e da Caipora, mas também se aplica à *carrying capacity* – ou *capacidade de suporte*, a população animal máxima que um ambiente pode sustentar – presumida pelo técnico em manejo da vida selvagem. Toda economia política pressupõe a existência de entes. Esses são pressupostos ontológicos e constituem matéria de uma economia ontológica.

Poder-se-ia argumentar uma diferença entre pressupor (a preexistência) e o encontro (efetivo) com o peixe debaixo da água. E, se isso fosse tudo, de fato estaríamos apenas corroborando a visão recebida do neopositivismo, segundo a qual há uma fronteira nítida entre observação e hipótese.

Mas as coisas não se passam dessa maneira simples. Sistemas de manejo de pesca do pirarucu em lagos amazônicos apoiam-se na relação entre a *população animal* (uma quantidade suposta de peixes em estágio adulto) que será *medida* por observadores-contadores locais (com base em índices da existência), a partir da qual se infere, por uma dedução matemática, a *quantidade sustentável de extração*. Nesse exemplo, *encontros* fenomenológicos de pescadores com a água habitada por peixes articulam-se com *modelos* ou teorias demográfico-econômicos – como se os primeiros fossem a base empírica que fundamenta as políticas indicadas pela teoria.[6] A medição dos existentes (por exemplo,

---

pesca. Mas até agora não se inventou a arte de pescar em águas *onde não haja peixes*" (Marx [1867] 1985: 144). Traduzi *"vorfinden"* por "encontrados", e não como "existentes". Seria mais preciso traduzir *"vorfinden"* como *pré-encontrados*, para acentuar o fato de que Marx distingue aqui a preexistência (suposta como real) da existência (efetivada pelo ato da pesca).

6.   Sobre o tema, sou devedor de conversas com José Cândido Ferreira (ver Lima & Peralta 2013 e Ferreira, Peralta & Santos 2015).

contagem de pirarucus no lago) pelo encontro fenomênico de pescadores apoiados na sua experiência anterior e a previsão dos modelos demográficos sob hipóteses de parâmetros projetados para o futuro (taxa de natalidade e taxa de mortalidade) não se baseiam em uma fronteira bem demarcada entre teoria e fato.

A questão de fundo não é nova. Já na primeira metade do século XX foi enterrado o sonho neopositivista de que seria possível comprovar uma teoria (aqui, um modelo matemático apoiado em uma teoria) por meio de uma observação fatual ou de um conjunto de observações fatuais. Esse sepultamento epistemológico é marcado pelo artigo intitulado "Dois dogmas do empirismo" (Quine 1969), embora os argumentos essenciais tivessem sido apresentados bem antes por Duhem ([1906] 2007) e Meyerson (1921 e [1931] 2011). A moral: pressupostos ontológicos são indispensáveis à ciência e não podem ser separados da observação empírica. Segue-se então que uma teoria – um modelo – não é refutável de maneira simples por um experimento isolado.

Uma observação pressupõe instrumentos: órgãos dos sentidos ou aparelhos, que, por sua vez, pressupõem teorias que dão sentido aos observáveis selecionados pelos órgãos e pelos aparelhos em questão. Para os pescadores, instrumentos são órgãos sensíveis – o olhar, o corpo em interação com a canoa, treinados pela experiência anterior de pesca e pela lição da tradição –, enquanto teorias são pressupostos sobre o que existe debaixo da superfície da água, o que, no caso amazônico, inclui não só populações presumidas de pirarucus, mas também entidades como botos que viram gente e seres encantados do fundo. Condições similares valem para o pesquisador treinado academicamente na ciência normal, testando em laboratório ou em campo consequências de teorias (Kuhn [1962] 2006).

Consideremos a seguinte afirmação: *ontologias são o acervo de pressupostos* sobre o que existe. Encontros *com o que existe* pertencem ao âmbito *pragmático*. Ontologias e encontros pragmáticos não são separáveis. Pode-se ver isso já a partir da seguinte consideração: pressupostos ontológicos dão sentido a encontros pragmáticos, ou permitem interpretá-los, mesmo que vão além de qualquer encontro particular, seja qual for seu número.[7]

Pressupostos ontológicos ou metafísicos não são elimináveis por experimentos – se o fossem, poderíamos reduzir *toda* verdade ao resultado de experimentos empíricos. Mas a noção de verdade se projeta para além do âmbito da experiência. O surubim efetivamente capturado sob os paus no remanso corrobora não apenas a existência daquele peixe particular, mas de todos os demais entes que, como uma população, foram antecipados pela ontologia em questão. Esse conjunto inclui, para o ribeirinho do Solimões, a mãe dos peixes e das aldeias subaquáticas onde habitam caboclinhos; talvez inclua plâncton, microrganismos e cadeias tróficas. Para o manejador-ecólogo, inclui o conceito de "população" – invisível e subaquática, cuja existência é remetida a "amostras" e a modelos biomatemáticos que permitem inferir da "amostra" a existência de uma "população".

O encontro com o peixe na água (mas também o encontro com a presa na mata e com o outro cuja humanidade está em suspenso) e os pressupostos ontológicos que cercam esse encontro pragmático não são separáveis – como supuseram os positivistas lógicos. A relação entre *pragmata* (plural) – as "coisas" ou "troços" que dão acesso ao mundo pressuposto que os envolve e cuja realidade existente confirma – é instável.[8] Pois nesses

---

7. A definição aqui exposta pode ser expandida assim: ontologias são repertórios de entes (designados por nomes), de propriedades de tais entes (atributos ou predicados) e de relações entre entes. É importante assinalar que propriedades, atributos e relações podem ser observáveis (nesse caso, aplica-se o predicado de verdade no sentido clássico: "olhe lá fora para saber se está chovendo") ou não observáveis (nesse caso, abre-se o campo para várias "verdades parciais" que divergem sobre entes, atributos e predicados que estão além da experiência possível: isto é, para a multiplicidade ontológica).

8. Na versão inicial, usei "coisas", e aqui, "troços", como poderia ter posto "trecos", "trens" ou "negócios". Na verdade, o encontro pragmático confronta aquilo que não é ainda *ente de uma ontologia*. De acordo com Heidegger, esse encontro se dá com um *Zeug*, "negócio para...", que traduz o grego *pragmata* (plural): "coisa qualquer, negócio, pedaço de pano..." (Heidegger [1927] 2012:

encontros pragmáticos tudo se passa como se o mundo existisse de fato conforme a ontologia em questão, mas há sempre um resíduo maior ou menor que pode levar a transformações dos pressupostos ontológicos.

Esses pressupostos ontológicos não chamam a atenção – a não ser quando são instabilizados por encontros pragmáticos, assim como os postulados em que repousa a geometria, que são tomados como dados até que percebamos que é possível tomar outros postulados como dados. No caso da economia, não pensamos nesses postulados, que parecem óbvios. Ou porque, como dizia Marx, são fetiches.[9] Dinheiro e mercadorias são sempre mais do que aquilo que vejo e pego na mão porque têm valor. Uma das maneiras de construir uma ontologia de mercadorias é pensar nelas como um universo de mercadorias produzidas por meio de mercadorias, incluindo entre elas "trabalho" e "coisas produzidas com trabalho" (Sraffa 1960). No entanto, essa ontologia leva a dois casos-limite. Um deles é o de mercadorias que não são produzidas com outras mercadorias – a extração de valor *ex nihilo*, um vazio econômico em que estão os recursos naturais ("parece paradoxal chamar o peixe que ainda não foi pescado de meio de produção"). Com efeito, trata-se de pressupor entes que estão *aquém* da ontologia de coisas produzidas (por meio de coisas e de trabalho) e que pertencem ao domínio de entes não produzidos. O outro caso-limite é o de objetos que estão *além* das coisas produzidas, que consistem em entes que se pressupõe que virão a ser – o domínio de mercados futuros que possuem, contudo, realidade no presente.

68–69). Na brilhante tradução de Fausto Castilho, *Zeug* é traduzido como "instrumento", subentendendo-se, porém, que o sentido é "instrumento--para-fazer-alguma coisa", como "trem" na expressão mineira "trem de cozinha" – *Flugzeug* (trem de voar), *Spielzeug* (trem de brincar), *Werkzeug* (trem de trabalhar). Em suma, *Zeug* não tem autonomia ontológica – é termo transitivo, pré-ontológico: *pragma*, cuja etimologia é a mesma de *práxis*, prática.

9.   Foi mérito de Marx evidenciar o caráter metafísico de entes como *dinheiro* (Marx [1867] 1985: 70).

A teoria econômica da produção de mercadorias por meio de mercadorias e de trabalho parecia reduzir-se a um universo homogêneo formado por valores-trabalho, uma coleção de objetos constituídos por uma única substância-trabalho.[10] Vemos, entretanto, que atrás dessa ontologia há o resíduo de um universo de entes naturais não produzidos, e, para além dessa, há outro resíduo de entes sobrenaturais também não produzidos. A natureza é a esfera dos entes não produzidos e que é, contudo, o arsenal de onde uma série ilimitada de pressupostos do trabalho é retirada, assim como mercados financeiros são o espaço supralunar em que habitam entes nem produzidos pelo trabalho nem produzidos pela natureza, vivendo uma existência precária de espíritos que desaparecem tão rapidamente quanto se multiplicaram. Ontologias proliferam, assim, como proliferam domínios pragmáticos.[11]

---

10. Entre coisas produzidas e coisas não produzidas reina uma diferença para a qual chamou a atenção Giambattista Vico. Ele identificou primeiro o *verum* (verdadeiro) e o *factum* (o feito, ou o *fato*), tomando como modelo a matemática dos antigos: "A ciência é conhecer o modo em que uma coisa é feita" (Vico [1710] 2008: 195-ss). E incluiu mais tarde a *história* no domínio daquilo que pode ser conhecido porque se constitui, como a matemática, de objetos feitos pelos homens ("*questo mondo civile egli certamente è stato fatto dagli uomini*", Vico [1730] 1977: 232).

11. Lukács ([1984] 2010) buscou aninhar essas esferas ontológicas em hierarquia. Heidegger, embora de ponto de vista diferente, propôs uma hierarquia ontológica análoga, em que pedras são "sem-mundo", animais são "pobres-de-mundo" e humanos são "criadores de mundo". Habermas, assim como Sahlins, rejeitou ontologias sociais baseadas no trabalho, em favor de uma ontologia social baseada na comunicação – distinguindo, assim, a esfera ontológica da técnica e da causalidade de uma esfera unicamente social e comunicativa. Arthur Giannotti buscou os fundamentos de uma ontologia-trabalho baseado em uma leitura hegeliana de Marx (Giannotti 1966 e 1983), que se aplicaria apenas à esfera social. Esses são exemplos de projetos de unificação ou de ordenação ontológica aos quais se opõe o anarquismo ontológico que defendo – onde não há hierarquia nem escolha entre pedras, animais e humanos, nem há separação possível entre esferas técnico-produtivas e esferas simbólico-comunicativas. Podemos dizer que esse anarquismo ontológico pressupõe agnosticismo metafísico – porque,

O que é uma ontologia? A palavra reentrou no vocabulário filosófico na primeira metade do século XX, depois de ter sido abandonada pela transformação filosófica do século XVIII que seu autor, Immanuel Kant, chamou de "revolução copernicana", mas que, curiosamente, ao contrário da revolução de Copérnico, que tirou o observador do centro do mundo, consistiu em fazer girar o mundo em torno do sujeito.[12] A chamada "virada ontológica" volta a fazer o sujeito girar ao redor do mundo; como a virada fenomenológica, que ocorre em paralelo a ela, prega a "volta às coisas". A palavra e o ponto de vista foram reintroduzidos quase ao mesmo tempo dos dois lados do Atlântico, pela fenomenologia de Husserl na Europa e pelo pós-positivismo de Quine nas Américas, sem esquecer a retomada da "concepção clássica da verdade" pelo lógico Alfred Tarski.[13]

> Cabe aqui um aviso, porque "as coisas" para as quais a chamada virada ontológica retorna não pertencem a *um mundo único de coisas supostas como dadas* – e sim a *mundos constituídos por comunidades de linguagem e de experiência*. *Ontologia* refere-se, assim, a *uma ontologia* entre outras, resultante da experiência

como no caso do agnóstico, não sou obrigado a escolher entre as múltiplas ontologias colocando-me *de fora*, por assim dizer.

12. Wolff (1999) introduziu o termo *ontologia* para recobrir a *metafísica generalis* da filosofia escolástica, isto é, o estudo do "ser como tal". Essa visão da ontologia foi ampliada de modo a comportar "ontologias regionais" que dizem respeito não somente a Deus, mas à natureza (física) e a sujeitos humanos (psicologia). Kant procurou provar que uma ontologia científica nesse sentido seria impossível, porque suas perguntas (Mundo, Deus, Sujeito) estariam além de qualquer experiência possível. Mas ele argumentou também que as questões ontológicas, embora insolúveis por estarem além de qualquer experiência possível, contêm *ideias* que guiam necessariamente a busca de conhecimento e têm, assim, valor metodológico indispensável.

13. A "teoria clássica da verdade" remonta a Aristóteles e a Tomás de Aquino. Na versão de Tarski: a *sentença* "chove lá fora" é verdadeira se e somente se chove (*fato*) lá fora. A noção de *verdade parcial* (Mikenberg, Costa & Chuaqui 1986) estende essa noção de verdade para ontologias nas quais (na maioria dos casos) não é possível *ir lá fora* para decidir a verdade ou a falsidade de uma sentença.

coletiva ou da imaginação [...]. Omitir essa observação leva a tratar o "retorno às coisas" ao neopositivismo ou ou ao realismo ingênuo que vê "coisas" como já dadas (Tarski [1933] 1997: 152).

Willard van Orman Quine começa um célebre artigo com a pergunta: "O que existe?", e responde famosamente: "Tudo" (Quine [1948] 1953).[14] Uma vez fiz a pergunta a um filósofo, que respondeu de imediato apontando com o dedo para a mão: "Isto".[15] Penso que essas duas respostas radicalmente opostas, uma apontando para um quantificador cujo domínio é atualmente infinito e a outra apontando para um *isto* cujo domínio é o aqui e agora, correspondem, respectivamente, ao peso ontológico e ao peso pragmático da ideia de existência. Tudo, para Quine, é o universo de discurso – isto é, o nome (designação de ente) que pode tomar o lugar de uma variável em uma proposição. É o domínio ao qual se aplica um quantificador: uma afirmação sobre um domínio cujos elementos são pré-especificados por uma ontologia.

Eis exemplos de proposições quantificadas, nos quais o quantificador está destacado: 1) "*Toda* coisa é extensa (ocupa um espaço físico)"; 2) "*Tudo* é imperfeito"; 3) "*Há um ente e apenas um que é perfeito*".

Para decidir a verdade ou a falsidade dessas proposições, é preciso pressupor uma ontologia: um repertório do que existe. Numa ontologia em que há um único *Deus*, como a de Espinosa, a proposição 3 acima é verdadeira, e 1 e 2 são falsas: porque há entes que não têm extensão, e Deus tem o atributo da perfeição. Numa ontologia em que anjos existem, a proposição 1 é falsa, porque anjos não têm extensão, e 2 e 3 podem ou não ser verdadeiras.

---

14. Quine ensinou na Escola Livre de Sociologia e Política de São Paulo, assim como Radcliffe-Brown, e seu curso resultou em seu primeiro livro, publicado em português sob o título de *O sentido da nova lógica*. A importância dessa primeira publicação em 1944 foi reconhecida em publicações posteriores (Quine [1944] 1996).

15. O filósofo era Arley Moreno, ilustre especialista em Wittgenstein da Unicamp, cuja brilhante resposta condensa toda a lição da segunda fase de Wittgenstein.

Há ontologia em que existem entes sem extensão, imperfeitos e mais de um ente perfeito (negando 1, 2 e 3), que se movem instantaneamente através do espaço e do tempo respondendo a chamados humanos: espíritos desencarnados e orixás são exemplos.

Nos exemplos de quantificação acima está em questão o caráter finito ou infinito do Universo. Se o Universo é finito, seria possível verificar todas as proposições, checando para cada ente se uma proposição é verdadeira ou não. Mas, se Deus é definido, como o faz Spinoza, como *um ente com infinitos atributos, cada um dos quais definido por infinitos traços*, esse método não funciona. Em alguns livros de matemática em circulação credita-se a Euclides o mérito de ter demonstrado que "existem infinitos números primos". Mas o que Euclides demonstrou maravilhosamente há mais de dois milênios foi que, "para toda lista dada de números primos, há um número primo que não está na lista" – isto é, Euclides mostrou construtivamente como construir um número que não esteja em uma lista finita dada. E essa afirmação é perfeitamente compatível com a ontologia antiga na qual não existem entes infinitos.[16]

Somos tentados a adotar ontologias minimalistas em que o que existe é apenas "isso" para que meu dedo aponta; o resto seriam construções da linguagem.[17] Quine convidou o leitor a

---

16. Euclides afirma que *nenhuma lista de números primos contém todos os números primos*. A demonstração consiste nos seguintes passos: (1) suponha uma lista de números primos A, B e C; (2) construa o mínimo múltiplo comum dos números da lista, ou seja, ABC; (3) some a unidade ao número obtido anteriormente: ABC + 1; (4) se ABC + 1 for primo, foi encontrado um número primo que não é nem A, nem B, nem C, e que portanto não está na lista inicial; (5) caso contrário, verifique os fatores primos de ABC + 1 utilizando o algoritmo euclidiano de divisão – e isso levará a um número primo que não estava na lista inicial. Por exemplo: seja a lista formada pelos números primos 2, 3 e 7. Os passos (2) e (3) dão o número 43, que é primo e não está na lista. Esse é o caso (4). Seja agora a lista 2, 3, 5, 7, 11 e 13. Os passos (2) e (3) dão 30031, que não é primo, mas é composto pelo produto de dois números primos que não estão na lista, a saber 59 e 509.

17. As *Investigações filosóficas* (Wittgenstein [1953] 2012) começam com essa sugestão, inspirada em uma passagem das *Confissões*, de Santo Agosti-

imaginar uma etnógrafa que aprende a língua nativa.[18] A etnógrafa vê um coelho passar, enquanto o nativo diz: *gavagai*. Depois de várias repetições da ocorrência, a etnógrafa registra em seu diário de campo a tradução de *gavagai*: "coelho". Quine pergunta, contudo: "Quem sabe se os objetos aos quais esse termo se aplica são coelhos, mas meros estágios de coelhos, ou sucintos segmentos temporais de coelhos, ou ainda partes de coelhos?" (Quine 1960: 29, 32, 51–52). Pois, diz ele:

> Quando o linguista pula da semelhança de significados estimulatórios [a classe de estímulos aos quais o nativo reage dizendo *gavagai*] para a conclusão de que um *gavagai* é um coelho – como um todo durável – ele está pressupondo que o nativo é suficientemente parecido conosco para ter um termo geral sucinto para coelhos, mas não um termo geral sucinto para estágios ou partes de coelho (Quine 1969: 30–32).

Quine conclui que toda tradução é indeterminada, e que a relatividade ontológica é inescapável. Não há como eliminar a relatividade ontológica com o simples apontar de um dedo, assim como não é possível eliminar a relatividade ontológica na matemática usando linguagens formais. Cuidado: anarquismo ontológico, que é uma consequência possível do relativismo ontológico, não significa a ausência de critérios parciais de verdade.

O problema inicial de Quine era a relatividade ontológica na lógica matemática. Seu cavalo de batalha era o teorema de Löwenheim-Skolem (Löwenheim e Skolem são duas pessoas diferen-

---

nho. Essa posição poderia levar ao nominalismo radical segundo o qual só existem entes singulares que podem ser apontados como *isso*. Mas, como o escolástico tardio Francisco Suárez argumentou, não é possível dispensar *entes da razão* (*ens rationis*) do domínio de *existentes*, sob o risco de privar o pensamento de toda afirmação geral.

18. A bibliografia de *Word and Object* inclui Malinowski, Firth, Lévy-Bruhl, Lienhardt, Sapir, Whorf e Evans-Pritchard, e Quine agradece a Raymond Firth conselhos sobre o argumento que segue (Quine 1960: 39, n. 3, 30).

tes). Esse obscuro e difícil teorema afirmou, na década de 1920, que *qualquer teoria que seja verdadeira em uma ontologia que contenha todos os números reais também é verdadeira em uma ontologia que contenha apenas números inteiros*. O escândalo ontológico é evidente, pelo menos para matemáticos, porque o *conjunto dos números reais* (inteiros, frações, raiz quadrada de 2, π e assim por diante) é *contínuo*, enquanto o conjunto dos números inteiros (1, 2, 3...) é *discreto*. Os dois universos são, assim, incomensuráveis – não há como associar cada número inteiro a cada número do contínuo de números reais. Mas o teorema de Löwenheim-Skolem afirma que nenhuma linguagem formal é capaz de distinguir esses universos: toda afirmação nessa linguagem será ambiguamente verdadeira em mundos discretos e mundos contínuos. Etnólogos amazonistas lembrarão que Lévi-Strauss identificou como um dos problemas ontológicos de mitos ameríndios a redução de um *contínuo* a uma sequência *discreta*. O teorema de Löwenheim-Skolem demonstrou inescapavelmente que qualquer afirmação *formalizada* que é *verdadeira* no *universo contínuo de números reais* pode ser interpretada como uma afirmação *verdadeira* sobre o universo discreto de números inteiros. Em outras palavras, a linguagem humana – mesmo em sistemas formais – não determina uma ontologia única. A diferença entre contínuo e discreto não pode ser eliminada pela lógica formal. *Ontologias são subdeterminadas por linguagens*. Há ontologias contraditórias (uma contínua, outra discreta) que são compatíveis com a mesma formulação linguística. Nós, humanos, não podemos distinguir ontologias por meio de nossa linguagem discreta. O problema ontológico ameríndio – conciliar o discreto e o contínuo – anunciado por Lévi-Strauss permanece como problema ontológico da ciência ocidental. Se isso vale para linguagens formalizadas, vale mais ainda para linguagens naturais. Quine trouxe o ponto para o domínio da antropologia com o exemplo da ontologia de parentesco. Termos como *brother*, *male sibling*, *mother's father* ou *bachelor* (irmão, germano masculino, pai da mãe, solteiro) são indeterminados em sua extensão e intraduzíveis extensionalmente e em *intensividade (intensio)* (Quine 1960: 46). Palavras de uma linguagem no lugar de palavras de outra linguagem jamais poderão traduzir os diferentes substratos ontológicos subjacentes às linguagens originais. Um exemplo do problema é a tese de David Schneider contra a ontologia genealogista na antropologia que pressupõe a existência de um universo genealógico comum a todas a culturas, que seria apenas descrito diferentemente por cada uma delas com termos variáveis (Schneider 1972: 45), e também a tese da "equivocação" inerente a toda atividade de tradução antropológica entre culturas (ver Viveiros de Castro 2004). Ontologias múltiplas convivem e podem ser incompatíveis entre si (Costa 1997; Costa & French 2003). Isso vale para um mesmo sujeito, que pode viver alternativamente em mundos ontologicamente incompatíveis: é o caso do físico que opera no universo newtoniano para calcular a trajetória de satélites e que recorre à relatividade geral e restrita para ajustar os relógios do satélite e da estação terrestre e à física quântica para os instrumentos de medida. As ontologias newtoniana, relativística e quântica são incompatíveis entre si, mas concordam de maneira *pragmaticamente satisfatória* na maioria dos casos (embora a concordância entre em colapso em circunstâncias teóricas extremas).

O relativismo ontológico (aqui no sentido de Quine 1960) é compatível com a existência de *verdades parciais* ou *verdades pragmáticas* (Costa & French 2003; Costa 1993, 1994 e 1997) em um ambiente de ontologias múltiplas e contraditórias entre si (Almeida 1999a). Utilizei essa noção ao me referir à "concordância pragmática", que tem, portanto, o sentido de concordância sobre a *verdade pragmática*, ou *verdade parcial* (ver Costa & French 2003; Krause 2009). Verdade pragmática não elimina a ambiguidade ontológica. No exemplo de *"gavagai"*, etnógrafa e nativo concordam em todas as situações encontradas durante sua convivência (etnógrafa usa "coelho" quando o nativo usa *"gavagai"* nos mesmos *encontros pragmáticos* com o mundo), mas essa concordância (no sentido pragmático) deixa a ontologia indeterminada.

Mas, cuidado: anarquismo ontológico, que é uma consequência possível do relativismo ontológico, não implica ausência de critérios parciais de verdade. Não há "vale tudo" para o conhecimento.

Terraplanismo e gravitação newtoniana não são equivalentes, embora ontologicamente seja possível rejeitar a existência de gravitação newtoniana. A diferença é que as leis de Newton – mesmo sem a suposição da existência de uma *força gravitacional que atua instantaneamente a distâncias infinitas* – permitem prever com enorme precisão o movimento de corpos na Terra (projéteis) e no espaço (satélites); já o terraplanismo não produz consequências observáveis, a não ser para observadores imóveis em sua casa e sob uma interpretação peculiar da percepção ótica do horizonte visual local. Exemplo análogo é a negação de efeitos antrópicos sobre o aquecimento global, em contraste com evidências da comunidade científica. O que distingue esses campos é o critério de verdade pragmática – seja afirmada por cientistas com sensores tecnológicos, seja por povos indígenas com seus métodos tradicionais de apreensão de mudanças no mundo (Almeida 1999a e 2003b). A noção de verdade pragmática que utilizo aqui se refere à definição dada por Charles Sanders Peirce (1932 e 1934: 258), a saber: o objeto de uma proposição ou é um índice (como o dedo que aponta para isto, ou "um nome próprio, um pronome pessoal ou um pronome demonstrativo"), ou "deve ser um preceito/receita, ou símbolo", que "descreve ao Intérprete o que deve ser feito para obter um Índice de um indivíduo" sobre o qual a proposição afirma algo (Peirce 1932: 189). Essa definição leva à seguinte consequência: devemos olhar para o índice que remete ao *indivíduo* – na linguagem de Viveiros de Castro, o *indicador* experiencial. Meu uso da expressão de "concordância pragmática" levou a mal-entendidos, porque foi identificada com a noção de "*working misunderstanding*" – expressão que pode ser traduzida como "mal-entendido que funciona" para fins políticos, econômicos e práticos (Bohannan & Curtin 1995). Mas a noção de "concordância pragmática" – que pode ser aproximada à ideia de *working misunderstanding* – é um caso particular de conflitos ontológicos, porque abrange casos de conflitos irredutíveis e antagônicos. Colonizadores-invasores e indígenas concordam sobre o que é a *pragmática morte* (porque corpos apodrecem), e não há "*misunderstanding*" quanto à evitação da morte no conflito armado entre eles; por outro lado, discordam irredutivelmente sobre a *ontologia* da morte. "Concordância pragmática" tem aqui o sentido formulado por Peirce: a convergência de efeitos observáveis de pressupostos ontológicos não observáveis. Diferentemente de Peirce (e da interpretação neopositivista), não penso que essa convergência esvazie o conteúdo das ontologias conflitantes: ela diz apenas que ontologias opostas podem ter efeitos coincidentes, ou seja, "verdade no sentido pragmático".

No sentido bastardo propagado por William James, porém, "pragmatismo" passou a identificar "verdade" com *o que é útil, o que serve*. Assim, "pragmatismo" é sinônimo da "lei de Gérson" – *o que me dá vantagem é verdadeiro*. Peirce rejeitou explicitamente essa interpretação e propôs para sua teoria o rótulo de "pragmaticismo" para distingui-la desse "pragmatismo" abastardado. A ideia de "*working misunderstanding*" aponta para traduções coloniais, que são "verdadeiras" porque são úteis para o poder colonial. Já a noção de "equivocação" (Wagner 1981; Viveiros de Castro 2004) é mais próxima de minha interpretação do critério pragmático de Peirce combinado à tese de Quine, pois diz primeiro que *não há tradução ontológica* (i.e., a tese da indeterminação da tradução de Quine), mas pressupõe que versões transculturais de uma linguagem A para a linguagem B transformam tanto a linguagem A como a linguagem B, criando um espaço comum de inteligibilidade, visão antecipada por W. von Humboldt, segundo o qual toda tradução modifica mutuamente a cultura-língua objeto e a cultura-língua ativa (Almeida 2009).

Supor a existência de peixes na água constitui um compromisso ontológico, em que a palavra "compromisso" equivale a "pressuposto". No fim das contas, talvez apenas em um pesque-pague ou em um lago, e ainda assim apenas como um ato de fé no futuro baseado no passado, é possível assegurar que um cardume exista neste exato momento antes de pescá-lo, e menos ainda no próximo ano e nos anos seguintes. Essa fé indutiva é o pressuposto de todo plano de manejo sustentável. Mas talvez as águas sejam profundas e pouco conhecidas em sua dinâmica ecológica, talvez estejam sendo afetadas pela poluição ou por efeitos inesperados da própria pesca; talvez os peixes se vinguem dos predadores deixando de seguir o trajeto reprodutivo anual, talvez os entes encantados do fundo interfiram nos planos dos humanos.[19] Ontologias de pescadores amazônicos reconhecem no mundo subaquático populações apenas ocasionalmente acessíveis aos sentidos, como em encontros de crianças com caboclinhos ou com encantes do fundo, ao mesmo tempo que esses mesmos pescadores participam de experimentos de "manejo sustentável" que pressupõem a contabilidade exaustiva de "tudo o que existe" sob a água. E talvez matem botos, cuja existência humano-metafísica é reconhecida por eles, para usá-los como isca para peixes que o mercado urbano valoriza.[20]

A certeza da existência futura do peixe que será pescado é parte integrante de ontologias naturalistas. O que é menos percebido é que teorias científicas que buscam prever a "coleta sustentável" se apoiam em modelos, isto é, em uma rede de suposições existenciais e de relações causais – formuladas em linguagem da biomatemática – tão pouco perceptíveis como os encantados do fundo e suas interações com o mundo da superfície. Há um círculo, que nem sempre se fecha, entre o pressu-

---

19. Sobre protestos de peixes contra o "manejo sustentável", ver Martini 2008 e também Cabalzar 2010.

20. O fato de botos serem reconhecidos como entes humanos-encantados não impede que sejam mortos com crueldade (comunicações de Veronica Iriarte e de Sannie Brum, 10º Simpósio sobre Conservação e Manejo Participativo na Amazônia, Instituto de Desenvolvimento Sustentável Mamirauá, Tefé, 2013), da mesma maneira que o reconhecimento de que animais da mata tenham todas as qualidades de humanos não impede que humanos façam guerra de morte contra esses entes não cristãos, assim como contra "índios brabos" (Dias 2004; Postigo 2010).

posto de existência (um pressuposto de que haja coisas lá), pois sem isso não há como apanhá-las, e efetivamente encontrar os efeitos delas usando os instrumentos de que dispomos.

Não estamos tratando de religião, e sim de tecnologias científicas – em que há ontologias pressupostas –, assim como de técnicas locais de pescadores tradicionais e de caçadores, bem como de agricultores e artesãos. Ontologias estão em toda parte. Falamos do ato de pescar, remetendo, porém, ao domínio pragmático das técnicas inescapavelmente relacionado a ontologias, assim como modelos científicos são intrinsecamente conectados a aplicações. A atividade do pescador consiste em reconhecer indícios – a água calma que é perturbada por uma trilha quase imperceptível na superfície, a presença de paus que indicam uma tronqueira subterrânea – e em usar técnicas e instrumentos, como canoa, tarrafa, arpão e um corpo que mergulha sob paus nas águas barrentas. Já que não basta que haja peixes pressupostos – é preciso, com efeito, apanhá-los –, cada ato de captura passa a operar como uma corroboração pragmática da ontologia.[21]

A guerra contra Caipora no Alto Juruá

A existência persistente de uma *mina de pedra* no rio Juruá-Mirim, na zona de transição entre o sudoeste amazônico e os contrafortes andinos, depende do crescimento diuturno e lento das pedras como seres vivos. Esse pressuposto é invocado para a duração de veios de minério no altiplano boliviano. Essa persistência depende não só da mina-instrumento construída pelos humanos e do veio pragmaticamente localizado, mas também da mãe da terra, que é preciso encontrar em situações rituais e com

---

21. A razão mais profunda pela qual pressupostos ontológicos não são testáveis é que uma ontologia aponta, como diz Quine, para *tudo*, ao passo que encontros pragmáticos apontam, no máximo, para *algo*. No fundo, o que está em jogo é o desafio que Hume fixou para todo projeto de conhecimento: nenhuma experiência finita pode nos dar certeza racional sobre infinitas experiências possíveis (Hume [1739] 1888: 88 ss).

Caipora e outros conflitos ontológicos **151**

a qual é preciso se relacionar segundo regras de etiqueta cosmologicamente fundamentadas (Nash 1979; Lincoleo 2012).

Caipora é um pressuposto para a continuidade dos animais na mata, para sua regeneração e sua cura quando malferidos, e ele – ou ela, já que seu status de gênero é ambíguo – só pode ser encontrado(a) em situações especiais. É conhecido, em geral, por indícios pragmáticos diversos.

O primeiro passo da minha argumentação sobre Caipora, que dá título a este texto, consiste em afirmar as seguintes teses:

1. Não há economia política da produção (ou da predação) sem uma ontologia correspondente.
2. A cada ontologia correspondem cânones pragmáticos e cânones da razão.
3. Há conflito entre ontologias.

Vou concentrar a atenção aqui no terceiro ponto: Caipora e outros entes em situação de conflito. *Panema* é um conceito de amplíssima circulação na Amazônia, assim como Caipora.[22] São conceitos interligados; porque, enquanto Caipora designa primariamente um ente, *panema* implica uma relação entre entes – causação à distância, como a gravidade newtoniana.[23] Pode ser

---

22. Galvão 1976: 82; Da Matta 1973; Maués 1990; Chevalier 1982; Postigo 2003.

23. "Pois é consabido que corpos agem uns sobre os outros pelas atrações da gravidade, e eletricidade [...]. Como essas atrações são efetivadas, não considero aqui [...]. Uso essa palavra aqui apenas para significar em geral qualquer força pela qual corpos tendem uns em direção a outro, quaisquer que seja a causa" (Newton, *Óptica*, [1704] 1952: 376). A ontologia newtoniana pressupõe forças que agem instantaneamente a distâncias arbitrárias, mas Newton não pretende saber o que são tais forças – apenas seus *efeitos*, expressos nas suas leis de movimento. Forças gravitacionais estão ausentes na relatividade geral. Contudo, observadores newtonianos e observadores einsteinianos concordarão pragmaticamente sobre resultados de experimentos na escala terrestre, embora discordando sobre resultados experimentais na escala cosmológica.

descrito como um estado do corpo do caçador ou de agentes predadores (cães) ou de instrumentos de predação (espingardas) que resulta do contato inadequado do caçador ou de pessoas na cadeia predatória com partes do animal-presa, como ossos, sangue, cabelos, gordura e couro, ou com caminhos trilhados pelo animal, e ainda pelo contato com cães e espingardas usados como instrumentos de predação.[24] *Panema* no caçador não resulta apenas de contato imediato do caçador com o corpo da presa, mas de *qualquer* tratamento inadequado ao corpo do animal, intencional ou não, por outrem, e transmite-se, assim, à distância. A ação de *panema* distingue-se por duas características. Ao contrário da gravidade, *panema* conecta um ente do domínio da natureza ao tema moral do *insulto*. O *insulto* é quebra de etiqueta no trato com o corpo do animal – tão cioso do destino de seu corpo quanto os guerreiros homéricos. Insulto é possivelmente o *fedor* do caçador sentido por Caipora.[25] Há *insulto* se o caçador urina sobre o corpo do animal abatido, ou passa a perna sobre ele, ou se o amarra de modo incorreto antes de transportá-lo. Há também numerosas maneiras de insultar o animal depois que sua carcaça foi trazida para a cozinha da casa, onde suas cinzas e seus ossos estão perigosamente ao alcance de cães que poderão pô-los em contato com fezes ou no caminho por onde transitarão mulheres menstruadas ou cadelas no cio. A circulação da carnene animais silvestres entre vizinhos cria risco constante do contato, se consumida por mulheres grávidas ou menstruadas. Essa circulação silenciosa, que conecta genros

---

24. Em minha experiência, homens, cães, espingardas e trilhas de animais onde se armam armadilhas podem estar no estado de *panema*. Galvão descreve *panema* como "força mágica", não materializada, que, à maneira do *mana* dos polinésios, é capaz de infectar criaturas humanas, animais ou objetos (Galvão 1976: 4). Aqui, não distingo a "força mágica" da "força newtoniana" como fundamentos metafísicos para dar conta de encontros pragmáticos com o mundo.

25. "Quando caçador [chega perto da caça], e o veado ou porco corre assoprando ou espirrando, é porque ele está com raiva de você e está achando você muito fedorento..." (Antônio Barbosa de Melo, comunicação pessoal, 2013).

e sogras, cunhados e cunhadas, cria um risco potencial permanente de *enrasco*, que pode ser provocado involuntariamente por mulheres grávidas ou menstruadas que manipulem o animal, ou voluntariamente por sogras ou cunhadas ciumentas.[26] O pior que se pode fazer ao oponente não é matá-lo, e sim insultar seu cadáver.

Outra diferença é que *panema* não é uma simples relação de causa e efeito linear que conecta presa e predador, e sim uma ação que atua sobre vários caminhos possíveis que interligam predadores, consumidores e presa – caçador, cães de caça, espingardas, vizinhos, veredas, Caipora. Em contraste com a ação linear da gravidade, *panema* é um *campo* ou *rede* em que cada ponto ou nó tem a potência de afetar o caçador que encontrou e matou a presa. E, exatamente pelo fato de ser tão generalizado como a gravidade, tão onipresente como um *campo* e tão difuso como a honra pessoal, é algo que se confirma a todo momento pela experiência. Tudo se passa, de fato, como se *panema* fosse um nexo realmente entre entes no mundo. Uma melhor analogia é com valor – *panema* é ação moral no espaço-tempo.

O que é que conecta pessoas entre si e pessoas e animais? Qual é o papel respectivo de sangue e de ossos, de homens e de mulheres, de manso e de brabo? Qual é o papel de *Caipora* na regeneração de animais feridos e na intermediação entre esses animais como pessoas e o tratamento dado a eles por predadores humanos? Não sei ao certo. Essa é uma ontologia cheia de obscuridade, porque mais implícita e pressuposta do que explicitada. Poderíamos pensar, projetando na ontologia-*panema* ideias materialistas-naturalistas, que ela é governada por relações de contágio. É uma maneira familiar de considerar ontologias: como economia de predação, de produção consumptiva, como

---

26. "[...] quando a gente fica enrascado é porque joga osso dos animais onde não pode jogar, ou então quando mata uma caça, que na hora de tirar o fato ou virar a caça para o outro lado se enrasca" (Antônio Barbosa de Melo, comunicação pessoal, 2011). Havia seringueiros que tratavam o couro do animal com cuidado para depois depositá-lo em lugar seguro da mata (Augusto Postigo, comunicação pessoal).

modo de produção de pessoas. Mas penso que é melhor entender a ontologia envolvida sob um ponto de vista mais geral. Assim como um campo gravitacional invisível afeta corpos dotados de massa e assim como vemos seus efeitos pelas alterações nos objetos que caem em seu interior, vemos os efeitos de *panema* como a suspensão abrupta e terrível da potência predatória masculina, como o assombro do caçador na mata, como cães açoitados por entes invisíveis. *Panema* é percebido porque a visão do caçador deixa de ver, porque tiros erram o alvo, porque o procurador deixa de pressentir.[27] Em suma, *panema* é causalidade que atravessa o domínio de entes naturais e o domínio da moralidade e da pessoa. *Panema* é, assim, ente de razão, assim como é ente da imaginação ontológica.

Um confronto que agora aparece no horizonte não é epistemológico, e sim ontológico. Tem a ver com as consequências da textura do mundo floresta-humanos e que envolve tanto a circulação como a produção. Chamemos essa textura, para ter um apoio diferencial, de economia ontológica da caça. Vamos tratar das relações entre entes visíveis, agora incluindo seringueiros e cientistas, e das relações entre esses entes e os encontros pragmáticos correspondentes.

Augusto Postigo registra um diálogo esclarecedor com Antônio Barbosa de Melo em visita à biblioteca do Instituto de Ciências Humanas da Unicamp. Vendo a abundância aparentemente interminável de livros, além de qualquer possível experiência humana, Antônio observou: "Ninguém pode ter lido todos esses livros. É assim na floresta. Nenhum caçador encontrou todos os entes que existem. Mas alguns encontraram esses entes, e nós confiamos neles. É a mesma coisa aqui: ninguém leu todos esses

---

27. Nessa ontologia subjacente, não há separação entre domínios da natureza e da humanidade. Sobre o assunto no contexto do Alto Juruá, ver a introdução à *Enciclopédia da floresta* (Carneiro da Cunha & Almeida 2002). Agradeço aqui em particular a Osmildo Kuntanawa por sua inteligente argumentação contra a distinção ontológica entre pedras e animais e ao senhor Lico pela argumentação contra a oposição ontológica entre pessoas e primatas e outros mamíferos, bem como a Antônio Barbosa de Melo sobre Caipora.

livros, mas acreditam no que uns dizem sobre o que está contido neles".

Assim, sabe-se que o Caipora existe porque alguns caçadores já o viram, e outros caçadores veem coisas na mata que são indícios de que ele exista. O que são essas coisas? Relatos muito comuns entre seringueiros e índios narram eventos em que caçadores experientes perdem-se na floresta e voltam para casa depois de horas ou dias, com o corpo e as roupas rasgados por espinhos, com marcas de açoite, tomados de medo – o assombro. Cães de caça sofrem a mesma experiência – até os mais corajosos voltam da mata ganindo, marcados por surra, tomados de pavor. Há clareiras naturais na floresta que são inexplicáveis – a não ser como locais de Caipora. Há *panema*: estados de efeitos catastróficos para a vida do caçador e para sua masculinidade. Todos esses eventos, que são situações de medo, de susto e de pasmo respeitoso são evidências do efeito-*panema* e da existência de Caipora.[28] Os eventos-*panema* que enviam a encontros pragmáticos com Caipora articulam-se entre si, formando uma trama que a experiência diária confirma, embora estejam além de qualquer experiência imediata particular.

Não se assustem quando chamo essa conexão entre a experiência e o mundo da ontologia de *encontros pragmáticos*. Esses encontros em trilhas onde há armadilhas, com uso de flechas ou de espingardas, em florestas com particularidades topográficas e florísticas, têm valor de experimentos laboratoriais.[29] Um instrumento crucial é aqui o corpo preparado, e o preparo

---

28. Viveiros de Castro compara o susto evocado por "essas histórias de índio, tão comuns na experiência do etnógrafo", ao "aperto que você passa quando é parado pela polícia e 'ela' pede seus documentos" (Viveiros de Castro & Sztutman 2008: 234). Ouvi relatos de encontro súbito com o veado face a face com o caçador como fonte de assombro permanente.

29. Ou seja: encontro do sujeito (que não é ainda um ente) com entes por intermédio de instrumentos-trecos. O ponto é que *instrumentos-Zeug-pragmata* não são conceitos, e sim meios que dão acesso (*Umgang*) ao mundo. O sujeito que encontra *entes* por meio de *instrumentos* não é ainda um *ente* (essência) – porque, como ente humano, precisa antes *existir* nessa interação. Esses *instrumentos* (Zeug) são "preontológicos" (Heidegger [1927] 2012: 69).

pode incluir a ingestão de tabaco, de *kambô*, de *cipó* (*nishi pae*, *ayahuasca*).[30] Esses procedimentos são operadores que preparam corpos para acessar entes que não são perceptíveis por corpos não preparados e dão uma pista para o que é Caipora e para a discussão que conduzirei agora sobre modelos de extração sustentável.

Metafísicas na floresta

O modelo de extração sustentável ou extração ótima, que dá a taxa máxima de extração sustentável, é descrito em manuais de economia ecológica (Dasgupta & Heal 1979) e de manejo de fauna (Robinson & Redford 1991). O modelo supõe uma população (a biomassa) e dois parâmetros básicos, a saber, uma taxa de nascimentos e uma taxa de mortes, que resultam em uma taxa líquida de crescimento da população. No modelo está contida a regra segundo a qual a taxa de crescimento da população varia em função do tamanho da própria população (a taxa cresce lentamente, depois rapidamente, para estabilizar-se quando a população atinge o teto dado pela capacidade de suporte).[31] Com base nessa representação, o modelo dá a "taxa ótima de extração", igual ao crescimento líquido da população que ocorreria na ausência da extração. Esse modelo prevê o que acontece em um pesqueiro do tipo pesque-pague ou em um vidro com moscas, e uma razão para isso é que, nessas situações, o modelo pode ignorar fatores como a migração e a emigração, bem como a competição ou a cooperação entre espécies e detalhes da estrutura da

---

30. Que chamei de "operadores perspectivizantes" (Almeida 2002: 15), em uma canibalização pragmática do conceito de "perspectivismo" de Viveiros de Castro e Sztutman (2008).

31. Esse é o conteúdo da equação diferencial chamada de "equação logística" cujos parâmetros são: taxa de crescimento líquido (natalidade com mortalidade) e de população máxima que o ambiente suporta ("capacidade de suporte").

Caipora e outros conflitos ontológicos **157**

população.[32] Técnicos, cientistas e conservacionistas tendem a pressupor o modelo de um ente realmente existente (população--biomassa, reprodução).

O método para determinar a população efetiva – o tamanho desse ente pressuposto – é medir o número de encontros com animais da espécie em questão em transeptos na floresta ou amostras na água. Isso permite estimar a população. E a regra de coleta derivada dessa ontologia sob a visão econômica consiste em extrair dessa população uma cota anual que otimiza a "extração sustentável".[33] Essa regra e a ontologia correspondente têm estreita analogia com o modelo da geração de juros por um capital inicial, já que se trata de, dada a população, obter um rendimento durável anual por meio da extração de um excedente. Há, porém, uma implicação. Se a taxa de extração da população – expressa em dinheiro – for menor que o rendimento monetário da população investido no mercado financeiro, a recomendação econômica será extrair toda a população e investir o dinheiro no mercado financeiro (Almeida & Dias 2004).

Qual é a regra de encontro no caso da ontologia-caipora? À primeira vista, é similar à regra da extração sustentável, porque parte da etiqueta obrigatória para evitar *panema* consiste na abstenção: não caçar em certos dias (para caboclos, esses dias incluem dias santos e, durante a semana de trabalho, também a quinta-feira), evitar certas espécies e não abusar da quantidade

---

32. Uma cooperativa de produtores de leite pediu ajuda técnica à universidade, que, em resposta, mandou ao campo uma equipe de professores liderados por um físico teórico. Depois de duas semanas de trabalho intenso, a equipe reuniu-se e produziu um relatório enviado à cooperativa leiteira que começava assim: "Considere uma vaca esférica...". Modelos são "vacas esféricas" das quais detalhes inúteis são retirados (Harte 1988: XIII, 198–204). Na prática, o método da "vaca esférica" significa também: eliminar todo *aspecto do mundo que é desconhecido ou sobre o qual não há informação.*

33. "Populações [...] respondem direta ou indiretamente à pressão de caça de formas variáveis dependendo do histórico de caça e da produtividade primária de determinado sítio florestal, assim como das taxas vitais de cada espécie" (Robinson & Redford 1991; Naranjo & Bodmer 2007).

de animais caçados. Pareceria que se trata de limitar a extração. Mas está ausente aqui o aspecto crucial da "extração sustentável", que é noção de maximização. E há mais.

Por que há outro aspecto da ação de Caipora: ele/ela é *responsável* pelos animais da mata; além de intermediar o acesso a eles (gosta de tabaco e de coisinhas para brincar), cuida de animais feridos, toma conta deles em certos lugares da mata e promove sua reprodução, garantindo a quantidade e a diversidade da fauna (Dias 2004; Postigo 2003). É Caipora quem, depois de chamar os animais para lugares especiais da mata, conta quantos animais há de cada espécie, como se fizesse uma contabilidade administrativa da fauna, conforme o sr. Lico, um seringueiro-caçador que era também fiscal-colaborador da Reserva Extrativista. Caipora cria bichos da mata e os oferece a caçadores (ver Descola 2005). Caipora precisa de território para fazer isso. Esses territórios são refúgios da caça.[34]

Uma implicação dessa ontologia-caipora é que a reprodução de animais não é controlada pelas ações de caçadores nem de manejadores. O insulto afeta o acesso de caçadores ao estoque de animais da mata, mas esse estoque é de fato controlado por Caipora. Contudo, é preciso que Caipora tenha seu território e seus dias. Basta então que Caipora seja respeitado em seus refúgios e que caçadores negociem o acesso à caça para que sejam felizes (Carneiro da Cunha & Almeida 2002). Claramente, a ontologia-caipora e a ontologia da "extração sustentável" não coincidem.

Recapitulando: o modelo de "extração sustentável" – como modelos de "*carrying capacity*" – gera regras produtivistas formuladas em termos de quantidade de animais por área que podem ser coletados continuadamente sem afetar o capital (a população), de modo a maximizar a extração sustentável. Ela é dependente de preços do produto assim obtido. O modelo "Caipora" gera a norma de respeitar o corpo do animal e os dias e territórios de Caipora – não há especificação numérica de limite

---

34. Philippe Descola apresenta uma síntese dessa função de *maîtres des animaux* (Descola 2005: 501 ss).

para caça, mas há restrição a caçar para alimentar a rede de vizinhança, a interdição de comercializar o animal, o respeito a refúgios de Caipora.[35]

Nos antigos seringais habitados por descendentes de migrantes nordestinos e de caboclos autóctones, foi criada por decreto em janeiro de 1990 a Reserva Extrativista do Alto Juruá como uma unidade de conservação destinada ao usufruto de moradores extrativistas, reivindicação do movimento social de seringueiros amazônico anunciada em 1985.[36]

O fato de que essa Reserva Extrativista tenha sido decretada como parte do sistema nacional de unidade de conservação suscitou questões de sustentabilidade. Em particular, colocou-se a questão: a atividade de caça de seringueiros seria "sustentável" do ponto de vista da biodiversidade?

Dois anos após a criação das quatro primeiras reservas extrativistas em 1992, preservando dois milhões de hectares de floresta tropical do avanço da pecuária, Kent H. Redford publicou um influente artigo cuja manchete era: "não deixemos uma floresta cheia de árvores nos enganar fazendo-nos acreditar que está tudo bem". A mensagem era que florestas conservadas por moradores tradicionais seriam florestas esvaziadas de diversidade animal em consequência da "desfaunação" direta, por caça,

---

35. Há extensa literatura sobre Caipora e variantes pan-amazônicas, bem como sobre "donos da caça" entre povos indígenas. Para fins deste capítulo, basta indicar fontes relativas ao Alto Juruá, em particular a *Enciclopédia da floresta* (Carneiro da Cunha & Almeida 2002); a tese de Postigo (2010) e a dissertação de Dias (2004). Especialmente importantes são relatos escritos e orais de Antônio Barbosa de Melo. Há escaramuças na luta pelo reconhecimento entre Caiporas e caçadores em seus encontros pragmáticos cotidianos com "o que anda pela floresta", marcados pelo sucesso, pela alegria e pela emoção, mas igualmente pelo assombro, pela desorientação no fundo da mata, pelo *enrasco*. Está claro que a ontologia-caipora não é binária: ela envolve três entes: predador, presa e Caipora. Esse terceiro termo pode ser diversamente interpretado como Estado e Poder, acima de dois agentes em disputa; ou como memória e culpa (ver Nietzsche).

36. Ver o capítulo 3 deste volume e também minha tese de doutorado (Almeida 1993).

ou indireta, pelo efeito de roçados e extração vegetal (Redford 1992: 412-22). Em livro publicado em 1991, contudo, Robinson e Redford apresentavam uma tabela de extração sustentável de mamíferos. Nesse mesmo ano, participei de um encontro que reuniu vários especialistas em manejo de fauna silvestre, em que apresentei dados sobre caça de mamíferos baseados em uma amostra de cerca de 68 casas de seringueiros em 1990 e comparados com as previsões do modelo de Robinson e Redford (Almeida 1991). As discrepâncias estão na base da presente reflexão sobre modelos científicos e modelos locais.

A partir de 1995, iniciou-se um programa de pesquisa envolvendo antropólogos, biólogos e geocientistas voltado para a seguinte questão: "Moradores tradicionais de floresta são capazes de administrar territórios de conservação?".[37] Parte desse programa foi o experimento em que seringueiros registraram em diários atividades de caçada, anotando encontros com animais da floresta acompanhados de dados que permitiriam comparação com resultados de pesquisadores acadêmicos, resultando em diários de caçadas.[38]

Durante o período de 1990 a 2002, no qual se insere o quinquênio 1997-2003 abrangido pelos diários, houve eventos históricos importantes: a formulação e a implementação de um Plano de Utilização elaborado por residentes (1990), que proibia toda caçada com cachorro (Almeida & Pantoja 2005). Além disso, ocorreu uma significativa concentração da população na

---

37. O projeto, coordenado por Manuela Carneiro da Cunha, Keith S. Brown e Mauro W. B. Almeida, foi financiado pela McArthur Foundation e teve apoio do Ibama e do Centro Ecumênico de Documentação e Informação (Cedi).

38. O método de diários de caçada foi sugerido por Richard Bodmer em comunicação pessoal feita no encontro de Belém realizado em 1991. Sobre o projeto de pesquisa, ver E. Costa e Almeida 2002 e Postigo (2003 e 2010). Ramos (2005) realizou a análise dos resultados, comparando o diagnóstico de "sustentabilidade" sob o prisma do modelo de "extração sustentável" de Robinson e Redford com minha intervenção, principalmente na introdução do modelo "fonte e sumidouro" por Andrés Novaro, que chegou a meu conhecimento por meio de correspondência de Redford (Novaro *et al.* 2000).

margem dos rios, com o abandono de numerosas *colocações* nos interflúvios e nas cabeceiras mais distantes.

Minha própria experiência de campo, por volta de 1983, quando a atividade de extração da borracha passava por um ápice subsidiado pelo governo federal, indicava para o Alto Rio Tejo abundância de pacas, esforço crescente para obter veados, encontros raros com porcos-do-mato (queixadas e caititus) e virtual inexistência de encontros com antas. Esse quadro coincidia com a percepção local dos moradores do *Riozinho da Restauração*, o afluente do rio Tejo com maior densidade de seringueiros, como "rio da fome". Em 2000, quase duas décadas depois, os dados revelaram taxas de coleta animal acima das consideradas "sustentáveis" de pacas e veados. Registravam também encontros frequentes com queixadas e caititus – onças voltaram a povoar o Riozinho na década de 2000 – e recuperação de encontros com veados.

Do ponto de vista dos caçadores, o aumento dos encontros com veados no período, assim como o retorno de caititus e de queixadas, se devia à proibição da caçada com "cachorro paulista".[39] Para Francisco Barbosa de Melo (Chico Ginu), um fator essencial era a continuidade dos "refúgios de caça", que aumentaram no período em consequência do deslocamento de moradores de interflúvios para as margens de rios.[40] As "taxas de extração sustentável" anotadas não correspondiam à experiência cotidiana dos seringueiros na mata nem aos dados pragmáticos dos diários de caçadores. Enquanto os diários mostravam a permanência de taxas de extração ao longo do período

---

39. "Cachorro paulista" era aquele cão que perseguia veados persistentemente, diferentemente dos cães "pé-duro", que acuavam oportunisticamente pacas e tatus à medida que encontrassem sua pista. Cachorros paulistas eram caros, e seu uso em caçada exigia uma equipe, estando fora do alcance de seringueiros velhos, de viúvas, de famílias jovens. Ver Almeida & Pantoja 2005: 27–41.

40. Francisco Barbosa de Melo, Chico Ginu, é irmão de "Rouxo" (Antônio Barbosa de Melo, ou ainda Antônio Ginu), netos de Rita, indígena aprisionada pela frente de seringais. Ver Pantoja [2001] 2008 e Wolff 1999.

estudado, nos casos de pacas, veados e antas, nos livros elas apareciam como taxas insustentáveis.

Uma resposta para esse conflito entre modelos e experiência foi sugerida por um modelo alternativo que começou a ganhar popularidade na década de 1990: o modelo "fonte e sumidouro". Em vez de usar como regra de sustentabilidade a taxa ótima de animais retirados por caçador por quilômetro quadrado, nesse modelo, o ponto crucial era a proporção de território deixada *fora da ação dos caçadores*. O efeito pragmático dessa regra correspondia à segunda regra-caipora: respeitar os lugares onde Caipora cuida dos bichos da mata. Essa era a regra defendida por Chico Ginu enquanto atuava como presidente da Reserva Extrativista do Alto Juruá.[41]

Quando os dados da caça são interpretados conforme a ideia de "refúgios", ganha também a relevância de distinguir animais "moradores" (veados) de animais "viajantes", como queixadas, assim como outras distinções de moradores indígenas-seringueiros.

A moral da história é que há relatividade ontológica na interpretação de encontros pragmáticos com a caça. "Ontologias-caipora" podem ser comparadas do ponto de vista pragmático com ontologias científicas e com seus modelos. Nesse exemplo,

---

41. "Os modelos lineares tradicionais usados para estimar taxas de abate de caça sustentáveis (Robinson & Redford 1991 e 1994) tendem a subestimar a capacidade de suporte de caça em algumas reservas indígenas, onde populações de animais de caça preferidos se mantêm apesar de taxas de exploração supostamente 'não sustentáveis' [...]. Essas evidências sugerem a interferência da chamada dinâmica fonte-sumidouro [...]. Um conceito semelhante faz parte da cosmologia e dos sistemas tradicionais de manejo de povos tradicionais e não tradicionais, que em muitos casos reconhecem áreas sagradas ou protegidas por tabus onde reside um 'Mestre de Animais', 'Dono da Caça', ou 'Caipora/Curupira' que protege os animais de caça, além de punir os seres humanos por transgressões" (Reichel-Dolmatoff 1976; Shepard Jr. 1999; Carneiro da Cunha & Almeida 2002). A citação é de Glenn Shepard: "Manejo de caça participativo em três áreas protegidas na Amazônia com populações tradicionais". Projeto de pesquisa para bolsa de pesquisador-visitante na Unicamp, 2007.

mostramos que modelos de extração de populações – similares a situações de um pesqueiro – estão longe de fornecer guias de ação para o mundo real, como modelos de "fonte e sumidouro", embora incompatíveis ontologicamente com mundos de Caipora, podem ser pragmaticamente convergentes com ele, no seguinte sentido: ontologias científicas e ontologias-caipora são vastamente diferentes nas entidades que pressupõem, mas podem convergir em suas consequências pragmáticas. O reconhecimento dessa convergência, contudo, é amiúde proibido pelo poder associado às ontologias científicas institucionalizadas e por administradores e estudantes para quem modelos são tomados como entidades naturais cuja existência é referendada por bibliotecas. A relação entre convivência entre ontologias científicas (sob a forma de "planos de manejo") e ontologias locais (descritas como "superstição" ou pior) leva a antagonismos. Administradores e estudantes são educados para acreditar em modelos que são tomados como designação de entes efetivamente existentes.

Guerras de extermínio

Há um manual publicado pelo Instituto Chico Mendes de Conservação da Biodiversidade (ICMBio) que preconiza a "produção controlada" de animais silvestres (criação de capivaras em cativeiro) e "manejo extensivo" de porcos-do-mato (*Tayassu pecari*), o que, trocando em miúdos, significa a caçada de animais silvestres com a previsão de treinamento técnico de antigos seringueiros em técnicas de "produção e manejo de vida silvestre", incluindo "transporte de animal vivo, processamento de carcaça e de carne e comercialização de produtos e de subprodutos de vida selvagem".[42] Na linguagem da economia política, trata-se de subordinar formalmente a vida silvestre ao mercado. Nesse caso, é subordinação formal, porque o gênero paca, notoria-

---

42. Ver Lindbergh 2013 e ICMBio 2007a e 2007b. Ver crítica em Almeida & Dias 2004.

mente rebelde ao cativeiro, é batizado como "manejado extensivamente" na floresta para ser então caçado e vendido como mercadoria, mas há um esboço de subordinação real, porque a capivara é aprisionada e estocada como capital vivo para venda. A terminologia remete ao capítulo VI, de *O capital*. Marx ([1867] 1985) distingue a subordinação de produtores independentes do capital – como artesãos que trabalham em casa e formalmente autônomos (mas que tratou como "realmente" subordinados ao circuito mercantil) – da subordinação *formal* de operários na fábrica onde são assalariados.

Na nossa linguagem, trata-se de um ato de guerra ontológica: a destruição de redes de vizinhança, substituídas pelas redes de mercado. E a destruição de Caipora, porque o regime de caça comercial que introduz é incompatível com a ontologia-caipora, assim como as redes de dádiva que conectam vizinhança são incompatíveis com o sistema de mercado. Não há lugar para Caipora nem para *panema* quando a meta é processar a carcaça industrialmente e transformar o corpo animal em subproduto anônimo e separado de sua origem para consumo em restaurantes urbanos cujos consumidores são absolutamente absolvidos de responsabilidade com a pessoa do animal assassinado na floresta. Como saber quem e como consumirá a carne na cidade? Caipora é deslocado do lugar ontológico de existente para o lugar precário da superstição que impede o progresso mercantil, sendo finalmente relegado ao estatuto de fantasma dispensável diante da moderna fantasmagoria do valor-dinheiro.[43]

---

43. Para quem quiser levar a discussão mais longe, vale a pena considerar a distinção entre o alimento *kosher/halal* por consumidores urbanos. Não seria impossível imaginar circuitos comerciais com selos de garantia de "respeito ao animal coletado na floresta" e regras de consumo final (não contaminar sangue com ossos, por exemplo). Nichos de mercado são nichos ontológicos.

Multiplicidades ontológicas e anarquia ontológica

Mencionamos inicialmente um modelo de "população animal em equilíbrio" sob o pressuposto de que a natureza se reproduz deixando um resíduo de "extração sustentável" que pode ser maximizado pela humanidade – um modelo de mais-valia ofertada pela natureza. Depois, indicamos o modelo "fonte e sumidouro", em que a estabilidade da população natural na presença de uma extração humana é relacionada à continuidade de fronteiras territoriais entre humanos e não humanos. Traçamos uma ponte pragmática entre esse segundo modelo e a ontologia-caipora, que preconiza o respeito ao território do dono das caças como condição para a provisão continuada da caça. Ambos os modelos tinham como pressuposto a separação do circuito de predação e consumo do circuito mercantil. Finalmente, introduzimos o modelo assentado na ontologia econômica mercantil, em que tudo precisa tornar-se mercadoria para ter o direito de existir. No primeiro caso, entrevimos a possibilidade de acordo pragmático entre indígenas e biólogos aplicados. No segundo, tratava-se de guerra de extermínio ontológico, em que a ontologia deixa de separar metafísica e verdade pragmática que distingue inescapavelmente vida e morte.

Há uma realidade independente que está sendo vista por diferentes observadores conforme suas visões de mundo? A resposta provisória que estamos dando a essa pergunta é: não.

Não precisamos da hipótese de uma realidade independente de visões de mundo. Há, sim, diferentes ontologias que podem ser pragmaticamente compatíveis ou pragmaticamente antagônicas entre si e com a experiência. Isso significa que há múltiplas realidades compreendidas em quadros ontológicos – repertórios de entes, de propriedades de entes e de relações entre eles – cujos efeitos são apreendidos em laboratórios, em corpos preparados e em territórios culturais.

No exemplo do experimento dos diários de caçada, indicamos que seria possível um diálogo entre a ontologia-caipora e as ontologias de "fonte e sumidouro" apoiado em encontros pragmáticos com valor de verdade parcial para ambas as ontologias. Mas, quando o confronto é entre o "manejo de caça" para a venda de "carcaças" no mercado e as ontologias-caipora, então a situação é de exclusão mútua: a ontologia-mercantil só pode se afirmar como verdadeira destruindo a metafísica de animais que são pessoas.

A ontologia-caipora tem a interessante propriedade de ser compatível com a ontologia de fonte e sumidouro (ou torneira e ralo). Entretanto, no caso da ontologia mercantilista, o pressuposto é de que todo ente é conversível em dinheiro – o dinheiro-valor é a textura que interliga todo e qualquer objeto. A textura-*panema* é uma maneira negativa de teorizar a interdependência de participantes de uma rede de circulação, porém ela não é compatível com a textura-dinheiro.[44] A ontologia--dinheiro invade a ontologia-*panema* e a destrói: é essa sua vocação. Não há diferença ontológica, e sim a destruição de uma ontologia por outra.

Caipora negocia com humanos-predadores e lhes permite acesso, embora limitado e não mercantil, a animais-presa. Em modernas ontologias humano-animalistas, poderíamos dizer que o Estado de direito ocupa potencialmente o lugar de Caipora, quando o Estado regula o acesso predatório de humanos a não humanos como fonte de comida e de trabalho não remunerado.

A luta política pelos direitos animais é a continuação da guerra ontológica por outros meios.[45] Nos conflitos ontológicos,

---

44. A textura-*panema* distingue-se da textura-troca, que é tipificada pelo modelo da "dádiva". A regra da *vizinhança* recebe então um sombreamento particular: a dádiva à *vizinha* implica a possibilidade de que a vizinha se torne o doador incapaz de obter novas dádivas – não se trata da obrigação de retribuir, mas do poder latente que tem o outro de destruir o doador. Isso concorda mais efetivamente com a atmosfera de desconfiança que cerca determinadas situações de vizinhança do que com a formulação de Marcel Mauss (ver Villela 2001).

45. Segundo Nádia Farage (2013), não há *animais* e *humanos*, e sim processos de *animalização* e processos de *humanização* que atravessam a taxonomia biológica: em campos de concentração, humanos são animalizados, e, em ambientes democráticos, animais são humanizados (por exemplo, quando

há coalizões e alianças possíveis. Não nos enganemos: não se trata de conflitos culturais, e sim de guerras ontológicas, porque o que está em jogo é a existência de entes no sentido pragmático. É questão de vida e de morte para Caipora, para antas e macacos, para gente de verdade e para pedras e rios.

A ontologia perspectivística compreende predador e presa em uma relação dual. Mas, como Viveiros de Castro afirmou em importante entrevista,[46] *quando o predador aniquila a presa, deixa de haver perspectivismo* – porque uma única perspectiva sobrevive. Essa profunda observação do antropólogo conecta a multiplicidade de mundos com a verdade pragmática irredutível da morte. Notemos ainda que, em contraste com o perspectivismo ameríndio que supõe dois termos, a ontologia-caipora supõe *três* – o predador, a presa e Caipora. Esse triadismo não é inocente: ele pode ser interpretado como a presença do Estado, da memória e da culpa. Essa observação justifica o fato de que não formulamos a ontologia-caipora, onipresente em contextos amazônicos *caboclos*, em termos perspectivísticos.

Proliferação ontológica e limpezas étnicas

Trata-se aqui da disputa política pela existência de *entes sociais*. Ontologias dizem respeito ao que existe, e ontologias sociais referem-se ao fato de que entes sociais são reconhecidos como existentes. Existem apenas indivíduos ("tal melanésio de tal ou qual ilha") ou existem também coletivos como classes, etnias e nações?[47] Ian Hacking declarou o caráter histórico de ontologias – entendidas por ele como a constituição social de entes, e

---

são liberados de circos). A rigor, *humanos* são entes aos quais são atribuídos *direitos humanos*.

46. Viveiros de Castro & Sztutman 2008.

47. Há uma analogia útil com a metafísica matemática. Eis o problema: existem apenas os números individuais como 1, 2, 3..., ou existem ainda *conjuntos* como {1}, {2,3} e o *conjunto vazio*, sem falar do conjunto infinito {1, 2, 3...} de *todos* os números inteiros? E a proliferação ontológica está longe de acabar aqui...

distinguiu, entre os entes, aqueles que chamou de objetos interacionais, ou seja, aqueles que não existem sem uma interação (Hacking 2002). Quilombolas são entes interacionais, cuja existência está ligada a uma história ontológica – uma história de conflito, de reconhecimento e de autoidentificação.

É necessário estender a dialética da luta pelo reconhecimento a entes não humanos ou, melhor dizendo, a entes que lutam pelo seu reconhecimento como humanos generalizados. Peixes recusam a fazer a piracema diante de planos de manejo no Alto Rio Negro, cardumes abandonam definitivamente territórios oceânicos em Monterrey, cães fogem de canis, e lagostas lutam para escapar de caldeirões ferventes. Esses são exemplos entre inúmeros outros de resistência de espécies-mudas que expressam sua vontade com atos ou, em linguagem antropomorfa, "votam com os pés" contra a aniquilação.

Mas essa história, como afirmou celebremente Hegel, começa com a existência "para um outro". Na história de quilombolas, esse curso histórico é familiar: o reconhecimento pelo outro pode significar uma ação do Ministério Público, de organizações políticas e de instituições do Estado. Para alguns críticos, esses entes seriam, por isso, "identidades de balcão" e, por isso, ilegítimas. Essa crítica equivale a negar a existência de quilombolas. Tais críticos ou são nominalistas radicais – para eles só existem indivíduos-cidadãos –, ou se apegam a ontologias a-históricas em que somente existem aqueles coletivos fixados desde sempre.

Trata-se de exemplo de guerra de extermínio ontológico, que ao mesmo tempo nega a *existência* de um ente – quilombolas –, e, também, nega direitos de coletivos que se autoidentificam como quilombolas a *territórios quilombolas* que são condição necessária para sua *existência*. E aqui não há fronteira entre *existência* pressuposta e *existência* resultante de atos de vida – *preexistência suposta*.

Uma estudante guatemalteca, mulher e indígena, assistia a uma palestra em que o palestrante tratava da construção de identi-

Caipora e outros conflitos ontológicos **169**

dades étnicas como parte do processo de construção de Estados nacionais. A conclusão do palestrante: identidades étnicas seriam efeito de políticas de Estado de "construção social de identidades". A estudante era minha aluna em curso sobre aquele tema. Sentado ao lado dela, fiz um comentário crítico à tese do palestrante, buscando mostrar a conexão daquela tese com a situação concreta que ela vivia. Meu comentário foi: "Ele está dizendo que *você é uma construção social*, e não índia maia". Não percebi que meu comentário tinha uma potência devastadora: indicar a possibilidade de negação da *existência* como indígena maia. A questão teórica era, para a aluna maia, uma questão existencial. A lição que aprendi: questões existenciais não podem ser tratadas como temas teóricos. São questões vitais, de vida e de morte.

Limpeza ontológica parece ser a conclusão do projeto epistemológico que primeiro afirma a "construção social" de coisas (o que Vico já dizia) para depois afirmar que o que é construído não existe realmente. Isso se chama "desconstrução" ou "dessencialização". O relativismo antropológico converge assim com o antiessencialismo para deslegitimizar a existência de povos, de etnias e classes e de pessoas. Mas a história não para aí. É verdade que, em alguns casos, primeiro a autoconsciência vem de fora; no entanto, como diz Hegel, a história da autoconsciência começa pelo reconhecimento de si mesmo em um outro, mas é também a luta adversa para suprimir ou negar esse existir no outro. O vir a ser de seres como quilombolas, ou indígenas, ou comunidades tradicionais é, pois, uma luta pela existência que tem a forma de luta pelo reconhecimento: uma luta pelo reconhecimento da *existência*. Não é uma questão de semântica ou de "ressemantização", da constituição real de entes sociais contestados. É claro que, na história ontológica real, a luta pode ocorrer em grau maior ou menor ou pode não se completar. A existência de seres como nações, povos indígenas e quilombos não tem um resultado determinado de antemão. Isso é ilustrado pela complexa história de genocídio e de recuperação da autonomia ontológica de povos.

A história ontológica é assunto complicado por um fato que já foi indicado anteriormente: ontologias não se esgotam em índices pragmáticos. Reconhecer que uma população ocupa um território não basta para que essa população seja indígena, quilombola ou tradicional – é preciso que ela se autoconstitua como comunidade cuja existência territorial embase sua *essência* comunitária, e cuja *essência* comunitária seja pressuposto de sua existência territorial. Outra forma de indicar esse ponto é que, além de objetos interacionais, há objetos definidos intensivamente. Objetos coletivos que são definidos pela mera extensão são os que podem ser simplesmente apontados com o dedo – são *listas* de indivíduos.[48] Vemos extensionalmente um território e uma população de indivíduos, mas não vemos intensivamente sem-terra, quilombolas ou Caiporas como tais – isto é, como povos potencialmente existentes no presente e no futuro, entes que lutam pelo reconhecimento ao mesmo tempo que se constituem como entes. O Estado faz um registro extensivo de seus sujeitos-cidadãos, classificando, em listas, quem é quilombola, indígena ou extrativista. E tais listas são contestadas – são território de lutas pelo reconhecimento. Mas movimentos de sem-terra, indígenas, quilombolas e de comunidades tradicionais se afirmam como coletivos *intensivos*.

O que é aqui Estado? Enquanto o encontro com o Estado descrito por Viveiros de Castro (Viveiros de Castro & Sztutman 2008) consiste em uma pergunta pelo nome – e aqui a falta de nome registrado na lista do Estado equivale à privação de cidadania –, para Althusser ([1970] 1985) o encontro consiste no ato pelo qual a professora chama um nome – e aqui a resposta de

---

48. Um coletivo definido em *extensão* consiste em uma lista de coisas que, por definição, pertencem a uma classe; já uma definição *conceitual* (em *intensio*, aqui traduzido como *intensivamente*) é dada por conceitos que se aplicam a uma multiplicidade de membros possíveis. A "teoria dos objetos", de Brentano (2008) a Meinong (1999), é uma ontologia ampliada que visa a assegurar um lugar para objetos como *centauros* e outros entes *invisíveis* em contraste com as ontologias reducionistas.

alguém que diz "presente" significa que aquele indivíduo é agora um sujeito.

Limpezas ontológicas

Uma antropologia relativamente recente tem se orientado pela limpeza de entes, desconstruindo o que chama de "identidades nacionais", "comunidades imaginadas" e "tradições inventadas" em favor de uma figura universal de cidadãos individualizados – esquecendo que apenas se substitui uma multiplicidade de metafísicas sociais por uma metafísica universal de Estado. Como sugeriu Otávio Velho (2001), esse nominalismo vê a afirmação de diferenças étnicas e sociais reconhecidas pelo Estado como disrupção de uma igualdade cidadã universal, para a qual existiria apenas a nação composta de indivíduos iguais perante a lei e ao mesmo tempo iguais sob *todos os outros aspectos* – como agentes diferenciados apenas por suas escolhas individuais. Entes sociais entre a *humanidade* e *indivíduos*, como negros, quilombolas e homossexuais, seriam entes redundantes.

Afirmou-se como tarefa da antropologia cultural o apoio a essa visão atomística da sociedade, sob o nome de crítica a "essencialismos". Tudo se passa, nessa antropologia armada com a navalha de Ockham, como se toda proliferação ontológica tivesse que ser aparada, com suas "essencializações". Esse programa volta-se, assim, contra movimentos negros que "essencializam" a negritude, contra movimentos que "essencializam" o gênero e assim por diante. É de notar que não se observa nisso uma crítica à "essencialização" do indivíduo abstrato – sem etnia, sem classe, sem gênero.

O problema parece estar apenas na "essencialização" de diferenças que ou ameaçam desfazer a unidade da nação, ou ameaçam fraturar os indivíduos em suas relações uns com os outros. Eliminar essa essencialização é a tarefa de eliminar a pluralidade ontológica. Será que nossa antropologia deve ter como meta atuar como auxiliar dessa limpeza ontológica?

Pois não é exagero dizer que, tanto na direita como na esquerda, tem sido difundida a noção de que "identidades quilombolas", para tomar esse exemplo como referência, são de algum modo espúrias. É contra essa ontologia universal e minimalista, cujo efeito é a destruição de ontologias sociais e cosmológicas, que argumento aqui em favor da multiplicação anárquica de ontologias.

Voltemos ao ponto de vista que estou afirmando neste texto. A existência e a não existência de entes é campo de luta e de poder, e não apenas uma questão de epistemologia ou modos de conhecer. Ora, no caso de entes coletivos e sociais, agrega-se a esse campo a possibilidade da autorreflexão em si e no outro. Isso complica muito o quadro *do que existe*.

Pois agora entes lutam pelo reconhecimento como existentes, e sua existência se dá como processo, na interação com outros entes. Existir deixa aqui de ser um pressuposto dado para um coletivo e passa a ter o caráter de resultado de uma interação problemática. A diferença entre Caiporas, de um lado, e quilombolas, de outro, não é a existência ou a não existência de conflitos pela existência, e sim o fato de que, no caso de quilombolas, a existência é consciente de si mesma mediante a interação com outras autoconsciências. Aqui está em ação uma *luta pela existência*.

A florestania é uma ideia proposta por Antônio Alves (2004) e consiste na extensão real de cidadania a animais, árvores e águas, bem como a espíritos e a outros entes que habitam a mata. Essa noção leva à consequência lógica de estender a condição de sujeito jurídico a todas essas entidades, atribuindo-se a elas tutores e representantes legais quando for o caso (Farage 2011 e 2013). Esse é um horizonte de pluralismo na esfera ontológica e, no outro extremo, de pluralismo jurídico-econômico. É resultado de lutas pelo reconhecimento em que estão em jogo redes de pessoas-animais-caipora, redes de mulheres-mandiocas-saberes coletivos e redes Estado-antropólogos-quilombolas. Há uma conexão entre o domínio da economia ontológica (relativa à produção) e da ontologia política (conexa ao conhecimento). Essas expressões não são mais sinônimas; elas contêm uma nuança: a primeira trata de conflitos de produção e de distribuição de entes, e a segunda contempla o confronto político entre mundos possíveis – além do mundo das mercadorias e do Estado nacional.

Há mais do que isso. A economia política inclui como capítulo sombrio o processo pelo qual natureza e povos diferentes são destruídos – entes materiais e imateriais, corpos e filosofias – como parte do processo por meio do qual são constituídos pressupostos para o universo das coisas produzidas como mercadorias. A destruição é a primeira regra da economia ontológica industrial, e terra arrasada é a continuação da política de dominação econômica por meio da guerra ontológica. A variedade biológica é substituída pela bioindústria, e a variedade de humanos é substituída pela modernidade universal – leia-se, pela generalização do valor-dinheiro como medida de todos os entes.

Essa ontologia do valor, contudo, não é onipotente. Redes aleatórias e expansivas – redes recônditas que vão da floresta a seus aliados urbanos, filamentos que ligam não humanos a humanos, mensagens orais e luxos digitais – estão contestando a pretensão moderna de uma ontologia não só dominante como universal, e isso com os próprios recursos tecnopragmáticos que resultaram da expansão dessa ontologia. Talvez isso aponte para um regime de latente anarquismo ontológico e em que não cessam de surgir novos entes materiais e imateriais, visíveis e invisíveis, humanos e não humanos. O encontro com essa proliferação de entes é a tarefa em questão.

CAPÍTULO 6

Guerras culturais e relativismo cultural

Sokal e Bricmont, em debates recentes conhecidos como as "guerras da cultura", criticaram o que chamaram de fraude intelectual promovida por cientistas sociais, filósofos e críticos literários que se referem a temas científicos para defender posições relativistas.[1] Um exemplo paradigmático de fraude intelectual seria a afirmação de que o número π é uma construção social. Baseado na discussão desse exemplo, defendo um ponto de vista alternativo que se apoia no que chamo de versão moderada do relativismo. Essa versão repousa sobre a noção de que é sempre possível a tradução entre ontologias distintas, o que garante a intersubjetividade e, consequentemente, a objetividade. Essa posição é inspirada no relativismo estrutural de Claude Lévi-Strauss e também na teoria da ciência de Newton da Costa.[2] Finalmente, critico o intento de Sokal e Bricmont de estabelecer regras para o uso lícito de metáforas que envolvam referências à matemática e à ciência.

---

1. Publicado originalmente na *Revista Brasileira de Ciências Sociais*, v. 14, n. 41, 1999.
2. Sobre o relativismo estrutural de Lévi-Strauss, ver Almeida 1990b. Sobre a filosofia da ciência de Newton da Costa, ver *O conhecimento científico* (1997).

Pluralismo

O físico Alan Sokal levou as "guerras da ciência" para as manchetes de jornal ao realizar o que chamou de "experimento cultural": ele submeteu a uma revista norteamericana de humanas, *Social Text*, um artigo em que colou uma série de exemplos de "absurdo e preguiça mental" (*"nonsense and sloppy thinking"*), todos extraídos de autores como Derrida e outros avatares do pós-modernismo. Tratava-se de uma paródia do pós-modernismo em uma revista pós-modernista. A paródia foi aceita. Simultaneamente à publicação no número da *Social Text* que continha o artigo paródico, Sokal publicou outro na revista *Lingua Franca*, em que descreveu a "experiência" com a qual pensava ter demonstrado a "preguiça mental" dos pós-modernistas. O assunto virou matéria de primeira página do *New York Times*.[3]

O objetivo geral de Sokal, expresso em um livro posterior aos artigos, escrito com o também físico Bricmont, seria o de criticar "abusos" do pós-modernismo, entre os quais "importar noções das ciências exatas para as ciências humanas sem dar a mínima justificativa empírica ou conceitual para esse procedimento" e "manipular frases sem sentido e entregar-se a jogos de linguagem".[4]

Um dos exemplos do *nonsense* de que os literatos são capazes quando se referem a temas científicos, no artigo-paródia de Sokal, é a afirmação de que "o π de Euclides, antes imaginado como constante e universal, [é] agora percebido em sua inelutável historicidade".[5]

---

3. O texto-paródia foi de Alan Sokal 1996a. O texto em que descreve a experiência é Alan Sokal 1996b.
4. Ver Sokal & Bricmont 1997, "Introduction". Sobre as "guerras da cultura", ver ainda Gross & Levitt 1994; Gross, Levitt & Lewis 1996. Do lado dos editores de *Social Text*, ver Ross 1996.
5. Em um debate oral, Derrida teve registrada a seguinte fala (em sua versão inglesa utilizada por Sokal): "*The Einsteinian constant is not a constant, is not a center [...] it is not the concept of something [...] but the very concept of the game*". O texto de Sokal continua: "*the π of Euclid and the G of Newton, formerly thought to be constant and universal, are now perceived in their ineluctable historicity [...]*" (Sokal 1996a: 217–52).

Esse exemplo, contudo, ilustra a razão por que inicio estes comentários em desacordo com Sokal e por que defendo o direito dos humanistas à anarquia metafórica, isto é, à liberdade de usar criativamente imagens e alusões. A defesa da anarquia metafórica significa que a discussão intelectual não deve utilizar argumentos de autoridade, e sim travar-se sobre questões reais, ainda que estas estejam formuladas de maneira não técnica e alusiva. Para isso, requer-se um esforço de interpretação que precisa ser generoso de parte a parte. O tema reaparecerá mais adiante. Aqui, ele tem a seguinte forma, que todo antropólogo reconhecerá: quando ouvimos do interlocutor algo que parece obviamente um absurdo, um *nonsense* como quer o físico Sokal, devemos adotar a hipótese provisória de que o interlocutor diz algo, sob a condição de que nos esforcemos para descobrir as condições sob as quais sua fala faça sentido.

Ora, a paródia de Sokal tem a força da autoridade de um físico matemático contra um literato. Que literato ou sociólogo ousaria discutir com um físico matemático sobre as "constantes da matemática", depois que Derrida teve suas orelhas puxadas e não defendeu suas ideias?[6] Para efeito de diálogo em meio a fronteiras culturais, vou fazer precisamente esse exercício. Isso ocorre porque o patrulhamento linguístico, a meu ver, tem o seguinte efeito: fazer crer aos relutantes, com o argumento do ridículo, que a proposição segundo a qual existem objetos absolutos como "o π de Euclides", que *não têm historicidade*, não pode ser contestada. O argumento da autoridade

---

6. Ver Derrida 1997: 17. Derrida não insistiu na sua afirmação e procurou minimizar sua importância. Aqui trato do caráter "histórico" de uma constante matemática. Sobre constantes físicas, remeto a uma citação contemporânea: "Em 1930, [Dirac] também questionou a constância das próprias constantes, postulando que o parâmetro gravitacional, G, poderia ter assumido diferentes valores ao longo da evolução do Universo" (Kimberly & Magueijo 2005). De uma perspectiva mais ampla, o arqueólogo, historiador e filósofo Robin G. Collingwood defendeu desde a década de 1930 o caráter histórico de toda ciência (Collingwood 1946).

poupa a Sokal o esforço de convencer o leitor de que constantes da matemática como π não têm "historicidade", que escapam a qualquer "jogo de linguagem" – enfim, que não são construção cultural. Argumentos desse tipo encerram a discussão quando ela deveria começar; e, no entanto, a discussão poderia ter tratado de temas como estes: qual é a relação entre objetos matemáticos, objetos físicos e objetos sociais? Eles pertencem a uma mesma ordem? De maneira geral, qual é a ontologia da matemática? E, de maneira particular, o que são números?

Todo mundo sabe o que é π. É a medida do círculo, em que a unidade de medida é seu raio. Uma professora cuidadosa poderia ilustrar o conceito utilizando uma fita métrica e um pneu de bicicleta, obtendo da experiência um número como 3,1 ou 3,2. O aluno acreditaria então, quando a professora lhe disser que um valor mais exato é 3,14. Qualquer estudante de engenharia também sabe o que é o π; basta consultar sua calculadora de bolso e obter o resultado com quatro casas decimais, talvez oito. Profissionais dedicados à física sabem igualmente o que é o número π; mas estes, em vez de consultar a calculadora, utilizarão um programa de computador baseado em diferentes fórmulas computacionais: assim, obtêm um número com uma quantidade arbitrária de casas decimais – quantidade que depende do tempo de computação e da potência da máquina. A essa altura, entra o matemático que afirma que π é uma sequência infinita de casas decimais, objeto já bem mais nebuloso. O físico estatístico Oriol Bohigas Martí afirma casualmente que a sequência 0123456789 ocorrerá infinitas vezes no desenvolvimento decimal de π; mas outro físico, o brasileiro Antônio Carlos Dória, por sua vez, em comentário à apresentação oral do presente texto, disse que a afirmação de Bohigas é falsa.[7]

---

7. Bohigas Martí [1989] 1991. Agradeço a Pedro Ricardo del Santoro a referência a esse livro.

O bom senso dirá a essa altura: certamente essas dúvidas vão se dissipar, porque a matemática é uma ciência exata. Pensemos primeiro o caminho da experiência: será que 0123456789 ocorre pelo menos alguma vez na escrita decimal de π? Quando essa pergunta foi formulada pela primeira vez, não havia um exemplo afirmativo disponível. A dificuldade é que, para a ontologia matemática baseada na teoria dos conjuntos, π tem infinitas casas decimais; nós, porém, somos seres finitos. Poderíamos calcular até o fim do mundo novas casas decimais de π sem encontrar a sequência mencionada. Mas ela poderia estar bem à frente. Assim, o experimentador poderia procurar para sempre sem jamais obter a resposta. A raiz do problema é que o caminho empírico não leva a uma solução, porque o π matemático (estamos no campo da matemática cantoriana) é um objeto que está além de qualquer experiência possível. Essa é a definição kantiana de ideias metafísicas.

De repente começamos a pensar em situações borgianas.

A essa altura, o leitor poderá ter sido tomado de certa inquietação. Certamente, os matemáticos terão respostas definitivas a problemas como esse. Assim, se o caminho experimental não é suficiente, por que não buscar uma prova de que supor o contrário – i.e., que a sequência 0123456789 não ocorre no desenvolvimento decimal de π – leva a uma contradição? Mas aqui o problema é que não há acordo entre os matemáticos sobre a lógica clássica que está por trás desse raciocínio por "redução ao absurdo".

Para o matemático Luitzen Brouwer, fundador do intuicionismo, é falso dizer que, de duas, uma: ou bem 01232456789 ocorre mais cedo ou mais tarde no desenvolvimento de π, ou não ocorre nunca. Brouwer recusa a lei clássica do terceiro excluído que afirma que ou A ou não A. Para o importante matemático holandês, afirmar A exige uma construção. Até lá, não se pode dizer que, de duas, uma: ou A ou não A, embora não saibamos *ainda* qual. Em outras palavras, Brouwer recusa a existência de um objeto π que exista previamente à construção humana.

Em outras palavras, passamos do problema de saber se certos "fatos" são verdadeiros sobre π para o problema de saber quais são as leis da lógica, e, mais ainda, sobre qual é a ontologia matemática em questão.[8] O problema fica mais claro com o que chamo de gato de Brouwer. Há um gato que não podemos espiar diretamente, porque ele está dentro de uma caixa fechada. Sabemos que, se 0123456789 ocorrer após 30 bilhões de casas decimais em π, uma cápsula com cianureto será aberta automaticamente no primeiro dia do ano 2000 e o gato morrerá; caso contrário, ele continuará vivo. Pergunta: o gato estará vivo ou morto no segundo dia daquele ano? Segue-se da posição de Brouwer que, se ninguém tiver computado 30 bilhões de casas decimais até o primeiro dia de 2000, o gato nem estará morto nem estará vivo a partir dessa data.

Nesse caso especial, os experimentadores obtiveram, afinal, a resposta. Em 1997, Yasumasa Kanada e Daisuke Takahashi, da Universidade de Tóquio, produziram a primeira ocorrência da sequência 0123456789 depois de computarem 17 bilhões de casas decimais de π.[9] Depois de 30 bilhões de casas, segundo os mesmos autores, a referida sequência também ocorre várias vezes.

---

8. Brouwer [1923] 1981: 337. Nesse artigo, o problema levantado por Brouwer é mais complicado. Ele define um número real que nem é igual a zero, nem é maior que zero, nem é menor que zero, porque essas possibilidades dependem de se saber se a sequência 0123456789 ocorre ou não a partir de certo ponto do desenvolvimento decimal de π. Em palestra de 1923, Brouwer ilustrou a consequência de rejeitar esse princípio dando como contraexemplo um número r definido pela sequência convergente de frações $(-\frac{1}{2})^v$ onde o valor de r depende de se saber a partir de que dígito a sequência 1234567890 ocorre na expansão decimal de π. Se essa condição nunca ocorrer, o número r será zero; se ocorrer, poderá ser negativo ou positivo conforme o sinal de v que, por sua vez, depende da primeira ocorrência de 123456789. Sabe-se que a sequência ocorre; mas não se sabe se ocorre infinitas vezes: com essa condição o exemplo de Brouwer se mantém de pé.

9. Ver Borwein 1998: 14–21.

A proposição de Brouwer, que antes não era *nem verdadeira nem falsa*, segundo o matemático holandês, tornou-se então verdadeira *no momento exato em que a sequência 0123456789 foi computada*. Entretanto, para outros matemáticos, essa proposição sempre foi verdadeira antes mesmo de os seres humanos começarem a existir – antes de que o próprio Universo começasse a existir. Luitzen Brouwer e Arend Heyting foram matemáticos intuicionistas para quem números são essencialmente atividade humana, no que concordam com os matemáticos construtivistas. Há, contudo, matemáticos platônicos como Gödel, para quem os números existem como uma realidade independente da existência humana. Não sabemos qual é a atitude ontológica de Sokal e de Bricmont, assunto que não costuma preocupar físicos.[10] Há uma piada, contada por matemáticos. De acordo com o matemático: "Os números 3, 5 e 7 são primos, mas 9 não é; logo, nem todo número ímpar é primo – 1 não conta como primo, evidentemente". De acordo com o físico: "Bem, 1 é ímpar e é primo. Mas os números 3, 5, 7 e 13 são ímpares e primos. 9 é um erro experimental; logo, todos os números ímpares são primos". De acordo com o engenheiro: "Os números 1, 3, 5, 7, 9, 11 e 13 são primos; logo, todo número ímpar é primo".[11]

A pergunta inicial sobre o que é π conduz, assim, a uma questão ontológica. Existem objetos infinitos? Não apenas π, mas todo número real se constrói como uma sequência infinita de

---

10. A ontologia platônica é a mais difundida e ensinada (começa quando criancinhas aprendem a enxergar com os olhos da mente "conjuntos vazios" e "conjuntos de um elemento"; termina quando, no fim da graduação, o estudante de Matemática aprende a enxergar "conjuntosv infinitos"). Para uma exposição de visões construtivas da matemática, que não utilizam conjuntos e recusam o infinito atual, ver A. S. Troelstra 1982: 973–1052; Bridges & Richman 1987.

11. Há uma lista infindável de piadas envolvendo matemáticos, físicos e engenheiros no *site*: jcdverha.home.xs4all.nl/scijokes/6.html.

números racionais.[12] Qual é o estatuto ontológico desses objetos infinitos?[13]

Só Deus poderia contemplar simultânea ou temporalmente o conjunto dos números naturais que é requerido pela crença em π como uma sequência infinita concluída, isto é, como um objeto infinito em ato, e não apenas em potência. Admitindo essa crença (expressa detalhadamente no axioma do infinito da teoria dos conjuntos), podemos admitir ainda a existência simultânea de todos os números reais e estar em pleno paraíso de Cantor.[14]

Nem todos os matemáticos compartilham a ontologia infinitista. Para intuicionistas e construtivistas, o número π não é um objeto existente previamente à experiência: para os primeiros, é um ato de criação da mente; para os segundos, um método para produzir uma quantidade ilimitada de aproximações. Segundo

---

12. Há duas construções modernas para números reais. Na versão baseada em Georg Cantor, um número real é uma sequência infinita de decimais. Com um pouco mais de precisão, temos: é uma sequência infinita de números racionais (pensem na sequência 3; 3,1; 3,14; 3,141; 3,1416...), na qual a diferença entre termos sucessivos diminui sempre, tendendo a zero. Essa sequência infinita é o número real em questão (note que há mais de uma maneira de representar um mesmo número real). Richard Dedekind ([1901] 1963) propôs outra definição, também invocando o infinito: um número real é definido por *dois* conjuntos de números racionais que efetuam uma partição nos números racionais. Um exemplo é o par formado por todos os números racionais cujo quadrado é menor que 2 e todos os números racionais cujo quadrado é maior que dois – esse *corte* é identificado à raiz quadrada de 2.

13. Ver algumas referências sobre os dilemas da teoria dos conjuntos, na enorme literatura especializada: Fraenkel, Bar-Hillel & Levy 1984; Hallett 1986; Pollard 1990.

14. Há uma estreita similaridade entre a definição de Deus em Espinosa – um ente composto de infinitos atributos, cada um deles definido por infinitas qualidades – e o conceito da *totalidade dos números reais* – um conjunto infinito de entes, cada um deles construído por meio de infinitos traços (casas decimais). A conexão entre a teologia de Espinosa e a teoria de conjuntos de Cantor não é casual – afinal, ambos vinham de tradições metafísicas judaicas, e, no caso de Cantor, de um convertido ao cristianismo (ver Espinosa [1677] 2007, Livro I, sobre os fundamentos teológicos de Cantor).

uma vertente radical dessa visão, representada pelo construtivismo russo, só existem números que podem ser construídos mediante regras finitas. Quem diria: há materialistas e idealistas na matemática! Isso nos leva de novo aos gregos, para quem as ideias dos construtivistas não seriam novidade.

Arquimedes descreveu um processo para construir π: consistia em um algoritmo para medir polígonos que encerravam por dentro e por fora um círculo, deixando-o inscrito em um anel poligonal cada vez mais fino.[15] Podemos dizer que o processo de Arquimedes é construtivo e finitista. Ele pode ser descrito como o seguinte sistema de regras: (1) comece com um polígono inicial inscrito no círculo; (2) dado um polígono já construído, há um método para construir um polígono que inclua o anterior e que também esteja inscrito no círculo; (3) repita a iteração, dessa vez com um polígono externo ao círculo. A iteração desse procedimento leva a duas sequências de aproximações sucessivas para a área do círculo: uma crescente e outra decrescente (lembremos aqui a construção de Dedekind).

Uma propriedade dessa construção é que a cada passo a diferença *entre as medidas* diminui, mas Arquimedes evitou afirmar que haveria *um número* fim do processo – o que implicaria introduzir um ente infinito na ontologia. Ora, para os gregos, tal limite não existia no caso de processos utilizados para calcular a raiz quadrada de 2. É por isso que Aquiles jamais alcançou a tartaruga no instante do relógio em que se daria tal encontro, assim como o ponto da estrada não é um número racional; ele não existia na ontologia dos matemáticos gregos (Almeida 2019).

---

15. Arquimedes, utilizando o método de exaustão, encerra a circunferência de um círculo de diâmetro d entre os limites $3 + 1071$ e $3 + 1070$. Para isso, ele construiu um polígono regular inscrito e um polígono regular circunscrito ao círculo; depois, dobrou sucessivamente os lados, parando ao obter um polígono com 96 lados. O procedimento contém um método iterativo para continuar indefinidamente o cálculo, utilizando uma fórmula na qual intervêm raízes quadradas. Ver Arquimedes [c. 225 a.C.] 1970, tomo I: 134–43.

O papel essencial da teoria dos conjuntos para a fundamentação da matemática foi introduzir uma ontologia infinitista desmesurada, na qual essencialmente se postula que Aquiles atinge a tartaruga e, assim, se refuta Zenão. Vários livros de Cálculo ocultam esse ponto, ao afirmar que o cálculo teria mostrado o "erro" de Zenão com o auxílio da noção de limite...[16] Nem sempre o aluno que lê isso pergunta: como sabemos que o limite em questão *existe*? A resposta poderia levar o professor a construir os números reais como sequências de Cauchy. Mas o aluno poderia notar uma estranha semelhança entre a infinitude de sequências de Cauchy e a corrida de Aquiles...[17] A repugnância grega ao infinito atual tem um papel importante para a distinção feita por Aristóteles entre *oikonomia* – a gestão do *oikos* – e a *crematística*, a arte de aumentar a riqueza. Enquanto a *oikonomia* visa a um fim, que é a boa vida, a *crematística* visa a uma grandeza infinita – mas algo infinito não tem forma e não constitui, assim, um fim possível para atos humanos. A ciência do enriquecimento é uma corrida de Aquiles contra a tartaruga – que jamais chega ao fim.[18] O capitalismo moderno é uma versão da *crematística*, e, como ela consiste em uma atividade que, no sentido aristotélico, é perversa porque *não visa a uma forma* como fim.

O preço para evitar a ideia de um "mau infinito" que jamais se completa é aceitar como axioma – o pressuposto ontológico – o infinito atual: daí em diante, a porta estará aberta para os números reais e também para o paraíso da teoria dos conjuntos, em que, além dos números naturais, dos números reais, das funções e de muitos outros objetos matemáticos, habitam conjuntos inacessíveis, inefáveis e "ridiculamente grandes".[19] Assim, não é à

---

16. Sobre a "grosseria" das supostas refutações dos argumentos "*immeasurably subtle and profound*" [imensurabilidade sutil e profunda] de Zenão, ver Russell [1903] 1996: 347 ss.
17. Ver L. Carroll [1895] 2005.
18. Aristóteles, *Ética a Nicômaco*. Ver Alliez 1991.
19. Sobre conjuntos "ridiculamente grandes", ver o apêndice de K. Kunen ([1977] 1991: 399) no volume editado por Barwise.

toa que crentes na teologia dos conjuntos infinitos acreditam igualmente na realidade ontológica de objetos matemáticos externos à ação humana, enquanto matemáticos construtivistas recusam a objetividade e mesmo a necessidade da teoria dos conjuntos como requisito da matemática.[20]

O que tudo isso diz é que números têm uma existência ontológica variável segundo diferenças culturais, religiosas e até políticas. Nesse sentido, π e outros números são criações culturais, com analogias na poesia e na teologia. Sua existência como objeto finalizado depende tanto de um ato de fé como da existência de Deus.

Limites do relativismo [verdade pragmática][21]

Na Idade Média, submergiam-se bruxos na água. Se sobrevivessem, isso provava que eram bruxos e deveriam ser queimados. Se morressem, ficava provado que não eram bruxos. Críticos do relativismo cultural utilizam um argumento análogo: se o relativista opina que a gravidade é um construto social, por que ele não salta da janela de um prédio de dez andares? Chamemos esse teste de Ordálio da ciência. Proponho adaptá-lo ao caso de π. O construcionista social é desafiado a se colocar a 3,14 metros de distância (medida por ele com uma trena) do eixo dianteiro do trator, cujo raio mede um metro (também medido por ele), e permanecer deitado enquanto a roda do trator completa uma revolução completa. O que fará o "construcionista social"? A previsão do crítico é que, aproximadamente o valor de π, ele fugirá da morte certa e esquecerá por um momento seu relativismo.[22]

---

20. Uma síntese das posições construtivistas e intuicionistas sobre números está contida em Bridges & Richman 1987.

21. *Verdade pragmática*, ou *verdade parcial*, é uma noção definida pelo lógico e filósofo Newton da Costa e seus colaboradores. No uso que faço dela, inspiro-me também diretamente em Charles S. Peirce. A noção está presente em outros capítulos deste volume.

22. Trata-se aqui de uma variante do chamado argumento elêntico dirigido contra o ceticismo e que remonta a Aristóteles. Devo essa referência a New-

Uma forma do argumento elêntico que se dirige diretamente à realidade da gravitação remonta a Aristóteles, que propôs o seguinte teste para o filósofo cético que nega a realidade do mundo exterior: a caminho de Atenas, o cético encontra um poço profundo, e Aristóteles prevê que o cético desviará seu curso para evitar a queda e a morte. O argumento elêntico moderno diz: se você não acredita na gravidade, por que não pula da janela?

Mas agora é evidente que o argumento não é evidência para a existência de uma "força de gravidade", porque nem Aristóteles nem minha gata acreditam na existência de uma força gravitacional, e, contudo, evitam pular em poços profundos e de andares altos. O argumento prova que é possível uma concordância pragmática – aqui expressa em atos convergentes diante da mesma situação – entre participantes de diferentes ontologias. O engenheiro, para quem π é um número racional (um inteiro mais uma fração) que é suficiente para todos os fins práticos, e o matemático platônico, para quem π existe na esfera das ideias com todas as suas infinitas casas decimais, adotarão a mesma conduta diante da mesma situação.[23] Ontologias distin-

---

ton da Costa.

23. Ver Newton C. A. da Costa (1993, 1994 e 1997). Aqui é relevante o critério proposto por Peirce como ponte de concordância entre pessoas que afirmam teses existenciais conflitantes: obter de cada um uma descrição das consequências práticas de suas teses. Se não houver divergência nas consequências, para Peirce a divergência é vazia. Mas, para mim, o que Peirce realmente faz com seu critério é estabelecer a diferença entre verdade local e verdade no sentido ontológico – isto é, a noção de verdade que insere o observado em um universo que inclui entes e relações não observáveis. A força da gravidade e o feitiço são exemplos de ação causal a distância não observável, compatíveis com explicações de fenômenos como a queda de um teto sobre um transeunte (ver Evans-Pritchard [1937] 2005). A leitora deve ter em mente que o próprio Newton expressou em publicação sua reticência sobre a suposição de existência de uma força que aja a distâncias infinitamente grandes instantaneamente (ver Isaac Newton [1704] 1952) e que na física relativística não existe uma "força de gravidade".

tas e incompatíveis entre si podem ser compatíveis quanto às suas consequências pragmáticas.

É verdade que nem sempre há acordo sobre consequências pragmáticas de ontologias distintas. Muito ao contrário, ontologias antagônicas, como no caso da fé religiosa, podem levar a guerras de extermínio populacional e a limpezas ontológicas.

Arquimedes seria capaz de acompanhar o raciocínio da matemática infinitista de Cantor e Dedekind ([1888] 1963), embora, provavelmente, se os conhecesse, se mantivesse adepto da ontologia finitista de Aristóteles; inversamente, matemáticos modernos entendem Arquimedes e suas construções rigorosas e finitistas, transportando-as, porém, para o paraíso infinitista de Cantor.

Por hipótese, antropólogos são capazes de aprender línguas, códigos de etiqueta, hábitos e sentimentos de culturas estranhas. Lévi-Strauss enxergou a condição de possibilidade da antropologia na "intersecção de duas subjetividades" resultante de um processo por intermédio do qual um sujeito é sempre capaz de ocupar a posição de um objeto, convertendo-se vicariamente em outro sujeito (Lévi-Strauss [1973] 2017: 16 *et passim*). Há múltiplas ontologias que são irredutíveis umas às outras. Mas é possível a sujeitos passar de uma a outra – por meio da aquisição de *habitus*.[24] Essa capacidade – de transitar entre ontologias, de mudar *habitus* de agir, de pensar, de raciocinar, de usar o corpo – é um universal humano. Antropólogos não precisam "acreditar" no que o indígena diz – da perspectiva de seu universo –; mas podem transportar-se para outra ontologia, outra lógica e outro laboratório, onde fará sentido o que o outro – que agora é um Ego – diz.

A possibilidade dessa passagem, ou, para usar uma metáfora, a possibilidade de mudança de coordenadas ao passarmos de uma ontologia a outra, é o que garante a intersubjetividade. Esta, por sua vez, é a garantia da objetividade em um sentido transontológico. Sem ela, não podemos sequer fazer sujeitos distintos discutirem sobre cursos de ação alternativos apoiados

---

24. Na linguagem de Viveiros de Castro: por meio da mudança de roupa.

nas respectivas ontologias. A passagem de uma ontologia para outra não precisa ser ponto a ponto, porque ontologias podem ser incomensuráveis (uma é discreta, outra é contínua). Há ontologias mais pobres e outras mais ricas, e diferentes ontologias não são equivalentes em suas consequências pragmáticas e éticas. Essa é uma segunda razão para moderar o relativismo.

Ora, infelizmente, alguns antropólogos e "construcionistas sociais" acreditam que o relativismo significa, ao contrário, que "cada um tem seu ponto de vista", irredutíveis uns em relação aos outros. Levada ao extremo, essa posição afirmaria a impossibilidade da tradução. Com isso, condenam-se os participantes de diferentes sistemas culturais ao fechamento comunicativo; chega-se também ao paradoxo que é uma antropóloga ou um antropólogo não poder falar do Outro, o que é justamente sua missão.

Contra esse ponto de vista, exibimos aqui dois argumentos: o da possibilidade de concordância sobre consequências pragmáticas de ontologias distintas (com apoio em Newton da Costa) e o da possibilidade da intersubjetividade, que decorre do pressuposto de unidade do espírito humano (aqui com apoio em Claude Lévi-Strauss).

Todos nós sabemos intuitivamente transformar um objeto visto de diferentes ângulos e de diferentes perspectivas, unificando essas aparências na ideia de um objeto invariante. Essa é a tarefa proposta na internet para distinguir humanos de programas: identificar automóveis ou letras em múltiplos contextos, perspectivas, sombreamentos, cores e deformações.[25] Por exemplo, um quarto visto do alto aparece como um quadrado; mas, visto de um ângulo de 45°, aparece como uma pirâmide truncada: aqui, o sujeito associa múltiplas aparências em um único objeto, transformando percepções em uma classe de equivalência.

Mas há outra interpretação possível. Pois podemos pensar que aqui há um mesmo objeto e diferentes sujeitos que se transformam uns nos outros. Trata-se, assim, de reconhecer ao mesmo

---

25. Ver noção de "sombreamento" de Husserl, em que o objeto é definido pela multiplicidade de perspectivas que temos dele.

tempo a multiplicidade de objetos (relatividade do mundo) e a multiplicidade de sujeitos (relatividade de observadores).

A lição é a de que podemos formular leis objetivas em que objetividade significa que observadores diferentes podem pôr-se de acordo sobre suas diferentes observações, desde que saibam como convertê-las umas nas outras por intermédio de um grupo adequado de transformações (ver Almeida 1990b). A noção de identidade resultante deveria interessar aos antropólogos e permitir que eles abandonassem a confusão autodestruidora que fala de "relativismo" onde só há solipsismo.

Metáforas

Ah, compactness! A wonderful property.
KLAUS JÄNICH

Físicos como Sokal poderiam adquirir a capacidade de também eles transitarem entre ontologias diversas sem serem tomados de pânico por objetos não familiares. Nesse exercício, a capacidade de reconhecer objetos não familiares deve incluir a de conceber interpretações generosas de metáforas e outras formas de comunicação que, à primeira vista, parecem absurdas. Em particular, mas não apenas, metáforas matemáticas e físicas.

Objetos matemáticos possuem uma existência múltipla, ou porque os matemáticos utilizam constantemente o que Nicolas Bourbaki chamou de abusos de linguagem, ou porque o uso matemático existe ao lado do uso da física, da engenharia e do senso comum. Os "abusos de linguagem" em matemática são aceitáveis para Bourbaki, e mesmo indispensáveis, a fim de permitir que, em vez de definições rigorosas, o matemático empregue termos que evocam intuições. Para Bourbaki, o "abuso de linguagem" é admissível apenas quando é possível, pelo menos em princípio, substituí-los pelas definições rigorosas. Nesse caso, o "abuso de linguagem" é uma espécie de notação abreviada e intuitiva que permite agilidade ao pensamento sem prejuízo do rigor. Na matemática bourbakiana, trata-se de uma ponte entre o formalismo e a intuição (mas, no fundo, é fácil notar que o "abuso de linguagem" é a concessão do formalismo bourbakiano às ontologias matemáticas sem as quais o formalismo não faz sentido algum).

A metáfora é uma forma de abuso de linguagem. No domínio da matemática e da lógica formal, metáfora significa associar símbolos a entes de um universo segundo regras precisas: um sistema formal é associado a um universo de entes de tal forma que a imagem (no universo de entes) de relações entre símbolos formais é a relação formal entre imagens de entes do universo. Há então um isomorfismo entre sistema formal e ontologia.

Mas, no domínio humanístico, a metáfora não depende de regras precisas de correspondência. Ela é um abuso de linguagem cuja fecundidade criadora consiste em sua capacidade para transpor domínios semânticos, isto é, transpor universos de sentido e atuar "fora de contexto" por definição. Esse processo de abuso da linguagem tem efeitos poéticos, isto é, produtores de sentido tanto mais expressivos quanto mais distantes são os domínios semânticos assim vinculados: imagens geológicas aplicadas à história, imagens culinárias aplicadas ao amor, metáforas matemáticas aplicadas à poesia etc.

Primeiro, Sokal denunciou como "absurdo e preguiça mental" o uso das ideias matemáticas e físicas fora de seu contexto original por literatos (Sokal 1997). Mas, em escritos posteriores, ele percebeu que os enunciados "físicos" e "matemáticos" encontrados por ele em textos literários poderiam ter ali um uso metafórico. Sokal então estabeleceu distinção entre um "bom e um mau uso de metáforas", com regras do seguinte tipo: "O papel de uma metáfora é esclarecer uma ideia pouco familiar, ligando-a a outra mais familiar, ou vice-versa" (Sokal 1997: 8).

Depreendem-se dessas e de outras observações as seguintes regras de Sokal para o uso de metáforas:

S1 O objeto-metáfora deve ser mais claro que o objeto metaforizado.

S2 O objeto-metáfora não deve ser utilizado em sentido estranho a seu campo semântico original.

S3 Deve-se distinguir sempre a ocorrência de um objeto-metáfora da ocorrência de um objeto não metafórico (deve-se afixar a cada metáfora: "Isto é uma metáfora").

Se alguém diz: "A crise econômica é um buraco negro", está violando (S1), (S2) e (S3). O mesmo ocorre quando alguém diz à namorada: "Você é uma flor". Se digo, porém, "Você, metaforicamente falando, é semelhante a uma rosa sob o aspecto da beleza", já não há metáfora...

Em outras palavras, as regras de Sokal tornam a metáfora inviável. Quando usamos as regras desse matemático estadunidense, obtemos analogias, modelos. Ora, metáforas não sokalianas, ou simplesmente metáforas, podem ser produtivas (Almeida 1990b).

Consideremos a seguinte afirmação de Sokal, com a qual ele critica Deleuze, Kristeva e outros pelo mau uso de metáforas: "Em que a hipótese do contínuo, a geometria não euclidiana ou a topologia dos espaços compactos podem servir de metáforas úteis quando se analisam a poesia, a guerra ou a psicologia humana?" (Sokal 1997).

Eis algumas respostas, auxiliadas pelas sugestões contidas nas metáforas mencionadas. Brouwer descreveu números reais – e a natureza do contínuo de números reais em termos de escolhas criativas da mente humana. A palavra *poiésis* é, nesse caso, um campo comum à poesia e à criação matemática. Atos de criação mental, e, portanto, de *poiésis*, foram empregados por Dedekind para demonstrar a existência de um conjunto infinito. Passemos, contudo, aos espaços compactos.

Sokal diz-se incapaz de compreender a sugestão deleuziana de que a *"jouissance"* (gozo) tem *a propriedade de espaços compactos*. Isso não demonstra certa falta de imaginação? Pois dessa metáfora inocente se deduz, após uma escolha adequada de termos, a seguinte proposição: em um espaço de *jouissance* toda sequência de atos desejantes tem uma subsequência que atinge o gozo. A noção de compacidade, transferida ao domínio do desejo, sugere ideias e imagens interessantes. Nada nos impede de continuarmos a pensar metaforicamente.

Espaços de atos desejantes não são difíceis de imaginar, bem como uma noção de distância entre atos de desejo (pensemos em eventos desejantes distanciados no tempo e no espaço). É natural então concluir que uma sequência de atos desejantes é convergente, se a distância entre dois deles se torna arbitrariamente pequena à medida que os atos se sucedem. Uma sequência convergente pode ou não ter um limite. Se esse limite existe, é chamado de *jouissance*. Ora, o que um possível *mock-theorem* (um teorema brincalhão, no espírito de Lewis Carroll) diz então é que, em um espaço desejante, uma sucessão infinita de atos desejantes necessariamente se acumula em um ponto de *jouissance*. Ou seja: amantes que se aproximam atingirão o gozo após uma sucessão infinita de aproximações. Mas o teorema topológico diz que isso vale apenas se o espaço em que os amantes se movem for *limitado* e *fechado*.

Se tudo isso estiver muito abstrato, por que não introduzimos dois parceiros concretos? Podem ser Aquiles e a Tartaruga. Aquiles deseja a Tartaruga e busca alcançá-la. Sob que condições ele encontrará seu objeto de desejo? Os espaços compactos são o ambiente ideal para isso. Consideremos o que poderia dar errado para Aquiles: ele e a Tartaruga poderiam aproximar-se para sempre, sem que Aquiles a atingisse jamais, quer porque ela estaria sempre mais além, quer porque, no lugar para onde sua corrida convergente conduz, há um buraco instransponível. No primeiro caso, o espaço não seria limitado; no segundo, não seria completo.

Quanto ao espaço limitado: se a distância entre Aquiles e a Tartaruga se reduz a cada passo, ela não aumentará ao infinito e se dará, pois, em um intervalo limitado. Quanto ao caráter *completo*, a situação é mais sutil. Aquiles e a Tartaruga se aproximam dentro de um espaço finito: dentro do metro final, Aquiles avança ½ passo da distância a percorrer, enquanto a Tartaruga avança ½ + ¼ da distância a percorrer. Mas se a distância for a *raiz quadrada de 2*, nem Aquiles nem a Tartaruga jamais atingirão essa distância. O postulado da *completude* afirma então que *Aquiles atingirá a Tartaruga*. Ele significa que, em um intervalo *limitado*, uma sequência infinita contém uma *subsequência convergente* que atinge um limite.

Conclusão: se Aquiles e a Tartaruga se perseguirem em um espaço desejante que é ao mesmo tempo limitado e fechado, então, para qualquer sequência de atos de perseguição (em que Aquiles e a Tartaruga se aproximam um do outro a cada passo), será possível extrair dos seus atos infinitos uma subsequência convergente para um mesmo limite. Em outras palavras: Aquiles e Tartaruga se encontrarão. O gozo ocorre em um espaço desejante, ou seja, em um espaço compacto.[26]

Algumas técnicas desejantes (tântricas e outras) renunciam a algumas dessas propriedades e, assim, levam a espaços que não são compactos no sentido deleuziano: ou por permitirem uma corrida dispersiva e cada vez mais afastada da origem, ou por permitirem sucessões que convergem sem que haja nada ali para onde aponta o convergir. É preciso imaginação para ouvir e compreender estrelas, como disse o poeta brasileiro Olavo Bilac.

Pós-escrito: relativismo e antropologia[27]

Tratamos do assunto das "guerras da ciência" com exemplos estranhos à experiência dos antropólogos e com poucas referências à enorme tradição da antropologia, disciplina que, no entanto, tem como objeto privilegiado, justamente, o estudo da relatividade cultural. Essa estratégia foi proposital. Em primeiro lugar, quisemos nos ater aos exemplos utilizados por Sokal e Bricmont, disputando-os em vez de nos refugiarmos nos domínios familiares à antropologia. Em segundo lugar, a estratégia adotada resulta de uma posição de princípio de acordo com a qual, se a antropologia pretende ser uma ciência comparativa das sociedades e das culturas, deve incluir no seu campo de interesse não apenas cosmologias e sistemas de parentesco, mas também sistemas científicos e burocracias. Haveria, assim,

---

26. Ver Lages de Lima 1982 e, em especial, o Teorema 11 no capítulo 5, que justifica a definição de conjunto compacto aqui utilizada.

27. Essa seção não fez parte da palestra original.

uma antropologia de números,[28] à qual interessa tanto a visão platônica sobre os números expressa por Frege e Russell, como as teorias construtivas e materialistas da escola russa, como os sistemas numéricos "selvagens" em que os números não se dissociam de suportes sensíveis e concretos.

Colocamo-nos em um ponto de vista que vem essencialmente de Lévi-Strauss, segundo o qual o "pensamento selvagem" e o "pensamento domesticado" (separados, conforme Goody, pela revolução da escrita) não diferem essencialmente, mas sim quanto ao suporte técnico (ausência ou presença de uma linguagem escrita e especializada) e quanto às suas regras (produção "construtiva" de estruturas a partir de objetos sensíveis; dedução abstrata de objetos a partir de estruturas axiomáticas conhecidas, no segundo caso). Fomos levados a pensar que essa oposição divide também correntes contemporâneas da matemática. Essa divisão ilustra a existência de uma "historicidade inelutável" de objetos aparentemente tão estabelecidos como números.

Não foi possível detalhar as contribuições variadas a esses debates. Caberia, porém, ressaltar que a posição de Lévi-Strauss é a de um relativismo estrutural que não se confunde com o relativismo cultural da antropologia norte-americana. Pois, enquanto o relativismo cultural pós-boasiano chega ao extremo (na conhecida posição de Whorf e Sapir) de negar a mútua inteligibilidade das culturas (posição que será fundamentada nos escritos de Wittgenstein na sua fase dos "jogos de linguagem"), o relativismo estrutural de Lévi-Strauss enfatiza a unidade e a mútua inteligibilidade das culturas humanas, desde que vejamos os diferentes sistemas culturais como transformações que operam segundo princípios mentais que são universais. O relativismo cultural é, portanto, profundamente divergente do relativismo estrutural.

O primeiro tipo de relativismo, associado às teorias de jogos de linguagem wittgensteinianos ou à filosofia de Quine, levou as

---

28. Por exemplo, ver Crump 1990; Mimica 1988; e, ainda, a obra de Jack Goody.

discussões antropológicas para as fronteiras com a filosofia da linguagem e da lógica. O segundo tipo de relativismo, que está exposto de forma simples em "Raça e história" ([1952] 2017), foi menos explorado do ponto de vista da filosofia da ciência.

CAPÍTULO 7

Simetria e entropia: sobre a noção de estrutura de Lévi-Strauss

Modelos, estruturas e máquinas[1]

O estruturalismo de Lévi-Strauss evoca habitualmente a linguística e o contato com Roman Jakobson nos Estados Unidos durante a década de 1940.[2] Menos atenção se dá à reiterada alusão de Lévi-Strauss às origens botânica, zoológica e geológica das intuições iniciais que levaram ao estruturalismo e para as quais a fonologia teria apenas fornecido uma formulação clara e distinta.[3] No caso da biologia, Lévi-Strauss deu destaque particular a uma obra de D'Arcy Thompson, publicada primeiro em 1917 e reeditada em 1942. A década de 1940 era, de fato, um ambiente favorável às ideias heréticas e não evolucionistas de D'Arcy Thompson, cujo programa poderia ser assim resumido: buscar

---

1. Este artigo é uma versão revisada de um texto original escrito em português, cuja tradução foi publicada na *Current Anthropology* em 1990 (ver Almeida 1990a e 1999b). Foi a base da exposição que fiz no seminário *Lévi-Strauss e os 90*, do Departamento de Antropologia da Faculdade de Filosofia, Letras e Ciências Humanas da Universidade de São Paulo (FFLCH-USP), em 26 e 27 de novembro de 1999.

2. Ver prefácio de Lévi-Strauss a *Six leçons sur le son et le sens*, de Roman Jakobson (1976). O próprio Jakobson observou que os conceitos linguísticos não foram simplesmente aplicados por Lévi-Strauss, mas ganhavam novo significado (Lévi-Strauss & Eribon 1988).

3. Ver Lévi-Strauss 1955: 42 ss e Lévi-Strauss & Eribon 1988: 156.

na matemática a chave da unidade perceptível na diversidade infinita das formas naturais e comparar tais formas estudando as transformações que as ligam entre si.[4]

Há outros exemplos do clima intelectual desses anos e que são também pertinentes para entender a formulação das ideias de Lévi-Strauss. A caracterização da diferença entre modelos mecânicos e modelos estatísticos, tão importante no pensamento lévi-straussiano e retirada diretamente do livro *Cibernética* ([1948] 1970), do matemático Norbert Wiener, no qual a cibernética era fundada como ciência, bem como a distinção entre história estacionária e história cumulativa: ambos os contrastes – que aparecem em obras dos anos de 1950, como os capítulos metodológicos de *Antropologia estrutural* ([1958] 2017) e em "Raça e história" ([1952] 2017) – equivalem à oposição traçada por Wiener entre a mecânica newtoniana e a mecânica de Gibbs e de Boltzmann. Similar em estilo era a contribuição com que Shannon (1949), na mesma época, fundava a Teoria da Comunicação, vista por muitos, com a cibernética, como um aval à esperança de emprestar aos estudos de fatos humanos a eficácia e o rigor da ciência física.[5] Sabe-se que, ao caracterizar a noção de modelo, o paradigma de Lévi-Strauss é definição do terceiro livro fundador dos anos de 1940, aquele em que o matemático húngaro John von Neumann e o economista austríaco Oskar Morgenstern criam uma teoria dos jogos aplicada ao comportamento humano. Não é absurdo lembrar que a construção da Teoria dos Jogos apoia-se na distinção básica entre jogos a duas pessoas e jogos a n pessoas, análoga à que Lévi-Strauss traçou entre a

---

4. Ver D'Arcy Thompson [1917] 1983; Lévi-Strauss [1958] 2017: 330.

5. Wiener era cético quanto a tais esperanças (Wiener [1948] 1970, prefácio à 1ª ed. e cap. 8), e Lévi-Strauss concordava com ele ([1958] 2017: 63–65). Na obra de Lévi-Strauss, de fato, as noções cibernéticas de *feedback*, controle e equilíbrio não desempenham nenhum papel, em contraste com a importância que adquirem em Bateson 1979 (especialmente cap. 4). Assim, Lévi-Strauss desprezou as aplicações à primeira vista imediatas do livro de Wiener (como *feedback* e controle), retendo dele noções teóricas como a de grupo de transformação, nisso contrastando também com Margaret Mead.

troca restrita (duas classes) e a troca generalizada (*n* classes), enquanto a distinção entre jogos de soma nula (aqueles em que alguém só pode ganhar às custas do outro) e jogos de soma não nula (aqueles em que vários jogadores podem ganhar simultaneamente) evoca o contraste entre sociedades frias e quentes, entre rito e jogo e entre estruturas elementares e estruturas complexas de parentesco.[6]

A noção de "grupo de transformações", que é caracterizada no livro de Wiener e em capítulo célebre de D'Arcy Thompson,[7] foi aplicada a fenômenos da arte e da vida na obra do grande matemático alemão Hermann Weyl, intitulada *Simetria*, publicada em Princeton em 1952.[8] Finalmente, o grupo que assinava como Nicolas Bourbaki começa a publicar, nos anos de 1940, uma

---

6. Há mais de um paralelo na construção das obras de Lévi-Strauss e as de Neumann & Morgenstern (1944). Ambas possuem uma primeira ("troca restrita" ou entre duas metades, "jogo a duas pessoas", respectivamente) e uma segunda parte ("troca generalizada" ou entre *n* classes, "jogo a *n* pessoas"). As "estruturas elementares foram pensadas por Lévi-Strauss como um primeiro momento da teoria, que seria continuada pelas "estruturas complexas". Ora, para as "estruturas elementares", Lévi-Strauss encontrou uma solução completa; para "estruturas complexas" não encontrou nunca tal solução. Neumann elucidou completamente os "jogos a duas pessoas" (jogo de redistribuição ou troca), ao passo que os "jogos a *n* pessoas" não possuem uma solução geral. Quanto à analogia entre ritual (= estruturas elementares = história estacionária) e jogos de soma zero, por um lado, e entre jogo (= estruturas complexas = história cumulativa), por outro, vale lembrar que jogos de soma zero, economicamente falando, são fenômenos de distribuição, enquanto jogos de soma não zero implicam produção ou degradação (Lévi-Strauss [1958] 2017: 303–05; 1962b). Em certo sentido, as sociedades frias são preocupadas com a distribuição correta, e as sociedades quentes são obcecadas pela produção.

7. A distinção entre grupos contínuos e discretos é a principal diferença entre os modelos que D'Arcy Thompson e Lévi-Strauss, respectivamente, utilizam. Essa distinção é frequente em Lévi-Strauss, que tende a associar contínuo a natural e discreto a cultural, reiterando assim, uma distinção já presente na oposição entre fonética e fonologia. Ver Benoist 1977: 332. Ver também, por exemplo, Lévi-Strauss [1971] 2011: 652.

8. Hermann Weyl (1952) trata da unidade profunda entre fenômenos estudados pela matemática e a física (teoria da relatividade, mecânica quântica, teo-

reconstrução de toda a matemática sob uma orientação explicitamente estrutural. André Weil, um dos avatares de Nicolas Bourbaki, foi o autor do "Apêndice matemático às estruturas elementares do parentesco" ([1955] 2012).[9]

Uma ideia básica que perpassa o fascínio de Lévi-Strauss com essas vertentes de ponta na reflexão científica dos anos de 1940 é a ênfase na construção de modelos como o modo de produção de conhecimento por excelência. Essa perspectiva, que já estava presente na geometria dos gregos – e lembremos que, no segundo prefácio à *Crítica da razão pura*, Kant atribuía-lhe o sucesso das ciências da natureza desde Galileu –, via-se oferecida nesses anos ao campo da ação humana pelos então nascentes modelos de ação econômica e política (teoria dos jogos), de comportamento comunicativo (teoria da informação) e de funcionamento de sistemas vivos e pensantes (cibernética). É possível dizer hoje que von Neumann, Shannon, Wiener e Lévi-Strauss estavam fundando, na mesma época e convergentemente, teorias da comunicação social sob a forma, respectivamente, de modelos de jogos, de diálogos, de comandos e de trocas.

Havia, contudo, um traço mais geral presente nessa visão da atividade científica, além da ênfase metodológica em seu caráter de construção de modelos. Era a ideia de que a atividade científica consistiria na busca de invariantes revelados ao nível dos modelos, mais do que no estudo de propriedades de objetos. Talvez o exemplo mais marcante dessa ideia seja a revolução estru-

---

ria das equações) e fenômenos da biologia e da arte – em termos da presença de simetrias, objeto da teoria matemática dos grupos.

9. Lévi-Strauss chamou a atenção para essas influências (Wiener, Shannon, Neumann) e o papel de André Weil é evidente – basta ler as notas do artigo "A noção de estrutura em etnologia" e o artigo menos conhecido e da mesma época sobre matemáticas e as ciências humanas. O "Apêndice" de Weil incluído nas *Estruturas elementares do parentesco* (doravante EEP) originou uma pequena literatura matemática (Lévi-Strauss [1949] 1971: 567–68). Agradeço ao matemático Antonio Galves por ter me introduzido a essa literatura, presenteando-me no início dos anos de 1970 com o texto de um curso de Artibano Micali. Esse texto continha um artigo de Pierre Samuel com a aplicação da teoria dos grupos à teoria dos sistemas de casamento.

turalista que ocorreu na matemática e cujas origens estão no fim do século XIX. Se desde a Antiguidade os principais objetos do matemático haviam sido os números, as grandezas e as figuras, entes vistos como possuindo propriedades dadas que caberia apenas investigar, ao longo do século XIX emerge a noção de que a essência da matemática é "o estudo das relações entre objetos que não são mais [...] conhecidos e descritos a não ser por algumas de suas propriedades, precisamente aquelas que colocamos como axiomas na base de sua teoria" (Bourbaki 1960: 33). Assim, a exemplo do que ocorre com as geometrias não euclidianas, as matemáticas se reconhecem como estudo de estruturas que regem as relações entre objetos. Uma mesma estrutura pode então aplicar-se a diferentes domínios de objetos, desde que as relações entre eles sejam descritas da mesma maneira. A teoria dos grupos – uma estrutura que expressa matematicamente a noção de invariância numa família de objetos, quando eles são transformados por meio de operações – é a ferramenta básica dessa perspectiva. Criada na segunda metade do século XIX, havia sido aplicada no início do século XX à geometria, à teoria da relatividade, à mecânica quântica, à biologia e à arte. Foi mérito de Lévi-Strauss introduzir seu espírito no âmbito das ciências humanas.

Os anos de 1940 são não apenas o período de hegemonia da matemática estrutural defendida por Bourbaki, mas também o momento de surgimento de máquinas algorítmicas. Tais máquinas surgem primeiro como conceito – não como *hardware* palpável, mas como modelos ideais de processos de trabalho como produção de signos por meio de outros signos: como máquinas de Post e máquinas de Turing, que representam formalmente a própria estrutura genérica de cálculo, que podem praticamente calcular tudo o que é calculável.[10] Promessa virtual, pois, de modelar,

---

10. Uma máquina de Turing (ou, em formulação semelhante, mas independente, uma máquina de Post) é um aparato que contém um *leitor de fita* e que pode se encontrar em vários *estados*. A fita, que é imaginada como em princípio infinita, contém casas marcadas com signos (ou então vazias). A cada *estado* da máquina correspondem instruções sobre a ação da máquina

não apenas comportamentos especiais, mas o próprio pensamento em sua dimensão algorítmica. Para os que sonharam com a noção de inteligência artificial desde então, todo pensamento seria algorítmico. A noção de máquina ganha, assim, um novo estatuto, deixando de ser sinônimo de um autômato cartesiano e que necessitaria de uma alma não mecânica para tornar-se humano. Hoje, a ideia de uma alma mecânica, ou de máquina inteligente, perdeu sua estranheza. Estamos, afinal, acostumados a ouvir que o inconsciente é uma máquina significante, que romances policiais são máquinas de ler, que gramáticas são máquinas de produzir sentenças – sem falar nas máquinas desejantes e, é claro, nas máquinas de suprimir o tempo.[11] Contudo, estruturas e máquinas são fundamentalmente diferentes.

A relação entre estruturas (que são construções mentais) e máquinas reais (que precisam obedecer a leis do mundo real) envolve uma oposição que é um dos temas de Lévi-Strauss nem sempre percebido. Neste artigo, simetria e entropia são os termos dessa oposição, local de uma contradição inconciliável. O olhar

---

ao ler uma casa da fita. As ações podem ser: alterar um signo lido (deixá-lo como está, apagá-lo, substituí-lo por outro signo), mover a fita para a direita e mudar de estado (ou continuar no mesmo estado). Somar dois e três significa, então, apresentar ao leitor da máquina dois signos, uma casa vazia, e três signos: a máquina conclui a operação mostrando cinco signos contíguos e para (indo para o estado "fim"). Uma operação mais complexa consistiria em apresentar à máquina *Hamlet*, obtendo dela uma tradução de *Hamlet* para o português. A noção de que máquinas desse tipo contém a essência de *qualquer cálculo* é conhecida como a *tese de Church* (Carnielli & Epstein 2005 [1989]).

11. Ver Lacan 1966: 58–75, "La Lettre volée"; Narcejac 1975: 223 ss; Chomsky 1957; Deleuze & Guattari [1972] 2010; Lévi-Strauss 1964. O otimismo da década de 1950 quanto à inteligência artificial encontra-se muito abalado após cinquenta anos, depois que mesmo as tarefas inteligentes mais simples, como o reconhecimento de imagens, mostraram-se muito menos tratáveis do que se imaginava. Para uma discussão recente dos modelos computacionais da inteligência, ver Kovács 1997 e, para a história desses modelos, Kovács 1996. O físico e matemático Penrose e o filósofo John Searle rejeitam decididamente a noção de inteligência computacional (em que computacional significa aqui uma máquina de Turing).

distanciado e triste, paradoxalmente marcado pela obsessão com a invariância e pela certeza da perecibilidade da forma, busca suplantar essa contradição insolúvel sem jamais resolvê-la.

Estruturas

A matemática foi reconstruída por Bourbaki com base na noção de estrutura. Na ontologia bourbakista, objetos não têm propriedades intrínsecas. Nela, cada universo é formado de duas coisas: objetos (cuja natureza intrínseca não importa) e, separadamente, relações construídas sobre eles. Estruturas são modos de construir relações ou operações entre objetos. Bourbaki (1960: 68-76) destaca algumas poucas estruturas elementares que são a base de todo o edifício matemático: as estruturas algébricas, as estruturas de ordem e as estruturas topológicas.[12] Cada uma delas encerra um "modo de usar" ou, se quiser, um "modo de pensar" objetos. Isso nos dá um roteiro para acompanhar a construção de modelos na obra de Lévi-Strauss.

Um conjunto de objetos é uma estrutura particularmente simples. Dado um conjunto inicial de objetos, podemos especificar um subconjunto e, assim, a noção de objetos com certa propriedade. Em uma estrutura de propriedades, respondemos a perguntas sobre objetos – para cada objeto do conjunto de base, dizemos se ele pertence ou não ao subconjunto em questão (isto é, ele tem ou não uma propriedade). Refinando esse

---

12. A definição aí presente reduz-se a dois passos. Primeiro, temos objetos (cuja natureza intrínseca é irrelevante). Construímos então o que poderíamos chamar de ontologia relacional (por exemplo, o conjunto de todos os pares de objetos). Finalmente, introduzimos leis que restringem essa ontologia relacional (por exemplo, exigimos que os pares se comportem de modo a satisfazer os axiomas de ordem). Uma estrutura é então uma ontologia relacional munida de uma ou mais leis que restringem essas possibilidades (os axiomas da estrutura). As considerações de Bourbaki são particularmente pertinentes para compreender a dificuldade de antropólogos como Radcliffe-Brown com essa noção de estrutura: "Sobretudo foi muito difícil [...] libertar-se da impressão de que os objetos matemáticos nos são 'dados' com sua estrutura..." (1960: 73). Sobre as "estruturas-mãe", ver Bourbaki 1962.

princípio, chegamos a classificações. Toda propriedade induz uma classificação binária: ela divide o conjunto de base em dois subconjuntos, os dos objetos que satisfazem a propriedade e os que não a satisfazem. François Lorrain elaborou em detalhe a noção lévi-straussiana de uma "lógica das oposições binárias" (Lorrain 1975).

Estruturas de ordem dizem respeito a escolhas, hierarquias e classificações. Tendo proposto em *Antropologia estrutural* (1958) o problema de uma "ordem das ordens", Lévi-Strauss devotou duas importantes obras a essas estruturas: *O pensamento selvagem* (1962) e *Totemismo hoje* (1962b). Uma estrutura de ordem permite comparar dois objetos. Por exemplo, em um sistema de descendência, é possível dizer se a é ancestral de b ou b é ancestral de a, ou ainda se a e b possuem ou não um ancestral comum. As estruturas de ordem podem ser lineares ou arbóreas, e podem ser totais (todos os objetos são comparáveis) ou parciais (há pares de objetos não comparáveis).

Estruturas algébricas são especificadas por um conjunto de ações e por uma operação que diz como combinar ações para produzir uma ação. Na estrutura algébrica conhecida como *grupo*, há uma ação chamada *identidade*, que, combinada com qualquer outra ação, deixa essa segunda ação inalterada. Em um grupo, a toda ação corresponde uma ação que a inverte. A estrutura de grupo modela movimentos no espaço (que podem ser combinados para produzir movimentos e podem ser invertidos levando à posição inicial), números inteiros com adição (com zero como identidade) e padrões decorativos que podem ser combinados e invertidos. Nas *Estruturas elementares do parentesco*, Lévi-Strauss e André Weil trataram regras de casamento e descendência como ações que permutam classes de pessoas, podendo ser combinadas entre si e invertidas.[13]

---

13. As principais análises "algébricas" de Lévi-Strauss, depois de "A análise estrutural em linguística e antropologia" (Lévi-Strauss [1945] 2017), estão em EEP ([1949] 1971). Esse livro contém um catálogo de exemplos de grupos finitos de pequena dimensão, suas fatorações em subgrupos e suas representações por equações sociológicas.

As estruturas topológicas são, por assim dizer, modelos da noção de proximidade, no mesmo sentido em que estruturas de ordem modelam escolhas e estruturas algébricas modelam operações. Em um conjunto munido de uma topologia, para cada objeto sabemos quais são suas vizinhanças, digamos assim. Então, dados dois objetos (a, b), em uma topologia (que tenha uma métrica), sabemos qual é a distância entre eles. Com a topologia ganham sentido noções de inclusão, proximidade, fronteira, limite, continuidade e descontinuidade. Lévi-Strauss utilizou essas ideias na análise de mitos.

Enquanto as estruturas de ordem dão forma à noção de tempo e as estruturas algébricas formalizam a noção de movimentos espaciais, a topologia refina ambas essas noções, injetando-lhes a linguagem da proximidade. Nas *Mitológicas* (1964, 1966, 1968 e [1971] 2011), reencontramos grupos (estruturas algébricas) e reticulados (estruturas de ordem), mergulhados agora em espaços de onde emergem formas como as fitas de Moebius e as garrafas de Klein, centrais entre as metáforas de *A oleira ciumenta*.

Na obra de Lévi-Strauss, álgebra, ordem e topologia se sucedem, em uma sequência que corresponde a publicações decisivas, respectivamente, sobre parentesco, classificações e mitologia. Não foi intenção de Lévi-Strauss, contudo, levar adiante de maneira sistemática um programa kantiano "sem sujeito transcendental" em que as estruturas-mãe da matemática tomassem o papel do espaço e do tempo como formas *a priori* da sensibilidade. O que Lévi-Strauss fez foi usar o material etnográfico que vai de termos de parentesco a mitos indígenas, passando por regras de cozinha, para construir estruturas sensíveis, à maneira do que ocorre na música. É claro que Lévi-Strauss é, assim, um exemplo de *bricoleur*.[14]

---

14. Outros seguiram as pistas deixadas por tantalizantes estruturas selvagens construídas por Lévi-Strauss, elaborando teorias precisas. Ver Samuel [1959] 1967; Lorrain 1975; Gregory 1982; Paul Ballonoff & Thomas Duchamp 1976: 23–44; Petitot 1988: 24–50; e antropólogos como Héritier (1981, cap. 1) e Eduardo Viveiros de Castro e poucos outros. Consequências curiosas podem resultar da variação dos axiomas de base. Nas EEP, Lévi-Strauss alude,

Simetria e entropia: sobre a noção de estrutura de Lévi-Strauss **209**

Assim, permaneceu habitando a interface entre o mundo sensível e o mundo inteligível, numa junção persistente de minúcia empírica e senso estético na qual termos como "transformações", "inversos", "espaços n dimensionais", "álgebras de Boole", "garrafas de Klein" e "grupos" comparecem como instrumentos metafóricos e concretos para construir, por bricolagem, estruturas às vezes elusivas em suas implicações exatas. Mas se não é no uso efetivo da matemática, quer como programa, quer como técnica, em que reside então a relação entre Lévi-Strauss e as noções matemáticas? Trata-se de mera menção, de flerte verbal com a linguagem da moda, como sugeriu Kroeber a respeito do termo "estrutura"?

Há algo mais aqui. No estilo lévi-straussiano, os tropos matemáticos e físicos têm um peso forte. Expressam ideias básicas sobre a sociedade humana, e, para Lévi-Strauss, é mesmo essencial que essas metáforas venham da física e da matemática, já que entre essas ideias está a de que a ordem humana se prolonga na ordem da natureza. Há duas metáforas básicas: uma, baseada na ideia de grupo de transformações e cuja essência é a existência de simetria; outra, baseada na ideia de máquina e cuja essência é a noção de irreversibilidade. A primeira relaciona-se com o olhar distante: no limite, um olhar que não se situa em nenhum lugar. A segunda, por sua vez, relaciona-se com os tristes trópicos: com a passagem do tempo e com a irrupção inevitável da desordem.[15]

---

por exemplo, a um sistema de casamento formado de duas metades endogâmicas (Lévi-Strauss [1949] 1971: 233), que emergem numa estrutura "não morganiana" que exija uma "exoprática" de parentesco (nesse caso, uma exofilia), mas não necessariamente uma exogamia.

15. Pode-se dizer talvez que, em Lévi-Strauss, simetria opõe-se a assimetria, como atemporalidade a temporalidade, conservação a entropia, reversibilidade a irreversibilidade. Há também a sugestão de que, de maneira análoga, discreto se opõe a contínuo, como vida a morte e cultura a natureza. Há aqui duas oposições, e não uma só.

O olhar distanciado

Quando localizamos um ponto no espaço, atribuímos a ele coordenadas: a longitude e a latitude, digamos assim. Para atribuir coordenadas, precisamos partir de uma origem: de um ponto privilegiado sobre todos os demais.

Um filósofo procurou sintetizar o recado de Lévi-Strauss afirmando que o estruturalismo não inventou estruturas: apenas dispensou pontos privilegiados na descrição de uma estrutura (Derrida 1967). A análise estrutural do espaço, nesse sentido, foi levada a cabo com a matemática moderna, que deve ser capaz de dispensar por completo a adoção de um sistema de coordenadas particular para a descrição das propriedades de figuras. Seus teoremas devem ser "livres de coordenadas". Para realizar esse programa, perdemos a localização única de um ponto no espaço. Em compensação, preservamos as relações entre esse ponto e outros. Podemos chamar a essas relações de invariantes.[16]

Os invariantes assim preservados, quando abandonamos um sistema de coordenadas específico, são o que chamamos de propriedades estruturais. Na geometria, uma reta permanece reta, qualquer que seja o sistema de coordenadas empregado. Deixa de ter sentido, porém, a descrição de uma reta como vertical.[17] É necessário então, por meio da ideia de transformação, aprender a traduzir mutuamente as "observações" da reta realizadas

---

16. Esse procedimento é frequente na análise estrutural de Lévi-Strauss. Em lugar de concentrar a atenção em "objetos dados com suas propriedades" (por exemplo, o "tio materno" e a propriedade de ser "duro" ou "suave"), a atenção se volta para os invariantes de relações (por exemplo, as relações "irmão da mãe"/"filho da irmã", de um lado, e "marido da mãe"/"filho da esposa" têm "sinais opostos").

17. Pensemos no artigo "Raça e história", no qual Lévi-Strauss discute a noção de que a história tem um sentido e uma orientação absolutos e intrínsecos. Em vez disso, diz Lévi-Strauss, os eventos históricos podem ganhar uma direção apenas depois que estabelecemos um sistema de coordenadas: para os europeus, a coordenada tecnológica, permitindo uma ordem linear na história, mas excluindo outras coordenadas possíveis, como o conhecimento teológico, a sutileza nas artes do corpo e assim por diante.

Simetria e entropia: sobre a noção de estrutura de Lévi-Strauss

em diferentes sistemas de coordenadas – de tal forma que é a existência dessas transformações que assegura a possibilidade de falar na identidade de objetos.[18] Surge aqui outra implicação, pois as transformações podem ser pensadas como mudanças de posição de uma "reta" em um sistema de coordenadas específico mas também como mudanças no próprio sistema de coordenadas. Torna-se, em certo sentido, impossível distinguir entre movimentos de um objeto e movimentos do observador. Há um relativismo essencial implicado na atitude estrutural.

Há dois modos de conceber o programa estrutural. Um deles é imaginar como descrições se alteram com a mudança de sistemas de coordenadas – e buscar propriedades das descrições que são invariantes sob essas mudanças. É o caminho do etnógrafo que se translada de um sistema de coordenadas para outro. Outro modo consiste em observar, em um mesmo sistema de coordenadas, como objetos se transformam, preservando, porém, um ar de família. É o caminho do etnólogo que constrói modelos comparativos. No caso dos mitos, a primeira perspectiva leva o observador a se colocar no interior de uma mitologia particular, atribuindo-lhe sentido, porque, ao fazer a translação, o observador-etnógrafo, antes de mais nada, procura identificar as coordenadas locais e situar-se a partir delas.[19] A segunda perspectiva levaria a caracterizar então os invariantes em uma família de mitos que se transformam, permanecendo, no entanto, mutuamente inteligíveis ("comunicam-se entre si").[20]

As simetrias de um quadrado são representadas pelo grupo de transformações que o deixam invariante (rotações de 90° em torno do centro compõem um subgrupo desse grupo). O que significa, porém, dizer que o quadrado permanece invariante? Isso inclui o quadrado que vemos (talvez seja a forma de uma

---

18. Essa ideia de identidade, e a noção associada de objetividade, assenta--se assim na possibilidade de tradução (uma forma de transformação) entre diferentes sistemas de significado. Ela é discutida também no capítulo 6.

19. Um exemplo é dado pela perspectiva de Joanna Overing (1975) em face da cosmologia dos Piaroa.

20. É a perspectiva adotada frequentemente por Eduardo Viveiros de Castro.

mesa) de distâncias e de ângulos diversos na sala, ou numa foto em miniatura, ou talvez deformado numa pintura surrealista? A resposta é que, a cada um desses sistemas de transformações, temos uma noção de invariância e de identidade, e a cada uma delas há um grupo associado de transformações.

Coloquemo-nos numa situação idealizada, em que vemos o quadrado do alto. Se girarmos a figura em torno de seu centro, em rotações de 90°, o resultado será uma figura indistinguível da original. Se mantivermos uma diagonal fixa e refletirmos o quadrado em torno dela, obteremos ainda uma figura idêntica. Rotações e reflexões descrevem simetrias que deixam o quadrado invariante num primeiro sentido. Imaginemos agora que o quadrado seja movido no plano. Esses movimentos levam a um novo grupo de transformações, no qual se preservam todas as dimensões originais do quadrado, o qual se preserva como "objeto rígido", que não perde seus ângulos e sua área. Essa identidade é próxima à que ligamos à noção de objeto físico.

Podemos ir mais longe, e não apenas girar, refletir e deslocar o quadrado, mas também ampliá-lo ou encolhê-lo, e também permitir mudanças regidas pelas leis da perspectiva (estamos no âmbito da geometria projetiva). O resultado é a família de objetos que reconhecemos perceptualmente como um mesmo quadrado, ao observá-lo em movimento, ao olhar uma pintura ou um filme. Essa noção de identidade associada ao grupo de transformações da geometria projetiva é essencial para que reconheçamos objetos na experiência diária como os mesmos. Isso não é tudo, porque podemos dispensar a rigidez das retas e admitir versões surrealistas do quadrado na qual ele se transforma insensivelmente em uma versão mole do quadrado original, e talvez vire um objeto informe; contudo, distinguiremos esse objeto informe, mas sem buracos, de uma rosca. Dessa forma, o quadrado mole torna-se idêntico a uma panqueca, mas distinto de um pudim de leite (daqueles que têm um buraco no meio). Esta última noção de identidade é a que se associa às transformações topológicas. Esse é, aliás, um pequeno esboço de história da arte até o surrealismo – pois o cubismo, rasgando objetos e colando-os arbitrariamente, destrói a invariância topológica, último resquício da conservação da forma. O programa de investigação é então estudar as simetrias do objeto, inserindo-o em grupos de transformação.[21]

Há, porém, outro modo de encarar essas mesmas transformações. Ao girar o quadrado (no grupo inicial), supomos que nós (observadores) estamos imóveis. Mas como saber que não somos nós que giramos? Quando o quadrado é ampliado ou reduzido, podemos representar a situação como uma outra classe de movimento no sistema de referência. O mesmo vale para os outros grupos de transformação: trata-se então de estudar as simetrias entre observadores possíveis, inserindo-os em grupos de transformação. A noção de uma família de invariância de objetos associa-se a uma noção dual de uma família de invariância de observadores.[22]

Essa maneira de pensar foi formulada a respeito da geometria por um matemático cujo nome se encontra com frequência nos escritos de Lévi-Strauss: Felix Klein, o das "garrafas de Klein" de *A oleira ciumenta* e também do "grupo de Klein".[23] Foi desenvolvida, entre outros, por Hermann Weyl ([1939] 1946:

---

21. Para os observadores europeus, o sistema de referência cultural era fixo, e fenômenos (por exemplo, mitologias, modos de casamento etc.) de diferentes povos giravam em torno desse sistema com um movimento aparente frequentemente caprichoso ou inexplicável. O trabalho comparativo, seja de mitologias, seja de sistemas de casamento, destaca invariantes estruturais entre esses diferentes fenômenos, evidenciados pela construção de modelos adequados.

22. Antes de aprender a "transformar" as observações de sistemas (por exemplo, de mitologias, modos de casamento), foi preciso "transformar" os referenciais – deslocando-se o observador ao longo do mundo. As transformações (sistemas de casamento, mitologias, que se integram em um grupo de transformações apreensível pelo observador imóvel; um observador que se translada para outros sistemas de referência e neles apreende um sistema de casamento e uma mitologia como "sua") correspondem à construção de modelos comparativos e à construção de etnografias, respectivamente.

23. "Propriedades geométricas são caracterizadas através de sua invariância face às transformações do grupo fundamental" (Klein [1872] 1921: 463).

13–23) e tornou-se um lugar-comum em vários domínios da ciência contemporânea. Como diz o biólogo francês Jacques Monod:

> Havia uma ambição platônica na busca sistemática de invariantes anatonômicos a que se devotaram os grandes naturalistas do século XIX após Cuvier e Goethe. Os biólogos modernos deixam às vezes de fazer justiça ao gênio dos homens, que, por trás da variedade impressionante de morfologias e modos de vida de seres vivos, conseguiram identificar, se não uma "forma única", pelo menos um número finito de arquétipos anatômicos, cada um dos quais invariante no interior do grupo que caracteriza (Monod 1970).[24]

Foi precisamente nessa tradição de busca da forma como invariante no interior de um grupo de transformações que D'Arcy Thompson escreveu sua obra já mencionada, que o soviético Vladimir Propp ([1928] 2006) analisou centenas de contos populares russos e que Lévi-Strauss escreveu as EEP e as *Mitológicas*.

Convém, antes de passar às implicações mais gerais desse programa, ressaltar a atitude diante da multiplicidade e da identidade que nele estão contidas. A identidade não é dita de objetos ou de substâncias. Ela se relaciona a propriedades relacionais. A definição de Weyl para simetria é de algo que podemos fazer a uma coisa (uma transformação), conservando algo. Descrever a identidade de um objeto é então equivalente a descrever suas simetrias, isto é, o grupo de transformações a que pertence.

Para Leibniz, um mundo em que as relações espaciais entre objetos fossem idênticas às que valem em nosso mundo – exceto

---

24. Esta citação foi escolhida ao acaso entre inúmeras outras e corresponde bem ao espírito do celebrado capítulo de *On Growth and Form*, intitulado "On the theory of transformations or the comparison of related forms" (Thompson [1917] 1983: 268–325). Ver Lévi-Strauss [1971] 2011: 652–54. Na física: "As coisas importantes no mundo aparecem como os invariantes [de] transformações [...] O crescimento do uso da teoria das transformações [...] é a essência do novo método na física teórica" (Dirac [1930] 1947: VII); ver também Feynman 1965.

que direita e esquerda fossem invertidas, ou que todos os tamanhos fossem multiplicados por dois, ou que tudo fosse deslocado por uma translação – seria indistinguível do nosso mundo, mesmo para Deus: em outras palavras, esses mundos seriam de fato um e mesmo mundo. Contra Newton, Leibniz foi assim um estruturalista radical[25] ou um precursor de um raciocínio relativista, o que é equivalente. Para Weyl ([1939] 1946, cap. 3: 110–12), a noção de grupo de transformação torna-se mesmo equivalente à noção de identidade.

Queremos voltar a Lévi-Strauss mostrando como essa concepção leva a uma forma peculiar de relativismo antropológico. Nos grupos de transformação tratados pela Antropologia estrutural, objetos são, por exemplo, sistemas de parentesco e mitos. Transformações são simetrias que levam de um mito a outro, de um sistema de parentesco a outro. Objetos ainda mais gerais foram sugeridos em *O pensamento selvagem* ([1962] 1989): transformações ligando sociedades distintas, ou subsistemas delas, e operando sobre sistemas cognitivos, econômicos e estéticos. Já em 1945, Lévi-Strauss tratou "átomos de parentesco" de um conjunto de sociedades distintas como parte de um único grupo de transformações.

Sob essa perspectiva, não há objetos privilegiados. Qualquer mito pode ser o ponto de partida para a obtenção do grupo inteiro de transformações. As propriedades relevantes são justamente aquelas igualmente válidas ao longo dessas transformações. Em certo sentido, portanto, essas são as propriedades válidas em todos os sistemas de referência: as que não dependem da posição do observador, de sua escala de medida, de sua orientação, de seus valores. O estruturalismo descreve invariância nos objetos ou, dualmente, invariância entre observadores.

O estruturalismo é, sob esse ponto de vista, relativista, mas não no sentido do relativismo cultural, que afirma o caráter

---

25. Leibniz & Clarke [1717] 1956, Terceira Carta, §4–5, Quarta Carta. O objetivo do raciocínio era demolir a noção de espaço absoluto de Newton. A realização dessa demolição exigiu a teoria da relatividade.

irredutível das diferenças culturais (cada cultura bebeu de uma água distinta). É antes num sentido análogo ao que os físicos têm em mente ao falar de relatividade de uma teoria física. Pois, nesse sentido, relatividade não implica declarar que "tudo é relativo" (cada observador teria "suas leis" irredutíveis), mas, ao contrário, identificar o grupo das transformações que permite expressar o que é invariante.[26] Os invariantes de uma teoria são preservados em todo sistema de referência. Sem invariantes sob alguma tradução, reina o solipsismo, e não o relativismo. Traduzem-se assim as observações feitas de um "ponto de vista" em observações feitas de outro "ponto de vista", e mantendo a forma (se não o fraseado) de ambas as observações (seria como relacionar as observações do quadrado visto de diferentes ângulos).[27]A diversidade torna-se compatível com a unidade.

Levando essa ideia ao extremo, chegamos a uma tese mais geral. As propriedades que caracterizam a mente humana são invariantes ao longo das transformações que levam de uma sociedade a outra. Tais transformações são reversíveis e nos conservam no domínio do humano e, nessa medida, constituem um grupo. Não há origem, nem sentido, nem escala privilegiada para a humanidade. A natureza humana radica, por assim dizer, num grupo de transformações.

Essa ideia explica a metáfora do olhar distanciado. Esse olhar não se localiza em nenhum lugar privilegiado. Do que decorre uma tarefa conferida aos antropólogos, à medida que se preo-

---

26. "[...] a relatividade de qualquer teoria física se expressa no grupo de transformações que deixam invariantes as leis da teoria e que, portanto, descrevem simetrias, por exemplo, das arenas de espaço e de tempo dessas teorias" (Rindler 1977: 1–2).

27. Sobre invariantes: "a etnologia contemporânea se empenha em descobrir e em formular [...] leis de ordem em diversos registos do pensamento e da actividade humanas. Invariantes através de épocas e de culturas, só elas poderão permitir que se ultrapasse a antinomia aparente entre a unicidade da condição humana e a pluralidade aparentemente inesgotável das formas sob as quais nós as apreendemos" (Lévi-Strauss [1983] 1986: 64).

cupam em caracterizar a noção de humanidade: descrever o grupo de transformações que a deixa invariante. É papel do antropólogo descrever, livre de um sistema de referência particular, o grupo de transformações que expressaria – ao exibir as possibilidades do espírito humano *a posteriori* – uma construção precisa da noção de humanidade, sem apelo a um sujeito transcendental.[28]

Tristes trópicos

Resta a segunda metáfora, a da máquina. Pareceria que há apenas uma metáfora, já que estruturas podem ser descritas como máquinas. Uma estrutura algébrica, digamos, seria uma máquina que recebe como entrada dois objetos e dá como saída um objeto (essa analogia entre a visão bourbakista das estruturas matemáticas e a construção de autômatos é detalhadamente explorada no interessante livro *Introdução à cibernética*, de William R. Ashby [1956]). Estruturas de ordem seriam máquinas de escolher. Estruturas topológicas seriam máquinas de medir. Mas essas máquinas, como as máquinas de Turing e de Post, são, por um lado, algoritmos da mente, e, por outro, *atos de trabalho*. Na segunda acepção, precisam se enraizar na matéria.

Lévi-Strauss está bem consciente das implicações. O essencial numa estrutura de grupo de transformações é que as transformações não têm direção privilegiada. Tanto o universo de Newton como o de Einstein podem ser descritos em termos de grupos de transformações que abrangem sua trajetória temporal. Isso significa que podem funcionar para a frente e para trás. Neles, a ordem do tempo pode ser invertida sem alterar a estrutura:

---

28. Sem esquecer, porém, do ponto anteriormente enfatizado: que o ponto de vista "distanciado" (o que vê o sistema de transformações como um todo, "de longe") é dual ao ponto de vista "localizado" (no qual é o observador que se coloca como parte de um grupo de transformações). Assim, um "olhar distanciado" sobre muitas realidades humanas é possível sob as condições de numerosos "olhares localizados", cada um focalizado em *um* universo humano. Um é o dual do outro.

no sentido de que um observador não poderia notar violações das leis da física num Sistema Solar, por exemplo, que andasse em sentido contrário ao nosso. O tempo não tem então direção privilegiada. Em termos leibnizianos, nem Deus poderia estabelecer a direção "correta" do tempo em universos newtonianos e einsteinianos, assim como não poderia distinguir a esquerda da direita. Os universos newtonianos-einsteinianos, na terminologia de Lévi-Strauss, são modelos "mecânicos". São universos de simetria não apenas espacial, mas também temporal: nos quais, em certo sentido, espaço e tempo se equivalem, ou seja, nos quais o tempo é pensado espacialmente (poderíamos lembrar aqui que as transformações matemáticas que D'Arcy Thompson introduz para relacionar formas da natureza entre si não são representações de processos evolutivos, aos quais, aliás, o autor é notoriamente indiferente em seu livro).

De fato, Lévi-Strauss usou explicitamente essa ideia, no texto antirracista "Raça e história", para argumentar contra uma interpretação evolutiva da diversidade humana. Cada sociedade é equivalente às demais se os modelos que atualiza são transformações reversíveis dos modelos das demais. A noção de progresso, como a de movimento, não é absoluta: como, quando andamos num trem, a noção de movimento depende do sistema de coordenadas selecionado.[29]

Mas Lévi-Strauss foi o primeiro a reconhecer e a destacar a existência de mudanças não reversíveis nas suas grandes obras sobre sistemas de parentesco e sobre mitos, bem como em numerosas passagens secundárias sobre fenômenos estéticos. Os sistemas de troca generalizada da Ásia estariam nos limites de uma ruptura além da qual entramos no domínio de sistemas de tipo estatístico exemplificados nas sociedades camponesas europeias. Sistemas de parentesco de tipo Crow-Omaha estão na transição de modelos mecânicos para modelos estatísticos – assim como os sistemas de *maisons* cognaticamente transmitidas, objeto de estudos recentes de Lévi-Strauss. Assim,

---

29. A metáfora relativística está em "Raça e história" ([1952] 2017: 397–98).

ao passar da Austrália para a Ásia, e desta para a Europa, transitamos de modelos de troca restrita para modelos de troca generalizada, e destes para modelos estatísticos: da simetria para a assimetria; de transformações reversíveis para transformações irreversíveis; do discreto para o contínuo; do global para o local. Estruturas de parentesco morrem.

Também os mitos morrem. Um mito que se transforma em outros respeita os invariantes do grupo de transformações a que pertence até que se cansa. Como ondas que a pedra criou no lago: a forma circular se amortece com a distância e com o tempo, até deixar de ser distinguível no movimento da água sob a brisa da manhã.[30]

Eis a implicação da metáfora da máquina. Uma máquina para com o tempo. A energia inicial é perdida por atrito. A termodinâmica surgiu com o estudo da eficiência das máquinas, e sua lei mais célebre sela esse estudo dizendo precisamente que não existe máquina perpétua.[31] Assim, é natural que a termodinâmica dê o tom estilístico de um livro intitulado *Tristes trópicos*. A entropia de um sistema fechado e sempre crescente. Em outros termos, sua estrutura se degrada. Mas o universo, do qual fazem parte a vida e o pensamento, é um sistema fechado. O mundo cultural moderno tornou-se, ele próprio, fechado: aldeia global sem fronteiras com um exterior. A vida, os mitos, as classificações, os sistemas de casamento, mas também a pintura e a música, perdem sua estrutura, são irrupções transitórias.[32] São flutuações temporárias no lago, um pôr do sol deslumbrante e passageiro.

---

30. Ver capítulo "Como morrem os mitos" em Lévi-Strauss [1973] 2017: 270 ss; Id. 1968: 106.

31. Sobre as relações entre o "trabalho" dos físicos e dos economistas, bem como entre este e as máquinas na era industrial, ver Maury 1986 e Vatin 1993.

32. "[...] o pensamento mítico [...] parece jamais se contentar em dar uma única resposta a um problema: logo que formulada, essa resposta insere-se num jogo de transformações em que todas as outras respostas possíveis se engendram em conjunto, ou sucessivamente [...] até que as fontes dessa combinação se degradem, ou fiquem simplesmente esgotadas" (Lévi-Strauss [1983] 1986: 235). Sobre pintura, artesanato e espécies naturais: "Podemos te-

A noção de entropia dá um sentido único ao tempo. O tempo flui no sentido da perda da estrutura, da perda de informação, da perda de beleza. O paraíso estruturalista da diversidade se vê ameaçado pelo pecado termodinâmico. Transformações míticas e de parentesco, encarnados na matéria, ganham uma flecha temporal. Passamos da matemática leibniziana à física da era industrial – ou, para usar uma expressão de Lévi-Strauss, da diferença oposicional à diferença histórica: a razão é que as transformações do espírito devem enraizar-se na matéria, subordinando-se, assim, a leis que regem máquinas reais. Há então uma flecha do tempo, mas essa flecha não aponta para o positivo, e sim para o negativo. O que o evolucionismo de Leslie White vira como progresso (o aumento da quantidade de energia extraída *per capita*) é, ao contrário, degradação: diminuição da diversidade *per capita* (menos linguagens, menos religiões, menos sistemas de parentesco, menos estilos estéticos, menos espécies naturais, menos animais e plantas), como acontece quando uma floresta tropical arde para alimentar caldeiras ou bois – transformando xamãs e guerreiros em mão de obra barata, amores-perfeitos em eucaliptos, informação em energia.

Os tristes trópicos são assim não apenas o campo predileto para a observação *in situ* de mitos e de sistemas de casamento, mas também da ação dos processos de degradação contemporâneos – que geram carne, energia, minérios e valor que uma metrópole absorve para enriquecer a quantidade de mensagens que circulam em seu interior, um mundo novo dotado de um estilo único, "moderno" e "pós-moderno".[33] Os universos

---

mer que se passe com ele o que acontece com aquelas espécies vegetais e animais que o homem, na sua cegueira, liquidou umas após outras" (Ibid.: 357).
33. Lévi-Strauss 1955: 48–55, 374. O pôr do sol é o fecho de *O homem nu*: "Essa imagem [as fases do pôr do sol] não é, afinal, a da própria humanidade e, para além da humanidade, de todas as manifestações da vida, pássaros, borboletas, conchas e outros animais, plantas com suas flores, cujas formas a evolução desenvolve e diversifica, mas sempre para que acabem sendo abolidas e no fim, da natureza, da vida, do homem, de todas essas obras sutis e refinadas que são as línguas, as instituições sociais, as obras-primas da arte

sociais e biológicos, galáxias e cristais, caminham para um estado absorvente. A história tem atrativos. Regida pelo acaso de movimentos de bêbado, caminha, contudo, para estados que aparecem como a "meta da história" em retrospecto – porque as vias alternativas foram destruídas. Ao fazê-lo, apagam-se os rastros das transformações que expressam as possibilidades da natureza humana. Não apenas uma concha ou uma flor, uma sociedade ou uma floresta, mas espécies éticas, gêneros de atitudes perante a vida, famílias de técnicas corporais, filos de conhecimentos e de prazeres – com as simetrias que os revelam como parte do mesmo padrão com que a mente funciona. Ironicamente, é a própria espécie humana o antídoto perverso para a diversidade da qual ela é uma das manifestações.[34]

Uma analogia pode ser apropriada, como pausa. Os marxistas da chamada Escola de Frankfurt, por caminhos completamente diversos, chegaram a um pessimismo similar, paradoxal porque vindo na esteira do entusiasmo marxista pelo mundo novo prometido desde o iluminismo. Esse pessimismo ambíguo, porque combinado a entusiasmo de *bricoleur* voltado para o passado, é mais claro em Benjamin e permite melhor um paralelo com Lévi-Strauss. Colagem, no primeiro caso; bricolagem, no segundo. Benjamin pensava poeticamente e valorizava a metáfora como o dom maior da linguagem.[35] Lévi-Strauss já comparou toda a sua análise mitológica a uma vasta metáfora da beleza musical. Não lhe é estranha a ideia benjaminiana de preservar, num momento ameaçado pelo perigo, a imagem

---

e os mitos, quando tiverem lançado seus últimos fogos de artifício, não reste nada?" (Lévi-Strauss [1971] 2011: 669).

34. A configuração das nuvens no céu é a ilustração de Wiener ([1948] 1970, cap. 1; 1950: 31–40) para a irreversibilidade.

35. Ver Lévi-Strauss 1973: 365 ss. Lévi-Strauss permite nesse artigo uma comparação com Rosa Luxemburgo – particularmente na reedição recente de suas ideias na forma de uma crítica ao "modo de predação" característico do sistema mundial. Para uma visão contrastante do papel da entropia cultural no mundo moderno, ver Gellner 1983. Sobre a ilusão de "diversidade" gerada na cultura urbana moderna, ver "Nova Iorque pós e prefigurativa" (Lévi-Strauss [1983] 1986: 361–72).

miniaturizada de uma herança humana sem garantia de futuro.[36] A sugestão pode ser expressa em palavras célebres de Benjamin:

> Onde nós vemos uma cadeia de acontecimentos, ele vê uma catástrofe única, que acumula incansavelmente ruína sobre ruína e as dispersa nossos pés. Ele gostaria de deter-se para acordar os mortos e juntar os fragmentos. Mas uma tempestade sopra do paraíso e prende-se em suas asas com tanta força que ele não pode mais fechá-las. Essa tempestade o impede irresistivelmente para o futuro, ao qual ele vira as coistas, enquanto o amontoado de ruínas cresce até o céu (Benjamin [1940] 1985: 226).

Máquinas de anular o tempo

A irreversibilidade não é apenas um operador melancólico que marca limites à análise estrutural. Vista como quebra de uma simetria, é um aspecto essencial do espírito com que Lévi-Strauss trabalha com sistemas de parentesco e mitos. Simetria e assimetria fazem parte de um par dialético. A ordem não é um modo natural: é antes um artifício em que se mostra ativa uma possibilidade: pois a formação de galáxias, de cristais, de formas vivas e de neurônios são exemplos de ilhas de simetrização num oceano de entropia.

É verdade que Lévi-Strauss foi aqui corrigido por uma ortodoxia estruturalista: foi o caso de Rodney Needham (1962), reclamando uma distinção clara entre determinismo e aleatoriedade, e de Louis Dumont, reclamando um primado igualmente inambíguo do global sobre o local. Esses autores viram na ascese conceitual – radicalizando a simetria e o holismo – a solução para a crítica empirista de Edmund Leach, David Maybury-Lewis e outros. Lévi-Strauss não tomou partido nem de uma ortodoxia simetrizante –na qual, na forma de uma versão mentalista do estruturalismo, as estruturas reinariam expressas em regras

---

36. "[...] a desaparição de uma espécie qualquer cria um vazio, irreparável à nossa escala, no sistema da criação" (Ibid.: 390).

inambíguas – nem de uma ortodoxia holista –na qual as estruturas resultam de uma totalidade preexistente.

Lévi-Strauss enveredou, em vez disso, pelas trilhas metafóricas de uma geometria local e de uma temporalidade irreversível – explorando então seu papel inquietante na tentativa, talvez sempre ilusória, de obter simetrias globais. Afinal, havia o exemplo da música, em que a irrupção da assimetria e da imprevisibilidade é parte essencial da beleza. Lévi-Strauss tomou a música como paradigma básico em seu primeiro artigo sobre a análise mítica, e não por acaso. Havia, para continuar com as metáforas da física, a sugestão de Wiener de estudar fenômenos estatísticos com a própria teoria dos grupos: em outras palavras, buscar invariantes em fenômenos essencialmente temporais.

Ao contrário do que ocorre com os modelos mecânicos, domínio da simetria, nos quais dispomos de textos programáticos detalhados de Lévi-Strauss, os modelos estatísticos (nos quais aparecem irreversibilidade e quebra da simetria) não foram tratados oficialmente por Lévi-Strauss. Estão dispersos em passagens das EEP (a transição de estruturas elementares para estruturas complexas), em passagens das *Mitológicas* (transição de mitos para romances) e, de maneira especial, abrindo como que uma nova era, no segundo prefácio às EEP, texto que, de certo modo, toma o lugar de prefácio a uma edição virtual de *Antropologia estrutural* ([1958] 2017), como o primeiro de uma série de textos publicados em obras como *A via das máscaras* ([1975] 1981), *O olhar distanciado* ([1983] 1986) e *Palavras dadas* (1984), e em textos como *História e etnologia* (1949).

Retomemos a distinção lévi-straussiana entre modelos mecânicos e modelos estatísticos. Nos modelos mecânicos, estados, em número finito, são transformados em outros estados "mecanicamente", isto é, sem escolha possível, como na interpretação dada por Needham para a noção de "sistemas prescritivos".[37] Se o sistema abandona um estado, ele pula, num salto discreto, para

---

37. Needham 1962. Diz Dumont: "Não se pode extrair uma fórmula holística de uma regra local" (1971, "Introduction": 124).

outro estado, em uma transição determinada por regras: como a virgindade, digamos assim, o incesto é uma questão de tudo ou nada. Analogamente, a cor branca ou preta. Podemos agora precisar a importância da não ambiguidade (ou, se quisermos, de processos que convertem escalas contínuas em intervalos descontínuos): elas permitem inverter uma operação. Assim, o fato de que a transformação entre um estado e outro seja parte de um grupo significa que a transformação pode ser invertida, sem perda das distinções originais. Dois estados distintos levam a dois estados distintos. Vamos agora mergulhar essa ideia em uma situação que nos permite passar, quase insensivelmente, para os casos nos quais, ao contrário, as distinções são abolidas e a ambiguidade se introduz irremediavelmente.[38]

Imaginemos uma caixa dividida em duas metades, que rotulamos de A e B. No estado inicial, há n objetos no compartimento A e zero objetos no compartimento B. Essa é uma representação de um estado discreto, que pode ser lido como uma mensagem de tipo sim/não, ou (1,0). Ao contrário, num estado em que os objetos estivessem igualmente espalhados entre os compartimentos A e B, teríamos uma representação de um estado contínuo, que pode ser lido como uma mensagem borrada que nos diz apenas talvez/talvez, ou (0,5; 0,5). Para percebermos melhor a relação entre essas duas situações, convém imaginar que há uma porta comunicando os compartimentos A e B da nossa caixa. Na primeira situação, a do estado discreto, essa porta está sempre fechada. Na segunda, essa porta está sempre aberta. Nessa situação, mais cedo ou mais tarde, os objetos se espalham

---

38. Lévi-Strauss costuma utilizar uma formulação diferente: modelos mecânicos estão "na escala do observador", e modelos estatísticos estão "fora da escala do observador" (provavelmente Lévi-Strauss retirou essa formulação de Wiener). O ponto, porém, é o mesmo: em modelos "fora de escala" é impossível aplicar regras determinadas a objetos individuais, seja porque há objetos demais (cujas interações múltiplas tornam o problema intratável: problema de n corpos da mecânica clássica, problema geral dos jogos a n pessoas), seja porque os objetos são pequenos demais e a observação interfere em seu comportamento (caso quântico, estudo de pequenos grupos).

Simetria e entropia: sobre a noção de estrutura de Lévi-Strauss

entre os compartimentos *A* e *B*, deixando a caixa num estado cinzento que talvez flutue ligeiramente, e talvez até drasticamente durante frações da eternidade, mas permanece, na maior parte do tempo, no estado cinzento.

As máquinas do primeiro tipo descrevem comportamentos que, segundo uma interpretação durkheimiana, seriam governados pela "solidariedade mecânica" (grosseiramente falando, cada indivíduo "conheceria seu lugar"). As máquinas do segundo tipo descrevem então comportamentos que, segundo a mesma interpretação, seriam desgovernados pela "anomia".

Em minha opinião, foi uma importante realização teórica de Lévi-Strauss perceber que os dois tipos de máquina descritos anteriormente fazem parte, essencialmente, de uma mesma família. Modelos "prescritivos" (máquinas conservadoras), modelos com "preferências" (máquinas liberais) e modelos "complexos" (máquinas anárquicas) não correspondem a esferas ontológicas. Correspondem a distintos modos de descrever uma mesma realidade. Um modelo, se nos é lícito recordar noções lévi-straussianas, não modela diretamente a realidade, e sim uma estrutura que captura esses invariantes. Uma máquina poderia representar uma série de observações passadas: e como, em certo sentido, opera a análise construída por Françoise Héritier (1981), seguindo uma sugestão de Lévi-Strauss, não com duas metades, mas com um número bem maior de "compartimentos". Nesse caso, verificou-se que, a despeito da ausência de regras mecânicas operando a curto prazo, um efeito global apareceu a longo prazo, na forma de um fechamento de ciclos de casamentos. Mas nada nos impede de considerar tais máquinas como representação de sociedades cujos indivíduos incluem estratégias e acaso no seu comportamento (como os atores sociais na teoria dos jogos de von Neumann), sendo, contudo, guiados por um viés que é o que gera, a longo prazo, uma curvatura no espaço genealógico.

Voltaremos a esse ponto adiante. Por enquanto, ressaltamos um outro.

Que é o seguinte: modelos mecânicos tornam-se, com essa ressalva, casos particulares de máquinas markovianas (Shannon 1949: 45 *et passim*). No caso em que, para cada classe X, há uma única classe Y, tal que a probabilidade de que X obtenha mulheres em Y é igual a um (com a condição adicional de que duas classes não obtenham esposas na mesma classe), a matriz da máquina markoviana torna-se formalmente idêntica à matriz de uma permutação, não importando se é vista como registro de observações ou como modelo mental. Ao longo do tempo, todos os estados são discretos, igualmente possíveis. Se pensarmos cada classe com uma cor, no caso de modelos mecânicos, o mapa permaneceria com as cores iniciais claramente distintas. No caso oposto, a longo prazo, as cores se dispersarão por todas as aldeias, e o mapa se tornará cinzento, por assim dizer.

Há máquinas reversíveis e máquinas irreversíveis.

O que é a irreversibilidade? O modelo da caixa com duas metades fornece uma resposta. Digamos que o número de objetos seja igual a quatro. Há 16 mundos possíveis em que quatro objetos se distribuem por duas metades. Desses, apenas um corresponde à distribuição inicial ($p\,p\,p\,p\,/-$), e um, à distribuição inversa ($-/p\,p\,p\,p$). Os modelos mecânicos são aqueles que ou mantêm a distribuição inicial discreta, ou permitem a transição para a distribuição discreta inversa. Por outro lado, quatro mundos possíveis correspondem à distribuição preferencial ($p\,p\,p\,/p$), e quatro mundos possíveis correspondem à distribuição preferencial oposta ($p\,/p\,p\,p$). E seis mundos possíveis correspondem à distribuição anárquica ($p\,p\,/p\,p$). A conclusão é que os estados discretos são simplesmente os menos numerosos entre os mundos possíveis. Mas, se a máquina não tem restrições ou preferências, ela tenderá a passar por todos os mundos possíveis com igual frequência. Como há mais mundos possíveis desorganizados do que discretos, na maior parte do tempo o sistema é um mundo desorganizado. É essa a ideia básica da irreversibilidade: sistemas passam de estados improváveis para estados mais prováveis. Chamamos de entropia uma medida da probabilidade do estado em que o sistema se encontra. Podemos então parafrasear o que acabou de ser dito da seguinte maneira:

um sistema passa de estados de baixa entropia para estados de entropia alta.

A existência de tempo irreversível é exatamente tal passagem. Sente-se o tempo passar porque, exceto em intervalos fugazes chamados de flutuações, a entropia aumenta. Sem essa violação não existiria vida nem cultura.

O físico James Clerk Maxwell representou essa violação antropomorficamente como um demônio postado na porta de comunicação entre os dois compartimentos. O demônio fecha ou abre a porta,[39] dependendo do que vê. Em outras palavras, o demônio de Maxwell, guiado por informação. Ele utiliza tal informação para preservar estados improváveis. Assim, pode fechar a porta na maioria das vezes em que um objeto procura escapar do compartimento A para B e abrir a porta na maioria dos casos em que um objeto procura voltar de B para A. Dessa forma, ele mantém o compartimento A "marcado" e o compartimento B "não marcado". Preservando, assim, um estado discreto e improvável, o demônio impede o aumento da entropia. Demônios de Maxwell são máquinas de suprimir o tempo na única forma pela qual sua direção é reconhecível: o aumento da desordem, ou entropia.

Podemos imaginar os demônios de Maxwell como uma variedade de mecanismos – seja repressão, consciência coletiva, tradição, votação, constituições. Regras, tabus, preferências, mapas, estilos e cosmologia são demônios de Maxwell.[40] Uma máquina antientrópica restringe o universo dos mundos possíveis introduzindo restrições no movimento de vaivém de objetos, como ocorre precisamente com as regras de casamento e os tabus, em sociedades de pequena escala, ou como regras

39. Wiener [1948] 1970: 87; Monod 1970, cap. 51; Prigogine & Stengers 1979. Para uma abordagem mais técnica, porém ainda lúcida para o leitor geral desse e de outros temas físicos tratados neste artigo, as *Physical Lectures*, de Richard Feynman, são ideais (Feynman *et al.* 1965).

40. Ver Carneiro da Cunha [1986] 1987: 97–108, para informações sobre a etnicidade, não como substância, mas como operador de preservação da diversidade.

alfandegárias, sistemas educacionais ou estilos, em sociedades de grande escala. Como na distribuição de vogais na poesia de Púchkin, que Markov primeiro estudou. Os demônios de Maxwell, regra como regra, vistos de maneira generalizada como uma classe de máquinas markovianas de entropia inferior a um, atuariam não apenas em domínios como o das estruturas elementares de troca – economia, linguagem, parentesco – mas também no domínio generalizado de fronteiras culturais,[41] na forma de máquinas classificatórias e étnicas. Trata-se de manter objetos nas mesmas caixas (endomáquinas, que incluem as máquinas étnicas) ou de manter objetos em caixas diferentes (exomáquinas, que incluem as máquinas de casamento). A natureza dos objetos não é de fato invocada nos modelos, e sim sua distribuição. Assim, como na teoria da identidade étnica pós-lévi-straussiana, não são propriedades de objetos que os atribuem a uma ou a outra caixa, e sim, por assim dizer, critérios políticos: seja a decisão de um grupo A, seja o conflito entre essa decisão e a decisão do grupo B.[42] Mas não queremos forçar uma metáfora.

---

41. Em "Raça e história" ([1952] 2017), como parte de uma crítica ao etnocentrismo, Lévi-Strauss critica a noção de progresso – do ponto de vista de sociedades que funcionam como máquinas de anular o tempo. Em *Raça e cultura*, mostra que "máquinas étnicas" (que de fato são uma variante das máquinas de anular o tempo) são antientrópicas. Ver Gellner 1983.

42. Ver Carneiro da Cunha [1983] 2017. Essa teoria da etnicidade, é claro, ilustra a oposição entre teorias "lévi-straussianas" e "relativistas" da cultura. Ela não supõe a "irredutibilidade" – a não ser no sentido de que um fenômeno cultural não é irredutível a um fenômeno econômico ou fisiológico. Já a ideia de "irredutibilidade" – no sentido de que a linguagem de um grupo social é impossível de ser traduzida na linguagem de outro, como na hipótese de Whorf, e expressão radical do culturalismo – é claramente descartada – por razões discutidas neste artigo.

De perto e de longe

Se demônios de Maxwell fossem perfeitamente eficientes, a entropia poderia ser anulada. Máquinas perpétuas seriam possíveis, convertendo a diferença perpétua em trabalho infindável. Mas não é fácil livrar-se do tempo. Wiener assim formulou o que acontece com um demônio de Maxwell: o demônio só pode atuar após receber informação e, a longo prazo, "recebe um grande número de pequenas impressões, até cair numa certa vertigem e ficar incapacitado de claras percepções".

O próprio demônio é parte do sistema que controla e está assim também sujeito à entropia. Com o tempo ele deixa de discriminar, como um porteiro bêbado, por influência da clientela com a qual está em contínuo contato, e não mais é capaz de vetar a entrada de fregueses indesejáveis. Talvez por não serem capazes, impunemente, de obter informação, talvez por não serem capazes, sem custo, de se desfazer da memória inútil acumulada em séculos, os demônios de Maxwell morrem como demônios de Maxwell.

A duração de um demônio de Maxwell, se não é eterna, pode ser prolongada, se ele é realimentado de fora.[43] É como se seu discernimento tivesse que ser reforçado pela entrada de energia e de informação – recriação simbólica, troca com vizinhos, canais de comunicação com movimentos políticos externos. Passamos a admitir a necessidade de interação entre o interno e o externo para garantir a continuidade de qualquer sistema (Almeida 1988).

Estruturas dissipativas, dizem Ilya Prigogine e Isabelle Stengers (1979), produzem organização a partir de flutuações caóticas em sistemas que não estão em equilíbrio. Mas essas máquinas antientrópicas só podem funcionar localmente – porque

---

43. Um par de artigos recentes indica que a limitação básica não está no processo de obtenção da informação, e sim na necessidade que tem o demônio de descartar memória inútil: de jogar o lixo das velhas impressões fora. O demônio precisa ser ajudado a esquecer (Bennett & Landauer 1985: 38–46; Bennett 1987: 88–96).

alimentadas de energia por uma fonte exterior (o problema da sociedade moderna seria, digamos assim, ter eliminado o "exterior" que até agora era formado por um conjunto de universos cosmológicos, sociológicos, tecnológicos e ecológicos diversificados). Da metáfora de um universo mecânico e global passamos a um universo markoviano e local – para conservar a invariância do primeiro em face da ameaça permanente e insidiosa da desordem. Concluímos, após essa digressão sobre a dialética simetria/assimetria, o tema global/local. Aqui cabe falar numa geometria diferencial.

Um ciclista inclina suavemente o guidão da bicicleta. O efeito é a introdução de uma curvatura em sua trajetória. O ciclista precisa olhar para sua vizinhança, para um mapa local. Ele precisa também passar continuamente para novos mapas em vizinhanças novas. Ele pode descrever um círculo, em certas condições, e poderíamos fornecer então um modelo global da trajetória como "todos os pontos equidistantes do centro". O ciclista, porém, não olha para o centro (se o fizesse, provavelmente cairia da bicicleta): esse modelo global é nosso, e não dele. Nada garante que a curvatura imprimida a cada momento resultará no círculo geométrico.

A passagem do local para o global é simples em situações em que o espaço apresenta uma "curvatura constante" localmente (como num círculo, em que todo ponto possui uma vizinhança identicamente curvada). Mas se trata justamente de saber, a partir de um fato local, se vale uma propriedade global. O espaço pode ser irregular, ou pode ser impossível apreendê-lo em forma global (Petitot 1985: 11–89). A segunda edição das EEP retoma argumentos que, na primeira, eram expressos em forma global e indicam como podem ser reformulados como argumentos de passagem do local para o global: passagem que, agora, é problemática. Uma propriedade global leva univocamente a propriedades locais; mas, para que possamos passar de uma propriedade local (mesmo que ela seja válida em "toda parte") a uma propriedade global, é preciso pressupor propriedades do espaço, como conectividade e compacidade. Ações de poder e de manipulação deformam a geometria na vizinhança imediata. Assumem importância, então, as estratégias aleatórias e individuais que, embora subordinadas a regras do jogo que prescrevem um conjunto finito de jogadas possíveis, podem amplificar flutuações imperceptíveis, transformando-as em casas reais e genealogias cognáticas que lutam contra o azar localmente, em processos estruturantes que evocam o fenômeno das "estruturas dissipativas" que Prigogine e Stengers estudam.

É o objeto das pesquisas mais recentes de Lévi-Strauss. Nada impede que estratégias mistas possam ocorrer aqui (emprestando a terminologia da teoria dos jogos), caso em que se pode prever apenas que várias regras estarão em superposição, embora empiricamente a observação mostre sempre uma regra singular. Se pensamos a formação de formigueiros a partir de fenômenos locais, como no exemplo dado por Prigogine e Stengers, não podemos evitar a comparação com os sistemas de casamento de sociedades indígenas das florestas sul-americanas, nos quais o fenômeno da superposição de estados pode explicar ao mesmo tempo a existência de vários modelos de casamento simultâneos (indo da endogamia ao casamento por rapto, passando pela troca simétrica) e grupos locais em que cada um, flutuante e instável, trata seu entorno como fonte de matéria e informação, para, "longe do equilíbrio", convertê-lo em ordem e continuidade internas: canibalismo estruturante.

Mitos se reencontram como partículas agregadas em nebulosas num céu estrelado. Só vemos aquelas poeiras míticas de nossa vizinhança e devemos nos contentar em entender tendências que operam localmente, infletindo o espaço mítico e apontando para o fato de que ele talvez seja afinal visível como um todo apenas para um observador virtual situado num ponto no infinito. A análise de mitos é necessariamente local. Prigogine e Stengers têm razão acerca do estruturalismo de Lévi-Strauss: nele, ordem e acaso, simetria e entropia interpenetram-se.

Também utopias mudam de natureza: restariam então, no lugar das utopias globais do século XIX, utopias locais, microestruturas, estilos simbólicos realimentados por uma dialética interior/exterior, sem garantia de permanência.

A simetria é fundamental no pensamento de Lévi-Strauss. Mas a simetria existe, por assim dizer, para ser quebrada. A simetria temporal é quebrada primeiro pela intervenção de uma flecha temporal na forma de entropia. Essa primeira quebra de simetria tem como consequência uma segunda quebra de simetria entre o global e o local. Mas é possível dizer aqui das investigações de Lévi-Strauss aquilo que ele disse da música. Onde esperamos simetria, encontramos desordem. Terminamos assim com Blake. A contradição entre a simetria e o fogo que queima nas florestas da noite não pode ser abolida.

CAPÍTULO 8

Relatividade e relativismo antropológico: Einstein e a teoria social

> [...] *num dia distante, buscar-se-á formular uma teoria da relatividade, generalizada em um outro sentido que não o de Einstein, queremos dizer, aplicável ao mesmo tempo às ciências físicas e às ciências sociais.*
>
> CLAUDE LÉVI-STRAUSS

As ideias de Einstein não só tiveram impacto profundo na Física e na Filosofia do século XX, como também influenciaram a visão da sociedade na forma do que se chama relativismo cultural.[1] Essa influência ocorreu por meio da popularização das ideias de Einstein com as fórmulas genéricas de que "tudo é relativo" e de que "nada é absoluto". Esse "relativismo *pop*" supõe que não há verdades físicas universalmente válidas e foi usado como argumento para apoiar o relativismo cultural na versão que afirma que conhecimentos e valores são "relativos" e incomensuráveis. Minha intenção não é discutir a validade do relativismo cultural nas ciências da sociedade, e sim comparar esse relativismo *pop* com o relativismo da Física. Pois, ao contrário do que propaga a vulgarização *pop*, o princípio da relatividade na Física afirma

---

1. Texto preparado para a Exposição Einstein (25 de outubro de 2008), realizada pelo Instituto Sangari e pelo American Museum of Natural History e organizada por Marcelo Knobel (diretor do Instituto de Física da Unicamp).

o caráter universalmente válido das leis da natureza, independentemente da posição ou do movimento do observador. Mas, ao fazê-lo, afirma também a unidade da razão humana que reconhece essas leis por trás da diversidade de fenômenos vistos por diferentes observadores. Nessa forma, porém, esse princípio coincide com uma tradição de pensamento nas humanidades que se encontra presente no estruturalismo de Lévi-Strauss e é expressa na noção de perspectivismo proposta por Viveiros de Castro.

Einstein não era relativista

"Tudo é relativo." Essa fórmula, que chamei de relativismo *pop*, soa como aquela afirmação do cretense Epimênides, citada pelo apóstolo Paulo: "Cretenses sempre mentirosos, bestas ruins, ventres preguiçosos". E o apóstolo Paulo acrescenta na Epístola a Tito: "Esse testemunho é verdadeiro". Mas, se o testemunho de Epimênides é verdadeiro como diz o apóstolo, então como não concluir que, sendo ele cretense, o que ele diz é falso? Para os lógicos, o exemplo ilustra o motivo por que a noção de verdade não pode ser definida nas línguas humanas sem contradição; em uma linguagem artificial, a afirmação de Epimênides seria declarada indecidível, isto é, nem falsa nem verdadeira.[2]

A afirmação do filósofo cretense leva à tese do relativismo na seguinte forma: "Tudo é relativo", cujo significado pode ser parafraseado mais ou menos assim: "Toda afirmação é verdadeira relativamente a um ponto de vista, mas pode ser falsa com relação a outro". Conforme lembra Steven Lukes, esse relativismo generalizado converte-se no relativismo sociológico ou antropológico quando as diferentes perspectivas são associadas

---

2. O paradoxo de Epimênides não é banal; é o esqueleto do Teorema da Incompletude de Gödel, na forma apresentada pelo filósofo e matemático austríaco no resumo inicial do artigo de 1930. A afirmação sobre a impossibilidade de definir a noção de verdade sem contradição é de Tarski [1933] 1983.

a diferentes grupos humanos, cada um dos quais compartilha uma cultura.[3]

A ironia está no fato de que a teoria da relatividade, quer na versão formulada por Einstein em 1905 (teoria especial da relatividade), quer na versão de 1915 (teoria da relatividade geral), de modo algum expressa a relatividade do conhecimento físico. Pelo contrário, ela afirma a invariância das leis da natureza para além da multiplicidade dos pontos de vista de diferentes observadores.

Na versão de 1905, o princípio da relatividade declara a equivalência de todos os observadores que se movem uns em relação aos outros em movimento uniforme de acordo com a formulação das leis da Física. Isso quer dizer que, se há *um* observador capaz de comprovar a validade das leis de movimento, então *qualquer* outro observador que se mova uniformemente relativamente a ele também observará as mesmas leis: por exemplo, de acordo com a Segunda Lei de Newton, um corpo em movimento uniforme ou imóvel permanece em movimento uniforme ou imóvel, a não ser que uma força atue sobre ele. Em outras palavras, o princípio da relatividade afirma que não há um observador privilegiado para a formulação das leis da Física. Einstein estendeu-o de modo a abranger as leis de propagação da luz. Em uma linguagem familiar aos antropólogos culturais e aos sociólogos, ele aboliu o etnocentrismo da ciência, numa direção iniciada por Copérnico (abolição do geocentrismo) e por Galileu (abolição da noção de repouso absoluto para as leis da mecânica) e por ele estendida aos fenômenos eletromagnéticos (abolição da noção de repouso absoluto para a observação da propagação da luz).

Como se explica tamanha divergência entre o espírito da teoria da relatividade física e sua versão popular na forma do relativismo cognitivo generalizado? Uma das possíveis razões está

---

3. O "relativismo *pop*", associado à popularização da Física, não deve ser confundido com a crítica radical dos valores morais de Nietzsche na *Genealogia da moral* [1887] 2009.

no fato de a afirmação da invariância das leis físicas implicar a negação de aparentes verdades fenomênicas, como repouso absoluto, tempo absoluto e velocidade (uniforme) absoluta. Mas Einstein postulou dois princípios absolutos (na teoria da relatividade restrita): a universalidade das leis físicas (em sistemas de coordenadas inerciais, isto é, sistemas não acelerados) e a constância da velocidade da luz para todo e qualquer observador.[4] Mas desses princípios decorre a inexistência de tempo absoluto, seguindo-se a inexistência de espaço absoluto e, com isso, a relatividade de durações, distâncias e velocidades. Isso quer dizer que a afirmação da universalidade das *leis* físicas implica a *relatividade* dos fenômenos da experiência.[5]

Voltemos a Galileu Galilei, no seu *Diálogo sobre os dois máximos sistemas do mundo ptolomaico e copernicano* ([1632] 2004). O objetivo de Galileu era defender o sistema de Copérnico contra os argumentos em favor da Terra como o centro imóvel do mundo, isto é, um referencial absolutamente privilegiado para a observação dos fenômenos naturais. Se a Terra está em movimento em torno do Sol, por que não percebemos esse movimento? Por que um pássaro em voo não fica para trás no espaço, enquanto a Terra móvel segue seu curso sideral? Na resposta, Salviate, o avatar de Galileu, pede ao amigo Sagredo que realize um experimento mental:

---

4. Um sistema inercial é um sistema nos quais as leis de Newton são válidas (um sistema assim pode ser dito "em repouso" se nos colocamos no interior dele). A sutileza está no fato de que não sabemos se um sistema assim existe! Mas, *se um sistema inercial existe*, então o princípio de relatividade afirma que há uma infinidade de outros. Todos esses sistemas podem ser considerados igualmente "em repouso".

5. Note que, mesmo que todos os experimentos até agora tenham corroborado o postulado da invariância da velocidade da luz, não sabemos o resultado de experimentos futuros! Contudo, caso um experimento comprove que a velocidade varia com a velocidade da fonte, a teoria da relatividade é falsificada. Essa propriedade da formulação da teoria da relatividade foi apropriada por Karl Popper como critério para a cientificidade de uma teoria qualquer.

Fechai-vos com algum amigo no maior aposento existente sob a coberta de algum grande navio e fazei que aí existam moscas, borboletas e semelhantes animaizinhos voadores; seja também colocado aí um grande recipiente com água, contendo pequenos peixes; suspenda-se também uma garrafinha que gota a gota verse água em outro vaso de boca estreita, que esteja colocado por baixo: e, estando firme o navio, observai diligentemente como aqueles animaizinhos voadores com igual velocidade voam para todas as partes da cabine; ver-se-ão os peixes nadar indiferentemente para todos os lados; as gotas cadentes entrarem todas no vaso posto em baixo; e vós, lançando alguma coisa para o amigo, não a deveis lançar com mais força para que esta que para aquela parte, quando as distâncias sejam iguais; e saltando, como se diz, de pés juntos, percorrereis espaços iguais para todas as partes. [...] [Não há dúvida alguma] de que, enquanto o barco estiver firme, as coisas devem suceder assim, e fazei mover o navio com quanta velocidade desejardes; porque (contanto que o movimento seja uniforme e não flutue aqui e ali) não reconhecereis uma mínima mudança em todos os efeitos nomeados, nem de nenhum deles podereis compreender se o navio caminha ou se está em repouso [...] (Galileu Galilei [1632] 2004).[6]

O experimento imaginário de Galileu tem a seguinte consequência: qualquer experimento científico que comprove a validade da lei de movimento que ele próprio formulou (no seu *Diálogo sobre duas novas ciências*) dará os mesmos resultados, quer sejam feitas em terra, quer em uma cabine de navio em movimento uniforme. Incorporada por Newton nos *Princípios matemáticos de filosofia natural*, a lei de movimento de Galileu diz que um corpo persevera em seu estado de repouso ou em movimento uniforme, a não ser que seja obrigado a mudar de estado por forças imprimidas sobre ele. Pelo princípio da relatividade de Galileu, essa lei será observada tanto por um obser-

---

6. A tradução é da excelente edição crítica de Pablo Rubén Mariconda, com mínimas modificações.

vador situado numa cabine em movimento como por um observador em terra[7] – de fato, será observada por todos os "bons observadores".[8]

Pensemos na borboleta que Galileu introduziu na cabine do navio em movimento uniforme. Imaginemos que, cansada de voar, ela esteja morta e imóvel em cima de uma mesa no centro da cabine. De acordo com a primeira lei de movimento, o inseto permanecerá imóvel, já que nenhuma força age sobre ele; para o observador da ponte, a borboleta estará em movimento uniforme com o navio. Mas ambos os observadores constatarão a validade da Primeira Lei de Movimento de Newton: "Um corpo persevera em seu estado de repouso, ou em movimento uniforme, a não ser que seja obrigado a mudar de estado por forças imprimidas sobre ele". As noções de repouso e de movimento são relativas, porém a lei de movimento tem valor universal. Ela afirma, em última análise, a simetria entre um laboratório situado em um navio em movimento suave em relação à terra, e a própria Terra, vista como um navio que singra o Universo em relação às estrelas fixas do firmamento, pelo menos com boa aproximação.

O Princípio da Relatividade de Galileu, contido em sua obra de 1632, afirmava que as leis físicas seriam válidas tanto para um observador na margem de um lago como para um observador em um navio navegando tranquilamente em um lago. O que o observador einsteiniano "em repouso" vê como dois *flashes* de luz simultâneos que o atingem vindos das duas extremidades

---

7. Newton retém o experimento do navio no seu Corolário V das leis de movimento. Em Einstein, o navio é substituído habitualmente por trens (por exemplo, Einstein 1916: 1111–16).

8. Um "bom observador" é aqui o que se chama na mecânica de "referencial inercial". Um referencial inercial é um referencial no qual vale a Primeira Lei de Movimento de Newton. De acordo com o princípio da relatividade, se há um "observador inercial", há um conjunto infinito deles (todos aqueles que estão em movimento uniforme em relação a ele). Do ponto de vista do observador inercial, seu referencial está "em repouso". Mas todos os observadores em movimento relativo em relação a ele podem igualmente considerar-se "em repouso" (Ghins 1991: 19).

da estação ferroviária, o observador "em movimento" no proverbial trem einsteiniano verá como eventos não simultâneos.[9] Entretanto, a perda da noção de simultaneidade temporal é o preço a ser pago para conservar a validade das leis físicas em diferentes referenciais.

Lévy-Bruhl

Lévy-Bruhl (1857–1939) publicou em 1910 um livro que se tornou célebre, intitulado *Les Fonctions mentales dans les sociétés inférieures* [As funções mentais nas sociedades inferiores]. Entre os traços da "mentalidade pré-lógica" de "sociedades inferiores", o autor incluiu a ignorância do conceito de espaço absoluto, isto é, de uma concepção de espaço "[...] homogêneo, indiferente ao que o preenche, desprovido de qualidades e semelhante a si mesmo em todas as suas partes" ([1910] 1951: 95). Em lugar dessa concepção de espaço, diz o autor, nas tribos da Austrália central "[...] cada grupo social se sente ligado misticamente à porção de território que ocupa ou percorre [...]". E concluía com uma transição um tanto abrupta da Física para a Lógica: "[...] se a mentalidade pré-lógica representa [...] as diversas regiões do espaço como qualitativamente diferentes, como determinadas por suas participações místicas em tais ou quais grupos de seres ou de objetos, a abstração tal qual nós a concebemos torna-se muito difícil para esta mentalidade, e temos que encontrar no seu

---

9. A negação do caráter absoluto da simultaneidade é a primeira consequência da afirmação da invariância da velocidade da luz. O argumento de Einstein em 1905 é simples e só requer a definição clara do significado de medir tempo e medir distâncias (em que Einstein põe em evidência o papel de relógios e de réguas). No meio do vagão, o experimentador acende um *flash* de luz, cujos raios atingem a frente e a traseira do vagão no mesmo instante (medido por relógios sincronizados), já que a luz atravessa distâncias iguais (pelo postulado da universalidade da velocidade da luz). Mas, para o observador da plataforma, o raio de luz caminha a favor do movimento do trem mais tempo para chegar à parede do que o raio de luz que caminha contra o movimento do trem, e para ele os fenômenos "raio de luz encontra a frente do vagão" e "raio de luz encontra a traseira do vagão" não são simultâneos.

lugar a abstração mística que se produz sob a lei da participação" (Lévy-Bruhl [1910] 1951, parte 1, cap. 2). Lévy-Bruhl opunha uma concepção de espaço homogêneo e absoluto a uma concepção de espaço que é afetado pelos entes que o ocupam, como "hóspedes em um prédio de apartamento", na expressão feliz de Hermann Weyl, em que o próprio espaço é moldado pelos seus ocupantes como a casca de um caracol pelo seu morador.[10]

Tive uma reação similar à de Lévy-Bruhl quando, por volta de 1982, meu anfitrião e patrão no Riozinho da Restauração, no oeste acreano, conversava comigo à beira de um igarapé, no intervalo do trabalho de seringueiro, sob a cobertura espessa da floresta. Ele falava sobre a *ciência* do primeiro homem que fez o relógio. Ele dizia algo assim: "O homem que faz relógios sabe muito. Ele deve ter perdido muitos relógios antes de acertar o primeiro relógio. O senhor vê que, quando o Sol nasce, o ponteiro começa a andar. Quando o Sol se põe, o ponteiro chega do outro lado. Ele deve ter perdido muito relógio até fazer ele andar junto com o Sol".

O velho seringueiro não descrevia o relógio como um indicador do "tempo absoluto", mas como um ponteiro em sincronia com a caminhada do Sol. E continuava: "Eu gosto de ter sempre dois relógios. Um comigo no pulso, e outro dentro de casa. Assim, eu sei sempre que horas está fazendo na minha casa. Eu sei que, quando o meu relógio marca doze horas aqui, na minha

---

10. Eis a passagem, de conferência proferida por Hermann Weyl em 1923, em Barcelona e em Madri: "Segundo Einstein, a estrutura métrica do mundo não é homogênea. Mas como isso é possível se espaço e tempo são formas dos fenômenos? Somente porque *a estrutura métrica não é fixada* a priori, *mas é um estado da realidade física, que está em dependência causal com o estado da matéria*. O real não habita no espaço como em um prédio de apartamentos de quartos retangulares e homogêneos no qual todo seu jogo de forças transita erraticamente sem deixar rastro, e sim como a lesma que constrói para si sua casa dando forma à própria matéria" (Weyl 1923: 44, tradução minha).

casa ele está marcando doze horas. Gosto de saber o que está acontecendo em casa".

O relógio da casa e o relógio do pulso estavam sincronizados entre si, da mesma maneira que ambos eram sincronizados com o movimento do Sol. A sincronia de relógios permitia saber o que acontecia à distância com o relógio da casa (presumivelmente síncrono com os hábitos da esposa e das demais coisas da casa) e à distância com o trajeto do Sol encoberto pela copa espessa da estrada de seringa.[11] Nada sobre "o tempo absoluto" e seu fluxo uniforme e homogêneo. Incapacidade de abstração? Quando, em 1905, Einstein indagou "O que entendemos aqui por 'tempo'?", a resposta que deu foi: "Tempo é a posição do ponteiro do meu relógio". E essa definição permanece como a definição do tempo local: do tempo aqui e agora. O passo seguinte de Einstein foi definir *por convenção* o "tempo" em dois lugares distintos – digamos, na seringueira, na mata, e na casa do seringueiro – como a posição de dois relógios *sincronizados*. A sincronização do seringueiro recorria ao movimento do Sol; a que Einstein introduz se vale da troca de sinais luminosos entre dois relógios.

Evidentemente, estamos longe de sugerir que seringueiros conheçam as bases da teoria da relatividade. O ponto é simplesmente que, se há um tempo newtoniano e um tempo einsteiniano definido como "aquilo que o ponteiro do relógio marca", parece que o tempo do meu patrão seringueiro era mais próximo do tempo einsteiniano que do tempo newtoniano. E a moral disso tudo é que devemos usar um princípio de precaução contra a condenação sumária do "senso comum" de caçadores

---

11. Havia grande respeito por relógios na região. Cedo tive que submeter o meu a ordálios de resistência sob a água suja de canoas e sob choques diversos, dos quais ele saiu, aliás, inferiorizado diante dos Seykos e dos Orients dos meus novos amigos. Relógios comprados a quilograma na galeria Pagé e revendidos no mercado de Cruzeiro do Sul eram para moradores da cidade, e não para seringueiros trabalhadores, que podiam pagar com borracha relógios *machos*.

Relatividade e relativismo antropológico: Einstein e a teoria social **245**

australianos e amazônicos: ele pode ser mais robusto do que nosso "senso de abstração".

Sapir e Whorf não eram gêmeos siameses

Na década de 1920, a antropologia já havia se distanciado da posição defendida em 1910 por Lévy-Bruhl, liberada da tirania do conceito de um tempo e de um espaço absolutos. O exemplo principal dessa mudança é a chamada hipótese de Sapir-Whorf, para muitos a expressão radical do relativismo cultural em sua variante de relativismo cognitivo. Edward Sapir (1884–1939) foi discípulo de Franz Boas, e Benjamin Lee Whorf (1897–1941) formou-se em engenharia e posteriormente atuou como linguista amador sob a orientação de Sapir. A hipótese de Sapir-Whorf foi a denominação dada pelo organizador de um livro póstumo de Whorf (J. Carroll 1956: 23) para aquilo que o próprio Whorf chamou de "princípio da relatividade linguística", cuja formulação atribuiu a Sapir por intermédio da seguinte citação: "O 'mundo real' é em grande medida construído inconscientemente sobre os hábitos de linguagem do grupo. [...] Vemos e ouvimos como o fazemos, e de modo geral temos as experiências que temos, em grande parte porque os hábitos de linguagem de nossa comunidade predispõem certas escolhas de interpretação" (Sapir [1929] 1949: 162; citado por Whorf [1941] 1956: 134). Voltaremos a Sapir mais adiante. Por ora, vamos apenas indicar como Whorf aplicou o "princípio da relatividade linguística" à percepção do espaço e do tempo, em um período histórico já liberado dos postulados newtonianos do tempo e do espaço absolutos (postulados ontológicos), elevados por Kant ao *status* de formas *a priori* da apreensão sensível do mundo (postulados epistêmicos).

Para Whorf, "conceitos de tempo, de espaço e de matéria" passam a ser "condicionados pela estrutura de linguagens específicas" (Whorf [1941] 1956: 138). Como exemplo dessa relativização, a noção de um tempo como uma série ordenada com passado, presente e futuro seria um artefato da existência de três tempos verbais nas gramáticas europeias, "amalgamado com um esquema ampliado de objetificação da experiência subjetiva de duração" (Whorf [1941] 1956: 145).[12] Na língua hopi, ao contrário, verbos não teriam tempos verbais, e sim "aspectos" que denotam diferentes graus de duração que não são ordenados em "antes" e "depois" (Whorf [1941] 1956). A língua hopi reconheceria a duração bergsoniana, mas não o tempo matemático dos físicos, diz Whorf. O "tempo hopi" (melhor dizendo, a língua hopi) varia segundo cada observador e "não permite simultaneidade". Assim, segundo Whorf, por meio dela pode-se afirmar que um evento transcorre (supondo um falante A que se dirige a um ouvinte B que compartilha a experiência); ela permite afirmar a esperança ou a crença em que um evento transcorra (quando A expressa a expectativa para B, que não vê o evento) e, ainda, a generalidade ou habitualidade de um evento – sem que haja, nesses casos, uma marca verbal separando um passado do futuro (Whorf [1940] 1956: 216–217). Clyde Kluckhohn, tratando das dificuldades de traduzir do navajo para o inglês, concluiu: "As duas línguas quase literalmente operam em mundos diferentes" (J. Carroll 1956: 28).[13] Mas o assunto não acaba aí.

Não acaba aí porque a posição de Sapir é mais sutil que a de Whorf, o que a meu ver vicia o emprego da expressão "hipótese de Sapir-Whorf". Não há dúvida de que Sapir enuncia o "princípio da relatividade linguística" de Whorf. Mas, nele, esse princípio acompanha um princípio de invariância do conteúdo do pensamento humano, devedor de Humboldt e de Herder. Em 1921, Sapir já afirmava "a infinita variabilidade de forma linguís-

---

12. No essencial, essa tese foi afirmada por Benveniste ([1958] 1966: 66): as categorias, "o que se pode afirmar do ser", são, segundo esse linguista francês, simplesmente "antes de tudo as categorias da língua". A tese foi adumbrada por Sapir ([1924] 1949: 157). A mesma tese se encontra, sem que o tradutor veja necessidade de justificá-la, em uma tradução das *Categorias* de Aristóteles: "A doutrina das categorias trata dos aspectos elementares da lógica aristotélica. Como o nome já diz, trata-se das formas proposicionais de expressões linguísticas e de sua classificação" (Aristoteles, ver Rath 1998: 102).
13. Tenho consciência das objeções de Quine (1960, especialmente cap. 2, "Translation and Meaning") à ideia de apoiar a tradução no contexto pragmático da comunicação.

tica, outro nome para a infinita variabilidade do processo real de pensamento" (Sapir [1921] 1949: 218). Porém, ele acrescentava: "O conteúdo latente de todas as linguagens é o mesmo – a ciência intuitiva da experiência. É a forma manifesta que nunca é duas vezes a mesma [...]" (Ibid.). Ou, ainda: "É possível, no pensamento, mudar cada som, cada palavra e cada conceito concreto de uma linguagem sem mudar ao mínimo sua realidade interna, da mesma maneira como se pode deitar em uma forma fixa como água, gesso ou ouro fundido" (Ibid.).

Essa tese, na qual está presente a ideia humboldtiana da universalidade do conteúdo do pensamento humano, é afirmada de maneira dramática na extraordinária conferência de 1924 intitulada "O gramático e sua língua".

O fato mais relevante, a respeito de qualquer língua, é sua plenitude formal. É o que se verifica não menos numa língua primitiva, como o esquimó ou o hotentote, do que nas línguas cuidadosamente registradas e padronizadas das nossas grandes culturas. Por plenitude formal eu entendo uma peculiaridade de significação profunda, que facilmente passa despercebida. [...] podemos dizer que toda língua está de tal modo construída, que diante de tudo que um falante deseje comunicar, por mais original ou bizarra que seja sua ideia ou a sua fantasia, a língua está em condições de satisfazê-lo. Ele nunca precisará criar novas formas ou de imprimir à força em sua língua uma nova orientação formal (Sapir [1924] 1949: 153).

Essa afirmação simultânea da multiplicidade infinita das formas de linguagem e da plenitude semântica de todas as linguagens implica a afirmação de que todas as potencialmente infinitas linguagens humanas são equivalentes como meios para expressar a experiência humana.[14] Ela merece o nome de tese de Sapir,

---

14. Sapir fala de "*formal completeness*", o que se pode traduzir como "completude formal" e que Mattoso Câmara Jr. traduz elegantemente como "plenitude formal". Sapir opõe o plano formal ao plano do conteúdo por analo-

para não se confundir com a bastarda hipótese de Sapir-Whorf, que é apenas uma parte dela.[15]

A plenitude formal de toda linguagem significa que *não existe um falante privilegiado para a expressão de pensamentos humanos*, ou, o que é a mesma coisa, que *todos os pontos de vista de falantes são ligados entre si por transformações que formam um grupo*.[16] Uma consequência da tese de Sapir é a seguinte: Kant pode ser traduzido em esquimó ou em hotentote. Se a tradução é difícil, se requer que se criem neologismos e se emprestem termos, isso não resulta de "particularidades formais do hotentote ou do esquimó",[17] e sim do simples fato de que os esquimós não se interessaram até hoje em "formular conceitos abstratos de natureza filosófica" (Sapir [1924] 1949: 154).

Voltemos à tese de Sapir. Ele conclui assim:

> Essa é a relatividade dos conceitos ou, como poderia também se chamar, a relatividade da forma do pensamento. Não é tão difícil de entender como a relatividade de Einstein, nem é tão perturbadora para nosso senso de segurança como a relatividade psicológica de Jung, que mal começa a ser entendida; mas talvez seja mais fácil de nos escapar do que essas outras [...] a apreciação

---

gia ao contraste entre arte e ciência. Outra possibilidade é a analogia com o par pragmática/sintática. A dimensão pragmática aponta para as condições de uso da linguagem (como "jogo" de salão), e a dimensão sintática aponta para as regras formais (como "jogo" com regras). Uma dimensão semântica não se reduz a nenhuma dessas, pois supõe ainda uma ontologia.

15. Seria melhor dizer *completamento semântico*. A tese de Sapir é a afirmação, no contexto da Antropologia Linguística e Cultural, de um princípio afirmado por Humboldt e retomado por Chomsky.

16. Ver Almeida 1993: 372. Ao expressar esse ponto de vista, em comentário à obra de Lévi-Strauss, ignorava o fato de que Sapir havia formulado precisamente a mesma ideia em 1924. Voltaremos a esse ponto mais adiante.

17. "[...] não é absurdo dizer que não há nada nas particularidades formais do Hotentote ou do Esquimó que possa obscurecer a clareza ou ocultar a profundidade do pensamento de Kant – na verdade, pode-se suspeitar que a estrutura periódica e altamente sintética do Esquimó poderia acomodar com mais facilidade o peso da terminologia kantiana do que o seu alemão nativo" (Sapir [1924] 1949: 154).

da relatividade da forma de pensamento, que resulta do estudo linguístico, talvez seja o efeito mais liberador desse estudo. O que agrilhoa a mente e entorpece o espírito é sempre a aceitação obstinada dos absolutos (Ibid.: 159).[18]

Sapir claramente deu importância a essa analogia, na seguinte forma: todos os sistemas de coordenadas linguísticos são equivalentes para expressar a experiência. Na matemática, um sistema de coordenadas que possua apenas *dois* eixos independentes entre si não é suficiente para descrever o espaço euclidiano. Diz-se então que é um sistema "degenerado", assim como um sistema com apenas *uma* coordenada. O que Sapir afirma então é que nenhuma língua humana é degenerada, ou seja, para usar sua expressão, toda língua humana é "completa": "O mundo das formas linguísticas, contido na estrutura de dada língua, é um sistema completo de referência, assim como [...] o conjunto de eixos geométricos de coordenadas é um sistema de referência completo para todos os pontos de um espaço dado [...]. O mundo ambiente ao qual nos referimos é o mesmo em ambas as línguas: o mundo de pontos é o mesmo em ambos os sistemas de referência".

Essa é evidentemente a primeira parte da tese de Sapir. A segunda parte vem agora:

> Passar de uma linguagem para outra é psicologicamente algo paralelo a passar de um sistema geométrico de referência a outro [...], o método formal de abordar o item expresso da experiência, assim como de abordar o ponto dado no espaço, é tão diferente que o sentimento resultante de orientação não pode ser o mesmo

---

18. "Para um certo tipo de mente a linguística tem aquela qualidade profundamente serena e satisfatória que é inerente à matemática e à música, e que pode ser descrita como a criação de um universo de formas autocontido a partir de elementos simples. A linguística não possui nem a abrangência nem a potência instrumental da matemática, nem a sedução estética da música. Mas sob sua aparência retorcida e técnica subjaz o mesmo espírito clássico, a mesma liberdade sujeita a restrições, que anima a matemática e a música em sua forma mais pura" (Ibid.: 159).

nem nas duas linguagens nem nos dois sistemas de referência. Ajustes formais inteiramente distintos, ou pelo menos mensuravelmente distintos, precisam ser feitos, e essas diferenças têm seus correlatos psicológicos (Sapir [1929] 1949: 153).

Entende-se assim o sentido em que, na sutil formulação de Edward Sapir, os "hábitos de linguagem" assumem o papel de sistemas de coordenadas que delimitam um "mundo de pensamento" (*thought world*) e que, ao mesmo tempo, todos esses "mundos de pensamento" sejam referenciais "completos", isto é, nos quais se pode expressar todo "item da experiência" – embora com diferentes "sensos de orientação" e com "diferenças psicológicas".

Relativismo cultural

O relativismo cultural tornou-se mais conhecido por meio de Ruth Benedict e de Margaret Mead, discípulas de Franz Boas.[19] Em *Padrões de cultura*, um livro extremamente influente (em 1958, já havia vendido 800 mil exemplares apenas no formato de bolso; foi traduzido para catorze línguas), Ruth Benedict apresenta a versão mais conhecida dessa teoria, na forma de uma história contada a ela por Ramon, um chefe índio. "No início, Deus deu a cada povo uma tigela de barro, e dessa tigela eles bebiam a vida. Todos pegavam água, mas as tigelas eram diferentes. A nossa tigela se quebrou" (Benedict [1934] 2013: 22).

Para Benedict, cada tigela, cada cultura, significava uma seleção de possibilidades dentro do "grande arco de possibilidades" permitidas pelo ambiente e pelas técnicas disponíveis. Essas culturas possíveis são muito diferentes umas das outras: uma

---

19. Não é preciso repisar aqui a importante conexão histórica e intelectual que liga o relativismo cultural boasiano à tradição do Romantismo alemão, bem explícita no caso de Ruth Benedict (Nietzsche, Spengler), nem as conotações de incomensurabilidade entre povos ligadas à noção de *Kultur* em contraste com a conotação de unidade e progresso associadas ao conceito de *Civilisation*, assim como tampouco é necessário remontar às raízes do relativismo na visão do caráter nacional da linguagem propugnada por Herder.

"cultura mal reconhece os valores monetários; outra cultura os tornou fundamentais em todo campo de comportamento. Em uma sociedade, a tecnologia é inacreditavelmente desprezada até mesmo naqueles aspectos da vida que parecem ser necessários para assegurar a sobrevivência" (Ibid.: 24).

A intenção geral de *Padrões de cultura* é negar que haja uma escolha cultural melhor que as outras, ou seja, que haja um sistema cultural privilegiado. Nesse sentido, Benedict tinha razão em considerar sua teoria como exemplo de "relatividade cultural". Mas ela percebeu que, ao não admitir invariantes culturais, sua teoria corria o risco de ser vista como uma "doutrina do desespero", isto é, como abdicação de ideais. Para evitar essa conclusão, Benedict sugeriu que "o reconhecimento da relatividade cultural traz seus próprios valores, que não precisam ser aqueles das filosofias absolutistas". Tais valores seriam os de "uma fé social mais realista", que aceitaria como "novas bases para a tolerância os padrões de vida coexistentes e igualmente válidos que a humanidade criou para si mesma com as matérias-primas da existência" (Ibid.: 278). Essa conclusão ética, porém, é sutilmente similar à tese do "relativismo popular" com que iniciamos este artigo: há inúmeros "padrões de vida" humanos, cada um diferente dos demais, e todos igualmente válidos. O que se perde aqui é a coabitação entre universalidade e multiplicidade que caracteriza o relativismo da Física.

Lévi-Strauss

A nosso ver, o primeiro antropólogo que buscou adotar programaticamente uma maneira de pensar em que coabitariam universalidade e multiplicidade foi Claude Lévi-Strauss, ao pregar uma antropologia estruturalista, na qual sistemas humanos diferentes entre si podem ser transformados uns nos outros conservando propriedades invariantes.

Introduzamos um exemplo. A relativização da noção de "irmã" (Morgan 1871), que, em sociedades indígenas, inclui todas as filhas de irmãos do pai (para um homem) e de irmãs da mãe (para uma mulher) permite preservar a universalidade da oposição entre "irmãs" e "esposas" em todas as sociedades humanas (Lévi-Strauss [1949] 1971). A imensa maioria de sociedades conhecidas de fato interdita o casamento com a *irmã* – no sentido generalizado exposto acima, embora a "irmã" como relação expressa por um termo seja definida de maneira muito diferente para os Kaxinawá (*chipi* e *ichu*, "irmã mais velha" e "irmã mais nova", respectivamente) e para brasileiros ("irmã").

No início dos anos de 1950, após a Segunda Guerra Mundial, a Organização das Nações Unidas para a Educação, a Ciência e a Cultura (Unesco) encomendou a Lévi-Strauss um estudo sobre o etnocentrismo.[20] O antropólogo invocou em seu desde então célebre texto uma imagem muito frequente nas exposições da teoria da relatividade, já a partir do próprio Einstein: a de dois trens. O que me interessa agora é o espírito da analogia de Lévi-Strauss, e não seus detalhes. Por isso, vou alterar o conhecido texto, mantendo o que penso ser essencial nele. Assim, pensemos em três trens. Um deles é o "nosso trem", que faz o papel de referencial "em repouso" para nós. Os outros dois são o trem A, que corre à nossa esquerda, e o trem B, que corre à nossa direita. O trem A corre em sentido contrário ao nosso e, para nós, "anda para trás". Já o trem B corre mais rapidamente que o nosso, e o vemos mover-se "para frente". A diferença de velocidade do trem B não é tanta que nos impeça de ver que nele tudo se passa mais ou menos como no nosso trem. Já a vida no trem C parece indistinta e confusa, e mal podemos discernir o que ocorre em seu interior. Em suma, a definição de "trem em movimento", "trem em repouso" e "trem retrógrado" depende do ponto de vista do observador. Segundo Lévi-Strauss, as avaliações comparativas de "progresso" ou, no linguajar de hoje, "desenvolvimento", funcionam de maneira similar: "A distinção entre as 'culturas que se movem' e as 'culturas que não se movem' pode ser explicada, quase inteiramente, pela mesma diferença de posição que faz com que um trem em movimento se mova ou não para nosso viajante" (Lévi-Strauss [1952] 2017: 355).

---

20. Ver "Raça e história" (Lévi-Strauss [1952] 2017).

Vemos sistemas que andam no mesmo sentido que o nosso e com velocidade relativa maior ou igual à do nosso como aqueles que "progridem" porque estão em movimento na mesma direção que nosso trem, enquanto sistemas que andam em velocidade menor em relação à que alcançamos, tendo um movimento com sentido contrário ao nosso, são vistos como trens "atrasados", que viajam "para trás". Lembremos ainda que, segundo Lévi-Strauss, os trens com "movimento aparente" no sentido do nosso são aqueles dos quais podemos receber maior "quantidade de informação" (Lévi-Strauss [1952] 2017: 355). Assim, quando qualificamos uma cultura de "inerte" ou de "atrasada", isto é, em movimento retrógrado, também apontamos culturas que não compreendemos por que não conseguimos nos comunicar com elas.

Até aqui, fizemos comparações com base em trens paralelos, que se movimentam, por assim dizer, ao longo de uma única dimensão. Mas Lévi-Strauss propõe que imaginemos mais dimensões de movimento. Imaginemos agora que haja um trem C, cujos trilhos passam perpendicularmente aos nossos, por uma ponte suspensa. Enquanto podemos comparar com facilidade nosso movimento à frente com o dos trens A e B que se movimentam paralelamente ao nosso próprio trem – no sentido do progresso tecnológico que escolhemos como sentido privilegiado para medir o movimento da história –, o trem C parece estacionário sob esse ponto de vista, já que se movimenta transversalmente a nós. Talvez o sentido dos trilhos do trem C seja o da evolução das técnicas do corpo ou da evolução das técnicas de meditação. Do ponto de vista do trem "oriental" C, somos nós, no trem "ocidental", que estaremos em imobilidade, ou talvez andando para trás. Dessa forma, Lévi-Strauss argumenta que "o progresso material e a superioridade tecnológica das sociedades modernas do Ocidente não constituiriam uma demonstração cabal da superioridade de uma cultura sobre as demais".[21]

---

21. "O estruturalismo é, sob esse ponto de vista, relativista, mas não no sentido do relativismo cultural que afirma o caráter irredutível das diferenças culturais (cada cultura bebeu de uma água distinta). É-o antes num sentido

Enquanto a civilização ocidental se dedicou ao desenvolvimento de meios mecânicos (com o critério da quantidade de energia *per capita* como índice do grau de desenvolvimento, como o fez Leslie White), as centenas ou milhares de sociedades "primitivas" aplicaram-se a elaborar meios para se adaptar a meios hostis (esquimós, beduínos), a elaborar sistemas filosófico-religiosos (Índia, China, Islã) e a desenvolver técnicas refinadas do corpo (ginástica maori, yoga da Índia), sem mencionar as elaborações ameríndias em campos que vão da biotecnologia (domesticação de mandioca, do milho e de dezenas de outros cultivares, reconhecimento e uso de plantas medicinais, venenosas, psicoativas) à filosofia.

O perspectivismo em boa companhia

A contribuição indígena sul-americana à filosofia foi descrita por Eduardo Viveiros de Castro, que a chamou de "perspectivismo ameríndio", seguindo a sugestão de Tânia Stolze Lima. Ela consiste na "concepção, comum a muitos povos do continente, segundo a qual o mundo é habitado por diferentes espécies de sujeitos ou pessoas, humanas e não humanas, que o apreendem segundo pontos de vista distintos" (Viveiros de Castro [2002] 2017: 347).

Repare-se que, à primeira vista, temos a impressão de estarmos diante de uma variante do relativismo cultural: um conjunto de "sujeitos" que apreendem "o mundo segundo pontos de vista distintos". A diferença seria apenas o fato de que se trata de uma concepção corrente entre povos nativos da América do Sul. Contudo, essa primeira impressão seria falsa: o perspectivismo

---

análogo ao que físicos têm em mente ao falar de relatividade de uma teoria física. Pois, nesse sentido, relatividade não implica declarar que 'tudo é relativo' (cada observador teria 'suas leis' irredutíveis), mas, ao contrário, identificar o grupo das transformações que permite expressar o que é invariante. Os invariantes de uma teoria são preservados em todo sistema de referência. Sem invariantes sob alguma tradução reina o solipsismo, não o relativismo" (Almeida 1993).

ameríndio não é "o nosso conceito corrente de relativismo". Viveiros de Castro escreve que o "perspectivismo" se insere de maneira "transversal" no debate entre relativismo e universalismo. Ora, pensamos que o significado profundo da "transversalidade" está no fato de que, aqui, o perspectivismo é *tanto* relativista *como* universalista e se encontra na boa companhia do relativismo de Galileu e de Einstein!

Para percebê-lo, devemos ter em conta que aquilo que é apreendido de diferentes pontos de vista são *mundos sensíveis diferentes*, mas aquilo que é o sujeito dessa apreensão é um *mesmo sujeito*. Há uma multiplicidade de mundos sensivelmente diferentes, cada um dos quais correspondendo à perspectiva de um observador associado a um corpo (humano, de onça, de urubu). Esses observadores, contudo, podem converter-se uns nos outros por meio de transformações, trocando de corpo ou, mais propriamente, trocando de roupa. E, ao fazerem isso, eles verão *um mesmo mundo*.

De acordo com Viveiros de Castro, com efeito, a concepção ameríndia supõe "uma unidade do espírito e uma diversidade dos corpos. A cultura ou o sujeito seriam aqui a forma do universal; a natureza ou o objeto, a forma do particular" (Viveiros de Castro [2002] 2017: 349).

Exemplificando melhor essas ideias, Viveiros de Castro, com base em amplo material fornecido pela etnografia amazônica, e partindo de uma reflexão de Tânia Stolze Lima, afirma que há uma difundida concepção indígena "[...] segundo a qual o modo como os seres humanos veem os animais e outras subjetividades que povoam o universo – deuses, espíritos, mortos, habitantes de outros níveis cósmicos, plantas, fenômenos meteorológicos, acidentes geográficos, objetos e artefatos – é profundamente diferente do modo como esses seres veem os humanos e se veem a si mesmos" (Ibid.: 350).

Os animais predadores veem a si mesmos como humanos, e os humanos, como animais de presa, ao passo que, para os animais de presa, os humanos são animais predadores. Para as onças, por exemplo, sua pele pintada são adornos do corpo, e o sangue humano, sua cerveja. O perspectivismo ameríndio, portanto, longe de afirmar que "tudo é relativo", afirma que há uma unidade fundamental entre todos os sujeitos vivos, embora estes vejam o mundo diferentemente conforme a roupa que vestem. Só os xamãs conseguem transitar entre esses diferentes corpos e trazer para as pessoas os efeitos da mudança de perspectiva.

Humanos podem literalmente passar ao ponto de vista de onças, e vice-versa. Sendo o laboratório aqui o corpo, sujeitos podem trocar de corpos recorrendo a substâncias como a *ayahuasca*: em sentido metafórico, a *ayahuasca* e o tabaco são as "transformações de Lorentz" dos ameríndios. Muitos povos amazônicos, de fato, acreditam que o mundo da percepção variável e presa ao corpo é uma ilusão que encobre um "mundo verdadeiro" que pode ser atingido mediante essas transformações entre corpo e corpo, por meio das quais se assegura a convertibilidade entre os diferentes pontos de vista.

O perspectivismo indígena, em vez de levar ao impasse de Ruth Benedict, sugere um humanismo generalizado. A lição desse humanismo é que, por acreditar que apenas nós somos humanos, nos transformamos em vítimas de uma ilusão. Ao tratarmos animais como presas, comportamo-nos também como animais predadores. Talvez os indígenas estejam mais próximos da sociobiologia que os antropólogos culturais: mas essa é mais uma confirmação de que eles não precisaram da teoria da evolução para reconhecer a profunda unidade que impera no plano do comportamento dos seres vivos.

CAPÍTULO 9

A fórmula canônica do mito

A fórmula canônica do mito é um dos tópicos mais intratáveis na obra de Lévi-Strauss e, no entanto, uma das ideias mais fascinantes e persistentes do grande antropólogo. Ela surgiu em 1955, no artigo "A estrutura dos mitos" (Lévi-Strauss [1955] 2017), e foi mencionada em "Estrutura e dialética", do ano seguinte ([1956] 2017), para reaparecer trinta anos depois em *A oleira ciumenta* ([1985] 1986), na *História de Lince* ([1991] 1993), e, em 2001, em um ensaio sobre a arquitetura religiosa (Lévi-Strauss 2001).[1]

De 1955 a 1985, a fórmula canônica foi ignorada de modo geral pelos comentadores, e o próprio Lévi-Strauss manteve-se em silêncio sobre ela. Seu reaparecimento em *A oleira ciumenta* em 1985, contudo, repercutiu fortemente. Assim, em 1988, a revista *L'Homme* publicou dois artigos sobre o tema: um de Jean Petitot (1988 e 1989) e outro de Bernard Mezzadri (1988); na mesma época, apareceu o livro de Lucien Scubla (1998), um *tour de force* sobre o espinhoso assunto. Em 1995, *L'Homme* dedicou à fórmula canônica um número inteiro, que pode ser visto como um desdobramento das pistas indicadas nos artigos de 1988 (Désveaux & Pouillon 1995; Côté 1995; Désveaux 1995; Marcus 1995; Petitot 1995; Scubla 1995), em particular da ideia

---

1. Publicado originalmente em R. F. Nobre & R. C. de Queiroz (orgs.), *Lévi-Strauss: Leituras brasileiras*, v. 1. Belo Horizonte: Editora da UFMG, 2008.

de aplicar a teoria matemática das catástrofes à modelização da fórmula. O número especial de *L'Homme* resultou, por sua vez, em 2001, em um desdobramento que foi o livro organizado por Pierre Maranda (2001), *The Double Twist: from Ethnography to Morphodynamics* [A dupla torção: Da etnografia à morfodinâmica], que contém alguns artigos que haviam aparecido em *L'Homme* e vários outros originais. O livro organizado por Maranda contém duas coisas importantes para nós: o artigo em que Lévi-Strauss usa a fórmula canônica a propósito da arquitetura religiosa (Japão, Java e América do Sul) e um excerto de uma carta de Lévi-Strauss a Solomon Marcus sobre a fórmula canônica (Lévi-Strauss [1994] 2001).

Aparentemente, nada restaria a dizer sobre a fórmula. Mas penso que não seja o caso. Como se vê, as publicações sobre o assunto (*L'Homme* 1988; Scubla 1998; *L'Homme* 1995; Maranda 2001) são intimamente ligadas entre si, a começar pela presença do matemático Jean Petitot em todas elas. Tal continuidade não é apenas superficial: relaciona-se com o fato de que em todas essas publicações a fórmula canônica é aplicada principalmente à análise de *sintagmas completos*, isto é, *ritos e narrativas individualizadas*, emprego supostamente justificado pela formalização baseada na teoria das catástrofes. É, contudo, paradoxal que Lévi-Strauss, tanto em suas primeiras formulações programáticas como em seus últimos escritos sobre a fórmula (Lévi-Strauss [1994] 2001 e 2001), tenha, ao contrário, utilizado a fórmula para conectar objetos culturais de conjuntos geográfica e historicamente descontínuos, com a atenção em *paradigmas*, e não em *sintagmas* individuais.

Buscarei, aqui, confirmar essa afirmação com uma reconsideração da análise lévi-straussiana do mito de Édipo, assim como de mitos pueblo tratados por Lévi-Strauss na mesma publicação (Lévi-Strauss [1958] 2017), e também do mito inicial de *A oleira ciumenta* (Lévi-Strauss [1985] 1986). Antes disso, porém, recapitularemos brevemente o ponto de vista defendido nas publicações de Jean Petitot e de Lucien Scubla.

A interpretação sintagmática da fórmula canônica

Os trabalhos de Mezzadri, de Petitot e de Scubla – e, independentemente deles, do folclorista Pierre Maranda – deram nova respeitabilidade à fórmula canônica. No entanto, cabe também chamar atenção para a divergência de pontos de vista entre esses autores e o próprio Lévi-Strauss. Na raiz dessa divergência, está uma apreciação muito difundida acerca do estruturalismo de Lévi-Strauss, resumida por Lucien Scubla ao atribuir-lhe uma "visão irênica e estática da vida social e das formas simbólicas", na qual "todas as oposições seriam, em última instância, de tipo lógico ou fonológico" (Scubla 1998: 288). A estratégia sugerida por Scubla para corrigir essa suposta "visão irênica e estática" coincide com a que foi preconizada por Terence Turner em interessante artigo de 1990, em que afirma que um uso rigoroso da noção de transformação exigiria que Lévi-Strauss centrasse o foco da análise em sintagmas de mitos individualizados, e não em fragmentos de paradigmas (Turner 1990). Em suma, esses autores acreditam reintroduzir a diacronia na análise mitológica ao valorizarem a *parole*, e não a *langue*.

Não há dúvida sobre o bom senso de valorizar a enunciação de mitos como atos de fala. Mas há de fato grande distância entre a perspectiva defendida por Lévi-Strauss e o uso da "fórmula canônica" por autores como Maranda, Petitot e Scubla.

A utilização da fórmula canônica como estenografia da narrativa, ou, ainda, como gramática gerativa de narrativas (Maranda 2001: 4), serve para tratar do percurso de heróis que transformam uma situação inicial em uma situação final inconciliável com a primeira. Essa via de análise remonta essencialmente à *Morfologia do conto maravilhoso* ([1928] 2006), obra do folclorista russo Vladimir Propp, divulgada no Ocidente somente por volta de 1960. Propp explicou as "raízes históricas" da morfologia do conto recorrendo à teoria dos ritos de passagem. Da mesma maneira, Mezzadri interpreta a fórmula canônica como a modelização de um rito, e, se Scubla hesita em ler a fórmula canônica como uma "expressão estenográfica" de rituais de reis que são bodes expiatórios, é porque os vê como "a primeira ilustração não trivial do processo morfogenético que [a fórmula] se esforçava por representar" (Scubla 1998: 291).

Não podemos, nesse caso, ignorar a detalhada crítica que Lévi-Strauss dirigiu a Propp (Lévi-Strauss [1960b] 2017). Nela, o antropólogo francês insistiu em uma divergência de fundo entre os métodos, que residiria precisamente nas maneiras distintas de tratar a relação entre forma e conteúdo ou entre estrutura e história. Segundo Lévi-Strauss, para o formalista, forma e conteúdo são domínios que precisam ser mantidos separados, "pois só a forma é inteligível, e o conteúdo não passa de um resíduo destituído de valor significante". Ao contrário, para o estruturalista, "não há de um lado o abstrato, de outro o concreto": "Forma e conteúdo são de mesma natureza, merecedores da mesma análise. O conteúdo tira sua realidade de sua estrutura, e o que chamamos de forma é a 'estruturação' [*mise en structure*] de estruturas locais de que consiste o conteúdo" (Ibid.: 144).

As observações de Lévi-Strauss nesse texto de 1960 nos forçam no mínimo a encarar com ceticismo a afirmação de que "o próprio Lévi-Strauss nem sempre sabe exatamente em que consiste a fórmula que ele inventou" (Scubla 1988: 287), assim como a de que a teoria das catástrofes "corrobora o modelo subjacente à nossa interpretação antropológica e lhe dá um status muito mais preciso" (Ibid.: 291), ou ainda a tese de que é preciso escolher entre "o caminho do mentalismo, com um toque de 'materialismo cerebral' – como sugerido em *O pensamento selvagem* – [...], ou o caminho da teoria morfogenética [...] investigado durante trinta anos por René Thom e seus seguidores" (Scubla 2001: 126).

Então se expressa a ideia de que precisaríamos de matemáticos (como René Thom e Jean Petitot) para emprestar rigor à análise estrutural e, mais do que isso, para que "as ciências humanas sejam incluídas no interior das ciências naturais de uma maneira não redutora" (Scubla 2001: 126).

Essa pretensão é realmente justificada? O espectro físico de cores pode ser representado como contínuo e desempenha o papel do "substrato contínuo" do paradigma cor. Se nos ativermos a uma única dimensão, esse substrato pode ser representado no eixo x como um contínuo que vai, por exemplo, do branco ao negro. Cada cultura "categoriza esse substrato contínuo" em unidades discretas – por exemplo, reduzindo-o a duas cores, "branco" e "negro". Um informante, ao ser apresentado sucessivamente a partes do contínuo, em certo ponto salta da categoria "branco" para a categoria "negro": esse ponto de descontinuidade é uma "catástrofe", que, nesse caso, se reduz a um ponto. Com um número maior de eixos, o *locus* da catástrofe se torna mais complexo, mas a ideia é a mesma: pontos de descontinuidade são "catástrofes" em que um actante pula de um "atrator" para outro. Para o modo como isso se aplica à diacronia narrativa, pensemos nos segmentos da narrativa como "actantes" confinados a uma "função" ("*values categorizing the continuous substratum of paradigms into discrete units*", Petitot 2001: 272). Transitar entre duas funções opostas significa, então, para um actante, saltar de um "confinamento" para outro e, assim, superar "oposições". Mas essa visão apenas reitera a ideia lévi-straussiana de que mitos se esforçam para reduzir *continuidade* a intervalos *discretos*: como na música ocidental, a continuidade sonora é reduzida a uma escala diatônica. A formalização da abordagem lévi-straussiana na linguagem da teoria das catástrofes significa apenas a reafirmação de que o contínuo fonológico é discretizado por fonemas (a "catástrofe" do contínuo para o discreto), o que nada traz de realmente novo.

Contrariamente a essa visão banal, argumentei em outro artigo que Lévi-Strauss utiliza ideias matemáticas, com a criatividade de um *bricoleur*, para articular reflexões originais, e não para ilustrar teorias prontas, sejam elas a "teoria dos grupos" ou a "teoria das catástrofes". Combinei essa argumentação com a tese segundo a qual o procedimento estrutural de Lévi-Strauss, longe de se reduzir à busca de lógicas atemporais, envolve uma constante dialética entre estruturas conceituais e a história real irredutível a ela (Almeida 1990b).

Chego, assim, ao objetivo deste artigo. Ele consiste em argumentar que a "fórmula canônica do mito" combina de maneira essencial um procedimento lógico e um procedimento heu-rístico-transcendental. Para dizer isso de outra maneira: toda fórmula canônica funciona, por um lado, como um juízo analítico e, por outro, como um juízo sintético. Ela nunca é uma simples armação para descrever a lógica do mito (como seria um esquema analógico, ou de "mediação de contradições"), mas é principalmente um guia para estabelecer conexões entre grupos de mitos distintos, ou mesmo entre *planos semânticos diferentes*, para isso necessariamente transpondo uma fronteira dada. Por isso, a fórmula não se reduz nunca a um silogismo, como seria de esperar se o mito, ou cada conjunto de mitos, pudesse ser considerado uma dedução lógica. Em vez disso, cada fórmula construída com base em um conjunto delimitado de mitos exige que o leitor busque uma ponte entre eles e outros conjuntos, ou ainda entre o código em consideração e outros códigos. Esse recurso para fazer um balanço de um conjunto mítico aponta para transformações que podem ter sido impostas pela história ou por outro tipo de movimento irredutível à razão analítica. Em suma, para um movimento da razão em sua capacidade para "transpor abismos" e que Lévi-Strauss caracterizou como razão dialética. Assim, aquilo que parece à primeira vista ser um formalismo positivista é, ao contrário, um apelo para buscar algo além do dado positivo: um esforço de imaginação capaz de, mediante procedimentos como a inversão, a analogia, a metonímia, explicar *lacunas* em meio à história e ao subconsciente.

A base dessa argumentação será uma releitura do artigo de 1955, publicado em 1958, em que Lévi-Strauss apresentou uma célebre análise dos mitos que formam em conjunto o que ele chama de mito de Édipo. Aqui, trata-se, de certo modo, de justificar o aparecimento da "fórmula canônica do mito" como indicação de um procedimento metodológico que, embora não esteja explícito, é essencial na análise.

Édipo à ameríndia

No artigo intitulado "A estrutura dos mitos", publicado originalmente em 1955 em inglês e em 1958 em francês, com algumas modificações (Lévi-Strauss [1955] 2017), Lévi-Strauss introduz a noção de que o mito é formado por "grandes unidades constitutivas" (para distingui-las das unidades menores, como fonemas, morfemas e semantemas); essas "grandes unidades constitutivas" são "relações" (isto é, a "atribuição de um predicado a um sujeito"). A essa altura, Lévi-Strauss corrige a definição das "grandes unidades constitutivas", afirmando que "as verdadeiras unidades constitutivas do mito" são "feixes de relações" (*bundles, paquets*).

Tudo isso é ilustrado com a célebre análise estrutural do mito de Édipo, que, na versão francesa de 1958, aparece precedida da justificativa de que se trata não de uma demonstração, e sim de uma "manobra de camelô", que busca "explicar, o mais brevemente possível, o funcionamento da engenhoca que se quer vender aos curiosos" (Lévi-Strauss [1955] 2017: 212).

As *relações* com a forma de predicado-sujeito são ilustradas com proposições como as do grupo seguinte: "Cadmo procura sua irmã Europa, raptada por Zeus", "Édipo casa-se com sua mãe Jocasta" e "Antígona enterra Polinices, seu irmão, violando a interdição". Ora, em cada uma das relações desse "feixe de relações", o predicado é um comportamento transitivo porque supõe um ator e um objeto da ação, e, em cada caso, o sujeito e o objeto da ação são parentes consanguíneos (irmã, mãe, irmão). O que o feixe tem em comum exprime-se aqui com a proposição "relações de parentesco (consanguíneo) superestimadas", ou seja, *superestimação de relações* (de consanguinidade).[2] Nessa

---

2. Na versão de 1955, em inglês, a consanguinidade é explicitada como "*overrating of blood relations*". A rigor, poderíamos glosar assim a proposição subjacente ao feixe: *comportamento exageradamente próximo ou ultrapassando as regras sociais* (entre consanguíneos de sexo oposto). Essa leitura é, de fato, a primeira leitura de Lévi-Strauss: "Todos os incidentes reunidos na primeira coluna dizem respeito a '*parentes consanguíneos*'" cujas "rela-

última forma, podem-se abreviar as proposições em questão com a notação $F_x(a)$, em que F_x é um predicado (*superestimação de relações*) e o termo "*a*" representa um termo (*parentes consanguíneos*).[3]

O segundo feixe de relações ("os [irmãos] Spartoi se exterminam", "Édipo mata seu pai Laio" e "Etéocles mata seu irmão Polinices") leva à proposição "relações de parentesco subestimadas ou desvalorizadas" e que poderiam ser representadas como $F_y(a)$; poderíamos também escrever $F_{x-1}(a)$ para lembrar o fato de que, nesse caso, a qualidade *y* é o oposto de *x*. Trata-se aqui da ação (transitiva) de matar que se aplica a pares de consanguíneos.

Um terceiro feixe se refere igualmente a atos de assassinato, mas agora opondo um humano (sempre um homem do grupo consanguíneo) a um monstro autóctone (um dragão, e seus descendentes, os Spartoi, "homens semeados", com os dentes do dragão e nascidos da terra). Esse feixe poderia ser representado por $F_{x-1}(b)$, ou seja: a *desvalorização da relação entre humanos e monstros ctônicos* (de fato, na forma de assassinato).

Temos até esse ponto o seguinte início de dedução: $F_x(a)$ está para $F_y(a)$, assim como $F_y(b)$ está para...? E então, se a lógica do mito fosse a da analogia ou de um silogismo, esperaríamos uma quarta proposição com a forma $F_x(b)$, completando o esquema reproduzido abaixo.

$$F_x(a) \simeq F_y(a) \; :: \; F_y(b) \simeq F_x(b)$$

Esquema 1 A lógica do mito como esquema analógico (Grupo de Klein)

Ou seja: *superestimação da proximidade entre humanos e monstros*, que esperaríamos, por simetria com o primeiro par, que

---

ções de proximidade são [...] *exageradas*". Lévi-Strauss também descreve o predicado assim: "*Esses parentes são objeto de um tratamento mais íntimo do que as regras sociais autorizam*". Ora, essa primeira formulação afirma uma endogamia real ou latente e sugere, por implicação, a recusa à aliança.

3. Um *termo que designa uma relação*, e não um actante, como na modelização sintagmática inspirada em Propp e Greimas.

tomasse a forma de *proximidade íntima* ou aliança entre humanos e monstros, um grupo humano e entes ctônicos.

Ora, não seria preciso esforço para encontrar episódios precisamente desse tipo nas narrativas do ciclo de Édipo. Eles grassam em quase todas as gerações de descendentes de Cadmo, na forma de intercasamentos entre a linhagem agnática de Cadmo e a linhagem dos Spartoi "autóctones". Depois de matar o dragão que guardava o local de Tebas, o adventício Cadmo consegue, graças a um ardil, exterminar quase todos os Spartoi (os guerreiros nascidos da terra, semeada com os dentes do dragão). Os Spartoi sobreviventes dão origem às grandes famílias de Tebas. Inicia-se um ciclo de conflito e de aliança, do qual dou alguns detalhes.[4]

Cadmo, Polidoro, Lábdaco, Laio, Édipo e Etéocles são representantes de seis gerações da linhagem de estrangeiros-fundadores de Tebas. Na primeira delas, o estrangeiro Cadmo, depois de matar o Dragão, dá sua filha Agave como esposa a Equionte, um dos Spartoi sobreviventes, enquanto seu filho Polidoro se casa com Nicteis, neta de Ctônio, outro Spartoi sobrevivente. Lábdaco, filho de Polidoro, é órfão e, durante sua infância, a regência de Tebas cabe a Nicteu (filho de Ctônio). O filho de Lábdaco, Laio, também é órfão, o que levou Licos (irmão de Nicteu, outro dos Spartoi) a exercer a regência tebana. Édipo, filho de Laio, vive exilado na infância, enquanto a regência fica a cargo de Creonte. Assim, repetidamente, a tirania em Tebas é alternada entre labdácidas e Spartoi, com labdácidas órfãos ou crianças se refugiando fora da cidade e reassumindo a posição de tirano na idade adulta. Ao fim desse ciclo, um "autóctone" (Creonte) condena à morte um labdácida (Etéocles, filho de Édipo) e também sua irmã Antígona, mas seu próprio filho Hémon se mata por amor a Antígona. Esses feixes tratam, assim, de um lado, do antagonismo (mas também da alternância política) entre autóctones e estrangeiros, e, de outro lado, da aliança de casamento entre autóctones e estrangeiros (ver M. Carroll 1978; Bock 1979; Willner 1982).

---

4. Ver Grimal 1951: 72, 325 *et passim*. Ver também Bock 1979: 90.

Portanto, a oposição entre não autoctonia e autoctonia poderia ser vista sob uma chave política, e não cósmica. Qualquer que seja a chave, o mito de Édipo, por um lado, encaixa-se no esquema lógico da analogia, formalizado com o Grupo de Klein; por outro, permitiria uma leitura no registro sociológico do incesto, da guerra e da aliança. E há, com efeito, várias análises do mito que se utilizam supostamente do método de Lévi-Strauss para chegar a conclusões nesse registro sociológico (M. Carroll 1978; Bock 1979; Willner 1982), da mesma maneira como são comuns as interpretações da estrutura do mito na forma de uma analogia (Grupo de Klein), como ocorre em Greimas e em Maranda.

Nada, nessa linha de raciocínio, seria estranho a Lévi-Strauss: nem a lógica da analogia (e o Grupo de Klein), nem a teoria da aliança e suas implicações políticas.

Por isso, ganha relevo essencial o fato de que Lévi-Strauss introduziu como quarto mitema (em vez da "aliança política com seres autóctones") o "caráter pé inchado (ctônico) de Édipo", que conectou com o "caráter manco de Lábdaco" e com o "caráter gago de Laio". Observemos ademais que esse mitema não se apoia em um feixe de ações no interior da sintaxe narrativa do mito. Em vez disso, há uma interpretação no registro filológico que permite a Lévi-Strauss agrupar três predicados identificados por ele na etimologia ("pé inchado" ou "pé furado", "manco"), tendo como ponto em comum o fato de indicarem uma origem ctônica. Essa interpretação de distúrbios do andar talvez tenha sido sugerida a Lévi-Strauss pelo material ameríndio.

Ora, esse ponto foi contestado por helenistas, para quem Lévi-Strauss teria projetado sobre os gregos antigos a etnografia ameríndia (em que seres ctônicos são, com efeito, "disformes"). Deixemos esse ponto para depois, para reter aqui um ponto apenas: a "fórmula canônica do mito" constitui uma receita para introduzir uma conexão entre mitos de regiões geográficas ou entre domínios históricos distintos. Poderíamos tentar formular, sob esse espírito, uma nova versão do mito de Édipo.

$$F_x(a) \simeq F_y(a) \; : : \; F_y(b) \simeq F_{b-1}(x)$$

Esquema 2 O mito de Édipo com a fórmula canônica

A fórmula pode ser lida assim: a superestimação (incestuosa) de relações (de parentesco) $F_x(a)$ está para a subestimação de relações de parentesco $F_y(a)$ (criminosa), assim como a subestimação de relações com monstros autóctones $F_y(b)$ (aliança de estrangeiros com autóctones) está para o caráter autóctone-invertido (antiautóctone) da função-exagero $F_{b-1}(x)$. O que é uma crítica da tirania não autóctone.

Nessa estenografia, há uma sugestão para ir além do que as narrativas dizem diretamente e buscar conexões em outro domínio. E o surpreendente é que, mesmo deixando de lado a interpretação ameríndia, o passo "transcendental" da dedução tem consequências importantes. Ele permite uma leitura como a feita a seguir. *O incesto (no grupo consanguíneo de estrangeiros da linhagem de Cadmo) está para o parricídio/fratricídio (no interior da linguagem de Cadmo), assim como a guerra (contra os seres ctônicos/contra a autoctonia) está para o caráter disforme (ctonismo "invertido", deslocado) de tiranos.* O último passo leva ao tema seguinte: tiranos que negam a aliança (no interior dos locais) em favor da exogamia são assinalados pela desordem no andar e na comunicação.

A dificuldade de andar direito, uma anomalia da *exis*, aplica-se àqueles que são também culpados de abuso sexual de pessoas próximas (casos de Laio e de Édipo) ou que são tiranos com uma anomalia comunicativa. O que leva ao tema do enigma respondido e do oráculo sem resposta, bem como ao tema da tirania como distorção política – pontos tratados em detalhe por Jean-Pierre Vernant e pelo próprio Lévi-Strauss em trabalhos posteriores. Os tiranos têm a marca da não autoctonia revelada no "andar torto", mas também na incapacidade de usar a "fala" corretamente – de dar as respostas para as perguntas e de fazer as perguntas adequadas para as respostas.

A fórmula canônica do mito

A "autoctonia em forma humana" aplica-se a comportamentos exagerados, tanto sob a forma do abuso da intimidade consanguínea (incesto entre filho e mãe e exagero de intimidade entre irmão e irmã) como sob a forma do abuso de afastamento (assassinato do pai pelo filho e do irmão pelo irmão). Ao determinarmos o fecho da fórmula como um caráter distorcido de uma relação, apontamos na direção das sugestões posteriores de Lévi-Strauss (na Aula inaugural no Collège de France, em 1960) que associam o coxear a um distúrbio da socialidade (distúrbio da aliança e de diálogo), bem como na direção apontada por Jean-Pierre Vernant, que enfatiza o nexo entre incesto e tirania – duas formas de incapacidade de entabular relações sociais normais.

Não precisamos levar demasiado a sério essa formulação canônica da análise lévi-straussiana do mito de Édipo, que deixa, sem dúvida, vários detalhes em aberto.[5] O que importa é indicar que, à luz da fórmula canônica, percebemos melhor que a análise inspirada nela contrasta em dois sentidos com a análise segundo o modelo do Grupo de Klein. O primeiro contraste ocorre entre uma análise interna que formaliza os eventos no interior da narrativa e uma análise externa e paradigmática que leva para o exterior da narrativa; o segundo se efetiva entre uma dedução por analogia a partir dos termos da narrativa e uma "dedução transcendental" que aponta para a possibilidade de outros corpos míticos.

A análise lévi-straussiana do mito de Édipo, portanto, não se deixa reduzir nem ao quadrado semiótico à maneira de Greimas (Grupo de Klein), nem ao procedimento empírico-indutivo subjacente ao método de Vladimir Propp. Não é um algoritmo algébrico-silogístico nem um resumo formalizado de uma família

---

5. Poderíamos ter lido o esquema 2 assim: a *superestimação de relações* $F_x(a)$ *de parentesco* está para a *subestimação de relações com monstros autóctones* $F_y(b)$, assim como a *subestimação de relações* $F_y(a)$ *de parentesco* está para a *função-monstro autóctone* (coxo, canhoto, pés inchados) da *superestimação de relações*. Essa leitura vertical aproxima-se mais literalmente da fórmula canônica escrita por Lévi-Strauss em 1955.

de narrativas. A dupla torção que agora fecha o esquematismo mítico – uma condensação e um deslocamento – contém uma hipótese subjacente e nada trivial sobre o mecanismo pelo qual os mitos se transformam constrangidos pela exigência de simetria, de um lado, mas empurrados para quebrá-la pelos acidentes da história, por outro.[6]

Uma resposta sem pergunta

Se nosso raciocínio está correto, o essencial da fórmula canônica é exigir um salto histórico ou semântico. Mas já mencionamos acima o fato de que os helenistas criticaram a inspiração em mitos de indígenas estadunidenses para explicar a mitologia grega. Ora, sabemos que a "pista ameríndia" para encontrar a pergunta para a qual o "caráter coxo" seria uma resposta foi provisória, e o próprio Lévi-Strauss modificou sua posição inicial a esse respeito. Na versão inglesa do seu artigo (1995), ele já ressaltava (com mais ênfase do que na versão francesa) o caráter hipotético da especulação filológica sobre os nomes de Lábdaco, Laio e Édipo. Na versão francesa de 1958, o antropólogo não deixa de ressaltar que esses nomes próprios apareciam "*hors contexte*": pois não há episódios sobre o caráter coxo de Lábdaco nem sobre o caráter canhoto de Laio, ao passo que, no caso dos pés inchados de Édipo, não está em jogo uma origem não humana. Jean-Pierre Vernant tinha certamente razão ao reprovar o *coup de force* no qual Lévi-Strauss condensou, de um lado, "o assassinato do dragão por Cadmo e a vitória de Édipo sobre a Esfinge no mesmo caso semântico de uma recusa da autoctonia" e, de outro, "o pé inchado de Édipo e o coxeamento dos labdácidas no caso inverso e simétrico de um enraizamento ctônico originário"

---

6. A condensação na versão "ameríndia" liga Édipo, Laio e Lábdaco (em face de sua presumida dificuldade de andar de maneira ereta) aos Spartoi (como seres ctônios), presumivelmente porque (segundo sugestões de mitos ameríndios) há uma conexão entre a origem da Terra e a deformidade.

A fórmula canônica do mito **273**

(Vernant 1974: 241).[7] O mesmo Vernant afirmou, contudo, que, embora a interpretação lévi-straussiana houvesse parecido "no mínimo contestável" inicialmente, ela "modificou de maneira tão radical o campo dos estudos mitológicos que, a partir dela, para Lévi-Strauss e entre outros especialistas, a reflexão sobre a lenda edipiana tomou vias novas e fecundas" (Vernant e Vidal-Naquet 1988: 54).

Isso em particular porque "Lévi-Strauss [...] foi o primeiro a extrair a importância de um traço comum às três gerações da linhagem dos labdácidas: um desequilíbrio do andar, uma falta de simetria entre os dois lados do corpo, um defeito em um dos dois pés" (Ibid.: 55).

O "traço comum" é, aqui, *uma resposta* que pede uma pergunta. O interessante é que, mesmo que abandonemos a pergunta a que Lévi-Strauss chegou em 1955, os traços *tortos* de Lábdaco/Laio/Édipo continuaram a alimentar diferentes tentativas de formular a pergunta adequada. Por exemplo: os traços *tortos* dos personagens, em sua conexão com o incesto e com enigmas, apontam para a reflexão política ateniense, cujos poetas trágicos forneciam as versões mais conhecidas por nós do mito de Édipo – sobre a tirania como forma de anormalidade da comunicação. Leituras sucessivas relacionaram o tema do "desequilíbrio do andar" ao incesto (irmão-irmã, mãe-filho), ao abuso da linguagem na forma do enigma e ao abuso de poder na forma da tirania (Lévi-Strauss [1960a] 2017 e Vernant [1981] 2001).[8]

---

7. No artigo de 1958, Lévi-Strauss havia estendido à Grécia antiga a teoria *pueblo* que "concebe a vida humana a partir do modelo do reino vegetal (emergência para fora da terra)", justificando, assim, a escolha do mito de Édipo como primeiro exemplo (Lévi-Strauss [1955] 2017: 221). Contudo, os helenistas afirmam que a deformidade (como o caráter coxo) é um traço de deuses, e não de seres ctônicos (Detienne & Vernant 1974: 242 ss.). Evidência disso é o fato de que os Spartoi, os "semeados" com os dentes do dragão, saem da terra eretos e sem deformidade.

8. Jean-Pierre Vernant lembra que Terence Turner foi o primeiro a acentuar a importância do enigma. Eis os termos de Lévi-Strauss em 1960: "Como o enigma solucionado, o incesto aproxima termos destinados a permanecer separados: o filho se une à mãe, o irmão à irmã, *assim como o faz a resposta*

Foi, enfim, Jean-Pierre Vernant quem chamou a atenção para um grupo de mitos geograficamente distanciado dos mitos de Édipo, em que o caráter coxo tem papel central. Trata-se da história de Labda, a rainha coxa de Corinto. Salta aos olhos o paralelismo estreito com o mito de Édipo: em Tebas, há uma linhagem de tiranos estrangeiros (que se casam fora de seu grupo consanguíneo); em Corinto, há uma linhagem de tiranos endógamos. Em Tebas, um incesto de um futuro tirano "canhestro" (Laio tem relações sexuais com o jovem filho de seu anfitrião, que prevê que a linhagem de Laio se extinguirá em duas gerações) leva à destruição da linhagem por meio dos atos de seu filho de pés inchados, Édipo (passando por outro incesto); em Corinto, um casamento exógamo de Labda, a Coxa, acarreta a destruição da linhagem em virtude de ações de seu filho Cípselo (mas, neste caso, são os cidadãos que matam o tirano). Em ambos os casos, há uma profecia oracular cuja consequência se busca impedir com a tentativa (frustrada) de assassinato de um filho/filha.[9] Os paralelos e as simetrias continuam.[10] Destaca-se a tensão entre a endogamia da linhagem agnática (fratricídio, parricídio) e os conflitos fratricidas, de um lado, e entre guerra e aliança, de outro – tudo isso em conexão com o tema da inviabilidade da tirania permanente. Tudo se passa, então, como se a exagerada proximidade entre

---

que consegue, contra todas as expectativas, juntar-se à sua pergunta" (Lévi-Strauss [1960a] 2017: 32, Vernant [1981] 2001: 55).

9. Os baquíadas monopolizam o poder político em Corinto casando suas filhas com as filhas de aliados (os labdácidas alternam o poder político em Tebas, casando-se com descendentes dos Spartoi); a endogamia de tiranos em Corinto é interrompida pelo casamento exogâmico de Labda (ou porque ela, sendo coxa, não conseguiu marido no interior da linhagem, ou que se tornou "coxa" justamente por casar-se fora do grupo), enquanto em Tebas a aliança é interrompida pelo casamento endogâmico de Édipo com sua mãe; o oráculo profetiza que o filho de Labda assumirá o poder em Corinto, mas terá apenas duas gerações de descendentes, ao passo que o oráculo profetiza que Édipo, o filho de Jocasta (a mãe incestuosa), matará seu pai (sobre o pai de Édipo, culpado de "incesto", paira a maldição que sua estirpe se exterminaria, o que ocorre em duas gerações). Ver Vernant [1981] 2001.

10. Para esses paralelos, ver Robey 2017.

consanguíneos de sexo oposto (incesto) estivesse para o conflito com os consanguíneos do mesmo sexo (fratricídio, parricídio, filicídio), assim como a aliança para com os autóctones (não agnatos) estivesse para a guerra com os autóctones.

Contradição e mediação nos mitos pueblo

Se estamos na pista certa até aqui, a análise do mito de Édipo anuncia o essencial da fórmula canônica. E quanto aos mitos *pueblo* comentados com muito mais detalhes por Lévi-Strauss no mesmo artigo? Quando observamos a síntese inicial que o autor apresenta para um conjunto de mitos de origem Zuni, obtidos num intervalo de tempo de meio século (Lévi-Strauss [1955] 2017: 220), notamos que está em jogo um *tableau* mais complexo do que o do mito de Édipo. De fato, no primeiro *tableau* Zuni, em lugar de um conjunto de *feixes* de relações (cada uma delas reduzida a uma proposição), relacionadas entre si por oposições, vemos transformações gradativas no interior dos próprios feixes de relações (como no caso dos eventos que figuram nas colunas da tabela feita por Lévi-Strauss). Assim, na primeira linha da coluna 1, afirma-se o *uso de vegetais para dar vida a humanos* (emergência a partir da terra), mas esse uso é modulado (passando pelo *uso de vegetais para alimentar humanos*) até chegar, nas últimas duas linhas, ao uso predatório de animais para alimentar humanos e, finalmente, ao uso predatório de humanos na guerra (ver esquema 3). Já na coluna 4, a progressão se dá em sentido inverso: começa com a morte e termina com a "salvação da tribo". Em suma, há oposições *no interior* de cada feixe, confrontando vegetal a animal, vida a morte, deuses a homens.[11] Em um primeiro sumário, Lévi-Strauss recorre às diferentes versões do mito de origem para desentranhar delas, seja o tema da "emergência

---

11. Se considerarmos o *tableau* uma tira de papel e colarmos suas extremidades da esquerda (progressão de cima para baixo da vida para a morte) e da direita (progressão de baixo para cima da vida para a morte), obteremos uma fita de Moebius – uma figura topológica recorrente da fase mitológica da obra de Lévi-Strauss.

como resultado dos esforços dos homens para escapar à sua condição miserável nas entranhas da terra" (versões de Bunzel e de Cushing), seja como "consequência de um chamado, lançado aos homens pelas potências das regiões superiores" (versão de Stevenson), por meio de mediações ambíguas que conduzem a um "termo contraditório em pleno meio do processo dialético".

VIDA (= crescimento)	
Uso (mecânico) do reino vegetal (como crescimento)	ORIGEM
Uso alimentar do reino vegetal (plantas silvestres)	COLHEITA
Uso alimentar do reino vegetal (plantas silvestres e cultivadas)	AGRICULTURA
Uso alimentar do reino animal	CAÇA
Uso destrutivo do reino animal e do reino humano	GUERRA
MORTE (= decrescimento)	

Esquema 3 Progressão dialética e termo contraditório

Há, pois, transformações míticas que, em lugar de terem o caráter de inversões discretas (ou outras simetrias reversíveis), introduzem pequenos afastamentos que preenchem o abismo que separa dois termos contraditórios – ou pelo menos criam a aparência de fazê-lo. O que se está introduzindo é a importância que assumem nos mitos cadeias de mediações atravessando um percurso de variantes.

A essa altura, Lévi-Strauss destaca o papel mediador das figuras mediadoras, quer na forma de pares dioscúricos (dois mensageiros divinos, dois *clowns* cerimoniais, dois deuses da guerra; ou pares de irmãos, de irmão-irmã, de marido-mulher, de avó--neto), quer na forma do *trickster*, nesse caso exemplificada pelo coiote e pelo corvo: predadores ambíguos porque não matam o que comem (como agricultores), mas predam animais (como

A fórmula canônica do mito **277**

caçadores). O importante, porém, é que esses mediadores são parte de blocos maiores de oposições paradigmáticas (o coiote é um intermediário entre herbívoros e carnívoros, assim como o escalpo entre guerra e agricultura, como as roupas entre natureza e cultura, como a cinza entre o fogo de casa e o teto, bem como outras). Em suma, longe de constituírem mera solução lógica para resolver uma oposição entre opostos, os dióscuros e *tricksters* são pistas heurísticas para explorar transformações míticas que levam a outros continentes espaciais e semânticos e, nesse caso, conduzem Lévi-Strauss a paralelos entre o *Ash Boy* da mitologia ameríndia e a Gata Borralheira europeia.

O uso de termos ambíguos (*trickster* e dióscuros) como mediadores é um primeiro exemplo das "operações lógicas" do mito. Outra característica é a "dualidade de natureza" que caracteriza uma mesma divindade nos mitos. Lévi-Strauss exemplifica esse ponto com o seguinte esquema (Lévi-Strauss [1955] 2017: 228):

$$(Masauwû : x) \simeq (Muyingwû : Masauwû)$$

$$\simeq$$

$$(Shalako : Muyingwû) \simeq (y : Masauwû)$$

Esquema 4 Divindades contraditórias

Nessa série, apoiada em versões distintas (numeradas por Lévi-Strauss de 1 a 4), vê-se o deus Masauwû vinculado a funções que mudam conforme o lugar em que aparecem.

Assim, na versão 1, Masauwû socorre os homens, embora não de maneira absoluta. Isso é escrito assim: "*Masauwû : x*". Lembremos que x e y representam aqui "valores arbitrários que é preciso postular para as duas versões extremas" (Ibid.: 228). Desse modo, poderíamos expressar isso mais claramente com a fórmula a seguir. Vale lembrar que o sinal > expressa o fato de que Masauwû tem a função de socorrer humanos, *mais* do que outros deuses.

$$F_{socorrer} (Masauwû > x)$$

Na versão 4, Masauwû é hostil aos homens, entretanto poderia sê-lo ainda mais. Com a mesma notação acima, escreveríamos:

$$F_{hostilizar}\ (y > Masauwû)$$

Com a mesma notação, podemos reunir as versões de 1 a 4 e reescrever assim o esquema 4:

$$F_{socorrer}\ (Masauwû > x) \simeq F_{socorrer}\ (Shalako > Muyingwû)$$
$$\simeq$$
$$F_{socorrer}\ (Muyingwû > Masauwû) \simeq F_{socorrer-1}\ (y > Masauwû)$$

Esquema 5 Uma versão quase canônica dos mitos *pueblo*.

Nessa notação, entende-se melhor por que Lévi-Strauss havia anunciado, ao discutir o papel dos termos dioscúricos, que "a construção lógica do mito pressupõe uma dupla permutação de funções" (Ibid.: 228); pois, de fato, é necessário transformar duas vezes a primeira expressão para obter a última: transformar a função $F_{socorrer}$ na função $F_{antissocorrer}$ e inverter o papel de Masauwû (de termo maximal, em uma relação; de termo minimal, na relação inversa). É logo em seguida que Lévi-Strauss apresenta sua célebre fórmula, que ganha sentido se a lermos à luz tanto da análise dos mitos de Édipo (compare-se com o esquema 2) como dos mitos Zuni de emergência (esquema 5):

$$F_x(a) : F_y(b) \simeq F_x(b) : F_{a-1}(y)$$

Esquema 6 A fórmula canônica original.

Nesse formato, destacam-se uma *simultânea* inversão *paradigmática* (valor *a* transformado no valor *a* – 1) e *sintagmática* (um termo é convertido em predicado). Mas, nos exemplos dados, essa dupla transformação se dá em fronteiras: na passagem entre versões Zuni afastadas por meio século, e entre mitos do rei-coxo Édipo em Tebas e mitos da rainha-coxa de Corinto; na passagem de códigos da comunicação (enigmas e profecias, perguntas sem resposta e respostas sem pergunta), códigos da sociedade (incesto e parricídio), códigos corporais (coxos, disformes, canhestros), códigos cosmológicos (origem ctônica e origem vegetal da humanidade).

Um exemplo: *A oleira ciumenta*

O procedimento introduzido na análise do mito de Édipo pode ser assim resumido: completar um quadrado lógico saltando de uma tríade autocontida e empiricamente sustentada para um quarto termo que exija um salto, que Lévi-Strauss chamará de "dialético" na *Antropologia estrutural* ([1958] 2017) e em *O pensamento selvagem* ([1962] 1989) e que preferirá chamar de "dedução transcendental" em 1985 (*A oleira ciumenta*, [1985] 1986). Não será possível aqui explorar a complexidade das cinco aplicações da fórmula canônica nessa obra, porém não se pode deixar de fazer referência pelo menos à primeira delas, à qual o autor dedica os capítulos 1 a 4. O programa geral é descrito desta maneira: partindo de um mito bem localizado, que, à primeira vista, parece aproximar por capricho termos heteróclitos sob todos os pontos de vista, seguirei passo a passo as observações, as inferências empíricas, os juízos analíticos e sintéticos e os raciocínios explícitos e implícitos que dão conta de sua ligação (Lévi-Strauss [1985] 1986: 21).

Acompanhemos os passos dessa afirmação. No capítulo 1 de *A oleira ciumenta*, Lévi-Strauss propõe um enigma que envolve *três termos*:[12] "Os mitos jívaro apresentam, contudo, um enigma. Eles põem em estreita conexão uma arte da civilização, um sentimento moral e um pássaro. Que relação pode haver entre a cerâmica, o ciúme conjugal e Engole-vento?" (Ibid.: 33).

Tendo em mente esse enigma, o autor expõe, no capítulo 2, este programa:

---

12. Lembremos que, em 1956, Lévi-Strauss afirmava que "o modelo genérico do mito [...] consiste na aplicação de *quatro* funções de *três* símbolos" (Lévi-Strauss [1956] 2017: 239).

Inicialmente, perguntaremos se existe uma ligação entre a cerâmica e o ciúme [...]. Em seguida focalizaremos a ligação entre o ciúme e o Engole-vento. Se, nos dois casos, obtivermos resultados positivos, existirá consequentemente, por aquilo que anteriormente chamei de dedução transcendental, também uma relação entre a cerâmica e o Engole-vento (Ibid.: 34).

O capítulo 2 reúne evidências geográfica e historicamente disjuntas da conexão entre *cerâmica* e *ciúme*. A conclusão é de que "a conexão entre cerâmica e ciúme é um dado do pensamento ameríndio" (Ibid.: 47), com uma distribuição que vai bem além da ocorrência verificada no caso da mitologia jívaro.

Já o capítulo 3 trata de vários mitos, também com ampla distribuição geográfica, que mencionam em conjunto desavenças conjugais e a figura oral de Engole-vento (bacurau, urutau, mãe-da-lua). Esses passos correspondem às "observações" e às "inferências empíricas" anunciadas pelo autor na passagem citada acima ([1985] 1986: 21).

No capítulo 4, Lévi-Strauss apresenta o seguinte resumo: "Partindo de mitos jívaro que constroem um triângulo ciúme-cerâmica-Engole-vento, mostrei que no pensamento dos indígenas sul-americanos existe uma conexão entre a cerâmica e o ciúme, e outra entre o ciúme e o Engole-vento de outro" (Ibid.: 66).

A conexão entre cerâmica e ciúme, afirma Lévi-Strauss, é de natureza teórica. Ela repousa sobre o raciocínio explícito nas teorias indígenas segundo o qual a cerâmica é o que está em jogo no conflito cósmico entre potências celestes e potências ctônicas. Já a segunda conexão, entre "ciúme e Engole-vento", resulta de uma "dedução empírica", estando presente implicitamente nos mitos e na etnografia.

A essa altura, contudo, "a demonstração permanece incompleta": "Se os três termos formam um sistema, é preciso que estejam unidos dois a dois [...] Mas qual a relação entre a cerâmica e o Engole-vento?" (Ibid.: 69).

É aqui que a fórmula canônica dos mitos será invocada por Lévi-Strauss, trazendo à baila um princípio fundamental na análise estrutural dos mitos. Para demonstrar a conexão entre o Engole-vento e a cerâmica, deveremos recorrer a um pássaro que não ocupa nenhum lugar nos mitos considerados até o presente (Ibid.: 70).

Qual é exatamente o princípio fundamental invocado aqui? É que os termos considerados anteriormente, presentes no conjunto de variantes míticas de partida – quer de modo explícito na forma de teorias indígenas, quer do modo implícito sugerido pela associação empírica de temas nos mitos – estabelecem cerâmica, ciúme, e um pássaro ciumento e associado à vida doméstica. Mas esse sistema leva a um ente "que não ocupa nenhum lugar nos mitos considerados até o presente". Um pássaro com essas características ocorre no sudoeste amazônico, e eis como Lévi-Strauss (Ibid.: 70) justifica a introdução desse novo termo:

1) "[...] este pássaro figura em outros mitos que, como será possível demonstrar, estão com os primeiros em relação de transformação";
2) "Esses novos mitos se articulam aos do Engole-vento sob um ponto de vista não apenas lógico, como também geográfico: provêm do Chaco, onde vivem os Ayoré, em cujos ritos e mitos o Engole-vento desempenha um papel de destaque".

Trata-se do *fournier*, pássaro conhecido no sul do Brasil como joão-de-barro e chamado pelos habitantes mestiços da floresta do Alto Rio Juruá de maria-de-barro. Segundo Lévi-Strauss, na mesma região, ele é protegido pelos Kaxinawá. Esse tratamento respeitoso, aliás, é compartilhado pelos seringueiros e caboclos da região, que o estendem a outro pássaro construtor de casa – o japiim, que, à diferença da maria-de-barro, constrói sua casa com vegetais. A maria-de-barro fecha um ciclo de transformações. Resta, porém, um problema, que leva ao papel da fórmula canônica.

Lévi-Strauss identifica a necessidade de provar a legitimidade do procedimento que consiste em "fechar um ciclo de transformações por meio de um estado que não é dado nos mitos que ilustram os outros estados" (Ibid.: 76). Ele justifica esse procedimento sugerindo que, mesmo que as marias-de-barro não apareçam nos mitos jívaro, eles não poderiam deixar de ter sua presença em mente: "Sem dúvida o João-de-Barro estava presente no pensamento dos indígenas mesmo quando não falavam dele. E os seus hábitos, dei provas disso, não podiam deixar de ser confrontados aos do Engole-vento" (Ibid.: 78).

Mas isso não basta: é necessário apoiar esse passo do invisível para o visível em um princípio geral. É aqui que o autor recorre à fórmula canônica de 1955, em dois passos. E aqui tomo a liberdade de manter, ao lado da notação de aparência algébrica utilizada por Lévi-Strauss a notação diagramática eu utilizei acima.

$$F_{ciúme} \text{ (Engole-vento)} : F_{oleira} \text{ (mulher)} :: F_{ciúme} \text{ (mulher)} : F_{engole-vento}^{-1} \text{ (oleira)}$$

Esquema 7 A fórmula canônica em *A oleira ciumenta*.

Lévi-Strauss explica: para que se possa pôr em relação uma pessoa humana e um pássaro de um lado, e o ciúme e a cerâmica de outro, é preciso que haja congruência entre a pessoa humana e o pássaro sob a relação de ciúme (o engole-vento, ou bacurau), mas também que o registro de pássaros comporte um termo congruente com a cerâmica: a maria-de-barro satisfaz essa condição, desde que seja tratada como um inverso do bacurau. Assim, diz ainda Lévi-Strauss:

> A função "ciúme" do Engole-vento provém, como mostrei, de algo que chamei alhures de dedução empírica: interpretação antropomórfica da anatomia e dos hábitos observáveis do pássaro. O João-de-Barro, por sua vez, não pode desempenhar o papel de termo por não figurar como tal nos mitos de Engole-vento. Está presente apenas nos mitos que invertem os primeiros. Mas seu emprego como função verifica o sistema das equivalências, ao transformar em dedução empírica algo que, no início, não passava de dedução transcendental (que o Engole-vento possa, como afirmam os mitos, estar ligado à origem da cerâmica). A experiência comprova que o João-de-Barro é um

mestre ceramista, e comprova igualmente que o Engole- vento é um pássaro ciumento (Lévi-Strauss [1985] 1986: 78).

Rasgar, colar, desorientar: O *tópos* lógico do mito

O raciocínio de Lévi-Strauss começa com uma relação "entre uma (mulher) humana e um pássaro de um lado e o ciúme e a cerâmica de outro". Essa relação entre dois predicados e dois termos pode ser representada esquematicamente na forma de um quadrado, que pode ser pensado como uma fita, na qual uma extremidade contém os predicados, e a outra, os termos. A fita pode ter suas extremidades coladas, gerando um cilindro. O ato de colar expressa, então, o próprio ato de predicar.

$$F_{ciúme} \text{ [Engole-vento]} :: F_{oleira} \text{ [Mulher]}$$

Esquema 8a O cilindro como primeira analogia da fórmula.

Essa formulação corresponde a formar um cilindro colando as extremidades a fim de fazer as estrelas coincidirem. Ora, o passo seguinte consiste em introduzir um termo (João-de-barro) que precisa agora funcionar como função. Esse passo pode representado:

O cilindro como primeira analogia da fórmula

* ciúme	Engole-vento*
** oleira	Mulher**

Esquema 8b Colar as extremidades da fita unindo os asteriscos correspondentes.

A fita de Moebius

* ciúme	Engole-vento $^{-1}$**
** oleira	Mulher*

Esquema 8c Colar as extremidades da fita unindo os asteriscos correspondentes: é preciso torcer a fita.

No esquema acima, é preciso colar as extremidades da fita para que os asteriscos coincidam. Com isso, obtemos um objeto cuja geometria é a de uma fita de Moebius. Lembremos que, para passar de um cilindro à fita de Moebius, é preciso rasgar e colar, fazendo no percurso uma torção. Com essa metáfora topológica, reencontramos uma ideia lévi-straussiana familiar: a de que a lógica das transformações míticas implica rasgar e colar. A demonstração de Lévi-Strauss é, então, ela mesma, uma metáfora. Passar do cilindro para a fita de Moebius equivale a desorientar um juízo. A metáfora sugere, por meio da passagem de uma superfície orientável para uma superfície não orientável, a passagem de uma proposição "orientada" (predicado e termo) para uma proposição "desorientada" (em que termos ganham a função de predicados, e predicados ganham o papel de termos).

Para que servem fórmulas

Espero que a esta altura a leitora ou o leitor tenham pelo menos se inclinado a aceitar que a fórmula de Lévi-Strauss não é uma receita para silogismos nem um registro taquigráfico dos dados empíricos de uma narrativa. Ela pressupõe como meta o acesso a "um modo universal de organizar os dados da experiência sensível" (Lévi-Strauss [1955] 2017: 226) na fronteira entre a irredutível presença da historicidade e as exigências do pensar. No fundo, é aqui que se encontra a consequência mais profunda da diferença entre seu método estrutural e o método morfológico de Vladimir Propp, cujas fórmulas geram *narrativas* que devem dar conta de um *corpus*-base e produzir outras narrativas similares. O método de Lévi-Strauss gera hipóteses sobre termos indeterminados, as quais conduzem a outros *corpora* infletidos pela historicidade da qual o pensamento mítico deve dar conta (Lévi-Strauss [1956] 2017: 235–40).

A leitura canônica do mito é *symptomale*: vai do consciente para o inconsciente; do sintoma para um diagnóstico que, se adotado, dá sentido ao sintoma. Antecipa possibilidades em vez de meramente descrever aquilo que já foi atualizado. Exige do observador que transite da "dedução empírica" (apoiada diretamente nos dados da etnografia) para a "dedução transcendental" e desta novamente para a "dedução empírica" (Lévi-Strauss [1985] 1986: 78). No caso dos mitos de Édipo, uma primeira inferência empírica leva ao papel das qualidades de "coxo", "gago" e "canhestro" associadas a *nomes* de reis estrangeiros. Uma "dedução transcendental" remete à exigência de que essas "funções" apareçam como termos. Após a tentativa inicial de verificar as implicações dessa hipótese na tradição ameríndia, a dedução transcendental encontrou-se com a "dedução empírica" quando os qualificativos de tiranos foram lidos no registro de distúrbios de comunicação e da tirania no próprio contexto da mitologia grega de outras ilhas.[13]

Paramos agora para retomar as afirmações explícitas de Lévi-Strauss nos artigos do período que vai de 1955 a 1958. Consideremos afirmações como esta: "se se conseguir ordenar uma série completa de variantes, na forma de um grupo de permutações, pode-se esperar descobrir a lei do grupo" (Lévi-Strauss [1955] 2017: 229).

Um grupo de permutação tem a estrutura do esquema 1 (Grupo de Klein). Mas sabemos que, de fato, sua fórmula canônica tem outra estrutura, que é a do esquema 2 ou do esquema 6 (ou de variantes deles). E a diferença é muito instrutiva, já que ilustra a diferença entre uma dedução matemática e a "dedução transcendental". Nesta última, o que está em jogo é uma abdução, e não uma dedução. Em outras palavras, o que a fórmula realmente pede não é uma resposta para uma pergunta como:

---

13. Um exemplo com o qual comecei a apresentação deste texto é dado por uma anedota que está em *Tutameia* (1967), de Guimarães Rosa. Professora: "- Joãozinho, dê um exemplo de substantivo concreto". Joãozinho: "- Minhas calças, professora". Professora: "- E de um substantivo abstrato?". Joãozinho: "As suas, professora". A anedota poderia ser reformulada como um enigma cujo espírito é bem captado pela fórmula canônica, cujo quarto termo conduz a um salto inesperado entre domínios semânticos que normalmente se encontram separados. Em vez de uma dedução lógica que levaria à resposta esperada ("- Minha inocência, professora"), Joãozinho transporta a oposição concreto/abstrato do código gramatical para o código da sexualidade por meio de uma analogia que leva para além dos dados imediatos do problema.

"Se sabemos que 2 está para 4, assim como 4 está para *x*, que número é *x*?". Em vez disso, trata-se de achar *uma pergunta* para uma *resposta*: "Se sabemos que 4 é o resultado de uma operação F aplicada a 2, qual é a operação F que satisfaz essa condição?". Um problema formulado desse modo não tem uma única resposta, e sim várias.[14] Para escolher entre elas, é preciso voltar ao plano empírico, agora com o apoio da imaginação transcendental.

O capítulo XII de *Antropologia estrutural*, escrito em 1956, intitulado "Estrutura e dialética" ([1956] 2017), é um importante complemento à "A estrutura dos mitos" ([1955] 2017) por deixar este ponto absolutamente claro:

> [...] é indispensável comparar o mito e o rito não apenas na mesma sociedade, como também com crenças e práticas de sociedades vizinhas. Se um certo grupo de mitos pawnee representa uma permutação, não só de ritos da mesma tribo como de ritos de outras populações, não se pode ficar limitado a uma análise puramente formal. Esta constitui uma etapa preliminar da investigação [...] (Lévi-Strauss [1956] 2017: 239).

Nessa viagem, porém – e eis o ponto importante –, não buscamos a difusão de certas propriedades, e sim as transformações que revelam mecanismos de "respostas, remédios, desculpas ou até remorsos":

> Procurei dar uma modesta contribuição a essa teoria, aplicada a outro campo, sublinhando que *a afinidade não consiste somente na difusão para além de sua área de origem de certas propriedades estruturais, ou na rejeição que se opõe à sua propagação: a afinidade também pode proceder por antítese e gerar estruturas que se apresentam como respostas, remédios, desculpas ou até remorsos.* (Ibid.: 240, grifo meu).

---

14. Essa formulação equivale a uma equação diferencial: de um lado, há a mudança do sistema; do outro, há a lei que regula essa mudança – e o problema é achar essa lei.

A fórmula canônica do mito **287**

Vemos então dois níveis: o da forma lógica e o do inconsciente, combinados como verso e anverso e rastreados ao longo de distâncias geográficas e históricas. Como insiste Lévi-Strauss, em 1956, "tudo o que uma análise estrutural do conteúdo do mito poderia, por si só, obter: regras de transformação que permitem passar de uma variante a uma outra" (Lévi-Strauss [1956] 2017: 235).

Uma variante se transforma em outra na história e no espaço ao ser contada e recontada, e assim é transformada não só no sentido formal como também no histórico.[15] Vemos, assim, que a "fórmula canônica", segundo esses textos da década de 1950, de fato pretende remeter, de um lado, a operações lógico-algébricas e, de outro, a operações histórico-psicológicas, à razão analítica e à razão dialética, à dedução e à fabulação.

Chegamos ao fim evocando um último testemunho de Lévi-Strauss sobre o uso de sua fórmula. Trata-se de uma carta que o antropólogo francês escreveu a Solomon Marcus em 1994, citada por Pierre Maranda em sua "Introdução" ao volume dedicado inteiramente à fórmula. Nela, Lévi-Strauss pronuncia-se em tom aparentemente conciliatório a respeito do evidente afastamento entre o emprego da fórmula como caracterizado aqui e aquele como estenografia de uma estrutura narrativa singular ou de um rito determinado. Diz ele, dirigindo-se a Marcus:

> Você distingue dois usos da fórmula, um diacrônico e outro sincrônico. O primeiro pode ser ilustrado por Maranda e Maranda (1971), que o aplicam à dimensão temporal no interior de narrativas, enquanto eu uso a fórmula para separar variantes de um ponto de vista puramente formal (Lévi-Strauss [1994] 2001: 314).

Depois de indicar nesse início de frase o uso da fórmula para "distinguir variantes" (e não para organizar o conteúdo de uma

---

15. Terence Turner chamou a atenção para a diferença entre transformação lógica e transformação histórica ao comentar um artigo de minha autoria sobre o estruturalismo de Lévi-Strauss. Infelizmente, deixei passar o alcance desse ponto perfeitamente justificado naquela época (Almeida 1993). Ver também Gow 1991.

narrativa ao longo de uma dimensão diacrônica), Lévi-Strauss continua estabelecendo um elemento de fundo que põe a noção de diacronia em questão:

> Não obstante, mesmo meu uso dela [a fórmula] implica um aspecto diacrônico. A variante que vem por último (o quarto membro da fórmula) resulta de um evento que ocorreu no tempo: ultrapassando fronteiras culturais ou linguísticas, com empréstimos de audiências estrangeiras (Ibid.).

Um exemplo flagrante desse procedimento, aliás, é o artigo com o qual Lévi-Strauss contribuiu, no mesmo volume organizado por Pierre Maranda. Nele, a fórmula canônica é utilizada para pensar a conexão entre modos de representar o cosmos em construções religioso-rituais no Japão, na Índia e na América do Sul (Lévi-Strauss 2001: 28). Ora, a diacronia à que se refere Lévi-Strauss tem peso material:

> No caso presente, é notável que a dupla transformação ilustrada pela fórmula seja iniciada por condições técnicas. A passagem de um material para outro desempenha assim o mesmo papel que mudanças linguísticas ou culturais em outros contextos: trata-se sempre de cruzar uma fronteira (Ibid.).

Voltando à sua carta, Lévi-Strauss continua a distinguir a diacronia da história real de uma diacronia puramente simbólica:

> É possível conceber a diacronia de duas maneiras: ou como inscrita no intervalo temporal de uma narrativa específica (o *tempo do relato*), ou como a inscrição de várias narrativas inter-relacionadas em um intervalo temporal externo (*o tempo histórico*) (Lévi-Strauss [1994] 2001: 314).

Finalmente, Lévi-Strauss especula sobre a possibilidade de uma combinação entre os dois enfoques, admitindo a existência de "mentes individuais que conscientemente inventam narrativas, e mentes coletivas que inconscientemente geram séries de transformações míticas" (Ibid.).

Lévi-Strauss acrescenta, contudo, que é possível que esses dois procedimentos "não obedeçam às mesmas regras ou não explorem as mesmas possibilidades": indivíduos que criam narrativas (o plano da *parole*) de maneira consciente, bem como "pensamentos coletivos" (ou coletividades pensantes) sujeitos a coerções de longa duração da história, estarão sujeitos a diferentes restrições que funcionam, então, como infraestrutura do pensar: sejam materiais de construção (pedra, palha), sejam materiais de pensamento (bacuraus e joões-de-barro não têm a mesma distribuição geográfica).

Lévi-Strauss é ao mesmo tempo um kantiano "sem sujeito transcendental" e um materialista histórico? Se tivermos em mente a noção de que as "mentes coletivas que geram inconscientemente séries de transformações míticas", sujeitas a coerções materiais de longa duração, as duas proposições não são tão absurdas como parecem à primeira vista. Na fórmula canônica, o "último membro", aquele no qual ocorre "dupla torção", conecta narrativas relacionadas entre si na temporalidade real. As transformações no tempo histórico não se reduzem à diacronia simbólica das estruturas de pensamento. Isso ocorre porque – da mesma maneira como uma máquina pode ser vista formalmente como pura estrutura reversível no tempo abstrato, mas é sujeita às leis da termodinâmica e é condenada ao aumento de entropia ao ser considerada no tempo real da história – as transformações induzidas pelo tempo histórico não podem ser simplesmente deduzidas da forma lógica de um conjunto dado, mas são sujeitas às injunções de uma infraestrutura e à capacidade revolucionária da mente humana que consiste em sua capacidade de transpor as fronteiras da experiência sensível e de se projetar rumo ao desconhecido.

CAPÍTULO 10

Matemática concreta

Em artigo de 2012, Stephen Hugh-Jones tratou da "escrita na pedra" e da "escrita no papel", e de ambas como "diferentes modalidades indígenas de discurso e música".[1] O traço fecundante dessa reflexão consiste em reunir em um mesmo campo "formas obviamente gráficas, como petroglifos, pinturas de casas, padrões de cestaria" e "características da paisagem, compreendidas em termos gráficos como marcas ou traços dos corpos de seres ancestrais e como signos de suas atividades, conforme foram se movendo pelo mundo", além das modalidades da linguagem, como a fala e o canto (Hugh-Jones 2012: 139).[2]

Começando com o nexo entre desenho e paisagem, Hugh-Jones afirma, contra Gregory Bateson ([1972] 2000: 180–85), que o território é o mapa.[3] Ele acrescenta que seu foco recai "mais na forma do que nos conteúdos", afirmação que deve ser entendida, à luz de sua aplicação ao material etnográfico, como o

---

1. Publicado originalmente em *Sociologia & Antropologia*, v. 5, n. 3, 2015.
2. Todas as citações de obras estrangeiras foram traduzidas por mim.
3. Com a asserção "o mapa não é o território", Bateson expressava a distinção entre linguagem e metalinguagem introduzida por lógicos (Bertrand Russell e Alfred Tarski) no início do século XX. Contudo, ele sabia que, nas línguas naturais, linguagem e metalinguagem se alternam em equilíbrio instável como forma e fundo na percepção visual (Bateson [1972] 2000: 184; Carneiro da Cunha & Almeida 2002: 358).

reconhecimento de que forma e conteúdo, ou, melhor, forma e fundo se alternam de maneira complementar (Hugh-Jones 2012; ver Lagrou 2007 e 2012; Severi & Lagrou 2013), mas também que, por "forma", devemos entender esquematismos capazes de gerar muitas formas que correspondem a outros tantos conteúdos. Finalmente, argumenta Hugh-Jones, há continuidade entre essas formas de "escrita em pedra", escritas têxteis (como *quipos*, cordões com nós) e escritas de cestos – e a abundante escrita em papel resultante da colaboração de brancos e de indígenas nos anos recentes. Essa linha de pensamento conecta, de um lado, as escritas concretas na pedra e na paisagem, na tecelagem e na cestaria, a linguagem de cantos e de falas e, de outro, a escrita alfabética dos livros bilíngues.[4] Os temas envolvidos nisso são múltiplos e complexos. Meu ponto de vista é o seguinte: toda escrita (uma modalidade de linguagem) pode ser vista como parte de ontologias (o que alguns chamariam dimensão semântica) e de sociologias (ou "pragmática", segundo o mesmo registro) e, ainda, como evidência da capacidade formal ("sintática") do pensamento e da prática. Sob esse ponto de vista, a afirmação de Hugh-Jones de que privilegia o ângulo "formal" justifica minha tese neste comentário, a saber: a de que a escrita "concreta" (na pedra, em tecidos e em cestos) compartilha com a escrita "no papel", isto é, com símbolos arbitrários organizados sintaticamente, a expressão de uma capacidade matemática que se manifesta, assim como a capacidade de linguagem, em todos os povos e culturas, sob modos diferentes, mas que preservam algo que não varia – relações, e não conteúdo.[5]

---

4. Ver *Coleção Narradores indígenas do rio Negro*, com oito volumes publicados pela Federação das Organizações Indígenas do Rio Negro (Foirn) e pelo Instituto Socioambiental (isa) até a data do artigo de Hugh-Jones. Ver também "escritas em cestos" (Ricardo & Martinelli 2001; Velthem & Linke 2010 e 2014) e mapas escritos tanto "na pedra" (Instituto do Patrimônio Histórico e Artístico Nacional [Iphan 2007]) como "em papel" (Cabalzar & Ricardo 2006), bem como a interação dessas escritas (Cabalzar 2012).

5. Ver Almeida 2019.

Quipos e rios

Stephen Hugh-Jones relaciona, de um lado, os "desenhos da cestaria yekuana, os livros sagrados kuna, os mastros totêmicos da costa noroeste da América do Norte e o *quipo* andino"; de outro, "os cantos rituais cuja estrutura consiste na listagem repetitiva de nomes e várias outras formas de paralelismo" (Hugh-Jones 2012: 143; ver Severi 2004 e 2009). *Quipos* são cordões de algodão ou de lã nos quais são feitos nós a partir dos quais surgem outros cordões nos quais também são feitos nós (ver Guss 1989: 78; Velthem 2003; Velthem & Linke 2010 e 2014; Grupioni 2009; Desrosiers 1988). A tese de Hugh-Jones alega que *quipos* são mapas com informação associada a lugares, ou seja, mapas "georreferenciados" ou, ainda, SIG (Sistemas de Informação Geográfica).[6]

A conexão entre a escrita dos cantos-mitos, a escrita das pedras-rios, a escrita dos *quipos* e a escrita conceitual da lógica é exibida nas figuras a seguir.

---

6. Em brochura publicada em 1942 sobre a teoria matemática dos nós, o ilustre matemático Hans Tietze incluiu uma extensa nota sobre *quipos*. Nela se afirma que os *quipos* serviam como mapas e como registros de tributos: "nos *quipos* não apenas características externas como cor e tamanho dos fios, mas também os diferentes tipos de nós eram relevantes para o significado de um cordão de nós" (Tietze 1942: 36, nota de rodapé). Tietze afirmou que a "escrita de nós" ("*Knotenschrift*") existia também nas ilhas Marquesas, onde seria utilizada para o registro de tributos e para registros genealógicos que abrangeriam mais de cem gerações. Ele cita como fonte Karl von den Steinen (1903: 108 ss apud Tietze 1942: 36).

Matemática concreta **295**

Na figura 1, a representação dos cantos tribais é análoga à de uma partitura orquestral, em que a melodia ("perseguindo notas") é exibida no eixo horizontal e a harmonia ("amontoando notas") é exibida no eixo vertical, uma analogia bem explorada por Lévi-Strauss (Hugh-Jones 2012: 146).

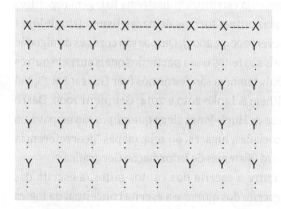

Figura 1
Cantos tribais como partituras orquestrais.

Na figura 2, um *quipo* representa uma mensagem expressa na dimensão horizontal (ordem em que os cordões são afixados) e na dimensão vertical (nós e cores em cada cordão).

Figura 2 *Quipos*: dimensão horizontal e dimensão vertical.

A "escrita conceitual" (*Begriffschrift*) de Gottlob Frege ([1879] 1967) foi a primeira formulação rigorosa da lógica formal. A notação de Frege não se popularizou, e uma razão para isso é que exigia uma representação em duas dimensões – como os *quipos*: na horizontal, a sequência de proposições e, na vertical, as proposições subordinadas a cada proposição, esquematismo reiterado em vários níveis, etapas de um trajeto conceitual com suas ramificações. As sentenças de Frege podem ser expressas em *quipos* (figura 3).

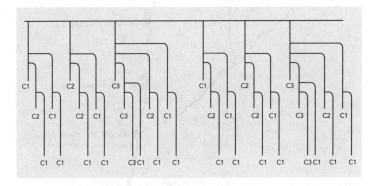

Figura 3 A escrita conceitual de Gottlob Frege.

As "casas de transformação" de povos indígenas no Alto Rio Negro têm a estrutura de *quipos* e de proposições lógicas (figura 4).

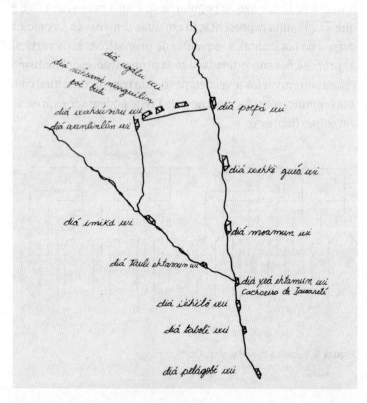

Figura 4 Casas de Transformação, com os lugares de parada da Cobra--Canoa (Pãrõkumu & Kehíri 1995: 80; Hugh-Jones 2012: 153).

A intenção da sucessão de figuras 1 a 4 é fornecer uma evidência visual da tese de Hugh-Jones, a saber, que cantos-narrativas, rios (com marcas-pedras e afluentes), *quipos* e a escrita conceitual matemática, segundo Frege, são outras tantas variantes de escrita, em um sentido generalizado que inclui mapa, arquivo, classificações e juízos lógicos.

Em outras palavras, cantos-narrativas são sequências narrativo-musicais que contêm episódios secundários que, por sua vez, podem dar origem a episódios terciários, assim como rios--narrativas são sequências de "pedras" e outras marcas em que se "amontoam nomes". Marcia e Robert Ascher oferecem a analogia com um guia rodoviário que contém informações turísticas sobre cada um de seus pontos (Ascher & Ascher 1981, 1991). O que há de comum entre cantos-narrativas, rios, *quipos* e formas lógicas é que, em todos esses casos, trata-se de ícones que *mostram* relações ou de índices que resultam de eventos.[7]

Pode parecer estranho à primeira vista que relações e números sejam *mostrados* por meio de ícones. Mas o ponto essencial é que, enquanto letras como c_1, c_2 e c_3 na escrita conceitual de Frege (figura 3) são símbolos arbitrários sem conexão com o que representam (são "depósitos de nomes"), a árvore que conecta essas marcas imita as relações que conectam tais símbolos: dado um tronco, *vemos* quais são os galhos que se articulam a esse tronco.

Esse ponto foi destacado por Peirce, para quem a linguagem da álgebra e da lógica é de natureza icônica, ideia formulada em um artigo de 1885 e que corresponde perfeitamente ao caráter-*quipo* da notação ideográfica de Gottlob Frege. Assim, no exemplo da figura 3, mesmo sem saber o que é *c* (proposição, estrada), sabemos que c_1, c_2 e c_3 vêm um depois do outro: como pontos em um mapa rodoviário, seguidos de instruções para cada ponto.[8] Em suma, cantos, rios, *quipos* e sentenças na forma algébrica são lógicas concretas, escritas em algodão, em pedra e em diagramas no papel.

---

7. "Eu chamo de ícone um símbolo que está no lugar de algo apenas por se assemelhar a esse algo. Assim são os diagramas da geometria. Na verdade, um diagrama que tenha um significado geral não é um ícone puro, mas, no meio de nosso raciocínio, esquecemos em boa medida essa qualidade abstrata, e o diagrama passa a ser para nós a própria coisa [...] a dedução consiste em construir um ícone ou diagrama cujas relações entre suas partes apresentam completa analogia com as relações entre as partes do objeto do raciocínio; experimentar ou testar essa imagem em nossa imaginação; e observar o resultado a fim de descobrir relações ocultas ou ainda não percebidas entre as partes" (Peirce 1933: 182 ss).

8. Como se sabe, essa é a posição de Ludwig Wittgenstein no *Tractatus logico-philosophicus*: a forma lógica não simboliza, mas mostra relações entre coisas de modo figurativo (Wittgenstein [1921] 1984).

Há mais que isso, porque, conforme Hugh-Jones, "[...] as ideias indígenas sobre forma geométrica, número e ordem devem ser incluídas como uma parte integrante das tradições orais, da iconografia e das técnicas de memória que estamos considerando [...]" (Hugh-Jones 2012: 157). A meu ver, Hugh-Jones formula a noção de que tradições orais, iconografia têxtil e trançagem, como *quipos*, bem como caminhos fluviais ou terrestres, além de serem parte de ontologias e de terem usos práticos, são atividades matemáticas: são matemática concreta ou matemáticas selvagens.[9] Essa tese postula primeiro que o "pensamento selvagem" que opera com *signos* (ícones e índices) é adequado para expressar conceitos complexamente articulados e com conteúdo numérico e geométrico. Outra consequência é que a ausência de numerais em línguas indígenas, ou mesmo de mecanismos gramaticais de natureza recursiva (ou seja, orações subordinadas), não implica de modo algum a ausência de pensamento matemático, contrariamente à tese de Everett, que atribui a povos cuja língua é pobre em numerais as incapacidades numérica e matemática.

Segundo Daniel L. Everett, com base na escassez de numerais entre os Pirahã: "Não há número gramatical em Pirahã"; "ninguém aprenderá a contar até dez, e ninguém aprenderá a somar 3 + 1, ou mesmo 1 + 1 e responder regularmente '2', *pois este último evidencia o aprendizado* [...]" (Everett 2005: 623–24, 626, grifo meu).

Ora, nessas passagens evidencia-se a confusão conceitual do autor, que não distingue *numerais* (expressão linguística de número) do *conceito* de número (que pode ser expresso linguisticamente de múltiplas maneiras ou empregado sem expressão linguística). Trata-se de distinguir *numerais* (número em uma língua) de *conceito* de número (comum a várias línguas). Trata-se da diferença entre *contar* e *contar com numerais* (palavras).

9. Trata-se do que D'Ambrosio e outros chamam de "etnomatemática" (D'Ambrosio 1998 e 2010; Ascher 1991 e 2002). Preferimos evitar essa expressão. A razão principal é que não há diferença essencial entre as matemáticas concretas ou selvagens de *quipos* e de ábacos, de mapas polinésios e de silogismos mitológicos e a matemática erudita.

Somos informados por Everett que "não há números ordinais em Pirahã" – mas que os Pirahã ordenam "gerações de *ego*, abaixo de *ego* e acima de *ego*" (Ibid.: 633). Mas essa afirmação implica a presença da noção de ordem geracional no pensamento Pirahã: embora sem palavras para "números ordinais", os Pirahã *ordenam gerações* – e, portanto, sabem o que é *ordem*.

Quanto à tese segundo a qual não há números cardinais em Pirahã – isto é, números de contagem –, a posição de Everett apoiou-se em experimentos de Peter Gordon, que atestariam a incapacidade dos Pirahã de comparar quantidades "grandes" (Gordon 2004: 496). Contudo, em artigo publicado no mesmo número de *Science*, outra equipe fazia "uma distinção entre *um sistema não verbal* de aproximação aos números e *um sistema de contagem baseado na linguagem* para o número exato e a aritmética", que consiste em uma "rotina" para fazer emparelhar objetos um a um com "numerais" (Pica, Lemer *et al.* 2004: 499, 503). Conforme essa distinção, os Pirahã seriam capazes de contar com um sistema não verbal, mesmo sendo desprovidos de uma "rotina" para contar com "numerais". Em outras palavras, eles eram, sim, capazes de contar, independentemente de terem palavras para números.

Em artigo publicado em 2008, Everett e os demais autores reconheceram que "falantes do Pirahã eram perfeitamente capazes de realizar comparações exatas com muitos objetos – isto é, realizar contagens não verbais com precisão. Mas formulou outra versão para afirmar a limitação matemática dos Pirahã, a saber: eles seriam incapazes de memorizar números (Frank *et al.* 2008: 819). A tese de Everett e colaboradores foi assim reformulada: os Pirahã, embora *capazes de contar correlacionando, um a um, dois coletivos*, seriam incapazes de registrar em arquivo números, porque não contariam com "numerais" ("*number words*"). Essa tese supõe que *palavras* são a única maneira de armazenar conceitos numéricos.

Mas vale aqui um contraexemplo do noroeste amazônico: os convites *lyen-ti*, que consistem em "um dispositivo para a contagem de dias dos antigos Palikur" composto de um conjunto de varinhas artisticamente enfeitadas, cujo uso foi descrito em 1926 por Nimuendajú: "depois de recebê-lo, [o convidado] quebra diariamente as pontas de duas varinhas. Se sobrar uma varinha, a festa começará ao meio-dia do mesmo dia; se, porém, não sobrar nenhuma, a festa começará de noite" (Vidal 2007: 23). Nesse exemplo, vê-se que é, sim, possível armazenar a memória de uma quantidade por meio de signos concretos – nesse caso, varinhas.

Eis a argumentação de Everett e colaboradores para concluir que os Pirahã, embora possam *contar quantidades*, não teriam "representações mentais das cardinalidades de conjuntos grandes".

Primeiro:

> "Teriam os Pirahã representações mentais das cardinalidades de conjuntos grandes?" O êxito nas tarefas de *correspondência um a um* e de *correspondência desigual* [subentende-se que os Pirahã são capazes de contar] requer o entendimento dos participantes de que a adição ou a subtração de exatamente um objeto tornam incorretas uma correspondência, mesmo para grandes quantidades. Assim, *os Pirahã entendem o conceito* [de correspondência um a um] *de um* [apesar de não terem palavra para esse conceito]. Além disso, *parecem entender que somar ou subtrair um elemento de um conjunto mudará a quantidade que ele representa* (Frank *et al.* 2008: 823, grifos e comentários meus).

Essa afirmação reconhece que os Pirahã são capazes de contar – distinguindo a numerosidade de conjuntos, mesmo que não tenham *palavras numéricas* para expressar essa distinção.

Mas, em seguida, os autores afirmam: "a capacidade de contagem exata revelada pelos Pirahã não atesta a 'representação mental de grandes quantidades' porque ela pode ser completada "com um algoritmo simples" (Frank *et al.* 2008: 823).

Mas o "algoritmo simples" é a mera definição de "representação mental de grandes quantidades" na teoria dos conjuntos. No caso de conjuntos finitos, esse algoritmo tem a seguinte forma seguida pelo pastor:

Ponha uma pedra no saco quando uma ovelha sair do redil pela manhã, retire uma pedra do saco quando a ovelha entrar no redil. Se sobrarem pedras no saco no fim do dia, o número de ovelhas soltas no prado é maior do que o número de ovelhas no redil; se faltarem pedras, há mais ovelhas no redil do que no início do dia.[10]

O pastor não precisa ter nomes para o número de ovelhas, para contar e para memorizar a quantidade de ovelhas. E o método do pastor é o método de contagem da Teoria dos Conjuntos, isto é, da matemática moderna (Frank *et al.* 2008: 823).

Essa argumentação mostra que, embora reconhecendo a confusão entre contagem com numerais e contagem com *correlação um a um entre conjuntos*, Everett e colaboradores continuaram a ignorar a diferença conceitual entre o conceito de número e a noção de contagem com numerais (palavras para números).

Na matemática moderna, a definição de número natural está associada a Dedekind e a Peano. O que os axiomas de Peano afirmam é que 1 é um número, e que adicionar 1 a um número resulta em um novo número, diferente de todos os anteriores. Mais precisamente, os axiomas de Peano caracterizam os números naturais como um objeto | e como todo objeto que resulta de juntar | a um número construído previamente. O resultado desse algoritmo de construção de números naturais é uma sequência de números construídos:

$$|, ||, |||, \ldots, ||||||, \ldots$$

É irrelevante dar nomes para cada objeto da série, que pode ser visto como um feixe de palhinhas, como nos convites palikur, constituindo um modo de armazenamento perfeitamente adequado, e que se presta a operações aritméticas.

Quanto ao processo de contagem quando os conjuntos são muito grandes – e mesmo infinitos –, o único método para medi--los é, como mostrou Cantor, o da comparação um a um: parear

---

10. Devo essa formulação ao matemático Antonio Galves.

cada objeto de um conjunto a cada objeto de outro conjunto. Se não sobrar objeto algum sem par, os conjuntos têm a mesma cardinalidade; caso contrário, o conjunto em que houver sobra tem cardinalidade maior. Ora, os Pirahã possuem os axiomas de Peano: sabem contar *um* e sabem que uma quantidade mais um é maior (pelo critério do pareamento) que uma quantidade dada. Os Pirahã contam como Cantor.

Com relação à exigência de numerais como técnicas de memória para "grandes números", o fato é que ser capaz de dizer "mil" não traz à minha memória uma "representação mental" dessa quantidade nem consigo distingui-la de "mil e um": para isso, é preciso um algoritmo. Mais uma vez, é preciso recorrer à matemática contemporânea para discernir esse ponto. Um algoritmo para gerar o número simbolizado pela palavra "mil" é, por exemplo, uma sequência de instruções que diz para acrescentar uma palha no ramo já produzido, até que as palhas sejam pareadas a um modelo de "mil palhas"[11] (Vidal 2007; Poani & Poani 2004).

E para transportar números através do tempo e do espaço, isto é, para depositar números em uma memória? Contrariamente aos autores que supõem ser necessária a "tecnologia de numerais" como memória numérica, há ampla variedade de meios que foram ilustrados por Hugh-Jones. Eis um exemplo no caso do número "mil": formemos um cordão de dez nós (contados pelos dedos das duas mãos, como fazem os Tuyuka); de cada nó saem

---

11. Ver Carnielli e Epstein 2005 [1989]: 44. Os autores explicam que, em "notação unitária", números são representados por |, ||, ||| etc., de tal modo que, "para qualquer representação de um número na sequência, o próximo número é representado colocando-se mais um traço à direita do anterior". Uma excelente introdução à teoria de Cantor é *Naive set theory*, o livro de Paul Halmos cuja tradução brasileira é intitulada *Teoria ingênua dos conjuntos*. Foi o que me abriu os olhos para o assunto quando trabalhava de dia como revisor e tradutor na editora Polígono-Perspectiva sob a direção de Jacó Guinsburg e estudava Ciências Sociais à noite. Devo ao matemático Antonio Galves a supervisão ao redigir o verbete "Infinito" para a *Enciclopédia Abril* na década de 1970 (*Enciclopédia Abril*, 1976), em que a técnica de contagem sem numerais é explicada para introduzir o conceito de infinito de Cantor.

outros dez cordões (contados da mesma maneira), com dez nós em cada um desses dez cordões (sempre usando os dedos das duas mãos). O contador pode então transportar consigo esse *quipo* e usá-lo para contar mil objetos.

Mais uma vez: Gordon e Frank e seus colaboradores podem ser culpados de ignorância sobre o conceito de número, mas não os ameríndios. Matemáticos construtivistas declaram-se incapazes de "representar mentalmente" a cardinalidade de números infinitos como "um conjunto inteiro", porque recusam a *existência* de conjuntos infinitos completados: eles se contentam com algoritmos para produzir conjuntos de inteiros sempre maiores e que operam acrescentando uma unidade de cada vez. A "memória da cardinalidade de conjuntos grandes" não é dada por palavras, e sim por registros dos quais os *quipos* são exemplos especiais, e a possibilidade de nomear quantidades cada vez maiores é dada pela operação de "mais um", que contém o conceito de infinito potencial. Em suma, o conceito de número de povos indígenas amazônicos – sem palavras para grandes números – coincide com o conceito de número da matemática moderna, em que conjuntos infinitos são expressos por palavras sem correspondência com qualquer experiência possível: 1, 2, 3..., *muitos* equivale a 1, 2, 3..., *infinito*.

Hugh-Jones já havia demonstrado em obras anteriores profunda familiaridade com os conhecimentos astronômicos de povos ameríndios e, no artigo que comentamos, mostra inteira clareza sobre a competência numérica dos "povos carentes de escrita": "Até então, os antropólogos que estudam sociedades amazônicas prestaram pouca atenção à questão da numeração – por extensão, povos 'carentes de escrita' seriam também carentes ou deficientes em números e em modos de contar" (Hugh--Jones 2012: 158).

A pergunta é: por que os *quipos* da época da invasão foram destruídos sistematicamente e por que somente no século xx os *quipos* sobreviventes começaram a ser lidos como registros quantitativos e qualitativos? Marcia e Robert Ascher, autores

Matemática concreta **305**

de inventários exaustivos dos *quipos* sobreviventes e de análises detalhadas de cada um deles, invocaram como explicação a incapacidade dos colonizadores de reconhecer nos *quipos* uma escrita sofisticada, dada *a ausência de equivalentes europeus*: "[...] não havia equivalências a *quipos* na cultura espanhola do século XVI e não há equivalente algum em nossa própria experiência" (Ascher & Ascher 1981: 3).

Mas essa explicação não é correta, porque havia uma contrapartida óbvia de *quipos* na experiência cultural dos colonizadores: são os rosários ou *terços* em sua forma reduzida, ao mesmo tempo técnicas de contagem, arquivos numéricos, narrativas religiosas e mapas da salvação.[12] A dificuldade estaria não na ausência de contrapartidas de *quipos* no Ocidente, e sim na inquietante similitude entre uma técnica de contagem ocidental associada à cosmologia cristã e à organização da autoridade católica, de um lado, e as técnicas de contagem associadas ao Império Inca e à sua cosmologia religiosa, de outro. A destruição dos *quipos* foi parte da guerra dos colonizadores contra a metafísica matemática americana, assim como a abolição da contagem nos dedos nas escolas primárias e a ausência de sorobãs (um tipo de ábaco japonês) no ensino básico reflete a continuação dessa guerra inglória contra a matemática selvagem em nossa própria civilização.[13] Finalmente, faz parte dessa repressão ao nosso inconsciente matemático selvagem a separação entre contar números e contar histórias.

Cabe uma única ressalva a meu mestre Steve Hugh-Jones. Ele chama a atenção para o fato de que, em português e em espanhol, o verbo "contar" aplica-se igualmente à enumera-

---

12. "Como instrumento de contagem que assinala o avançar da oração, o terço evoca o caminho incessante da contemplação e da perfeição cristã. O Beato Bártolo Longo via-o também como uma 'cadeia' que nos prende a Deus" (João Paulo II 2002; §36).

13. Sobre matemáticas concretas ou selvagens nas ruas, ver Nunes, Schliemann & Carraher 1993; sobre aritméticas indígenas, ver Leal Ferreira 2001, 2002 e 2015; sobre matemática de donas de casa, ver Lave 1998 e Lave & Wenger 1991, além de uma crescente bibliografia.

ção de objetos e à narração de histórias. Mas a verdade é que a observação de Hugh-Jones também vale para o inglês e o alemão, bastando lembrar que a palavra "*teller*" (o contador em caixas de banco) vem de "*to tell*" (narrar), ao passo que "*zählen*" e "*erzählen*" evocam a origem igualmente comum de enumerar e narrar: a separação entre os dois significados é, em todas essas línguas, fenômeno moderno e de origem erudita.[14]

O grande matemático Hermann Weyl viu as primeiras evidências da "matemática avançada" na história humana (Weyl 1952) nos padrões decorativos que se encontram em construções egípcias e árabes, mas também em artefatos em pano e em outros materiais em culturas sem escrita. Essa conexão foi posta em destaque por Speiser, no caso de padrões decorativos, e por Tietze, no caso de nós em 1938, data de uma palestra publicada em 1942 (Speiser [1923] 1937; Tietze 1942); em ambos os casos a partir da descoberta de novos campos da matemática "avançada", a saber: a teoria dos grupos e a teoria dos nós. Não é preciso lembrar que André Weil, outro importante matemático moderno, percebeu na década de 1940 que a compreensão de regras de parentesco de povos australianos levava à teoria dos grupos finitos, o que conduziu ao estranho efeito da multiplicação de exemplos etnográficos em cursos de álgebra abstrata.[15] Pode-se falar de uma metafísica matemática embutida em sistemas de parentesco e nos *kene* das tecelãs kaxinawá, assim como nos *kolam* nas mulheres tamil, povos que também compartilham a elegante matemática das terminologias dravidianas.[16]

---

14. Wolfgang Pfeifer 1995; Baumghartner & Ménard 1996, além do *Dicionário Houaiss da Língua Portuguesa* (Houaiss *et al.* 2001).

15. Exemplos pioneiros são, depois do apêndice de André Weil ([1955] 2012) às *Estruturas elementares do parentesco*, Pierre Samuel ([1959] 1967) e uma inovadora introdução à matemática no nível dos *colleges* estadunidenses, que introduz, ao lado de tópicos sobre programação linear e processos estocásticos em genética, duas seções sobre "regras de casamento em sociedades primitivas" (Kemeny, Snell & Thompson 1956: 424–33).

16. Sobre sistemas terminológicos dravidianos como cálculo matemático, ver textos da antropóloga tamil Ruth Manimekalay Vaz (2010, 2011 e 2014) e comentários em Almeida 2014. Sobre os *kolam* de mulheres tamil e sua

Em suma, a visão de Hugh-Jones conflui para uma conclusão abrangente e geral: a de que povos indígenas possuem múltiplos meios para fazer matemática: com pedra, astronomia, tecelagem e parentesco. A implicação é que há estruturas mentais-operativas cujos efeitos podem ser observados empiricamente nos produtos culturais de povos humanos.

---

reescrita como algoritmos computacionais pelos seus filhos e maridos, ver Ascher 1991, 2002 e 2010.

CAPÍTULO 11

Anarquismo ontológico
e verdade no Antropoceno

Conflitos ontológicos e verdade pragmática

Como afirmar, ao mesmo tempo, a realidade do aquecimento global e da pandemia planetária e a autonomia ontológica dos povos?[1] A resposta é que é possível admitir as duas posições: o reconhecimento da verdade do consenso científico e a multiplicidade de mundos irredutíveis entre si. O senso comum já indica que há cabeças de ponte entre povos dotados de metafísicas radicalmente diferentes. Um exemplo disso é que os chamados povos isolados da Amazônia extraem de seus vizinhos "civilizados" facas e machados para usar como "coisa-para-cortar" – concordando, assim, pragmaticamente com eles.[2]

A antropologia das ciências enfrenta hoje um cabo de guerra que a puxa em duas direções opostas: de um lado, o relativismo

---

1. Publicado originalmente em *Ilha – Revista de Antropologia*, v. 23, n. 1, 2021.
2. Para Heidegger ([1927] 2012: 211 ss.), facas e machados são *pragmata* (*Zeuge*), "trecos" pré-ontológicos por meio dos quais se dá o encontro com o mundo. Ontologias regionais (no plural) são domínios de entes de ciências ou de um modo de vida (Husserl 1952). Conforme aponta Quine, são domínios de referência da linguagem ; mais precisamente, são domínios aos quais se aplicam juízos de existência, i.e., quantificadores (Quine 1960: 122-24).

cultural e, de outro, o naturalismo científico.[3] Esse cabo de guerra tem implicações políticas cruciais, porque o relativismo cultural tem sido manipulado para justificar a ausência de diferença entre *fake news* e verdade, sendo, assim, possível afirmar que podemos aceitar ou rejeitar a existência de aquecimento global, de pandemias e a erosão da biodiversidade como visões igualmente sustentáveis, sem que haja critérios que permitam distinguir a verdade da falsidade dessas posições, bem como a racionalidade ou a falácia dos argumentos envolvidos. Em contraposição ao relativismo cultural, o naturalismo científico, visto como ontologia de cientistas naturais, afirma a existência do aquecimento global, de pandemias e da degradação de organizações sociais.

A pergunta é: como justificar a aliança entre antropólogos contra fenômenos globais, como o aquecimento global, pandemias planetárias e a erosão da diversidade biológica e social, preservando a defesa da autonomia ontológica de terranos?

A resposta a esse dilema preserva a missão da antropologia como "[...] ciência da autodeterminação ontológica dos povos do mundo [...]" (Viveiros de Castro 2003) e, ao mesmo tempo, justifica a adesão ao consenso científico "[...] a respeito da origem antrópica da catástrofe climática" (Danowski & Viveiros de Castro 2014). Trata-se de justificar o acordo entre ciências *globais* e ciências *locais* sem englobar metafísicas locais como variações de metafísicas globais.

A solução para esse problema consiste em separar metafísicas e encontros pragmáticos. Pois não se trata de conciliar ou traduzir ciências em conhecimentos locais reduzindo os últimos ao denominador comum do realismo científico. Em vez disso, trata-se de reconhecer que diferentes teorias ou cosmologias, ainda que incomensuráveis e irredutíveis entre si, podem

---

3. "Ele tem dois adversários: o primeiro acossa-o por trás, da origem. O segundo bloqueia-lhe o caminho à frente. [...] Seu sonho, porém, é, em alguma ocasião, num momento imprevisto [...] saltar fora da linha de combate e ser alçado, por conta de sua experiência de luta, à posição de juiz sobre os adversários que lutam entre si" (Franz Kafka apud Arendt [1961] 2014: 33).

dar conta das mesmas experiências – dos mesmos *matters of fact* – em contextos/laboratórios particulares.

Sob esse ponto de vista, em vez de buscar conciliar ontologias incomensuráveis por meio de reduções simplificadoras e condescendentes – "o que eles querem realmente dizer é que..." –, queremos apenas localizar os efeitos pragmáticos das ontologias em questão. O lance de dados da experiência jamais abolirá o acaso ontológico. Ou seja: a experiência pragmática jamais eliminará a multiplicidade metafísica.

Há duas atitudes diferentes. De um lado, o relativismo naturalista admite "representações" reduzidas a fantasmas da realidade objetiva. De outro, a tese da incomensurabilidade ontológica proíbe qualquer sincronização entre regimes de conhecimento, rejeitando traduções como condescendência ontológica (Povinelli 2001; Almeida 2003b e 2010). Mas ambas as atitudes parecem bloquear ontologicamente a aliança política entre diferentes povos: indígenas, cientistas e filósofos. Isso ocorre porque a convocação desses povos à adesão a Gaia parece reconhecer a vitória do monorrealismo ("um mundo composto de vários mundos") como alternativa à autonomia ontológica dos povos.

Há uma resposta a esse dilema, que se baseia na distinção entre verdades metafísicas – afirmações que se dirigem a domínios que estão além de qualquer experiência possível – e verdade pragmáticas, que dizem respeito a experiências possíveis. Resulta dessa resposta que um mesmo núcleo de verdades pragmáticas é compatível com múltiplas verdades metafísicas. Essa distinção significa que múltiplos mundos metafísicos são compatíveis com as mesmas verdades pragmáticas – isto é, com a experiência.[4]

Há, porém, então uma relação paradoxal entre relativismo antropológico e empirismo científico. O argumento principal do empirismo é que todo resultado experimental é ontologicamente indeterminado – isto é, há múltiplas ontologias, ou mui-

---

4. Essa posição se apoia na minha interpretação da filosofia da ciência de Newton da Costa e seguidores (Costa 1993 e 1997), sem qualquer autorização por parte do grande filósofo.

Anarquismo ontológico e verdade no Antropoceno **313**

tos mundos possíveis, compatíveis com a experiência – e disso conclui que ontologias são descartáveis.

A atitude do anarquismo ontológico concorda com a tese segundo a qual verdades pragmáticas são compatíveis com múltiplas verdades metafísicas, mas retira disso outra conclusão: a saber, que múltiplos mundos são ontologicamente possíveis e admissíveis na medida em que dão conta das mesmas experiências.

A diferença entre a atitude empirista e a atitude antropológica consiste, portanto, na conclusão retirada da constatação da multiplicidade de ontologias compatíveis com a experiência. A conclusão empirista é que a ciência deve ater-se aos dados experimentais, já que não pode, a partir deles, determinar como o mundo realmente é – isto é, não pode determinar a ontologia verdadeira de maneira absoluta. Para a atitude antropológica, ao contrário, a conclusão é que ontologias são indispensáveis para a vida e para a ciência, mas que ontologias conflitantes podem ser compatíveis com os mesmos encontros pragmáticos. Resulta disso a noção de *verdades pragmáticas* que são comuns a diferentes ontologias, mas que podem também distinguir ontologias conflitantes (Peirce 1932 e 1988; Costa 1993 e 1997).

O aquecimento global, a erosão da biodiversidade, a degradação da diversidade linguístico-cultural e as pandemias planetárias são compatíveis com a termodinâmica, a climatologia, a biologia, a etnografia, a biomedicina e a estatística. Ao mesmo tempo, os efeitos pragmáticos esperados por essas ontologias são experimentados por povos, como secas, enchentes, fracasso de colheitas, fedor da água, epidemias, e interpretados por meio de outras ontologias. Um exemplo é o diagnóstico de "fome, peste, moda e guerra" como causa do futuro degradado do mundo em cosmologias camponesas nordestinas (Almeida 1979). E a desordem de ciclos naturais associada à desorientação de animais-professores (Mesquita 2012 e 2013). Todas essas ontologias são compatíveis com as mesmas verdades pragmáticas, ao passo que ontologias terraplanistas e climatonegacionistas não são compatíveis com encontros pragmáticos, o que leva ao tema das guerras ontológicas.

Guerras ontológicas

Guerras ontológicas são continuação de guerras materiais. Para justificar a guerra contra sindicatos e a destruição das comunidades de mineiros na Inglaterra, Margaret Thatcher afirmou celebremente que "sociedade não existe"; como nas guerras de religião que visavam a eliminar crentes para eliminar seus entes. Thatcher visou à eliminação ontológica da classe de trabalhadores de minas para justificar sua destruição de fato.

No Brasil, grileiros e agronegocistas travam uma guerra para expulsar indígenas, quilombolas e comunidades tradicionais de terras historicamente ocupadas – guerra na qual a violência e a grilagem são acompanhadas pela guerra ontológica, que consiste na negação da existência de tais entes. A truculência física tem continuidade na truculência ontológica, como quando Bolsonaro reduz comunidades quilombolas a indivíduos mensurados por arrobas, como cabeças de gado.

A truculência ontológica é também exemplificada na ontologia econômica neoliberal, segundo a qual o universo socioeconômico é constituído por empresas e por indivíduos proprietários e nada mais (Debreu 1959). Thatcher estava assim ancorada em Debreu, prêmio Nobel da suposta ciência econômica que, ao contrário das outras ciências, se autovalida com modelos matemáticos sem correspondência com fenômenos experimentais, o que equivale à definição da má metafísica de Kant.

Antropólogas e antropólogos são convocados hoje a responder perante juízes sobre a existência de entes coletivos, respostas que têm efeitos sobre seus destinos reais. Para responder a essas demandas, nem o relativismo cultural nas duas formas mencionadas acima nem o realismo científico são idôneos; tampouco é idônea a convocação por Gaia, porque Gaia não é consenso científico aceitável por todos os juízes de boa-fé. Tomemos a situação em que está em julgamento a existência de comunidades tradicionais. Há coletividades que afirmam serem indígenas (Huni Kuin, por exemplo), quilombolas, ribeirinhos e caiçaras. Essas afirmações se apoiam em narrativas dos mais velhos, em memórias, em objetos conservados, em sonhos, em rituais remanescentes. Por outro lado, seus vizinhos os discriminam negando que sejam "índios", movidos pelo interesse de desqualificá-los como sujeitos de direitos constitucionais. Mas há documentos em arquivos paroquiais, há objetos em museus associados, há evidências arqueológicas e imagens de satélite, e há histórias orais que atestam a existência e a continuidade da existência desses povos autoidentificados. Essas evidências pragmáticas da existência histórica refutam ontologias que negam a existência desses entes.

Tem lugar então uma luta pelo reconhecimento na esfera pública, ao longo da qual reconstituem-se coletivos locais e formam-se alianças com agentes externos – defensores públicos e procuradores da República, antropólogos e historiadores, arqueólogos e geocientistas e também federações e partidos – contra a coalizão de grileiros e do agronegócio que contestam a existência de comunidades indígenas e tradicionais, visando, assim, a expulsá-las de territórios a elas assegurados pela constituição federal.

A luta pelo reconhecimento é a luta pela existência. É luta ontológica. A antropologia, como disciplina digna do nome de ciência, deve reconhecer autoconstituição de povos e, ao mesmo tempo, incorporar a evidência científica – histórica, arqueológica e paleontológica – que confirme pragmaticamente essa existência no tempo e no território. A luta pela existência de povos é a luta ontológica como luta pelo reconhecimento da existência de povos indígenas, apoiada pelo reconhecimento pragmático dessa existência pelas comunidades científicas e jurídicas, bem como no espaço público. Para isso, porém, é preciso que a antropologia cultural e da ciência enfrente o desafio de conciliar o relativismo com o apoio à ciência.

O fim das guerras da ciência?

Em 2017, Bruno Latour ofereceu em Paris uma entrevista à revista *Science*, publicada com um texto introdutório editorial que sugeria que o renomado historiador e etnógrafo da ciência teria recuado de sua crítica à ciência como produtora de imagens da realidade.[5] A descrição dessa suposta reviravolta da visão de Latour diante da ciência, na publicação oficial da Sociedade Americana para o Progresso da Ciência, deu a impressão de que as "guerras das ciências" teriam acabado com concessão de derrota por parte de Latour – assim como a Guerra Fria teria sido vencida pelos Estados Unidos com a queda do muro de Berlim. Mas a entrevista, ainda que "editada para maior clareza", permite entender que Latour se manteve fiel à crítica da visão das ciências como portadoras da verdade e da racionalidade, embora afirmando a necessidade de aliança de humanistas, cientistas e do "jornalismo científico decente com revisão dos pares".[6] Isso se explica por que, para Latour, a aliança entre humanistas (terranos) e cientistas não é ontológica ou epistemológica, e sim uma ação política justificada por um estado de guerra. "Estamos de fato em guerra. Essa guerra é travada por uma mistura de megacorporações e alguns cientistas que negam a mudança climática – que têm fortes interesses na questão e que exercem uma grande influência na população" (Latour 2017: 59).

---

5. Citamos: "O sociólogo francês Bruno Latour, 70, há muito incomoda a ciência. Mas, na época dos 'fatos alternativos', sai em sua defesa. Aposentado no mês passado de suas obrigações oficiais na Sciences Po [a faculdade de Ciências Políticas de Paris], Latour celebrizou-se com o livro de 1979 intitulado *Vida de laboratório: a produção dos fatos científicos*, escrito em colaboração com o sociólogo britânico Steve Woolgar. [...] Uma noção central na obra de Latour é que fatos são construídos por comunidades de cientistas e que não há distinção entre os componentes sociais e técnicos das ciências. Latour foi elogiado por sua abordagem e por suas ideias inovadoras, mas suas concepções relativistas e seu construtivismo social desencadearam reações. [...] O acirrado debate que se seguiu, conhecido como "guerras das ciências", durou vários anos. Em publicações posteriores, Latour admitiu que a [sua] crítica da ciência forneceu uma base para um pensamento anticientífico e, em particular, pavimentou o caminho para a negação da mudança climática – atualmente seu principal tema de reflexão. Hoje, ele espera reconstruir a confiança na ciência" (Latour 2017). Sobre a "guerra das ciências", ver Almeida 1999a.
6. Danowski & Viveiros de Castro 2014. Sobre o Antropoceno, ver Bonneuil & Fressoz 2013; sobre a crise climática mundial, ver Marques 2015; sobre a aliança entre terranos e não humanos, ver Schmitz 1965.

Trata-se, então, segundo Latour, de uma aliança justificada pela existência de um inimigo comum – como na aliança de comunistas e de cristãos na resistência contra a ocupação alemã na França. Sob essa justificativa, Latour coloca como sua missão apoiar a ciência na tarefa de "apresentar a ciência como ciência em ação", deixando de lado a definição de ciência como atividade dirigida à busca de conhecimento.[7] Mas a "ciência em ação" é a ciência da incerteza, conforme diz Latour – pois a ciência lida com hipóteses e suas múltiplas consequências, e não com verdades absolutas. Diante do uso que "negacionistas climáticos" fazem da incerteza de afirmações científicas, cientistas e filósofos da ciência distinguem a incerteza genérica sobre a realidade da incerteza de hipóteses que são postas à prova em experimentos – que testam sua verdade no sentido pragmático.

Mas Latour não recorre a esse critério e responde ao negacionismo climático com o seguinte programa de pesquisa: "Observarei geoquímicos, bioquímicos e geopolíticos e conversarei com pesquisadores diferentes, usando uma abordagem lovelockiana, *pressupondo que a Terra funciona como um sistema autorregulador*" (Latour 2017: 159, grifo meu).

Em *Diante de Gaia*, Latour afirma que há uma "denegação" da crise ecológica e sanitária pelo governo Bolsonaro, ou seja, a "[...] fuga das condições impostas pela terra [...]" (Latour [2015] 2020: 10). A recusa do conhecimento científico é equiparada por Latour ao "[...] *desvio da religião cristã, que se tornou uma fuga do mundo* [...]" (Ibid.: 10, grifo meu). Trata-se de recusa do Antropoceno que afeta Gaia: "[...] simplesmente a consequência das sucessivas invenções dos viventes que acabaram transformando completamente as condições físico-químicas da terra geológica inicial [...]. Gaia são todos os seres vivos e as transformações materiais que eles submeteram à geologia, desviando a energia do sol para benefício próprio" (Ibid.: 11).

---

7. "Precisaremos recuperar parte da autoridade da ciência – os cientistas precisam reconquistar respeito. Mas a solução é a mesma: você tem que apresentar a ciência como ciência em ação" (Latour 2017).

Latour combinou nessa afirmação uma visão pragmática de Gaia (efeitos das transformações físico-químicas da Terra), a uma visão agentiva de Gaia ("todos os seres vivos e as transformações materiais que eles submeteram à geologia") e a uma visão termodinâmica da ciência ("desviando a energia do sol para benefício próprio") (Latour 2017 e [2015] 2020). Essa visão de Gaia – geoquímica, agencial, termodinâmica e religiosa – parece ser destinada a obter a adesão de múltiplos povos. Mas resta dúvida sobre seu efeito de convencimento como ontologia multitética compartilhada por cientistas e pelos povos do planeta.

Por isso, permanece a pergunta: há um fundamento cognitivo e ético que justifique a coalizão entre cientistas, humanistas e indígenas sobre mudança climática, pandemias globais, diversidade biológica, multiplicidade cultural e desigualdade social e que, ao mesmo tempo, admita diferentes ontologias, como a de cientistas (realismo científico) e a de xamãs ameríndios? É o que vamos explorar a seguir, em busca de horizontes para uma ciência antropológica que admita a variedade infinita de mundos vividos e a possibilidade de tradução de critérios de verdade e da ética por meio de todos eles.

Ontologias locais-universais

Descendo desses habitantes da terra das nascentes dos rios, filhos e genros de Omama. São as palavras dele, e as dos xapiri, surgidas no tempo do sonho, que desejo oferecer aqui aos brancos. Nossos antepassados possuíam desde o primeiro tempo. Depois, quando chegou a minha vez de me tornar xamã, a imagem de Omama as colocou em meu peito. Desde então, meu pensamento vai de uma para outra, em todas as direções; elas aumentam em mim sem fim (Kopenawa & Albert 2015: 65).

Kopenawa é um sábio capaz de acessar mundos inacessíveis à experiência cotidiana. Essa descrição aplica-se também a físicos teóricos que elaboram ontologias cujas consequências pragmáticas são vividas em laboratórios por experimentalistas. A posição desses últimos cientistas pode ser comparada à de Kopenawa: são corpos preparados (pela educação, pelo treino experimental) para receber evidência de mundos que estão além da experiência cotidiana. Kopenawa é também o cientista teórico que elabora uma cosmologia compatível com a evidência experimental. Passo a exemplos triviais desse procedimento.

Malária e água

Agentes de saúde dizem que malária (síndrome similar à da hepatite) é causada por mosquitos reproduzidos na água.

Moradores seringueiros do rio Tejo dizem que malária (identificada à síndrome de hepatite) é causada pela água – contaminada com *oaca* (vegetal cultivado que entorpece peixes) introduzido na água a montante por indígenas ("caboclos") do rio Bagé.

Como distinguir a explicação social da doença (como acusação contra indígenas que usam *oaca* nas cabeceiras) da explicação causal (consumo da água contaminada) e de outra explicação causal (mosquitos transmissores reproduzidos na água)? Na ausência de laboratórios locais equivalentes aos dos cientistas, que corroborariam o papel de mosquitos como vetores de entes invisíveis a olho nu, o laboratório-floresta, que confirma a associação entre qualidade da água e malária – sob a hipótese de um vegetal venenoso para peixes (*oaca*) acrescentado à água e à malária/hepatite. Seriam necessários novos testes em laboratórios para distinguir a hipótese de "*oaca*" e de "mosquitos transmissores", bem como a diferença entre sintomas de hepatite e de malária. Não se trata de irracionalidade dos moradores seringueiros, e sim de legítima divergência teórica com base nos dados existentes.

Pedras e vida

Adão Cardoso, zoólogo da Unicamp, foi incansável pesquisador e amigo de indígenas e seringueiros na Reserva Extrativista do Alto Juruá com o professor Keith Brown Jr. A investigação de anfíbios em colaboração com Moisés Barbosa de Souza, da Universidade Federal do Acre, resultou em um inventário de 120 espécies de anfíbios (sapos e rãs) na bacia do rio Tejo, território de 300 000 hectares no interior do que é hoje a Reserva Extrativista do Alto Juruá, evidenciando a conservação de altíssima biodiversidade onde indígenas e seringueiros vivem há séculos (Barbosa de Souza 2005). Em 1995, Adão participou de um curso para os seringueiros e os indígenas no rio Juruá, encarregando-se do ensino da biologia. Na primeira aula, ele introduziu a diferença entre vida e não vida, perguntando: "Pedras não têm vida, certo?".

Em vez da resposta esperada, "sim", recebeu uma enxurrada de contestações que ocuparam toda a aula e se prolongaram durante as conversas noturnas e comprometeram a continuidade do curso. Osmildo, índio Kuntanawa e seringueiro, argumentou: "Pedra cresce". Osmildo se referia ao fato de que na bacia do rio Juruá *pedra* existe no leito do rio Juruá-Mirim, *mina* (brota) do leito do rio, assim como a água *mina* da terra e *cresce* com base em argumentos empíricos que aparecerão a seguir.

A noção de que pedra *mina* da terra, assim como a água *mina* de fontes, corresponde à noção andina segundo a qual ouro e prata crescem no seio da mãe-terra. Analogamente, no rio Juruá, pedras cresceriam no fundo do rio Juruá-Mirim. Adão argumentou: "Se você separar um pedaço de pedra do fundo do rio e colocá-lo na mesa, esse pedaço não cresce, certo?". Osmildo retrucou: "Se você cortar o braço de uma pessoa e colocá-lo na mesa, ele morre". Esse não foi o último argumento dos indígenas e dos seringueiros em conversas continuadas ao longo da noite. No leito do rio Juruá, nos barrancos e nas corredeiras, abundam ossos fossilizados de animais que são versões ampliadas de animais contemporâneos: ossos de tatus, de tamanduás, de tartarugas e de preguiças, ampliados desmesuradamente e com forma de pedra. Esse fato é apresentado pelos moradores como evidência de que ossos se convertem em pedra e crescem em tamanho quando submersos na água. Cientistas equipados com métodos de datação baseados na física moderna associam esses objetos a animais do fim do Pleistoceno – mas, sem acesso a esses métodos, a interpretação local pode ser a melhor possível.

Formiga vira planta

Em nossa experiência de pesquisa colaborativa junto a seringueiros e indígenas no Alto Rio Juruá, apareceu frequentemente a seguinte afirmação: *formiga vira cipó*. Essa afirmação nunca foi abalada por fotografias de biólogos de nossa equipe que mostravam brotos de planta saindo de olhos de formigas. Ao contrário, essas imagens eram usadas como evidência de que de fato "formiga vira cipó". Essa afirmação fenomenológica é encontrada em relatos de Piro no Ucayali, de Maués do Solimões, de seringueiros e Kaxinawá do Juruá e de ribeirinhos do vale do Xingu. Trata-se de fenômeno identificado em toda a bacia amazônica por diferentes povos. Há uma ampla literatura sobre a afirmação de povos amazônicos segundo a qual "insetos viram planta". Em conversa com um morador do rio Juruá por volta de 2010, durante sua atividade em um campo de tabaco, aprendi uma versão mais elaborada da teoria, na forma de variantes de "inseto vira cipó".

Inseto	Cipó	Moradia do inseto	Hábito
Formiga tucandeira	Cipó-titica	No alto	De cima para baixo
Gafanhoto	Cipó ambé	No alto	De cima para baixo
Grilo-da--perna-dura	Timbó	No alto	De cima para baixo
Cigarra, mariposa	Tracuá	No alto	De cima para baixo
Caranguejeira	Japecanga	Debaixo da terra	De baixo para cima

Quadro 1 Inseto vira cipó. Fonte: Agricultor de Marechal Thaumaturgo, em 2012.

O quadro a seguir foi publicado em uma revista científica:

"Inseto"	Cipó – bejuco	Nome do vegetal
formiga-conga	*bejuco yaré*	*Heteropsis flexuosa*
tucandeira	cipó-titica	
alacrán / escorpião	*bejuco gio* ou *bejuco de mareo* (Araceae)	Araceae
mariposa Janabuyagi	*bejuco Nodokio* ou *falso burro*	Araceae
jebaiycuma	*bejuco Narao* ou *bejuco de flema*	*Philodendron hylaeae,* Araceae
aranha	*mata palo, Viripiti*	*Oryctanthus alveolatus,* Loranthaceae

Quadro 2 Inseto, fungo, cipó. A formiga-conga (*Paraponera clavata*) é a formiga tucandeira e o *bejuco de yaré* é o cipó-titica (*Heteropsis flexuosa,* Araceae). O fungo *Cordyceps* é o parasita associado às "formigas zumbi". Fonte: Vasco-Palacios *et al.* (2008).

A conclusão dos autores do estudo é que "[...] a perda do conhecimento das etnias indígenas leva à desaparição de um acúmulo de informações muito valiosas sobre a biologia e a ecologia de plantas, animais e fungos [...]" (Vasco-Palacios *et al.* 2008: 27) e que a colaboração pode contribuir ao conhecimento científico ao fornecer informações sobre aspectos pouco conhecidos da floresta tropical úmida, assim como sobre as interações ecológicas entre organismos, nesse caso, entre fungos-plantas e fungos-animais, servindo de ponto de partida para a realização de investigações científicas que corroborem e aprofundem o conhecimento dessas relações (Vasco-Palacios *et al.* 2008). Vasco-Palacios *et al.* (2008: 17) dizem que associações entre insetos e plantas são uma pequena parte dos "[...] conhecimentos sobre os fungos e as suas relações ecológicas com animais e plantas [...]" dos indígenas. E que refletem, além disso, "[...] a capacidade integradora e descritiva que os indígenas possuem sobre o meio natural que os circunda [...], incluindo [...] dados de besouros (*Coleoptera*) e larvas (*Diptera*), mamíferos, veados (*Mazama americana* e *M. gouazoubira*) e esquilos (*Microsciurus flaviventer*), e tartarugas que incluem fungos nas suas dietas, assim como sobre *espécies de fungos que parasitam plantas e insetos*" (Vasco-Palacios *et al.* 2008: 17, grifo meu).

O depoimento do morador de Thaumaturgo e muitos outros testemunhos mostram que há uma ciência fenomenológica generalizada de indígenas e caboclos que acessa fenômenos biológicos relevantes, exemplificados pelas interações entre insetos e vegetais. Trata-se de um exemplo de concordância pragmática entre ontologias indígenas e ontologias científicas.

Mundos ressurgentes

O programa de pesquisa de Anna Tsing é exemplo paradigmático de uma alternativa de busca do conhecimento que envolve coletivos de cientistas, antropólogas, habitantes, fungos e instrumentos, sem fronteiras entre o que é natural e artificial, pesquisadores e nativos, local e global ou humano e não humano. Essa antropologia generalizada inclui entes vegetais e humanos deslocados na escala mundial em consequência do tráfico biológico e de migrações pós-coloniais. Tsing trata de entes coproduzidos pela destruição da natureza no noroeste dos Estados Unidos e do ressurgimento de paisagens com fungos transcontinentais, de migrantes asiáticos e de mercados modernos norte-americanos. Ressurgência é o conceito-chave de Tsing: contraposição à entropia cultural como *ressurgência*. Contraentropia: reorganização de paisagens e de povos nos escombros ecológicos e sociais produzidos pelo capitalismo. O fenômeno da ressurgência – a proliferação de novos entes sociais e biológicos a partir dos escombros das guerras coloniais e da destruição capitalista de paisagens de Oregon – é uma importante correção à visão entrópica da história formulada por Lévi-Strauss e pelo anjo da história que, segundo Benjamin, só vê atrás de si a destruição (Almeida 1990b). Na versão de Tsing, nos escombros produzidos pelo capitalismo emergem espécies, comunidades e metafísicas imprevisíveis. A conclusão é a proliferação de mundos, que evoca o romance de Ursula

Le Guin intitulado erroneamente *O tormento dos céus*,[8] no qual a paisagem de Oregon é transformada aleatoriamente segundo os sonhos de um observador.

Muitos mundos

A oposição entre "muitos mundos" de cosmologias locais e um único mundo do realismo científico pode ser representada como a correlação entre muitos mundos e um único mundo do realismo científico.

Há uma maneira de expressar esse ponto de forma ainda mais clara. Seringueiros do rio Tejo criaram a primeira Reserva Extrativista do país, ou seja, unidade de conservação destinada ao uso sustentável de comunidades tradicionais locais. Francisco Barbosa de Melo, ou Chico Ginu, líder local que levou a esse resultado, sem nenhuma educação formal, elaborou um mapa da região usando recursos de um computador. Na figura 5, mostramos um mapa georreferenciado da Reserva Extrativista e o mapa de Chico Ginu. À primeira vista, os dois mapas parecem discordantes, mas, quando a orientação alto-baixo é invertida, o mapa de Chico Ginu mostra-se compatível com o mapa georreferenciado de Alan Monteiro. Essa discordância não é apenas a mudança de referencial do "norte" para o "sul" (nos mapas locais, o "norte" está "embaixo", sendo a direção para onde fluem os rios).

Há mais que isso, porque, na cosmografia dos seringueiros, todos os rios fluem de um único "alto" para o "baixo" – ponto terminal que é visto com um lago ou como o mar (Postigo 2010). Qual seria a resposta de um seringueiro ao visitar o mar de São Paulo, que não coincide com o mar de Belém?

Augusto Postigo ofereceu uma resposta possível, formulada por um seringueiro após visitar São Paulo e o litoral de Santos – salvando a ontografia de um mundo orientado do "alto (rio) ao

---

8. Sobre o lugar de Oregon na cultura norte-americana, ver Ursula Le Guin [1971] 2004 (*The Lathe of Heaven*, literalmente *O torno dos céus*).

baixo (rio)", na qual haveria vários rios divergentes levando "do alto ao baixo" em diferentes direções. O resultado é um modelo de terra cônica – reformulação de uma teoria de terra linear (um único rio e seus afluentes), incorporando novos fatos pragmáticos (Postigo 2010).

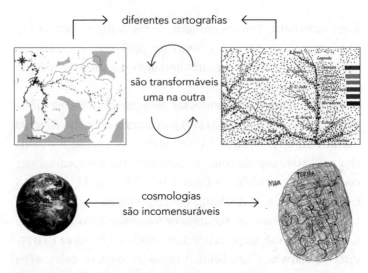

Figura 5 Ontologias incomensuráveis são compatíveis pragmaticamente. Fonte: No alto, à esquerda, Postigo 2016; à direita, Antônio B. de Melo (Chico Ginu); embaixo, à direita, Francisco B. de Melo (Rouxo), in Postigo 2016.

Augusto Postigo e seus colaboradores seringueiros mostram que ontologias alternativas dão conta da experiência e podem se transformar em contato com a experiência, assim como teorias científicas.

Na década de 1980, havia um modelo de "extração sustentável" que preconizava para cada espécie de animal (veados, pacas, queixada, porquinho) uma quantidade que poderia ser predada "otimamente" sem prejuízo para a continuidade da população. Esse modelo levou a predições pragmáticas que contradiziam os dados de pesquisa na Reserva Extrativista do Alto Juruá. Por outro lado, um modelo chamado de "fonte e sumidouro" (*source and sink*) mostrou-se compatível com os dados empíricos obtidos pelos seringueiros-pesquisadores. Esse modelo tomava como variável a proporção do território excluída da atividade de caçadores (Ramos 2005). E essa tese correspondia à tese dos moradores, segundo a qual a continuidade da população da fauna cinegética dependia da existência de refúgios – na qual Caipora protege e cura animais visados pela caça.

O desafio da antropologia

Como articular antropologicamente o consenso científico sobre aquecimento, pandemias e agroindústria na escala global com a incomensurabilidade de ontologias de diferentes povos e comunidades? Esse é o teste que contrasta o relativismo cultural de múltiplos mundos com a nova aliança com cientistas – cujo realismo científico afirma a existência de um mundo real em que existem fungos, vírus e aquecimento global, enquanto há ontologias que interpretam doença e aquecimento global como indícios de crises cósmicas.[9] Respondo a essa pergunta com a suposição de que é possível preservar a distinção entre verdade e falsidade em cada ontologia e manter uma ponte comunicativa pragmaticamente apoiada entre elas.[10] Essa posição é justificada pela experiência de contato entre culturas a todo momento: por exemplo, povos indígenas e observadores externos concordam com a existência de intrusos em terras indígenas, com a degradação da água dos rios e com a destruição de florestas, sem prejuízo de diferentes explicações para esses fenômenos. Por essa razão, um livro como *A queda do céu*, de Davi Kopenawa e Bruce Albert (2015), pode ser entendido por cientistas e antropólogos, apesar dos abismos metafísicos.

A agenda das humanidades não é a guerra contra a ciência. Em vez disso, deve dar conta da distinção entre pseudoverdades (mentiras e *fake news*) e pseudoargumentos (falácias), pre-

---

9. Camargo (2020) e Lagrou (2020) tratam de visões indígenas do povo Kaxinawá sobre a pandemia do "novo coronavírus".
10. Sobre duas formas de relativismo, o relativismo cultural e o relativismo estrutural, ver cap. 8.

servando, ao mesmo tempo, a validade de múltiplas ontologias e de diferentes lógicas. Verdade pragmática é o chão comum de múltiplas ontologias e o critério que permite distinguir falácias e mentiras de raciocínios consistentes e verdades de fato. Verdade no sentido pragmático significa que a afirmação de um fato é acompanhada pela descrição das condições em que esse fato pode ser verificado em um experimento. Verdades pragmáticas são compatíveis com diferentes ontologias. Mas permanece a exigência de verificação pragmática dessas ontologias.

Há uma ontologia em que existem espíritos desencarnados e um mundo em que esses entes não existem. Os relatos etnográficos de uma antropóloga umbandista, Maria, serão os mesmos que os de outra aluna agnóstica – se seguirem os protocolos da etnografia, que incluem registros em diários de campo, gravador, fotografias, documentos, censos, mapas e orçamentos domésticos. Esses protocolos deveriam ser os mesmos para Maria e para João, antropólogo materialista. Esses registros pragmáticos podem ser compatíveis, corroborando a ontologia em que há espíritos e a ontologia agnóstica em que não existem espíritos. Não preciso impor à minha aluna uma dessas ontologias para reconhecer a veracidade da etnografia produzida por ela.

Moral da história: critérios pragmáticos de verdade são compatíveis com múltiplas ontologias. O interesse para a antropóloga é que a noção de quase-verdade (ou verdade parcial, ou verdade pragmática) dá consistência e historicidade ao predicado de verdade, permitindo que seja compatível com a multiplicidade de ontologias. A concordância pragmática é a concordância sobre verdades locais – porque são compatíveis com múltiplas ontologias. No exemplo anterior, significa minha concordância com a antropóloga umbandista, porque ela segue os protocolos da pesquisa científica, embora interprete os resultados segundo uma ontologia diferente da minha.

Enfatizo esse ponto para dizer que a noção de "concordância pragmática" nada tem a ver com "acordos para fins práticos" – um faz de conta cínico em que alguém finge concordar para obter vantagens sobre o outro. Nesse caso, trata-se de substituir a noção de verdade pelo critério de vantagem prática. Em vez disso, trata-se do reconhecimento de que existem critérios pragmáticos de verdade que são válidos em diferentes visões de mundo: o reconhecimento da diferença entre vida e morte, entre dor e prazer. Como Frege observou, a estrela-d'alva e a estrela vésper se referem ao mesmo planeta, mas têm sentidos diferentes; o sete-estrelo de camponeses e as plêiades da mitologia europeia, assim como o *subaru* da tradição japonesa (com seis estrelas), se referem à mesma constelação dos astrônomos, embora sejam entes ontologicamente diferentes. Mas observadores Tukano e astrônomos ocidentais podem dialogar sobre a época do ano em que essa constelação é visível no céu em certa latitude.[11] Há cientistas espíritas, umbandistas, taoistas, cristãos e ateus, que concordam sobre a existência da estrela denominada diferentemente. Newton Freire-Maia, geneticista de populações, é exemplo de cristão cuja visão de compatibilidade entre sua ontologia e a prática científica está documentada em livro póstumo com prefácio de Newton da Costa (Freire-Maia 2008).

Mas, assim como pode haver concordância pragmática entre ontologias diversas, ocorrem também conflitos ontológicos cuja consequência é a guerra de aniquilação ontológica, como quando colonizadores têm o intuito de exterminar o mundo dos xamãs matando os portadores das metafísicas locais, destruindo os locais de culto e os objetos e as substâncias sagradas que servem de mediação entre o mundo cotidiano e o mundo invisível de espíritos. Uma variante atenuada dessas guerras de aniquilação ontológica é um sistema escolar que reprime visões de mundo e sabedorias locais. Nos dois casos, trata-se de invasões ontológicas de cunho missionário (com a implantação de igrejas locais como cabeças de ponte da cosmologia evangélica) ou de invasões pseudocientíficas em que dogmas escolares são inculcados em crianças indígenas como se fossem verdades absolutas.

---

11. Stephen Hugh-Jones (2012) investigou etnograficamente uma hipótese de Lévi-Strauss sobre esse ponto.

Realismo e multirrealismo

Formulamos acima um dilema: ou há um único mundo do realismo científico ocidental moderno, ou há vários mundos correspondentes a cada cultura e a cada povo. Há uma resposta a esse dilema que consiste em afirmar que vivemos em um mundo único composto de vários mundos locais – e, conforme essa tese, o mundo do realismo científico é pressuposto, mas acomoda uma variedade de pseudomundos locais, que são representações admitidas caridosamente como versões aproximadas do mundo real único.

Mas não queremos essa atitude, na qual o realismo científico adota a posição tolerante de uma ontologia filtrante que recupera de visões locais traços que a corroboram.[12] Não queremos essa atitude, porque ela equivale a legitimar a ocupação ontológica da ciência e da teologia ocidental na escala da ocupação colonial – ou, em outros termos, equivale à efetivação do colonialismo ontológico em pele de cordeiro. Não há tradução ontológica inocente, porque é impossível traduzir ontologias a não ser como ocupação – cabeça de ponte em guerras ontológicas. E a alternativa a isso já foi indicada, a saber: em vez de imposição de ontologias, ressaltar a convergência pragmática e racional de múltiplas visões de mundo.

A virada pragmática da Antropologia

A posição defendida acima supõe uma virada pragmática na antropologia como complemento necessário da chamada virada ontológica. Essa virada pragmática significa reconhecer o contato entre ontologias por meio de encontros pragmáticos que

---

12. Deborah Lima apontou para mim o título do livro de Mario Blaser com relação à pressuposição nele contida de um mundo único, "[...] composto de vários mundos". Em apoio à posição de Blaser, devemos conferir *La Composition des mondes*, livro de entrevistas com Philippe Descola no qual uma "composição de mundos" não implica um único mundo resultante dessa composição (Descola 2014).

transpõem fronteiras ontológicas. Por exemplo, a evidência do aquecimento global, conforme a ontologia da ciência climática, se apoia em inúmeros sensores dispostos ao redor do planeta, cujos dados são agregados em modelos matemáticos que geram indicadores médios estendidos à escala global. Quando descemos à escala local, a comunidade ashaninca aponta o fenômeno de animais-mestres que perdem a capacidade de indicar fidedignamente mudanças sazonais – como se fossem sensores sujeitos eles mesmos à entropia que afeta o ambiente que deveriam monitorar. Os Ashaninca mais velhos evocavam como explicação para a mudança o retorno do Inca-Sol à Terra, tendo como consequência o aquecimento (Mesquita 2012 e 2013). Na mesma região do Alto Juruá acreano, descendente de migrantes nordestinos interpretavam as mudanças ambientais percebidas nos quadros das visões apocalípticas difundidas em folhetos populares das décadas de 1960 e de 1970, nos quais previsões climáticas anunciavam o aumento progressivo do calor e da intensidade de secas, ao mesmo tempo que relacionavam essa progressão à crise moral e sexual como indicadores da iminência do fim do mundo. Um poeta nordestino explicou esse "fim do mundo" como o tempo em que "a roda grande passará dentro da roda menor" – a realização de uma impossibilidade lógico-empírica, como culminação de uma crise crescente do mundo natural e do mundo social, que era claramente a metáfora para uma transformação social e cósmica (Almeida 1979). Finalmente: em um seminário na Universidade Federal de Pernambuco, uma contribuição estudantil tratou da "construção social da seca" no sertão paraibano como efeito progressivo de políticas que estimulam substituição da paisagem da caatinga por paisagens irrigadas para produção comercial, em combinação com efeitos do El Niño. Tudo se passa como se a visão ashaninca, o milenarismo camponês e teorias climáticas convergissem em suas consequências observáveis, embora com ontologias divergentes.

Nos exemplos acima, a verdade local (dados de hidrômetros, de camponeses leitores da umidade e do halo lunar, de indígenas ensinados por pássaros e plantas), embora convergente com previsões científicas, é estendida de modo a se compatibilizar com ontologias que vão além da experiência. Por exemplo, previsões climáticas são estendidas para se tornar compatíveis com cosmologias que preveem o fim do mundo ao longo de secas sucessivas e crescentes, ou para confirmar a eficácia do Cacique Cobra Coral como agente metafísico capaz de manipular o clima em colaboração com cientistas (Taddei 2017). Há outras narrativas.

Há cientistas espíritas, umbandistas e taoistas, sem falar dos cristãos. Essas orientações pressupõem ontologias distintas, e todas elas são incompatíveis com a ontologia minimalista e unitária do empirismo antirrealista da ciência. Porque a epistemologia antagônica ao pluralismo ontológico não é o realismo científico – que, quando olhado seriamente, se multiplica em múltiplas ontologias compatíveis com experimentos –, e sim o instrumentalismo antirrealista segundo o qual a tarefa única da ciência é prever resultados de experimentos, e não falar sobre a realidade.

Entre as visões realistas, as cosmologias indígenas têm lugar. Lévi-Strauss reabilitou os mitos indígenas sul-americanos, tratados como produto de pensamento coletivo que reflete sobre problemas cosmológicos e humanos. Eduardo Viveiros de Castro destacou a contribuição filosófica desse pensamento-em-rede ao oferecer ao *cogito* cartesiano, "Penso, logo existo", a alternativa ameríndia, "Penso em outro, logo existe um outro que pensa sobre mim" – do que decorre que esse outro é, por sua vez, pensado por um outro. De onde a existência subjetiva-objetiva remete a uma relação em rede de sujeitos-objetos de pensamento e de ação, sempre aberta para admitir mais parceiros.

Conclusão

Formulamos acima um dilema antropológico: ou há um único mundo do realismo científico ocidental moderno, ou há vários mundos correspondentes a cada cultura e a cada povo. Uma primeira resposta: há um mundo (global) composto de vários mundos (locais). Essa tese permite tomar o mundo do realismo científico como o mundo global e a composição de mundos como o conjunto de mundos locais filtrados pela compatibilidade com o mundo global.

Mas não queremos impor esse filtro aos conhecimentos e mundos locais, em que a ontologia global é a ontologia filtrante que recupera de cada ontologia local os traços que a corroboram.

A atitude antropológica recomendada pela "virada ontológica" é a suspensão de ontologias (conscientes ou inconscientes) do antropólogo. A tarefa seguinte é a reconstrução das ontologias locais que dão conta dos fenômenos. A dificuldade – evidenciada por Roy Wagner ([1981] 2017) como "mal-entendido" e qualificada por Viveiros de Castro como "equivocação controlada" (Viveiros de Castro 2018) – está no fato de que, nessa reconstrução, imiscui-se inevitavelmente a interação de pressupostos ontológicos do pesquisador com as ontologias locais. Essa interação implica a modificação da ontologia do etnógrafo por efeito da experiência de campo e a modificação das ontologias locais como efeito da atuação do etnógrafo. Não apenas isso: ao salvar objetos da cultura local da desaparição, esses objetos mudam de estatuto ontológico. Ou ainda, na formulação de Manuela Carneiro da Cunha (2017), *cultura* e "*cultura*" não têm o mesmo estatuto ontológico e político. Temos que conviver com a multiplicidade ontológica: como zonas de conflito e de comunicação entre povos, como espaços de diferença no interior de uma mesma sociedade e como multiplicidade subjetiva de multi-indivíduos.

É possível conciliar a luta contra a destruição planetária da diversidade biológica e cultural com a autonomia ontológica de culturas. Ontologias do mundo inteiro podem unir-se sob a bandeira da verdade pragmática e da racionalidade. Isso ocorre porque ontologias dizem respeito a visões de mundos que estão além da experiência, mas que são indispensáveis para guiar a ação para além dos dados da experiência anterior. Múltiplas ontologias associadas às ciências e às visões de mundo locais podem, portanto, se aliar contra a destruição de um mundo comum, que é o mundo acessível pragmaticamente por efeitos como a poluição de rios, a irregularidade dos ritmos naturais, o aquecimento inusitado e as inundações e secas extraordinárias – bem como os fenômenos sociais associados, como fomes, desemprego e mortalidade. Diante desses fenômenos, cabe à antropologia afirmar critérios de prudência e de justiça como "não deixar pessoas para trás", ou seja, sustentar direitos mínimos à vida e ao bem-estar para todo ente humano e similar a humanos.

BIBLIOGRAFIA GERAL

ABREU, Capistrano de
[1907] 1976. *Capítulos de história colonial*. Rio de Janeiro: Civilização Brasileira.

ALLEGRETTI, Mary H.
1979. *Os seringueiros: Estudo de caso em um seringal nativo*. Dissertação de mestrado. Brasília: Departamento de Antropologia – Universidade de Brasília.

1989. *Submissão e revolta nos seringais: Uma análise da dimensão simbólica da dominação*. Manuscrito.

1990a. "Extractive Reserves: An Alternative for Reconciling Development and Environmental Conservation in Amazonia", in A. B. Anderson (org.). *Alternatives to Deforestation: Steps Towards Sustainable Use of the Amazon Rain Forest*. New York: Columbia University Press, pp. 252-64.

1990b. "Alternatives do Deforestation: Steps Towards Sustainable Use of the Amazon Rain Forest", in A. B. Anderson (org.). *Alternatives to Deforestation: Steps Towards Sustainable Use of the Amazon Rain Forest*. New York: Columbia University Press, pp. 65-85.

2008. "A construção social de políticas públicas: Chico Mendes e o movimento dos seringueiros". *Desenvolvimento e Meio Ambiente*, v. XVIII, pp. 39-59.

ALLIEZ, Éric
1991. *Les Temps Capitaux*, v. I. Paris: Éditions du Cerf.

ALMEIDA, Alfredo W. B. de
1995. *Quebradeiras de coco babaçu – identidade e mobilização: legislação específica e fontes documentais e arquivísticas* (1915-1995). São Luís: MIQCB.

ALMEIDA, Mauro W. B. de
1979. *Folhetos – A literatura de cordel no Nordeste brasileiro*. Dissertação de mestrado. São Paulo: Departamento de Ciência Política – Universidade de São Paulo.

1988. "Dilemas da razão prática: simbolismo, tecnologia e ecologia na Floresta Amazônica". *Anuário Antropológico*, Brasília, v. 86, pp. 213-26.

1990a. "As colocações: forma social, sistema tecnológico e unidade de recursos naturais". *Terra Indígena*, v. VII, n. 54, pp. 29–40.

1990b. "Symmetry and Entropy: Mathematical Metaphors in the Work of Lévi-Strauss". *Current Anthropology*, v. XXXI, n. 4, pp. 367–85. (ver também Almeida 1999b)

1991. "Reservas extrativistas como estratégia de conservação de fauna", in Richard E. bodmer (coord.). *I Congreso Internacional sobre Manejo de Fauna Silvestre en la Amazonia y Latinoamerica (Cimfauna)*.

1992a. "On Turner on Lévi-Strauss". *Current Anthropology*, v. XXXIII, n. 1, pp. 60–63.

1992b. "Problemas no uso da vida silvestre por seringueiros", in *Congreso Internacional sobre Manejo de Fauna Silvestre en la Amazonia*.

1993. *Rubber Tappers of the Upper Juruá River: The Making of a Forest Peasantry*. Tese de doutorado. Cambridge: Department of Social Anthropology – University of Cambridge.

1999a. "Guerras culturais e relativismo cultural". *Revista Brasileira de Ciências Sociais*, v. XIV, n. 41, pp. 5–14.

1999b. "Simetria e entropia: Sobre a noção de estrutura em Lévi-Strauss". *Revista de Antropologia*, v. XLII, n. 1–2, pp. 163–98.

2002a. "The Politics of Amazonian Conservation: The Struggles of Rubber Tappers". *The Journal of Latin American Anthropology*, v. VII, n. 1, pp. 170–219.

2002. "A ayahuasca e seus usos", in B. Labate & W. S. Araújo (orgs.). *O uso ritual da ayahuasca*. São Paulo: Fapesp/Mercado de Letras.

2003a. "Marxismo e ciências humanas", in A. Boito *et alii* (orgs.). *Marxismo e ciências humanas*. São Paulo: Xamã/Fapesp/Cemarx.

2003b. "Relativismo antropológico e objetividade etnográfica". *Campos – Revista de Antropologia Social*, Curitiba, v. III, pp. 9–30.

2004. "Direitos à floresta e ambientalismo: Seringueiros e suas lutas". *Revista Brasileira de Ciências Sociais*, v. XIX, n. 55, pp. 34–53.

2006. "Eric Wolf, o marxismo, as revoluções camponesas e os intelectuais". *Crítica Marxista*, Campinas, n. 19, pp. 114–23.

2009. "Relatividade e relativismo: Einstein e a teoria social". *Tempo Brasileiro*, n. CLXXV, pp. 113–34.

2010. "Relatividade, relativismo cultural e estruturalismo: Influências de Einstein na Antropologia", in M. Knobel & P. Schulz (orgs.). *Einstein: Muito além da relatividade*. São Paulo: Instituto Sangari, pp. 123–42.

2012. "As colocações: Forma social, sistema tecnológico e unidade de recursos naturais". *Mediações*, v. XVII, n. 1, pp. 121–52.

2014. "Comments on Vaz' Relatives, Molecules and Particles". *Mathematical Anthropology and Cultural Theory: An International Journal*, v. VII, n. 3.

2019. "Is There Mathematics in the Forest?". HAU: *Journal of Ethnographic Theory*, v. IX, n. 1, pp. 86–98.

___ & Carla de Jesus DIAS

2004. "A floresta como mercado: Caça em conflitos na Reserva Extrativista do Alto Juruá-Acre". *Boletim Rede Amazônia*, v. III, n. 1, pp. 9–27.

___ & Manuela CARNEIRO DA CUNHA
2001. "Global environmental changes and traditional populations", in D. J. Hogan e M. T. Tolmasquim (orgs.). *Human dimension of global environmental changes: Brazilian perspectives*. Rio de Janeiro: Academia Brasileira de Ciência.

___ & Roberto S. REZENDE
2013. "Uma nota sobre comunidades tradicionais e unidades de conservação". *Ruris*, v. VII, n. 2.

___ & Mariana C. PANTOJA
2005. "Justiça local nas reservas extrativistas". *Raízes: Revista de Ciências Sociais e Econômicas*, v. XXIII, n. 1–2, pp. 27–41.

___, Augusto de A. POSTIGO *et alii*
2016. "Usos tradicionais da floresta por seringueiros na Reserva Extrativista do Alto Juruá", in S. Siviero, D. Daly *et alii* (orgs.). *Etnobotânica e botânica econômica do Acre*. Rio Branco: Edufac, pp. 14–37.

___, Cristina S. WOLFF *et alii*
2002. "Habitantes: Os seringueiros", in Carneiro da Cunha & Almeida (orgs.) 2002.

___, Mary Helena ALLEGRETTI *et alii*
2018. "O legado de Chico Mendes: Êxitos e entraves das Reservas Extrativistas". *Desenvolvimento e Meio Ambiente*, n. 48, pp. 25–55.

ALTHUSSER, Louis
[1970] 1985. *Aparelhos ideológicos de Estado*. Rio de Janeiro: Graal.

ALVES, Antônio
2004. *Artigos em geral – Arqueologia do recente*. Rio Branco: Valcir.

ANDRADE, Alexandre A. L. G.
2003. *Artesãos da floresta: População tradicional e inovação tecnológica – O caso do "couro vegetal" na Reserva Extrativista do Alto Juruá, Acre*. Dissertação de mestrado. Instituto de Economia – Universidade Estadual de Campinas.

AQUINO, Terri T. V. de
1977. *Kaxinawá: de seringueiro caboclo a peão acreano*. Dissertação de mestrado. Brasília: Programa de Pós-Graduação em Antropologia Social (PPGAS) – Universidade de Brasília.

AQUINO, Terri Valle de & Marcelo P. Iglesias
2002. "Habitantes: Os Kaxinawá", in M. Carneiro da Cunha & M. W. B. de Almeida 2002.

ARAÚJO, Maria Gabriela J.
1998. *Cipó e imaginário entre seringueiros do Alto Juruá*. Dissertação de mestrado. Campinas: Instituto de Filosofia e Ciências Humanas – Universidade Estadual de Campinas.

ARENDT, Hannah
[1961] 2014. *Entre o passado e o futuro*, trad. Mauro W. B. de Almeida. São Paulo: Perspectiva.

ARISTÓTELES
[c. 340 a.C.] *Ética a Nicômaco*.

ARQUIMEDES
[c. 225 a.C.] 1970. *De La Sphère et du cylindre, la mesure du cercle, sur les conoides et les sphéroides*, v. I. Paris: Société d'Édition Les Belles Lettres.

ASCHER, Marcia
1991. *Ethnomathematics: A Multicultural View of Mathematical Ideas*. Pacific Grove: Brooks/Cole.
2002. *Mathematics Elsewhere: An Exploration of Ideas Across Cultures*. Princeton: Princeton University Press.
2010. "Figuras do Kolam". *Scientific American Brasil*, n. 35, pp. 68–73.

____ & Robert ASCHER

1981. *Code of the Quipu: A Study in Media, Mathematics, and Culture.* Ann Arbor: University of Michigan Press.

1991. *Ethnomathematics: A Multicultural View of Mathematical Ideas.* Pacific Grove: Brooks/Cole.

ASHBY, William R.

1956. *An Introduction to Cybernetics.* London: Chapman & Hall.

BAKX, Keith S.

1986. *Peasant Formation and Capitalist Development: The Case of Acre, South-West Amazonia.* PhD Thesis. Liverpool: University of Liverpool.

1988. "From Proletarian to Peasant: Rural Transformation in the State of Acre, 1870–1986". *The Journal of Development Studies*, v. XXIV, n. 2, pp. 141–60.

BALLONOFF, Paul & Thomas DUCHAMP

1976. "Graphs and Operators of Marriage Theory", in P. A. Ballonoff. *Mathematical Foundations of Social Anthropology.* Paris: Mouton.

BARBOSA DE SOUZA, Moisés

2005. *Anfíbios: Reserva Extrativista do Alto Juruá e Parque Nacional da Serra do Divisor, Acre.* Rio Branco: Centro de Ciências Biológicas e da Natureza – Universidade Federal do Acre/Cruzeiro do Sul: Asareaj/Campinas: Editora do Instituto de Filosofia e Ciências Humanas.

BATAILLE, Georges

1976. "L'Économie" e "La Part maudite", in *Œuvres complètes*, v. VII. Paris: Gallimard.

BATESON, Gregory

[1972] 2000. *Steps to an Ecology of Mind.* Chicago/London: The University of Chicago Press.

1979. *Mind and Nature: A Necessary Unity.* London: Fontana/Collins.

BAUMGHARTNER, Emmanuèle & Philippe MÉNARD

1996. *Dictionnaire étymologique et historique de la langue française.* Paris: Le Livre de Poche.

BENEDICT, Ruth.

[1934] 2013. *Padrões de cultura*, trad. Ricardo A. Rosenbusch. Petrópolis: Vozes.

BENJAMIN, Walter

[1940] 1985. "Sobre o conceito da História", in *Obras escolhidas*, v. I – *Magia e técnica, arte e política: Ensaios sobre literatura e história da cultura.* São Paulo: Brasiliense.

BENNETT, Charles.

1987. "Demons, Engines, and the Second Law". *Scientific American*, v. CCLVII, n. 5, pp. 88–96.

____ & Rolf LANDAUER

1985. The Fundamental Physical Limits of Computation. *Scientific American*, v. CCLIII, n. 1, pp. 48–56.

BENOIST, J.-M. (org.).

1977. *L'Identité.* Paris: Bernard Grasset.

BENVENISTE, Émile

[1958] 1966. *Problèmes de linguistique générale*, v. I. Paris: Gallimard. [Publicado originalmente como "Catégories de pensée et catégories de langue", *Les Études philosophiques*, n. 4].

BERGMAN, Roland W.

1980. *Amazon Economics: The Simplicity of Shipibo Indian Wealth.* University Microfilms, 1980.

BERMAN, Marshall
  [1999] 2001. *Aventuras no marxismo*. São Paulo: Companhia das Letras.
BHABHA, Homi K
  1994. *The Location of Culture*. London: Routledge.
BLOCH, Marc
  [1939] 1987. *A sociedade feudal*. Lisboa: Edições 70.
BOCK, Philip K.
  1979. "Œdipus Once More". *American Anthropologist*, v. LXXXI, n. 4, pp. 905–06.
BOEKE, Julius H.
  1953. *Economics and Economic Policy of Dual Societies as Exemplified by Indonesia*. New York: Institute of Pacific Relations.
BOHANNAN, Paul & Philip CURTIN
  1995. *Africa and Africans*. Prospect Heights: Waveland Press.
BOHIGAS MARTÍ, Oriol
  [1989] 1991. "Random Matrix Theories and Chaotic Dynamics", in M. J. Giannomi *et alii* (orgs.). *Chaos and Quantum Physics*. Amsterdam: Elsevier Science Publishers.
BONNEUIL, Christophe & Jean-Baptiste FRESSOZ
  2013. *L'Événement anthropocène: La Terre, l'histoire et nous*. Paris: Éditions du Seuil.
BORWEIN, Jonathan M.
  1998. "Brouwer-Heyting Sequences Converge". *The Mathematical Intelligencer*, v. XX, n. 1, p. 1–15.
BOSERUP, Ester
  1965. *The Conditions of Agricultural Growth: The Economics of Agrarian Change Under Population Pressure*. London: Allen & Unwin.
BOURBAKI, Nicolas
  1960. *Éléments d'histoire des mathématiques*. Paris: Hermann.
  1962. "L'Architecture des mathématiques", in F. Le Lionnais (org.). *Les Grands courants de la pensée mathématique*. Paris: Albert Blanchard.
BOURDIEU, Pierre
  1972. *Esquisse d'une theorie de la pratique*. Genebra: Librarie Droz.
  1980. *Le Sens pratique*. Paris: Les Éditions de Minuit [Ed. bras.: *O senso prático*, trad. Maria Ferreira. Petrópolis: Vozes, 2009].
BRANDÃO, Carlos R.
  1974. *Cavalhadas de Pirenópolis*. Goiânia: Oriente.
  1975. *Sociedades rurais de Mato Grosso*. Goiânia: Universidade Federal de Goias.
  1978. *O divino, o santo e a senhora*. Rio de Janeiro: MEC-CDFB.
  1980. *Os deuses de Itapira*. Tese de doutorado. São Paulo: Departamento de Ciências Sociais – Universidade de São Paulo.
  1981a. *Plantar, colher, comer: Um estudo sobre o campesinato goiano*. Rio de Janeiro: Graal.
  1981b. *Sacerdotes de viola*. Petrópolis: Vozes.
BRANDON, Katrina, Kent H. REDFORD *et alii* (orgs.)
  1988. *Parks in Peril: People, Politics, and Protected Areas*. Washington: Island Press.
BRENTANO, Franz
  2008. *Psychologie du point de vue empirique*. Paris: Vrin.
BRIDGES, Douglas & Fred RICHMAN
  1987. *Varieties of Constructive Mathematics*. Cambridge: Cambridge University Press.
BROUWER, Luitzen E. J.
  [1923] 1981. "On the Significance of the Principle of Excluded Middle in Mathematics, Especially in Function Theory", in *From Frege to Gödel: A Source*

Book in Mathematical Logic, 1879-1931. Cambridge: Harvard University Press.

BROWDER, John O.

1992. "The Limits of Extractivism: Tropical Forest Strategies Beyond Extractive Reserves". *BioScience*, v. XLII, n. 3, pp. 174-82.

BROWN, Keith S.

1991. *Parecer ecológico: Relatório a pedido da Procuradoria Geral da República*. Manuscrito.

BRYANT, Wilfrid Keith

1990. *The Economic Organization of the Household*. Cambridge: Cambridge University Press.

BUNKER, Stephen

1985. *Underdeveloping the Amazon*. Chicago: The University of Chicago Press.

CABALZAR, Aloísio (org.)

2010. *Manejo do mundo*. São Paulo: ISA/Foirn.

CABALZAR, Aloísio & Beto RICARDO (orgs.)

2006. *Mapa-livro Povos indígenas do Rio Negro*. São Paulo/São Gabriel da Cachoeira: ISA/Foirn.

CABALZAR, Flora

2012. *Educação escolar indígena do Rio Negro, 1998-2011*. São Paulo/São Gabriel da Cachoeira: ISA/Foirn.

CAMARGO, Eliane

2020. "A covid-19 vista pelos Caxinauás. Uma contribuição etnolinguística". *Portal Abralin*.

CAPOBIANCO, João P. R. *et alii* (orgs.).

2001. *Biodiversidade na Amazônia Brasileira*. São Paulo: Instituto Socioambiental e Estação Liberdade.

CARNEIRO DA CUNHA, Manuela

[1983] 2017. "Três peças de circunstância sobre direitos dos índios", in Carneiro da Cunha 2017.

[1986] 1987. *Antropologia do Brasil: Mito, história, etnicidade*. São Paulo: Brasiliense.

1998. "Pontos de vista sobre a floresta amazônica: xamanismo e tradução". *Mana*, v. 4, n. 1, abril.

2017. *Cultura com aspas e outros ensaios*. São Paulo: Ubu Editora.

___ & Mauro W. B. de ALMEIDA

2000. "Indigenous People, Traditional People, and Conservation in the Amazon". *Daedalus*, v. CXXIX, n. 2, pp. 315-38.

2002. (orgs.) *Enciclopédia da floresta - O Alto Juruá: Práticas e conhecimentos das populações*. São Paulo: Companhia das Letras.

CARNIELLI, Walter & Richard L. EPSTEIN

2005 [1989]. *Computabilidade: Funções computáveis, lógica e os fundamentos da matemática*. São Paulo: Edunesp.

CARROLL, John

1956. "Introduction", in B. L. Whorf. *Language, Thought, and Reality: Selected Writings of Benjamin Lee Whorf*. Cambridge: The MIT Press.

CARROLL, Lewis

[1895] 2005. "What the Tortoise Said to Aquilles", in *The Complete Works of Lewis Carroll*. London: Penguin.

CARROLL, Michael P.

1978. "Lévi-Strauss on the Œdipus Myth: A Reconsideration". *American Anthropologist*, v. LXXX, n. 4, pp. 805-14.

CASCUDO, Luís da Câmara

[1964] 2005. *Vaqueiros e cantadores*. São Paulo: Global.

CHAYANOV, Aleksandr V.

[1925] 1966. D. Thorner, B. Kerblay & R. E. F. Smith (orgs.). *The Theory of Peasant Economy*. Homewood: Irwin.

CHEVALIER, Jacques M.
1982. *Civilization and the Stolen Gift: Capital, Kin, and Cult in Eastern Peru*. Toronto: University of Toronto Press.

CHOMSKY, Noam
1957. *Syntactic Structures*. La Hague: Nouton, 1957.

CLEARY, David.
1990. *Anatomy of the Amazon gold Rush*. London: Macmillan.

COLLINGWOOD, Robin G.
1946. *The Idea of History*. Oxford: Oxford University Press.

COSTA, Eliza M. L. & Mauro W. B. ALMEIDA
2002. "O trabalho de cientistas sociais junto a organizações populares: uma experiência". Comunicação apresentada no seminário Antropologia e Sociedade. Manuscrito. Unicamp, 18–20 de setembro de 2001.

COSTA, Newton C. A. da
1993. *Lógica indutiva e probabilidade*. São Paulo: Edusp/Hucitec.
1994. *Ensaio sobre os fundamentos da lógica*. São Paulo: Hucitec.
1997. *O conhecimento científico*. São Paulo: Fapesp/Discurso Editorial.
___ & Stephen FRENCH
2003. *Science and Partial Truth: A Unitary Approach to Models and Scientific Reasoning*. Oxford: Oxford University Press.

CÔTÉ, Alain
1995. "Qu'est-ce qu'une formule canonique?". *L'Homme*, v. 35, n. 135, pp. 35–41.

CRUMP, Thomas
1990. *The Anthropology of Numbers*. Cambridge: Cambridge University Press.

CUNHA, Euclides
[1907] 1975. *Contrastes e confrontos*. Rio de Janeiro: Record.

D'AMBROSIO, Ubiratan
1998. *Etnomatemática: Arte ou técnica de explicar ou conhecer*. São Paulo: Ática.
2010. "Volta ao mundo em 80 matemáticas". *Scientific American Brasil*, v. 11 (Especial Etnomatemática), pp. 6–9.

DAMATTA, Roberto
1973. *Ensaios de antropologia estrutural*. Petrópolis: Vozes.

DANOWSKI, Déborah & Eduardo VIVEIROS DE CASTRO
2014. *Há mundo por vir? Ensaio sobre os medos e os fins*. Florianópolis: Cultura e Barbárie/ISA.

DASGUPTA, Partha & Geoffrey M. HEAL
1979. *Economic Theory and Exhaustible Resources*. Cambridge: Cambridge University Press.

DAVIS, Shelton H.
1977. *Victims of the Miracle: Development and the Indians of Brazil*. Cambridge/New York: Cambridge University Press.

DEBREU, Gérard
1959. *Theory of Value: An Axiomatic Analysis of Economic Equilibrium*. New Haven/London: Yale University Press.

DEDEKIND, Richard
[1901] 1963. *Essays on the Theory of Numbers*. Mineola: Dover.

DELEUZE, Gilles & Félix GUATTARI
[1972] 2010. *O anti-Édipo: Capitalismo e esquizofrenia I*, trad. Luiz B. L. Orlandi. São Paulo: Editora 34, 2010.

DERRIDA, Jacques.
1967. *L'Écriture et la différence*. Paris: Éditions du Seuil [Ed. bras.: *A escritura e a diferença*, trad. Maria Beatriz M. N. da Silva et al. São Paulo: Perspectiva, 2019].

Bibliografia geral **343**

20 nov. 1997. "Sokal et Bricmont ne sont pas sérieux". *Le Monde*, Paris, p. 17.

DESCOLA, Philippe

1983. *La Nature domestique: Symbolisme et praxis dans l'écologie des Achuar*. Paris: Maison des Sciences de L'Homme.

2005. *Par-délà nature et culture*. Paris: Gallimard.

2014. *La Composition des mondes – Entretiens avec Pierre Charbonnier*. Paris: Flammarion.

DESROSIERS, Sophie

1988. "Les Techniques de tissage ont-elles un sens? Un mode de lecture des tissus andins". *Techniques & Culture*, n. 12, pp. 21–56. [reeditado em 2010, "Les Techniques de tissage ont-elles un sens? Un mode de lecture des tissus andins". *Techniques & Culture*, n. 54–55, pp. 263–85].

DÉSVEAUX, Emmanuel

1995. "Groupe de Klein et formule canonique". *L'Homme*, v. 35, n. 135, pp. 43–49.

___ & Jean POUILLON

1995. "Rencontre autour de la formule canonique". *L'Homme*, v. 35, n. 135, pp. 7–8.

DETIENNE, Marcel & Jean-Pierre VERNANT

1974. *Les Ruses de l'intelligence: La Mètis des grecs*. Paris: Flammarion.

DIAS, Carla de Jesus

2004. *Na floresta onde vivem brabos e mansos: Economia simbólica de acesso à natureza praticada na Reserva Extrativista do Alto Juruá-Acre*. Dissertação de mestrado. Campinas: Departamento de Antropologia Social – Universidade Estadual de Campinas.

DIEGUES, Antonio Carlos S.

1992. "Sustainable Development and People's Participation in Wetland Ecosystem Conservation in Brazil: Two Comparative Studies", in D. Ghai & J. M. Vivian. *Grassroots Environmental Action: People's Participation in Sustainable Development*. London: Routledge, pp. 141–58.

DIETZ, Thomas, Elinor OSTROM *et alii*

2003a. "The Struggle to Govern the Commons". *Science*, v. CCCII, n. 5652, pp. 1907–12.

2003b. "Online Supplement to the Struggle to Govern the Commons". *Science*, v. CCCII, n. 5652, pp. 1907–12.

DIRAC, Paul

[1930] 1947. *The Principles of Quantum Mechanics*. Oxford: Oxford University Press.

DUARTE, Elio G.

1987. *Conflitos pela terra no Acre*. Rio Branco: Casa da Amazônia.

DUBY, Georges

1962. *L'Économie rurale et la vie des campagnes dans l'occident médiéval*. Paris: Flammarion.

DUHEM, Pierre

[1906] 2007. *La Théorie physique. Son Objet, sa structure*. Paris: Vrin.

DUMONT, Louis.

1971. *Introduction à deux théories d'anthropologie sociale*. Paris: Mouton.

EINSTEIN, Albert

[1905]. "Zur Elektrodynamik bewegter Körper". *Annalen der Physik*, v. 322, n. 10, pp. 781–1020. [Ed. port.: "Sobre a Electrodinâmica dos Corpos em Movimento", in H. Lorentz, A. Einstein e H. Minkowski. *Textos fundamentais da física moderna, v. I – O princípio da relatividade*, trad. Mario J. Saraiva, pp. 47–90.

Lisboa: Fundação Calouste Gulbenkian.]

[1916] 1999. *A teoria da relatividade especial e geral*, trad. Carlos Almeida Pereira. Rio de Janeiro: Contraponto Editorial.

1938. *The Evolution of Physics*. Cambridge: Cambridge University Press.

ELLIS, Frank

1988. *Peasant Economics: Farm Households and Agrarian Development*. Cambridge: Cambridge University Press.

EMPERAIRE, Laure & Mauro W. B. DE ALMEIDA

2002. "Seringueiros e seringas", in Carneiro da Cunha & Almeida (orgs.) 2002, pp. 285-309.

____ *et alii*

2019. "Sistema agrícola tradicional do Rio Negro". Brasília: Iphan.

ENCICLOPÉDIA ABRIL

1976. Victor Civita (org.), 15 v. São Paulo: Abril.

ESCOBAR, Arturo

1995. *Encountering Development: The Making and Unmaking of the Third World*. Princeton: Princeton University Press.

ESPINOSA, Baruch de

[1677] 2007. *Ética*, trad. Tomaz Tadeu. Belo Horizonte: Autêntica.

EVANS-PRITCHARD, Edward

[1937] 2005. *Bruxaria, oráculos e magia entre os Azande*, trad. Eduardo Viveiros de Castro. Rio de Janeiro: Zahar.

[1940] 1978. *Os Nuer*, trad. Ana M. Goldberger Coelho. São Paulo: Perspectiva.

EVERETT, Daniel L.

2005. "Cultural Constraints on Grammar and Cognition in Pirahã: Another Look at the Design Features of Human Language".

Current Anthropology, v. XLVI, n. 4, pp. 621-46.

FARAGE, Nádia

2011. "De ratos e outros homens: Resistência biopolítica no Brasil moderno", in M. Carneiro da Cunha (org.). *O lugar da cultura e o papel da antropologia*. São Paulo: Azougue, pp. 279-309.

2013. "No Collar, No Master: Workers and Animals in the Modernization of Rio de Janeiro 1903-1904". *Transcultural modernisms* – Publication Series of the Academy of Fine Arts Vienna, n. 12, 2013, pp. 110-27.

FERGUSON, James

1990. *The Anti-Politics Machine: "Development," Depoliticization, and Bureaucratic Power in Lesotho*. Cambridge: Cambridge University Press.

FERREIRA, José C., N. PERALTA & R. B. C. SANTOS

2015. "'Nossa Reserva': Redes e Interações entre peixes e pescadores no médio rio Solimões". *Amazônica*, v. 7, n. 1, pp. 158-85.

FEYNMAN, Richard P.

1965. *The Character of Physical Law*. Cambridge: The MIT Press.

FEYNMAN, Richard P., Robert B. LEIGHTON *et alii*

1965. "The Feynman Lectures on Physics, v. 1". *American Journal of Physics*, v. XXXIII, n. 9, pp. 750-52.

FIRTH, Raymond W.

1946. *Malay Fishermen: Their Peasant Economy*. London: K. Paul, Trench, Trübner & Co.

FOSTER, George M.

1965. "Peasant Society and the Image of Limited Good". *American Anthropologist*, v. LXVII, n. 2, pp. 293-315.

[1967] 1976. *Tzintzuntzan: Mexican Peasants in a Changing*

World. Boston: Little, Brown and Company.

FRAENKEL, Adolf A., Yehoshua BAR-HILLEL *et alii*
1984. *Foundations of Set Theory*. Amsterdam: North Holland.

FRANCO, Maria Sylvia Carvalho
1997. *Homens livres na ordem escravocrata*. São Paulo: Edunesp.

FRANK, Michael C. *et alii*
2008. "Number as a Cognitive Technology: Evidence from Pirahã Language and Cognition". *Cognition*, v. CVIII, n. 3, pp. 819–24.

FREGE, Gottlob
[1879] 1967. "*Begriffsschrift*, a Formula Language, Modeled upon that of Arithmetic, for Pure Thought", in J. van Heijenoort (org.). *From Frege to Gödel: A Source Book in Mathematical Logic, 1897–1931*. Cambridge: Harvard University Press, PP. 1–82.

FREIRE-MAIA, Newton
2008. *Verdades da ciência e outras verdades: A visão de um cientista*. São Paulo: Edunesp/Sociedade Brasileira de Genética.

FURTADO, Celso
1959. *Formação econômica do Brasil*. São Paulo: Companhia Editora Nacional.
1986. *Teoria e política do desenvolvimento econômico*. São Paulo: Nova Cultural.

FURTADO, Lurdes G.; Wilma LEITÃO *et alii* (orgs.)
1993. *Povos das águas: Realidade e perspectivas na Amazônia*. Belém: PR/MCT/CNPq/Museu Paraense Emilio Goeldi.

GALILEI, Galileu
[1632] 2004. *Diálogo sobre os dois máximos sistemas do mundo ptolomaico e copernicano*, trad. Pablo R. Mariconda. São Paulo:

Discurso Editorial/Imprensa Oficial do Estado de São Paulo.

GALVÃO, Eduardo
1976. *Santos e visagens: Um estudo da vida religiosa de Itá, Baixo Amazonas*. São Paulo: Companhia Editora Nacional.

GALVÃO, Walnice Nogueira
1986. *As formas do falso: Um estudo sobre a ambiguidade no "Grande sertão: veredas"*. São Paulo: Perspectiva.

GELLNER, Ernest
1983. *Nation and Nationalism*. London: Blackwell.

GHAI, Dharam & Jessica M. VIVIAN (orgs.)
1992. *Grassroots Environmental Action: People's Participation in Sustainable Development*. London: Routledge.

GHINS, Michel
1991. *A inércia e o espaço-tempo absoluto de Newton a Einstein*. Campinas: Centro de Lógica, Epistemologia e História da Ciência.

GIANNOTTI, José A.
1966. *Origens da dialética do trabalho*. São Paulo: Difel.
1983. *Trabalho e reflexão*. São Paulo: Brasiliense.

GODELIER, Maurice
1969. *Rationalité et irrationalité en économie*, v. I. Paris: Maspero.
1973. *Horizon, trajets marxistes en anthropologie*. Paris: Maspero.
1982. *La Production des grands hommes*. Paris: Fayard.

GORDON, Peter
2004. "Numerical Cognition without Words: Evidence from Amazonia". *Science*, v. XXXVI, n. 5695, pp. 496–99.

GOW, Peter.
   1991. *Of Mixed Blood: Kinship and History in Peruvian Amazonia.* Oxford: Oxford University Press.
   2001. *An Amazonian Myth and Its History.* Oxford: Oxford University Press.

GREGORY, Chris A.
   1982. *Gifts and Commodities.* London/New York: Academic Press.
   1997. *Savage Money.* Australia: Harwood Academic Publishers.

GRIMAL, Pierre
   1951. *Dictionnaire de la mythologie grecque et romaine.* Paris: PUF.

GROSS, Paul & Norman LEVITT
   1994. *Higher Superstition: The Academic Left and its Quarrels with Science.* London: The John Hopkins University Press.
   ___ *et alii* (orgs.)
   1996. *The Flight from Science and Reason.* New York: New York Academy of Sciences.

GRUPIONI, Denise F.
   2009. *Arte visual dos povos Tiriyó e Kaxuyana: Padrões de uma estética ameríndia.* São Paulo: Iepé.

GUIMARÃES ROSA, João.
   1956. *Corpo de baile.* Rio de Janeiro: José Olympio.
   [1956] 2001. *Grande sertão: Veredas.* Rio de Janeiro: Nova Fronteira.
   [1967] 2017. *Tutameia: Terceiras estórias.* Rio de Janeiro: Nova Fronteira.

GUNDER FRANK, André
   1967. *Capitalism and Underdevelopment in Latin America.* New York: Monthly Review Press.

GUSS, David M.
   1989. *To Weave and Sing: Art, Symbol, and Narrative in the South American Rainforest.* Berkeley: University of California Press.

HACKING, Ian
   2002. *Historical Ontology.* Cambridge: Harvard University Press [Ed. bras.: *Ontologia histórica*, trad. Leila Mendes. São Leopoldo: Unisinos, 2009].

HALLETT, Michael
   1986. *Cantorian Set Theory and Limitation of Size.* Oxford: Clarendon Press.

HALPERIN, Rodha
   1977. *Peasant Livelihood: Studies in Economic Anthropology and Cultural Ecology.* New York: St. Martin's Press.

HART, Keith
   1982. *The Political Economy of West African Agriculture.* Cambridge: Cambridge University Press.

HARTE, John
   1988. *Consider a Spherical Cow: A Course in Environmental Problems Solving.* Herndon: University Science Books.

HEIDEGGER, Martin
   [1927] 2012. *Ser e tempo*, trad. Fausto Castilho. Petrópolis/Campinas: Vozes/Ed Unicamp.

HÉRITIER, Françoise
   1981. *L'Exercise de la parente.* Paris: Éditions Le Seuil.

HOMMA, Alfredo Kingo Oyama
   1989. *A extração de recursos naturais renováveis: O caso do extrativismo vegetal na Amazônia.* Tese de doutorado. Viçosa: Universidade Federal de Viçosa.
   1993. *Extrativismo vegetal na Amazônia: Limites e oportunidades.* Brasília: Embrapa.

HOUAISS, Antônio, Mauro de SALLES VILLAR *et alii* (orgs.)
   2001. *Dicionário Houaiss da Língua Portuguesa.* Rio de Janeiro: Objetiva.

HUGH-JONES, Stephen
2012. "Escrever na pedra, escrever no papel", in G. Andrello (org.). *Rotas de criação e transformação: Narrativas de origem dos povos indígenas do Rio Negro.* São Paulo/São Gabriel da Cachoeira: ISA/Foirn, pp. 138-67.

HUME, David
[1739] 1888. *A Treatise of Human Nature.* Oxford: Clarendon Press.

HUSSERL, Edmund
[1952] 1999. *Ideen zu einer reinen Phänomenologie und phänomenologischen Philosophie,* v. 602. Hamburg: Felix Meiner Verlag.

INSTITUTO BRASILEIRO DE GEOGRAFIA E ESTATÍSTICA (IBGE)
1957. "Types et aspects du Brésil". *Revista Brasileira de Geografia,* ils. Percy Lau. Rio de Janeiro: IBGE.
1970. *Censo agropecuário: 1970.* Rio de Janeiro: IBGE.
1983a. *IX Recenseamento geral do Brasil – 1980: Censo demográfico – Mão de obra. Acre,* v. I, t. 5, n. 3. Rio de Janeiro: IBGE.
1983b. *IX Recenseamento geral do Brasil – 1980: Censo agropecuário – Acre,* v. II, t. 3, n. 3. Rio de Janeiro: IBGE.

INSTITUTO CHICO MENDES DE CONSERVAÇÃO DA BIODIVERSIDADE (ICMBIO)
2007a. *Plano de Manejo da Reserva Extrativista Cazumbá.* Brasília: ICMBIO.
2007b. *Plano de manejo da Reserva Extrativista de Cazumbá.* Brasília: ICMBIO.

INSTITUTO DO PATRIMÔNIO HISTÓRICO E ARTÍSTICO NACIONAL (Iphan)
2007. *Cachoeira de Iauaretê: Lugar sagrado dos povos indígenas dos rios Uaupés e Papuri.* São Paulo/São Gabriel da Cachoeira: ISA/Foirn.

JAKOBSON, Roman
1976. *Six leçons sur le son et le sens.* Paris: Éditions de Minuit.

JÄNICH, Klaus.
1984. *Topology.* New York: Springer Verlag.

JOÃO PAULO II
2002. *Carta Apostólica Rosarium Virginis Mariae,* de 16 de outubro. Vaticano.

KANT, Immanuel
[1781] 2020. *Crítica da razão pura,* trad. Edson Bini. São Paulo: Edipro.

KAPLAN, David & Robert A. MANNERS
[1972] 1975. *Teoria da cultura,* trad. Zilda Kacelnik. Rio de Janeiro: Zahar.

KEMENY, John G, J. Laurie SNELL *et alii*
1956. *Introduction to Finite Mathematics.* Englewood Cliffs: Prentice Hall.

KIMBERLY, Dagny & João MAGUEIJO
2005. "Phenomenological Quantum Gravity", in *American Institute of Physics Conference Proceedings,* v. DCCLXXXII, n. 1.

KLEIN, Felix
[1872] 1921. "Das Erlanger Program", in *Gesammelte Mathematische Abhandlungen I.* Berlin: Julius Springer.

KOPENAWA, Davi & Bruce ALBERT
2015. *A queda do céu: Palavras de um xamã Yanomami.* São Paulo: Companhia das Letras.

KOVÁCS, Zsolt L.
1996. *Redes neurais artificiais: Fundamentos e aplicações.* São Paulo: Collegium Cognitio.
1997. *O cérebro e a sua mente: Uma introdução à neurociência computacional.* São Paulo: Ed. Acadêmica.

KRADER, Lawrence
[1968] 1970. *A formação do Estado*, trad. Regina Lúcia M. Morel. Rio de Janeiro: Zahar.

KRAUSE, Décio
2009. "Newton da Costa e a filosofia da quase-verdade". *Principia*, Florianópolis, v. XIII, n. 2, pp. 105-28.

KUHN, Thomas
[1962] 2006. *The Structure of Scientific Revolutions*. Chicago: The University of Chicago Press.

KUNEN, Kenneth
[1977] 1991. "Combinatronics", in J. Barwise (org.). *Handbook of Mathematical Logic*. Amsterdam: Elsevier, pp. 371-402.

L'HOMME
1988. *Le Mythe et ses métamorphoses*, v. 28, n. 106-07.
1995. *La Formule canonique des mythes*, v. 35, n. 135.

LACAN, Jacques
1966. *Écrits I*. Paris: Éditions Le Seuil.

LAGES DE LIMA, Elon
1982. *Curso de análise*, v. I. Rio de Janeiro: Instituto de Matemática Pura e Aplicada/CNPq.

LAGROU, Els
2007. *A fluidez da forma: Arte, alteridade e agência em uma sociedade amazônica (Kaxinawa, Acre)*. Rio de Janeiro: Ed. UFRJ.
2012. "Perspectivism, Animism and Quimeras: A Reflection on Amerindian Design Systems as Techniques for Altering Perception". *Mundo Amazônico*, n. 3, pp. 95-122.
2020. "Nisun: A vingança do povo morcego e o que ele pode nos ensinar sobre o novo coronavírus". *Blog da Biblioteca Virtual do Pensamento Social*.

LANNA, Marcos
2000. "Nota sobre Marcel Mauss e o ensaio sobre a dádiva". *Revista de Sociologia Política*, Curitiba, n. 14, pp. 173-94.

LATOUR, Bruno
2017. "Bruno Latour, a Veteran of the 'Science Wars', Has a New Mission". *Science*, v. CCCLVIII, n. 6360.
[2015] 2020. *Diante de Gaia*, trad. Maryalua Meyer. São Paulo: Ubu Editora/Ateliê de Humanidades.

LAVE, Jean
1998. *Cognition in Practice. Mind, Mathematics and Culture in Everyday Life*. Cambridge: Cambridge University Press.
___ & Etienne WENGER
1991. *Situated Learning: Legitimate Peripheral Participation*. Cambridge: Cambridge University Press.

LE GUIN, Ursula
[1971] 2004. *O tormento dos céus*. Queluz de Baixo: Editorial Presença

LEACH, Edmund
[1954] 2014. *Sistemas políticos da Alta Birmânia*, trad. Geraldo G. de Souza et al. São Paulo: Edusp.
1968. *Pul Elya, a Village in Ceylon: A Study of Land Tenure and Kinship*. Cambridge: Cambridge University Press.

LEAL FERREIRA, Mariana K.
2001. "Conhecimentos matemáticos de povos indígenas de São Paulo", in A. Lopes da Silva & M. K. Leal Ferreira (orgs.). *Práticas Pedagógicas na Escola Indígena*. São Paulo: Global, pp. 211-35.
2015. *Mapping Time, Space and the Body*. Rotterdam: Sense Publishers.

LEIBNIZ, Gottfried W. &
Samuel CLARKE
[1717] 1956. H. G. Alexander (org.).
The Leibniz-Clarke Correspondence.
Manchester: Manchester
University Press.

LÉVI-STRAUSS, Claude
[1945] 2017. "A análise estrutural
em linguística e antropologia",
in *Antropologia estrutural*, trad.
Beatriz Perrone-Moisés. São
Paulo: Ubu Editora.
1949. "Histoire et ethnologie".
*Revue de Métaphysique et de
Morale*, v. 54, n. 3–4, pp. 363–91.
[1949] 1971. *Les Structures
élémentaires de la parenté*. Paris:
Mouton. [Ed. bras. *As estruturas
elementares do parentesco*, trad.
Mariano Ferreira. Petrópolis:
Vozes, 2012].
[1952] 2017. "Raça e história", in
Antropologia estrutural dois. São
Paulo: Ubu Editora.
1955. *Tristes Tropiques*. Paris: Plon.
[Ed. bras. *Tristes trópicos*, trad.
Rosa Freire D'Aguiar. São Paulo:
Companhia das Letras, 2017].
[1955] 2017. "A estrutura dos mitos",
in *Antropologia estrutural*, trad.
Beatriz Perrone-Moisés. São
Paulo: Ubu Editora.
[1956] 2017. "Estrutura e dialética",
in *Antropologia estrutural*, trad.
Beatriz Perrone-Moisés. São
Paulo: Ubu Editora.
[1958] 2017. *Antropologia estrutural*,
trad. Beatriz Perrone-Moisés. São
Paulo: Ubu Editora.
[1960a] 2017. "O campo da
antropologia", in *Antropologia
estrutural dois*. São Paulo:
Ubu Editora.
[1960b] 2017. "A estrutura e a
forma", in *Antropologia estrutural
dois*. São Paulo: Ubu Editora.

[1962] 1989. *O pensamento
selvagem*, trad. Tânia Pellegrini.
Campinas: Papirus.
[1962b] *Le Totemisme aujourd'hui*.
Paris: PUF. [Ed. bras.: *Totemismo
hoje*, trad. Eduardo P. Graeff *et al.*
São Paulo: Abril Cultural, Coleção
Os Pensadores, 1976.]
1964. *Mythologiques*, v. 1 – *Le Cru
et le cuit*. Paris: Plon. [Ed. bras.:
Mitológicas 1. O cru e o cozido,
trad. Beatriz Perrone-Moisés. São
Paulo: Cosac Naify, 2002].
1966. *Mythologiques*, v. 2 – *Du Miel
aux cendres*. Paris: Plon.
1968. *Mythologiques*, v. 3 –
L'Origine des manières de table.
Paris: Plon.
[1971] 2011. *Mitológicas 4. O homem
nu*, trad. Beatriz Perrone-Moisés.
São Paulo: Cosac Naify.
1973. *Anthropologie structurale
deux*. Paris: Plon.
[1973] 2017. *Antropologia estrutural
dois*, trad. Beatriz Perrone-Moisés.
São Paulo: Ubu Editora.
[1975] 1981. *A via das máscaras*,
trad. Manuel Ruas. São Paulo:
Editorial Presença/Martins
Fontes.
[1983] 1986. *O olhar distanciado*,
trad. Carmen de Carvalho. Lisboa:
Edições 70.
1984. *Paroles données*. Paris: Plon.
[1985] 1986. *A oleira ciumenta*, trad.
Beatriz Perrone Moisés. São Paulo:
Brasiliense.
[1991] 1993. *História de lince*, trad.
Beatriz Perrone-Moisés. São
Paulo: Companhia das Letras.
[1994] 2001. "Lettre à Monsieur le
Professeur Solomon Marcus", in
Maranda (org.) 2001.
2001. "Hourglass Configurations",
in P. Maranda (org.). *The Double
Twist: From Ethnography to
Morphodynamics*. Toronto:

University of Toronto Press. [2003] 2018. Resenha da *Enciclopédia da Floresta – o Alto Juruá: Práticas e Conhecimentos das Populações. Ethnoscientia. Revista Brasileira de Etnobiologia e Etnoecologia*, v.3, n. 2. Publicado originalmente na revista *L'Homme*, n. 167–168, 2003, pp. 365–67.

___ & Didier ERIBON
1988. *De près et de loin*. Paris: Éditions Odile Jacob.

___ (org.)
2002. *Idéias matemáticas de povos culturalmente distintos*. São Paulo: Global Editora.

LÉVY-BRUHL, Lucien
[1910] 1951. *Les Fonctions mentales dans les sociétés inférieures*. Paris: Les Presses Universitaires de France [Ed. bras.: *As funções mentais nas sociedades inferiores*, trad. E. L. de Souza Campos. Niterói: Clube de Autores, 2015].

LIMA, Deborah & Nelissa PERALTA
2013. "O desenvolvimento da sustentabilidade e a conjugação socioambiental nas reservas Mamirauá e Amanã". *Ambiente e Sociedade*.

LINCOLEO, José Quidel
2012. *La ideia de "Dios" y "Diablo" en el discurso ritual mapuche*. Dissertação de mestrado. Campinas: Departamento de Antropologia Social – Universidade Estadual de Campinas.

LINDBERGH, S. M.
2013. *Manual de manejo de fauna silvestre*. Brasília: Ibama.

LORRAIN, François
1975. *Réseaux sociaux et classifications sociales: Essai sur l'algèbre et la geometrie des structures sociales*. Paris: Hermann.

LUKÁCS, György
[1984] 2010. *Prolegômenos para uma ontologia do ser social*, trad. Lya Luft e Rodnei Nascimento. São Paulo: Boitempo.

LUNA, Marisa B. A.
2003. *Afinal, quem tem mais direito? Conflitos e noções de justiça na Reserva Extrativista do Alto Juruá, Acre*. Dissertação de mestrado. Campinas: Departamento de Antropologia Social – Universidade Estadual de Campinas.

MALINOWSKI, Bronislaw
1935. *Coral Gardens and their Magic*. London/New York: Penguin.

MARANDA, Pierre (org.)
2001. *The Double Twist: From Ethnography to Morphodynamics*. Toronto: University of Toronto Press.

___ & Elii Köngäs MARANDA (orgs.)
1971. *Structural Analysis of Oral Tradition*. Philadelphia: University of Pennsylvania Press.

MARCUS, Solomon
1995. "Vers une approche axiomatico-déductive de la formule canonique du mythe". *L'Homme*, v. 35, n. 135, pp. 9–15.

MARQUES, Luiz
2015. *Capitalismo e colapso ambiental*. Campinas: Ed. Unicamp.

MARTINI, André Luiz
2008. *Filhos do homem: A introdução da piscicultura entre populações indígenas no povoado de Iauaretê – Rio Uaupés*. Dissertação de mestrado. Campinas: Departamento de Antropologia Social – Universidade Estadual de Campinas.

MARTINS, José de S.

1979. *O cativeiro da Terra*. São Paulo: Lech.

1980. *Expropriação e violência*. São Paulo: Hucitec.

1994. *O poder do atraso: Ensaios de sociologia da história lenta*. São Paulo: Hucitec.

MARX, Karl

[1867] 1962. *Das Kapital*, v. i, in *Werke*, v. XXIII. Berlin: Dietz Verlag.

[1867] 1985. *O capital*, v. 1, trad. Regis Barbosa e Flávio R. Kothe. São Paulo: Nova Cultural.

[1932] 1956. *Economic and Philosophic Manuscripts of 1844*. Moscou: Foreign Languages Publishing House [Ed. bras.: *Manuscritos econômico-filosóficos*, trad. Jesus Ranieri. São Paulo: Boitempo, 2004].

___ & Friedrich ENGELS

[1845] 1932. "Feuerbach", in K. Marx e F. Engels 1932.

1932. *Die deutsche Ideologie*. Berlin: Marx-Engels Verlag. [Ed. bras.: *A ideologia alemã*, trad. Luis Claudio de Castro e Costa. São Paulo: Boitempo, 2007].

[1842–95] 1956. *Marx-Engels-Werke*. Berlin: Institut für Marxismus-Leninismus, Dietz Verlag.

MAUÉS, Raymundo Heraldo

1990. *A ilha encantada: Medicina e xamanismo numa comunidade de pescadores*. Belém: Edufpa.

MAURY, Jean-Pierre

1986. *Carnot et la machine à vapeur*. Paris: Presses Universitaires de France.

MAUSS, Marcel

[1925] 2017. "Ensaio sobre a dádiva: Forma e razão da troca nas sociedades arcaicas", in *Sociologia e antropologia*, trad. Paulo Neves. São Paulo: Ubu Editora.

MEILLASSOUX, Claude

1964. *Anthropologie économique des Gouro de Côte d'Ivoire*. Paris/Haia: De Gruyter Mouton.

1975. *Femmes, greniers et capitaux*. Paris: Maspero.

MEINONG, Alexius

1999. *Théorie de l´objet et présentation personnelle*. Paris: Vrin.

MELLO E SOUZA, Antonio Candido de

[1964] 2001. *Os parceiros do Rio Bonito*. São Paulo: Duas Cidades.

MENDRAS, Henri

1967. *La Fin des paysans: Suivi d'une réflexion sur la fin des paysans, vingt ans après*. Paris: Babel.

MESQUITA, Érika

2012. *Ver de perto para contar de certo: As mudanças climáticas sob os olhares dos moradores da floresta do Alto Juruá*. Tese de doutorado. Campinas: Departamento de Ciências Sociais – Universidade Estadual de Campinas.

2013. "Ex-Rubber Tappers and Small Farmers Views on Weather Changes in the Amazon", in Unesco. *World Social Science Report: Changing Global Environments*. Paris: Unesco.

MEYERSON, Émile

1921. *De l'explication dans les les sciences*. Paris: Payot.

[1931] 2011. *Du Cheminement de la pensée*. Paris: Vrin.

MEZZADRI, Bernard

1988. "Structure du mythe et races d'Hésiode". *L'Homme*, v. 28, n. 106–07, pp. 51–57.

MIKENBERG, Irene *et alii*

1986. "Pragmatic Truth and Approximation to Truth". *The Journal of Symbolic Logic*, v. LI, n. 1, pp. 201–21.

MIMICA, Jadran

1988. *Intimations of Infinity: The Mythopoeia of the Iqwaye Counting System and Number*. Oxford: Berg.

MINTZ, Sidney

1960. *Worker in the Cane: A Puerto Rican Life History*. New Haven: Yale University.

MONOD, Jacques

1970. *Chance and necessity*. London: Collins.

MONTEIRO, Douglas T.

1974. *Os errantes do novo século: Um estudo sobre o surto milenarista do Contestado*. São Paulo: Duas Cidades.

MORE, Robin S.

1996. *The Composition of Rubber Taper Livelihoods in Acre, Brazil: A Case Study of Sustainability and Peasant Economy*. Tese de doutorado. Glasgow: Department of Social Anthropology – University of Glasgow.

MORGAN, Lewis H.

[1871] 1997. *Systems of Consanguinity & Affinity of the Human Family*. Lincoln/London: University of Nebraska Press.

[1877] 2014. *A sociedade antiga*. São Paulo: Companhia das Letras.

MOURA, Margarida

1978. *Os herdeiros da terra*. São Paulo: Hucitec.

MUNN, Nancy

1986. *The Fama of Gawa: A Symbolic Study of Value Transformation in a Massim (Papua New Guinea) Society*. Durham/London: Duke University Press.

MURPHY, Robert F. & Julian H. STEWARD

1956. "Tappers and Trappers: Parallel Process in Acculturation". *Economic Development and Cultural Change*, v. IV, n. 4, pp. 335–55.

NARANJO, Eduardo J. & Richard BODMER

2007. "Source–Sink Systems and Conservation of Hunted Ungulates in the Lacandon Forest, Mexico". *Biological Conservation*, Boston, v. CXXXVIII, n. 3–4, pp. 412–20.

NARCEJAC, Thomas

1975. *Une machine à lire: Le roman policier*. Paris: Denöel/Gonthier.

NASH, June

1979. *We Eat the Mines and the Mines Eat Us: Dependency and Exploitation in Bolivian Tin Mines*. New York: Columbia University Press.

NEEDHAM, Rodney.

1962. *Structure and Sentiment*. Chicago: University of Chicago Press.

NEUMANN, John von & Oskar MORGENSTERN

1944. *Theory of Games and Economic Behavior*. Princeton: Princeton University Press.

NEWTON, Isaac

[1704] 1952. *Opticks*. Mineola: Dover Publications [Ed. bras.: *Óptica*, trad. André K. T. Assis. São Paulo: Edusp, 2002].

NIETZSCHE, Friedrich

[1887] 2009. *Genealogia da moral*, trad. Paulo César de Souza. São Paulo: Companhia das Letras.

NOVARO, A. J.; REDFORD, K. H.; BODMER, R. E.

2000. "Effect of Hunting in Source-sink Systems in the Neotropics". *Conservation Biology*, v. 14, n. 3, pp. 713–21.

NUGENT, Stephen

1993. *Amazonian Caboclo Society: An Essay on Invisibility and Peasant Economy*. Oxford: Berg.

NUNES, Terezinha, Analucia D. SCHLIEMANN *et alii*
1993. *Street Mathematics and School Mathematics*. Cambridge: Cambridge University Press.

OLIVEIRA VIANA, Francisco José de
[1920] 1973. *Populações meridionais do Brasil: História e organização*. Rio de Janeiro: Paz e Terra.
[1949] 1974. *Instituições políticas brasileiras*. Rio de Janeiro: Record.

OLIVEIRA, Francisco de
[1973] 1981. *A economia brasileira: Crítica da razão dualista*. Petrópolis: Vozes.
[1977] 1997. *A economia da dependência imperfeita*. Rio de Janeiro: Graal.

OVERING, Joanna
1975. *The Piaroa: A People of the Orinoco Basic: A study of kinship and marriage*. Oxford: Clarendon Press.

PALMEIRA, Moacir Gracindo
1969. *Latifundium et capitalisme: Lecture critique d'un débat*. Thèse de 3ème Cycle. Paris: Faculté de Lettres et Sciences Humaines de L'Université de Paris.

PANTOJA, Mariana C.
1992. *Xagú: de sem-terra a assentado: Um estudo sobre a construção de identidades sociais no campo*. Dissertação de mestrado. Rio de Janeiro: Programa de Pós-Graduação em Sociologia e Antropologia (PPGSA) – Universidade Federal do Rio de Janeiro.
[2001] 2008. *Os Milton: Cem anos de história nos seringais*. Rio Branco: Edufac.
___, Mauro W. B. de ALMEIDA *et alii*
2002. "Botar roçados", in Carneiro da Cunha & Almeida (orgs.) 2002, pp. 249–83.

PARFIT, Michael
1989. "Whose Hands Will Shape the Future of the Amazon's Green Mansions?". *Smithsonian*, v. XX, n. 8, pp. 58–74.

PÃRÕKUMU, Umusî (LANA, Firmiano A.) & Tõrãmû KEHÍRI (LANA, Luiz G.)
1995. *Antes o mundo não existia: Mitologia dos antigos Desana-Kẽhíripõrã*. São João Batista do Rio Tiquié/São Gabriel da Cachoeira: Unirt/Foirn.

PEACE, William J. & David H. PRICE
2001. "The Cold War Context of the FBI's Investigation of Leslie A. White". *American Anthropologist*, v. CIII, n. 1, pp. 164–67.

PEIRCE, Charles S.
1932. *Collected Papers of Charles Sanders Peirce*, v. II – *Elements of Logic*. Cambridge: Harvard University Press.
1933. *Collected Papers of Charles Sanders Peirce*, v. III – *Exact Logic*. Cambridge: Harvard University Press.
1934. *Collected Papers of Charles Sanders Peirce*, v. V: *Pragmatism and Pragmaticism*. Cambridge: Harvard University Press.
1998. *The Essential Peirce*, v. 2 (1893–1913). Bloomington: The Indiana University Press.

PEREIRA DE QUEIRÓZ, Maria I.
1957. *La Guerre sainte au Brésil: Le Mouvement messianique du Contestado*. São Paulo: Faculdade de Filosofia, Ciências e Letras – Universidade de São Paulo.
1970. *O mandonismo na vida política do Brasil*. São Paulo: Instituto de Estudos Brasileiros – Universidade de São Paulo.
1976. *O campesinato brasileiro: Ensaio sobre civilização e*

grupos rústicos no Brasil.
Petrópolis: Vozes.

PERES, Carlos A.
2000. "Effects of Subsistence Hunting on Vertebrate Community Structure in Amazonian Forests". *Conservation Biology*, v. XIV, n. 1, pp. 240–53.

PETITOT, Jean
1985. "Local/global: Sistemi di riferencia", in R. Romano (org.). *Enciclopedia Einaudi*, v. 4, pp. 11–89.
1988. "Approche morphodynamique de la formule canonique du mythe". *L'Homme*, v. 28, n. 106-107, pp. 24–50.
1989. "Hypothèse localiste, modèles morphodynamiques et théories cognitives: Remarques sur une note de 1975". *Semiotica*, v. LXXVII, n. 1–3, pp. 65–120.
1995. "Note complémentaire sur l'approche morphodynamique de la formule canonique du mythe". *L'Homme*, v. 35, n. 135, pp. 17–23.
2001. "A Morphodynamical Shematization of the Canonical Formula for Myths", in P. Maranda (org.). *The Double Twist: From Ethnography to Morphodynamics*. Toronto: Toronto University Press.

PFEIFER, Wolfgang
1995. *Etymologisches Wörterbuch des Deutschen*. München: Deutschen Taschenbuch Verlag.

PICA, Pierre, Cathy LEMER *et alii*
2004. "Exact and Approximate Arithmetic in an Amazonian Indigene Group". *Science*, v. XXXVI, n. 5695, pp. 499–503.

POANI (TENÓRIO, Higino P.) & POANI (RAMOS, José Barreto) (orgs.)
2004. *Keore: Utapinopona saiña hoa bauaneriputi*. São Gabriel da Cachoeira: ISA/Foirn.

POLANYI, Karl
[1944] 1980. *A grande transformação*, trad. Fanny Wrobel. Rio de Janeiro: Campus.

POLLARD, Stephen
1990. *Philosophical Introduction to Set Theory*. Notre Dame: University of Notre Dame Press.

POSTIGO, Augusto de A.
2003. *Penduraram as letras na parede da sala: Oralidade e escrita entre seringueiros da Floresta Amazônica*. Dissertação de mestrado. Campinas: Departamento de Antropologia Social – Universidade Estadual de Campinas.
2010. *A Terra vista do alto: Usos e percepções acerca do espaço entre os moradores do Rio Bagé, Acre.* Tese de doutorado. Campinas: Departamento de Antropologia Social – Universidade Estadual de Campinas.

POVINELLI, Elizabeth A.
2001. "Radical Worlds: The Anthropology of Incommensurability and Inconceivability". *Annual Review of Anthropology*, v. XXX, pp. 319–34.

PRADO JR., Caio
[1966] 2014. *A revolução brasileira.* São Paulo: Brasiliense.

PRIGOGINE, Ilya & Isabelle STENGERS
1979. *La Nouvelle alliance: Métamorphose de la science.* Paris: Gallimard.

PROPP, Vladimir
[1928] 2006. *Morfologia do conto maravilhoso*, trad. Jasna P. Sarhan. Rio de Janeiro: Forense Universitária.

QUINE, Willard Van Orman
[1944] 1996. *The Significance of the New Logic*. Cambridge: Cambridge University Press. [Ed. bras.: *O*

sentido da nova lógica. Curitiba: Editora UFPR, 2018].

[1948] 1953. *From a Logical Point of View: Logico-Philosophical Views*. Cambridge: Harvard University Press. [Ed. bras.: *De um ponto de vista lógico*, trad. Antonio Ianni Segatto. São Paulo: Editora Unesp, 2011].

1960. *Word and Object*. Cambridge: The MIT Press. [Ed. bras.: *Palavra e objeto*, trad. Demétrio Murcho e Sofia Stein. Petrópolis: Vozes, 2010].

1969. *Ontological Relativity and Other Essays*. New York: Columbia University Press. [Ed. bras.: *Relatividade ontológica e outros ensaios*, trad. O. P. A. P. Silva e A. M. C. Lopáric, in G. Ryle et al. *Ensaios*. São Paulo: Abril Cultural, 1985, pp.117-214.

RAMOS, Rossano M.
2005. *Estratégia de caça e uso de fauna na Reserva Extrativista do Alto Juruá-Acre*. Dissertação de mestrado. São Paulo: Programa de Pós-Graduação em Ciência Ambiental (Procam) – Universidade de São Paulo.

RATH, Ingo W. (org.)
1988. "Nachwort", in *Aristoteles. Die Kategorien. Griechisch/Deutsch*, trad. e org. Ingo W. Rath. Stuttgart: Philipp Reclam, 1998.

REDFIELD, Robert
[1930] 1960. *Tepoztlan, a Mexican Village: A Study of Folk Life*. Chicago: The University of Chicago Press.

1941. *The Folk Culture of Yucatan*. Chicago: The University of Chicago Press. [Ed. bras.: *Civilização e cultura de folk*. São Paulo: Martins, 1949].

[1950] 1960. *A Village that Chose Progress: Chan Kom revisited*. Chicago: The University of Chicago Press.

[1953] 1964. *O mundo primitivo e suas transformações*,trad. Renata Nascimento e Maria do Carmo Doria. Rio de Janeiro: Centro de Publicações Técnicas da Aliança.

REDFORD, Kent H.
1992. "The Empty Forest". *BioScience*, v. XLII, n. 6, pp. 412-22.

REICHEL-DOLMATOFF, Gerardo
1976. "Cosmology as Ecological Analysis: A View from the Rain Forest". *Man*, v. XI, n. 3, pp. 307-18.

REZENDE, Roberto S.
2010. *Das colocações à vila: Processos de urbanização no Alto Rio Tejo, Acre*. Dissertação de mestrado. Campinas: Departamento de Antropologia Social – Universidade Estadual de Campinas.

RIBEIRO, Darcy
1970. *Os índios e a civilização*. Rio de Janeiro: Civilização Brasileira.

1972. *Estudos da antropologia da civilização*, v. I – *O processo civilizatório: Etapas da evolução sociocultural*. São Paulo: Civilização Brasileira.

1975. *Configurações histórico-culturais dos povos americanos*. Rio de Janeiro: Civilização Brasileira.

1995. *O povo brasileiro: A formação e o sentido do Brasil*. São Paulo: Companhia das Letras.

RICARDO, Beto & MARTINELLI, Pedro (orgs.)
2001. *Arte Baniwa: Cestarias de Arumã*. São Paulo/São Gabriel da Cachoeira: ISA/Foirn.

RICARDO, Carlos A.
2002. "Conservacionismo e sociambientalismo", in J. P. R. Capobianco *et al*. (orgs.).

Biodiversidade amazônica: Avaliação e ações prioritárias para a conservação, uso sustentável e repartição de benefícios. São Gabriel da Cachoeira: Estação Liberdade /ISA.

RINDLER, Wolfgang.
1977. *Essential Relativity.* Berlin: Springer Verlag.

ROBEY, Angela.
2017. "From Œdipus to Periander", in R. Buxton (org.). *Oxford Readings in Greek Religion.* Oxford: Oxford University Press.

ROBINSON, John G. & Kent H. REDFORD (orgs.)
1991. *Neotropical Wildlife Use and Conservation.* Chicago/London: The University of Chicago Press.
1994. "Measuring the Sustainability of Hunting in Tropical Forests". *Oryx,* v. XXVIII, n. 4, pp. 249–56.

ROMANOFF, Steven
1992. "Food and Debt Among Rubber Tappers in the Bolivian Amazon". *Human Organization,* v. LI, n. 2, pp. 122–35.

ROMERO, Sílvio
[1888] 1953. *História da literatura brasileira.* Rio de Janeiro: José Olympio.
[1888] 1977. *Estudo sobre a poesia popular do Brasil.* Petrópolis: Vozes.

ROSS, Andrew (org.)
1996. *Science Wars.* Durham: Duke University Press.

RUSSELL, Bertrand
[1903] 1996. *The Principles of Mathematics.* New York: W. W. Norton & Company.

SAHLINS, Marshall
[1968] 1974. *Sociedades tribais,* trad. Francisca Isabel Vieira e Ivonne Maggie Velho. Rio de Janeiro: Zahar.

[1976] 1987. *Ilhas de história,* trad. Barbara Sette. São Paulo: Companhia das Letras.
2000. *Culture in Practice – Selected Essays.* New York: Zone Books [Ed. bras.: *Cultura na prática,* trad. Vera Ribeiro. Rio de Janeiro: Ed. UFRJ, 2004].

SAMUEL, Pierre
[1959] 1967. "Uma aplicação da teoria dos grupos: Grupos de permutações e regras de casamento em algumas sociedades primitivas", in A. Micali (org.). *Elementos de álgebra.* Rio de Janeiro: Instituto de Matemática Pura e Aplicada.

SANTONIERI, Laura R.
2015. *Agrobiodiversidade e conservação ex situ: Reflexões sobre conceitos e práticas a partir do caso da Embrapa/Brasil.* Tese de doutorado. Campinas: Departamento de Antropologia Social – Universidade Estadual de Campinas.

SAPIR, Edward
[1921] 1949. *Language: An Introduction to the Study of Speech.* San Diego: Harcourt Brace & Company.
[1924] 1949. "The Grammarian and His Language", in Sapir 1949, pp. 150–59.
[1929] 1949. "The Status of Linguistics as a Science", in *Selected Writings in Language, Culture, and Personality.* Berkeley: University of California Press, pp. 160–66. [Ed. bras.: *Linguística como ciência – ensaios Edward Sapir,* trad. J. Mattoso Câmara Júnior. Rio de Janeiro: Livraria Acadêmica, 1961].

SARTRE, Jean-Paul
[1957] 1966. *Questão de método,* trad. Bento Prado Jr. São Paulo: Difel.

SCHMINK, Marianne & Charles WOOD
1992. *Contested Frontiers in Amazonia*. New York: Columbia University Press.

SCHMITZ, James H.
1965. "Balanced Ecology". *Analog: Astounding Science Fiction*, n. 5, pp. 31–38.

SCHNEIDER, David M.
"What is Kinship All About?", in P. Reining (org.), *Kinship Studies in the Morgan Centennial Year*. Washington: The Anthropological Society, 1972, pp. 32–63.

SCHWARTZMAN, Stephan
1989. "Extractive Reserves: The Rubber Tappers' Strategy for Sustainable Use of the Amazon Rain Forest", in J. Browder (org.). *Fragile Lands Of Latin America: Strategies For Sustainable Development*. Washington: Westview Press, pp. 151–63.

SCOTT, James
1976. *The Moral Economy of the Peasant: Rebellion and Subsistence in Southeast Asia*. New Haven/London: Yale University Press.

SCUBLA, Lucien
1995. "A propos de la formule canonique, du mythe, et du rite". *L'Homme*, v. 35, n. 135, pp. 51–60.
1998. *Lire Lévi-Strauss: Le Déploiement d'une intuition*. Paris: Odile Jacob.
2001. "Hesiod, the Three Functions, and the Canonical Formula of Myth", in P. Maranda (org.). *The Double Twist: From Ethnography to Morphodynamics*. Toronto: University of Toronto Press, pp. 123–55.

SERVICE, Elman
[1966] 1971. *Os caçadores*, trad. Francisca Isabel Vieira. Rio de Janeiro: Zahar.

SEVERI, Carlo
2004. "Capturing Imagination: A Cognitive Approach to Cultural Complexity". *Journal of the Royal Anthropological Institute*, v. x, n. 4, pp. 815–38.
2009. "A palavra emprestada ou como falam as imagens". *Revista de Antropologia*, v. LII, n. 2, pp. 459–506.
___ & Els LAGROU
2013. *Quimeras em diálogo: Grafismo e figuração na arte indígena*. Rio de Janeiro: 7Letras.

SHANKMAN, Paul & Angela Thieman DINO
2001. "The FBI File of Leslie A. White". *American Anthropologist*, v. CIII, n. 1, pp. 161–64.

SHANNON, Claude E.
1949. *A Mathematical Theory of Communication*. Urbana: University of Illinois Press.

SHEPARD JR., Glenn H.
1999. "Shamanism and Diversity: A Matsigenka Perspective", in D. A. Posey (org.). *Cultural and Spiritual Values of Biodiversity*. London: United Nations Environmental Programme (Unep)/Intermediate Technology Publications, pp. 93–95.

SMITH, Maira & Daniela VIDALENC
1997. *A percepção de vegetais pela população local no alto Rio Tejo*. São Paulo: Relatório de Iniciação Científica para a Fundação de Amparo à Pesquisa do Estado de São Paulo (Fapesp).

SOKAL, Alan D.
1996a. "Transgressing the Boundaries: Toward a Transformative Hermeneutics of Quantum Gravity". *Social Text*, n. 46–47, pp. 217–52.

1996b. "A Physicist Experiments with Cultural Studies". *Lingua Franca*, v. VI, n. 4, pp. 62–64.

nov. 1997. "Du Bon usage des métaphores". *La Recherche*, p. 8.

___ & Jean BRICMONT

1997. "Introduction", in *Impostures intellectuelles*. Paris: Odile Jacob [Ed. bras.: *Imposturas intelectuais*, trad. Max Altman. Rio de Janeiro: Record, 1999].

SOUZA, João J. V.

2017. *Seringalidade: O estado da colonialidade na Amazônia e os condenados da floresta*. Manaus: Valer.

SPEISER, Andreas

[1923] 1937. *Die Theorie der Gruppen von Endlicher Ordnung – Mit Anwendung auf algebraische Zahlen und Gleichungen sowie auf die Krystallographie*. Berlin: Julius Springer.

SRAFFA, Piero

1960. *Production of Commodities by Means of Commodities*. Cambridge: Cambridge University Press.

STEINEN, Karl von den

1903. "Marquesanische KNOTENSCHNÜRE, Correspondenzblatt der Deutschen Gesellschaft für Anthropologie". *Ethnologie und Urgeschichte*, n. 34, p. 108.

STEWARD, Julian

1972. *The Theory of Culture Change*. Illinois: Illinois University.

TADDEI, Renzo

2017. *Meteorologistas e profetas da chuva: Conhecimentos, práticas e políticas da atmosfera*. São Paulo: Terceiro Nome.

TARSKI, Alfred

[1933] 1997. "The Concept of Truth in Formalized Languages", in *Logic, Semantics, Metamathematics*.

Indiana: Hackett Publishing Company, pp. 152–278.

1991. "Verdade e demonstração". *Cadernos de História e Filosofia da Ciência*, Campinas, v. I, n. 1, pp. 91–123.

TAUSSIG, Michael

1980. *The Devil and Commodity Fetishism in South America*. Chapel Hill: The University of North Carolina Press.

1989. "History as Commodity". *Critique of Anthropology*, v. IX, n. 1, pp. 7–31.

1993. *Xamanismo, colonialismo e o homem selvagem*. Petrópolis: Paz e Terra.

TAYLOR, Bron R. (org.)

1995. *Ecological Resistance Movements: The Global Emergence of Radical and Popular Environmentalism*. New York: New York University Press.

TEIXEIRA, Carlos

1980. *O aviamento e o barracão na sociedade do seringal*. Dissertação de mestrado. São Paulo: Departamento de Sociologia – Universidade de São Paulo.

THOMPSON, D'Arcy W.

[1917] 1983. *On Growth and Form*. Cambridge: Cambridge University Press.

TIETZE, Hans

1942. *Ein Kapitel Topologie. Zur Einführung in die Lehre von den Verknoteten Linie*. Leipzig/Berlin: B. G. Teubner.

TORRES, Haroldo & George MARTINE

1991. *Amazonian Extractivism: Prospects and Pitfalls*. Brasília: ISPN.

TROELSTRA, Anne S.

1982. "Aspects of Constructive Mathematics", in J. Barwise. *Handbook of Mathematical Logic*. Amsterdam: Elsevier.

TROTSKY, Leon

[1930] 2017. *A história da Revolução Russa, v. I – A queda do Tzarismo,* trad. E. Huggins. Brasília: Senado Federal.

TSING, Anna L.

1993. *In the Realm of the Diamond Queen: Marginality in an Out-of-the-way Place.* Princeton: Princeton University Press.

TURNER, Terence

1979. "The Gê and Bororo Societies as Dialectical Systems: A General Model", in D. Maybury-Lewis (org.). *Dialectical Societies: The Gê and Bororo of Central Brazil.* Cambridge: Harvard University Press, pp. 147–78.

1990. "On Structure and Entropy: Theoretical Pastiche and the Contradictions of 'Structuralism'". *Current Anthropology,* v. XXXI, n. 5, pp. 563–68.

VARAGNAC, André

1948. *Civilisation traditionnelle et genres de vie.* Paris: Albin Michel.

VASCO-PALACIOS, Aída M. *et alii*

2008. "Conocimiento etnoecológico de los hongos entre os indígenas Uitoto, Muinane y Ankoke de la Amazonía Colombiana". *Acta Amazonica,* v. XXXVIII, n. 1, pp. 17–30.

VATIN, François

1993. *Le Travail: Economie et Physique, 1780–1830.* Paris: Presses Universitaires de France.

VAZ, Ruth M.

2010. "The Hill Madia of Central India: Early Human Kinship?". *Journal of the Anthropological Society of Oxford,* v. II, n. 1-2, pp. 9–30.

2011. "The Big-Bang of Dravidian Kinship". *Journal of the Anthropological Society of Oxford,* v. III, n. 1, pp. 38–66.

2014. "Relatives, Molecules and Particles". *Mathematical Anthropology and Cultural Theory: An International Journal,* v. VII, n. 1.

VELHO, Otávio

1972. *Frente de expansão e estrutura agrária.* Rio de Janeiro: Zahar.

1976. *Capitalismo autoritário e campesinato.* São Paulo

2001. "De Bateson a Ingold: Passos na constituição de um paradigma ecológico". *Mana,* Rio de Janeiro, v. VII, n. 2, pp. 133–40.

VELTHEM, Lucia H.

2003. *O belo é a fera: A estética da produção e da predação entre os Wayana.* Lisboa: Museu Nacional de Etnologia/Assírio & Alvim.

___ & Iori L. LINKE

2010. *Livro da arte gráfica Wayana e Aparai.* Rio de Janeiro: Museu do Índio–Funai/Iepé.

2014. *O livro do Arumã: Wama pampila, aruma papeh.* São Paulo: Iepé.

VERNANT, Jean-Pierre

[1962] 1984. *The Origins of Greek Thought.* Ithaca: Cornell University Press. [Ed. bras.: *As origens do pensamento grego,* trad. Ísis da Fonseca. Rio de Janeiro: Difel, 2002].

1974. *Mythe et société en Grèce ancienne.* Paris: Maspero. [Republicado em 1988].

[1981] 2001. "Le Tyran boiteux: D'Œdipe à Périandre". *Le Temps de la Réflexion,* v. II, pp. 235–55.

___ & Pierre VIDAL-NAQUET

1986. "Corps obscur, corps éclatant". *Le Temps de la réflexion,* v. VII, n. 19.

1988. *Mythe et societé en Grèce ancienne.* Paris: Ed. La Découverte, 1988. [Ed. bras.: *Mito e tragédia na Grécia Antiga,* v. II, trad. Aona Lia

A. de Almeida Prado. São Paulo: Perspectiva, 1999].

[1988] 2001. *Œdipe et ses mythes.* Paris: Éditions Complexe.

VICO, Giambattista

[1710] 2008. *De antiquissima Italorum sapientia.*

[1730] 1977. *La scienza nuova.* Milano: Rizzoli Libri. [Ed. bras.: *A ciência nova,* trad. Vilma de Katinsky. São Paulo: Hucitec, 2010].

VIDAL, Lux B.V

2007. *Povos indígenas do Baixo Oiapoque: O encontro das águas, o encruzo dos saberes e a arte de viver.* Rio de Janeiro: Museu do Índio/Iepé.

VILLELA, Jorge L. M.

2001. "A dívida e a diferença: Reflexões a respeito da reciprocidade". *Revista de Antropologia,* v. XLIV, n. 1, pp. 185–220.

VINCENT, Joan

[1977] 1987. "A sociedade agrária como fluxo organizado", in B. Feldman-Bianco (org.). *Antropologia das sociedades contemporâneas.* São Paulo: Global.

1990. *Anthropology and Politics: Visions, Traditions, and Trends.* Tucson: The University of Arizona Press.

VIVEIROS DE CASTRO, Eduardo

[2002] 2017. *A inconstância da alma selvagem.* São Paulo: Ubu Editora.

2003. "And", in *Association of Social Anthropologists Decennial Conference Dinner.* Manchester.

2004. "Perspectivismo e multinaturalismo na América indígena". *O que nos faz pensar,* v. XIV, n. 18, pp. 225–54.

2018. "A antropologia perspectivista e o método de equivocação controlada", trad.

Marcelo G. Camargo & Rodrigo Amaro. *Revista de Antropologia do Centro-Oeste,* v. V, n. 10, pp. 247–64.

___ & Renato SZTUTMAN

2008. *Encontros com Eduardo Viveiros de Castro.* São Paulo: Azougue Editorial.

WAGNER, Roy

[1981] 2017. *A invenção da cultura,* trad. Marcela Coelho de Souza e Alexandre Morales. São Paulo: Ubu Editora.

WALLERSTEIN, Immanuel

1974. *The Modern World System,* v. I. New York: Academic Press.

1980. *The Modern World System,* v. II. New York: Academic Press.

1989. *The Modern World System,* v. III. New York: Academic Press.

WEIL, André

[1955] 2012. "Apêndice matemático às estruturas elementares de parentesco", in C. Lévi-Strauss. *Estruturas elementares do parentesco,* trad. Mariano Ferreira. Petrópolis: Vozes.

WEINSTEIN, Barbara

1983. *The Amazon Rubber Boom, 1850–1920.* Stanford: Stanford University Press.

WEYL, Hermann

1923. *Mathematische Analyse des Raumproblems.* Berlin: Julius Springer.

[1939] 1946. *The Classical Groups.* Princeton: Princeton University Press.

1952. *Symmetry.* Princeton: Princeton University Press.

WHITE, Leslie A.

1959. *The Evolution of Culture: The Development of Civilization to the Fall of Rome.* New York: McGraw-Hill.

1987. B. Dillingham & R. L. Carneiro (orgs.). *Leslie A. White:*

Bibliografia geral **361**

Ethnological Essays. Albuquerque: University of New Mexico Press.

WHORF, Benjamin L.

[1940] 1956. "Science and Linguistics", in *Language, Thought, and Reality: Selected Writings of Benjamin Lee Whorf*. Cambridge: The MIT Press, pp. 207-19.

[1941] 1956. "The Relation of Habitual Thought and Behavior to Language", *Language, Thought, and Reality: Selected Writings of Benjamin Lee Whorf*. Cambridge: The MIT Press, pp. 134-59.

WIENER, Norbert

[1948] 1970. *Cybernetics*. Cambridge: The MIT Press. [Ed. bras. *Cibernética*, trad. Gita K. Guinsburg. São Paulo: Perspectiva, 1971].

WILLEMS, Emílio

1947. *Cunha: Tradição e transição em uma cultura rural no Brasil*. São Paulo: Secretaria da Agricultura.

WILLNER, Dorothy

1982. "The Œdipus Complex, Antigone, and Electra: The Woman as Hero and Victim". *American Anthropologist*, v. LXXXIV, n. 1, pp. 58-78.

WITTGENSTEIN, Ludwig

[1921] 1984. "Tractatus logico-philosophicus", in J. Schulter (org.). *Werkausgabe Band i: Tractatus logico-philosophicus – Tagebücher 1914-1916: Philosophische Untersuchungen*. Frankfurt am Main: Surkhamp.

[1953] 2012. *As investigações filosóficas*, trad. Emmanuel Carneiro Leão. Petrópolis: Vozes.

WOLF, Eric

1955. "Types of Latin American Peasantry: A Preliminary Discussion". *American*

Anthropologist, Berkeley, v. LVII, n. 3, pp. 452-71.

[1966] 1970. *Sociedades camponesas*, trad. Oswaldo C. C. da Silva. Rio de Janeiro: Zahar.

1969. *Peasant Wars of the Twentieth Century*. New York: Harper & Row.

1982. *Europe and the People without History*. Berkeley: University of California Press.

WOLFF, Cristina S.

1999. *Mulheres da floresta: Uma história do Alto Juruá, Acre, 1890-1945*. São Paulo: Hucitec.

WOORTMAN, Ellen

1983. "O sítio camponês". *Anuário Antropológico*, n. 81, pp. 164-203.

1985. "Parentesco e reprodução camponesa". *Ciências Sociais Hoje*. São Paulo: Cortez.

1995. *Herdeiros, parentes e compadres: Colonos do Sul e sitiantes do Nordeste*. São Paulo/Brasília; Hucitec/Editora da UnB.

WOORTMANN, Klaas

1988. "'Com parente não se "neguceia"': O campesinato como ordem moral". *Anuário Antropológico*, v. XII, n. 1, pp. 11-73.

ÍNDICE ONOMÁSTICO

Albert, Bruce 319, 327
Allegretti, Mary 67, 69–71, 78, 80, 91, 96, 116–17, 119, 121
Almeida, Alfredo W. B. de 55, 69, 131
Althusser, Louis 27, 171
Alves, Antônio 71, 173
Araújo, Jaime 68, 74, 118
Aristóteles 142, 186–89
Arquimedes 185, 189
Ascher, Marcia e Robert 299–300, 305–06, 308

Barbosa de Souza, Moisés 321
Barros, Raimundo de 68
Bataille, Georges 33
Bateson, Gregory 202, 293
Benedict, Ruth 251–52, 257
Benjamin, Walter 33, 222–23, 246
Bhabha, Homi K. 58
Bilac, Olavo 195
Bloch, Marc 38
Bloch, Maurice 31
Boas, Franz 23–24, 27, 39, 56, 246, 251
Bock, Philip K. 262, 269–70
Bohannan, Paul 148
Boserup, Ester 45
Bourbaki, Nicolas 191, 203–05, 207
Brandão, Carlos Rodrigues 38, 55
Bricmont, Jean 177–78, 183, 195
Brouwer, Luitzen 181–83, 194
Brown, Keith 24, 78, 161, 320

Bukharin, Nikolai 23
Bunzel, Ruth 277

Câmara Cascudo, Luís da 38
Cameli, Orleir 71, 110, 112–13, 123–24, 126
Candido de Mello e Souza, Antonio 38
Cantor, Georg 184, 189, 303–04
Cardoso, Adão 320
Carneiro da Cunha, Manuela 15, 71–72, 74, 77, 80, 96, 125, 155, 159–61, 228–29, 293
Carnielli, Walter 206, 304
Carroll, John Bissell 186, 246–47
Carroll, Lewis 194
Carroll, Michael P. 269–70
Carvalho, Maria Sylvia de 46
Cauchy, Augustin-Louis 186
Chayanov, Alexander 42, 44–45, 48, 83
Chico Ginu (Francisco Barbosa de Melo) 86, 98, 111–15, 123–24, 127–29, 162–63, 325
Chico Mendes (Francisco Alves Mendes Filho) 9, 15, 59, 66–68, 95, 98, 115–18, 120–24, 127–30, 164
Claudino, João 111–13
Cobra Coral (cacique) 332
Copérnico, Nicolau 142, 239–40
Correa, Sebastião 112

Índice onomástico **365**

Costa, Newton da 28, 74, 142, 147, 161, 177, 187–88, 190, 313–14, 329
Cunha, Euclides da 38, 66, 101
Curtin, Philip 148
Cushing, Frank Hamilton 277

Darwin, Charles 21
Dasgupta, Partha 157
Dedekind, Richard 184–85, 189, 193, 303
Deleuze, Gilles 193, 206
Derrida, Jacques 178–79, 211
Descola, Philippe 27, 77, 159, 330
Désveaux, Emmanuel 261
Dória, Antônio Carlos 180
Duhem, Pierre 138
Dumont, Louis 223–24

Einstein, Albert 12, 218, 235, 237–45, 247, 249, 251, 253, 255–57
Emperaire, Laure 46, 102
Engels, Friedrich 19– 22, 29, 136
Epimênides 238
Epstein, Richard L. 206, 304
Escobar, Arturo 58, 96
Euclides 144, 178–79
Everett, Daniel L. 300–03

Farage, Nádia 167, 173
Ferguson, James 96
Firth, Raymond 55, 145
Foster, George 40–41
Franco, Carvalho 46
Frank, Gunder 44, 301–05
Frege, Gottlob 196, 297–99, 329
Freire-Maia, Newton 329
French, Stephen 147
Furtado, Celso 43–44, 46, 69, 96, 106

Galilei, Galileu 240–41
Galves, Antonio 15, 204, 303–04
Geraldo, Armando 111
Giannini, Adir 123
Gluckman, Max 25
Gödel, Kurt 183, 238
Godelier, Maurice 27
Goody, Jack 196

Gordon, Peter 301, 305
Gregory, Christopher 22, 33, 136, 209, 293
Greimas, Algirdas Julien 268, 270, 272
Grupioni, Luís Donisete Benzi 295
Guimarães Rosa, João 38, 286
Guss, David 295

Hacking, Ian 168–69
Halmos, Paul 304
Hart, Keith 30–31, 42–43, 106
Heal, Geoffrey M. 157
Hegel, Georg Wilhelm Friedrich 169–170
Héritier, Françoise 209, 226
Heyting, Arend 183
Hugh, Steve 293, 305
Hugh-Jones, Stephen 12, 293–96, 298, 300, 304–08, 329
Humboldt, Wilhelm von 149
Husserl, Edmund 142, 190, 311

Jakobson, Roman 201
James, William 40–41, 149, 228

Kahn, Joel 31
Kanada, Yasumasa 182
Kant, Immanuel 142, 204, 246, 249, 315
Kautsky, Karl 48
Klein, Felix 209–10, 214, 268, 270, 272, 286
Kluckhohn, Clyde 247
Kopenawa, Davi 319–20, 327
Krause, Mercedes 147
Krenak, Ailton 120
Kristeva, Julia 193
Kruschev, Nikita 26
Kuhn, Thomas 138
Kuin, Huni 315

Lagrou, Els 294, 327
Latour, Bruno 316–19
Leach, Edmund 25, 223
Leibniz, Gottfried Wilhelm 215–16
Lévi-Strauss, Claude 12, 26–28, 129,

136, 146, 177, 189–90, 196, 201–33, 238, 249, 252–54, 261–90, 296, 324, 329, 332

Lévy-Bruhl, Lucien 145, 243–44, 246

Lincoleo, José Quidel 152

Linke, Iori 294–95

Lorentz, Hendrik 257

Lorrain, François 208–09

Löwenheim, Leopold 145

Löwie, Robert 26–27

Lukes, Steven 238

Macedo, Antônio 67, 98, 122–29

Maia, João 111

Malinowski, Bronislaw 24–25, 145

Maranda, Pierre 262–63, 270, 288–89

Marcus, Solomon 261–62, 288

Martí, Oriol Bohigas 180

Martins, José de Souza 43, 69

Marx, Karl 19–25, 29, 32–33, 42, 48–49, 100, 105, 136–37, 140–41, 165

Mattoso Câmara Jr., Joaquim 248

Maués, Raymundo Heraldo 152, 322

Mauss, Marcel 31–33, 135, 167

Maxwell, James Clerk 9, 228, 230

Maybury-Lewis, David 223

McCartney, Paul 125

Mead, Margaret 202, 251

Meillassoux, Claude 22, 28–31, 42–43

Melo, Flaviano de 65, 123

Mendes, Raimundo 121

Mendras, Henri 47

Meyerson, Émile 138

Mezzadri, Bernard 261, 263

Mintz, Sidney 40–41

Monod, Jacques 215, 228

Monteiro, Douglas Teixeira 38

Monteiro, Alan 325

Morgan, Lewis Henry 20–22, 27–28, 252

Morgenstern, Oskar 203

Munn, Nancy 33, 135

Nash, June 33, 152

Needham, Rodney 223–24

Netting, Robert 45

Neumann, John von 202, 204, 226

Newton, Isaac 148, 152, 177–78, 187–88, 190, 216, 239–42, 313, 329

Nimuendajú, Curt 302

Nogueira Galvão, Walnice 38

Nugent, Stephen 100

Oliveira Viana, Francisco José de 38, 46

Palmeira, Moacir 45

Paulo (apóstolo) 238

Peano, Giuseppe 303–04

Peirce, Charles Sanders 148–49, 187–88, 299, 314

Petitot, Jean 209, 231, 261–64

Poani, Ramos 304

Poani, Tenório 304

Polanyi, Karl 33, 42, 45

Postigo, Augusto de Arruda 71–74, 78, 80, 150, 152, 154–55, 159–61, 325–26

Pouillon, Jean 261

Prado Jr., Caio 42–43, 47

Prigogine, Ilya 228, 230, 232

Propp, Vladimir 215, 263–64, 268, 272, 285

Queiroz, Maria Isaura Pereira de 261

Quine, Willard van Orman 138, 142–43, 145–47, 149, 151, 197, 247, 311

Quirino, Maurício 106, 109

Radcliffe-Brown, Alfred 24

Redfield, Robert 40–41

Redford, Kent H. 129, 157–58, 160–61, 163

Remanso, Luís do 67, 123

Ribeiro, Darcy 25–26, 39, 69–70

Rivière, Peter 30

Robinson, John G. 157–58, 161, 163

Rodrigues, Osmarino Amâncio 38–39, 55, 71, 119, 121

Romero, Sílvio 38

Russell, Bertrand 186, 196, 293

Índice onomástico **367**

Sahlins, Marshall 23–24, 28, 44, 48, 82, 141
Sapir, Edward 145, 197, 246–51
Sartre, Jean-Paul 23, 27–28, 98, 128
Schmink, Marianne 97
Schneider, David 147
Schwartzman, Stephan 96, 121
Scott, James 40–41
Scubla, Lucien 261–64
Sebag, Lucien 27
Service, Elman 24
Severi, Carlo 294–95
Shannon, Claude 204
Silva, Marina 116
Skolem, Thoralf 145
Sokal, Alan 12, 177–80, 183, 191–93, 195
Speiser, Andreas 307
Stálin, Josef 26
Steel, John 24
Stengers, Isabelle 228, 232
Steward, Julian 24–26, 28, 39, 45, 103
Stolze Lima, Tânia 255–56
Sztutman, Renato 157, 168, 171

Takahashi, Daisuke 182
Tarski, Alfred 142–43, 238, 293
Taussig, Michael 33, 41, 57, 69
Teixeira, Carlos 38, 69–71
Thatcher, Margaret 315
Thom, René 209, 264
Thompson, D'Arcy 201–03, 215, 219, 307
Tietze, Hans 295, 307
Trotsky, Leon 99–100
Tsing, Anna 97, 324
Turner, Terence 30, 33, 263, 274, 288

Valle de Aquino, Terri 55, 70
Varagnac, André 38
Vargas, Getúlio 107
Velho, Otávio Guilherme 43–44, 172
Vernant, Jean-Pierre 271–75
Vidal-Naquet, Pierre 274
Vincent, Joan 20, 61

Viveiros de Castro, Eduardo 13–14, 115, 147, 156–57, 168, 171, 189, 209, 212, 238, 255–56, 312, 317, 333

Wagner, Roy 55, 131, 149, 333
Wallerstein, Immanuel 44
Weil, André 204, 208, 307
Weinstein, Barbara 70, 105
Weyl, Hermann 203–16, 244, 307
Whorf, Benjamin Lee 145, 197, 229, 246–47
Wiener, Norbert 202–04, 222, 224–25, 228, 230
Willems, Emilio 38
Willner, Dorothy 269–70
Wittgenstein, Ludwig 143–44, 196, 299
Wolf, Eric 24–25, 31, 39–43, 58
Wood, Charles H. 97

Zenão 186

SOBRE O AUTOR

MAURO WILLIAM BARBOSA DE ALMEIDA nasceu em 14 de junho de 1950, em Rio Branco, no Acre. Cursou ciências sociais na Faculdade de Filosofia, Letras e Ciências Humanas da Universidade de São Paulo (FFLCH-USP) no período noturno, atuando durante o dia como revisor e tradutor na editora Polígono, especializada em literatura matemática e científica, o que despertou seu interesse permanente por essas áreas. Nesse período, também traduziu obras clássicas de Hannah Arendt e Marcel Mauss para a editora Perspectiva. Formou-se em 1972 e, no ano seguinte, ingressou, como bolsista da Fapesp, no programa de mestrado em ciência política pela mesma instituição. Concluiu o mestrado em 1979, sob orientação de Ruth Cardoso, com uma dissertação que examinava a literatura de cordel no Nordeste por um viés antropológico e político. Entre 1982 e 1993, cursou o doutorado em antropologia social pela Universidade de Cambridge, no Reino Unido – um projeto que incluiu a realização de etnografias em seringais no Acre, financiadas pelo CNPq e pela Universidade Estadual de Campinas (Unicamp). Sua tese de doutorado, *Rubber Tappers of the Upper Juruá River, Brazil: The Making of a Forest Peasantry* [Seringueiros do Alto Juruá: A formação de um campesinato da floresta], sob orientação de Stephen Hugh-Jones, abordou processos de trabalho de seringueiros na Amazônia de uma perspectiva marxista antropológica, focando no valor, na exploração e nas estratégias econômicas dos seringueiros na periferia do capitalismo global.

Durante esse período, atuou junto de Chico Mendes em prol da sindicalização dos seringueiros no Acre e da formalização do programa das Reservas Extrativistas, que visa a garantir os direitos dos habitantes da floresta e à manutenção da floresta. Também participou da concepção da Universidade da Floresta do Alto Juruá (Uniflora), que opera no campus na Universidade Federal do Acre (UFAC) e tem como objetivo aliar o conhecimento científico do meio acadêmico ao saber tradicional das populações amazônicas. Entre 1989 e 1991, integrou os esforços de desenvolvimento econômico comunitário e de mapeamento regional que resultaram na criação da Reserva Extrativista do Alto Juruá, no extremo oeste do estado do Acre. Realizou, ainda, pós-doutorado na Universidade de Chicago entre 1996 e 1997, e na Universidade Stanford entre 2000 e 2001, ambas nos Estados Unidos. Em 2006, retornou à Universidade de Chicago como professor e pesquisador financiado pela Fundação Tinker, organização que apoia iniciativas acadêmicas e sem fins lucrativos voltadas para pesquisa em ciências sociais na América Latina.

Desde então, Almeida continuou envolvido em projetos voltados para o fortalecimento da agrobiodiversidade e de comunidades agrícolas tradicionais na Amazônia no contexto da globalização, além de publicar artigos sobre antropologia rural, teoria antropológica, antropologia e matemática, comunidades tradicionais amazônicas e reservas extrativistas, entre outros tópicos, em revistas especializadas como a *Current Anthropology*, o *Journal of Latin American Anthropology* e a *Revista Brasileira de Ciências Sociais*. O livro que organizou com Manuela Carneiro da Cunha, *Enciclopédia da floresta – O Alto Juruá: Práticas e conhecimentos das populações* (São Paulo: Companhia das Letras, 2002), foi premiado com menção honrosa pela comissão julgadora do prêmio Jabuti em 2003 na área de ciências naturais e ciências da saúde. Em 2007, recebeu o prêmio Chico Mendes de Florestania, conferido anualmente pelo governo do Estado do Acre para indivíduos que contribuíram para a concretização do conceito de "florestania", um modelo multidimensional de desenvolvimento sustentável. Recebeu também, do Ministério da Educação (MEC), o Grande Prêmio Capes de Tese 2016 na grande área de Ciências Humanas, Linguística, Letras e Artes e Ciências Sociais Aplicadas.

Desde 1977, leciona no Programa de Antropologia da Universidade Estadual de Campinas (Unicamp), onde orientou cerca de trinta teses de doutorado e ocupou cargos de chefe do departamento de antropologia e de coordenador do programa de pós-graduação em antropologia social. Foi responsável e coordenador de vários projetos de apoio a organizações de seringueiros e de cooperação acadêmica em escala nacional e internacional. Desde 2013, atua como professor-colaborador no mesmo instituto, orientando alunos dos programas de pós-graduação em antropologia e ciências sociais, ministrando cursos e coordenando o Centro de Estudos Rurais (Ceres).

LIVROS

Rubber Tappers of the Upper Juruá River: The Making of a Forest Peasantry. Tese de doutorado. Cambridge: Department of Social Anthropology – University of Cambridge, 1993.

Enciclopédia da floresta – O Alto Juruá: Práticas e conhecimentos das populações [organizado com Manuela Carneiro da Cunha]. São Paulo: Companhia das Letras, 2002.

ARTIGOS E ENSAIOS

"Infinito", in V. Civita (org.), *Enciclopédia Abril*. São Paulo: Abril Cultural, 1975.

"Raza y clase en los libros didacticos brasileños: La imagen del negro y del indio". *Clase y raza en los textos escolares*. Lima e Genebra: Celadec/Word Council of Churchs, 1980, pp. 109–50.

"Redescobrindo a família rural brasileira". *Revista Brasileira de Ciências Sociais*, n. 1, 1986, pp. 66–83.

"A imagem do índio e do negro no livro didático", in A. L. Almeida (org.), *A questão do índio na sala de aula*. São Paulo: Brasiliense, 1987, pp. 13–72.

"Dilemas da razão prática: Simbolismo, tecnologia e ecologia na Floresta Amazônica". *Anuário Antropológico*, v. 86. Brasília: Editora Tempo Brasileiro/Editora da UnB, 1988, pp. 213–26.

"On Turner on Lévi-Strauss". *Current Anthropology*, v. 33, n. 1., 1992, pp. 60–63.

"A responsabilidade social dos antropólogos". A. Arantes & G. Grin (orgs.), *Antropólogos e Desenvolvimento*. Campinas: Editora da Unicamp, 1992, pp. 111–22.

"Redescobrindo a família rural brasileira". *Revista Brasileira de Ciências Sociais*, v. 1, n. 1, 1995, pp. 66–83.

"Imagem do negro nos livros didáticos", in Í. Ramos (org.), *A luta contra o racismo na rede escolar*. São Paulo: Fundação para o Desenvolvimento da Educação, 1996, pp. 31–36.

"Guerras culturais e relativismo cultural". *Revista Brasileira de Ciências Sociais*, v. 14, n. 41, 1999, pp. 5–14.

"Symmetry and Entropy: Mathematical Metaphors in the Work of Lévi-Strauss". *Current Anthropology*, v. 31, n. 4, 1990, pp. 367–85 [Ed. bras.: "Simetria e entropia: Sobre a noção de estrutura em Lévi-Strauss". *Revista de Antropologia*, v. 42, n. 1–2, 1999, pp. 163–98].

"Indigenous people, Traditional People, and Conservation in the Amazon" [em colaboração com Manuela Carneiro da Cunha]. *Daedalus*, v. 129, n. 2, 2000, pp. 315–38. [Ed. bras.: "Populações indígenas, povos tradicionais e preservação na Amazônia", in M. C. da Cunha, *Cultura com aspas* [2009]. São Paulo: Ubu Editora, 2017.]

"The Politics of Amazonian Conservation: The Struggle of Rubber Tappers". *Journal of Latin American Anthropology*, v. 7, n. 1, 2002, pp. 170–219.

"Relativismo antropológico e objetividade etnográfica". *Campos – Revista de Antropologia Social*, n. 2, 2003, pp. 9–30.

"Marxismo e antropologia", in Caio N. Toledo et al. (orgs.), *Marxismo e ciências humanas*. Campinas: Editora Xamã, Fapesp e Cemarx (Centro de Estudos Marxistas), 2003, pp. 58–69.

"Uma entrevista com Marshall Sahlins", in F. A. Peixoto, H. Pontes & L. M. Schwarcz (orgs.), *Antropologia, história e experiências*. Belo Horizonte: Editora da UFMG, 2004, pp. 38–97.

"Eric Wolf, os intelectuais e as revoluções camponesas". *Crítica Marxista*, v. 19, 2004, pp. 61–70.

"A etnografia em tempos de guerra: Contextos nacionais e temporais do objeto da antropologia", in F. A. Peixoto, H. Pontes & L. M. Schwarcz (orgs.), *Antropologia, história e experiências*. Belo Horizonte: Editora da UFMG, 2004, pp. 61–81.

"Direitos à floresta e ambientalismo: Seringueiros e suas lutas". *Revista Brasileira de Ciências Sociais*, v. 19, n. 55, 2004, pp. 34–53.

"Justiça local nas reservas extrativistas" [em colaboração com Mariana C. Pantoja]. *Raízes: Revista de Ciências Sociais e Econômicas*, v. 23, n. 1–2, 2004, pp. 27–41.

"Nota sobre a resenha das estruturas elementares do parentesco por Simone de Beauvoir". *Campos*, v. 8, n. 1, 2007, pp. 191–93.

"Lutas sociais, desigualdade social e discriminação racial". *Crítica Marxista*, v. 24, 2007, pp. 10–20.

"Narrativas agrárias e a morte do campesinato". *Ruris – Revista do Centro de Estudos Rurais*, v. 1, n. 2, 2007, pp. 157–86.

"Relatividade e relativismo: Einstein e a teoria social". *Tempo Brasileiro*, n. 175, 2008, pp. 113–34.

"A fórmula canônica do mito", in R. F. Nobre & R. C. de Queiroz (orgs.), *Lévi-Strauss: Leituras brasileiras*, v. 1. Belo Horizonte: Editora da UFMG, 2008, pp. 147–82.

"On the Structure of Dravidian Relationship Systems". *Mathematical Anthropology and Cultural Theory*, v. 3, n. 1, 2010.

"Lewis Morgan: 140 anos dos Sistemas de consanguinidade e afinidade da família humana (1871–2011)". *Cadernos de Campo*, v. 19, n. 19, 2010, pp. 309–22.

"Teoria e prática da etnicidade no Alto Juruá Acreano" [em colaboração com Mariana C. Pantoja e Eliza M. L. Costa]. *Raízes – Revista de Ciências Sociais e Econômicas*, v. 31, n. 1, 2011, pp. 118–35.

"As colocações: Forma social, sistema tecnológico e unidade de recursos naturais". *Mediações*, v. 17, n. 1, 2012, pp. 121–52.

"Localized Production Using Geographical Indications in the Amazon: The Ecological Stakes Related to Producing the Cassava Flour of Cruzeiro do Sul". *Cahiers Agricultures*, v. 21, n. 1, 2012, pp. 25-33.

"Caipora e outros conflitos ontológicos". *Revista de Antropologia da UFSCar*, v. 4, n. 1, 2013, pp. 7-28.

"Uma nota sobre comunidades tradicionais e unidades de conservação" [em colaboração com Roberto S. Rezende]. *Ruris - Revista do Centro de Estudos Rurais*, v. 7, n. 2, 2013.

"Comment on Vaz' Relatives, Molecules and Particles". *Mathematical Anthropology and Culture Theory*, v. 7, n. 3, 2014, pp. 1-23.

"Structuralism", in James D. Wright (org.), *International Encyclopedia of the Social & Behavioral Sciences*, 2ª edição. Amsterdam: Elsevier, 2015, pp. 626-31.

"As Ciências Sociais e seu compromisso com a verdade e com a justiça". *Mediações - Revista de Ciências Sociais*, v. 20, n. 1, 2015, pp. 260-84.

"Desenvolvimento entrópico e a alternativa da diversidade". *Ruris - Revista do Centro de Estudos Rurais*, v. 10, n. 1, 2016.

"Usos tradicionais da floresta por seringueiros na Reserva Extrativista do Alto Juruá" [em colaboração com Augusto A. Postigo, Rossano M. Ramos, Raimundo F. Ramos e Antonio B. Melo]. *Etnobotânica e Botânica Econômica do Acre*, 2016, pp. 14-37.

"Local Struggles with Entropy: Caipora and Other Demons", in M. Brightman & J. Lewis (orgs.), *The Anthropology of Sustainability: Beyond Development and Progress*. New York: Palgrave Macmillan, 2017, pp. 273-89.

"O legado de Chico Mendes: Êxitos e entraves das Reservas Extrativistas" [em colaboração com Mary H. Allegretti e Augusto A. Postigo]. *Desenvolvimento e Meio Ambiente*, v. 48, 2018.

"Almeida's Comment on D. Read 'Generative Crow-Omaha Terminologies'". *Mathematical Anthropology and Culture Theory*, v. 12, n. 7, 2018, pp. 1-23.

"The Legacy of Chico Mendes: Successes and Obstacles in the Extractive Reserves" [em colaboração com Mary H. Allegretti e Augusto A. Postigo]. *Desenvolvimento e Meio Ambiente*, v. 48, 2018, pp. 25–55.

"Is there Mathematics in the Forest?", in G. Lloyd & A. Vilaça (orgs.), *Science in the Forest, Science in the Past*, 2019.

"Ensaio sobre a barragem do Alqueva e a aldeia submersa da Luz". *Lusotopie*, v. 18, n. 2, 2020, pp. 268–69.

COLEÇÃO ARGONAUTAS

Marcel Mauss
Sociologia e antropologia

Henri Hubert & Marcel Mauss
Sobre o sacrifício

Claude Lévi-Strauss
Antropologia estrutural

Claude Lévi-Strauss
Antropologia estrutural dois

Pierre Clastres
A sociedade contra o Estado

Roy Wagner
A invenção da cultura

Marilyn Strathern
O efeito etnográfico

Alfred Gell
Arte e agência

Manuela Carneiro da Cunha
Cultura com aspas

Eduardo Viveiros de Castro
A inconstância da alma selvagem

Mauro W. B. Almeida
Caipora e outros conflitos ontológicos

© Ubu Editora, 2021
© Mauro W. B. Almeida, 2021

PREPARAÇÃO Luísa Valentini, Cláudia Cantarin
REVISÃO Rita de Cássia Sam, Gabriela Naigeborin e Lucas Torrisi

EQUIPE UBU
DIREÇÃO EDITORIAL Florencia Ferrari
COORDENAÇÃO GERAL Isabela Sanches
DIREÇÃO DE ARTE E DESIGN Elaine Ramos, Lívia Takemura (assistente)
EDITORIAL Bibiana Leme, Gabriela Naigeborin, Júlia Knaipp (assistentes)
COMERCIAL Luciana Mazolini, Anna Fournier (assistente)
CRIAÇÃO DE CONTEÚDO / CIRCUITO UBU Maria Chiaretti, Walmir Lacerda (assistente)
GESTÃO SITE / CIRCUITO UBU Beatriz Lourenção
DESIGN DE COMUNICAÇÃO Júlia França
ATENDIMENTO Laís Matias, Micaely da Silva
PRODUÇÃO GRÁFICA Marina Ambrasas

Nesta edição, respeitou-se o novo Acordo Ortográfico da Língua Portuguesa.

Dados Internacionais de Catalogação na Publicação (CIP)
Elaborado por Vagner Rodolfo da Silva – CRB-8/9410

A447c Almeida, Mauro W. B.
    Caipora e outros conflitos ontológicos:
    Mauro W. B. Almeida
    São Paulo: Ubu Editora, 2021
    384 pp.

ISBN 978 85 7126 044 3

---

1. Antropologia. 2. Matemática. 3. Relativismo. 4. Seringueiros. 5. Ativismo. 6. Estruturalismo. I. Titulo. II. Série.

2021-4096   CDD 301 CDU 572

Índices para catálogo sistemático:
1. Antropologia 301
2. Antropologia 572

UBU EDITORA
Largo do Arouche 161 sobreloja 2
01219 011 São Paulo SP
(11) 3331 2275
ubueditora.com.br
professor@ubueditora.com.br
🇫 📷 /ubueditora

FONTES More Pro e Avenir PAPEL Pólen soft 70 g/m² IMPRESSÃO Margraf